Buch-Updates
Registrieren Sie dieses Buch auf unserer Verlagswebsite. Sie erhalten dann Buch-Updates und weitere, exklusive Informationen zum Thema.

Galileo BUCH UPDATE

Und so geht's

> Einfach **www.galileodesign.de** aufrufen
<<< Auf das Logo **Buch-Updates** klicken
> Unten genannten **Zugangscode** eingeben

Ihr persönlicher Zugang zu den Buch-Updates 107034023100

Heiko Stiegert

CSS-Design

Die Tutorials für Einsteiger

Galileo Press

Liebe Leserin, lieber Leser,

Webdesign ohne CSS gibt es nicht mehr. Ohne sehr gute Kenntnisse in Cascading Style Sheets kommen Sie heutzutage nicht mehr an Ihr Ziel, wenn Sie moderne und attraktive Websites gestalten wollen.

Heiko Stiegert zeigt Ihnen deshalb in ausführlichen und bebilderten Tutorials Schritt für Schritt, wie Sie die wichtigsten CSS-Probleme und Themen in den Griff bekommen. Eine bessere Anleitung kann es nicht geben.

Besonderen Wert legt er dabei auf standardkonformes Coding. Denn nur so arbeiten Sie professionell.

Alle besprochenen Beispiele finden Sie zudem auf der beiliegenden DVD. Dort finden Sie außerdem über eine Stunde Video-Lektionen, in denen Ihnen CSS direkt im Einsatz auf dem Bildschirm vorgeführt wird. Perfekt für den Einstieg!

Sie sind also herzlich eingeladen, den Tutorials – chronologisch oder selektiv – zu folgen und zum CSS-Profi zu werden!

Ich freue mich stets über Lob, aber auch über kritische Anmerkungen, die helfen, dieses Buch besser zu machen. Sollte Ihnen also etwas auffallen, zögern Sie nicht, sich bei mir zu melden.

Aber nun wünsche ich Ihnen viel Spaß mit dem Buch!

Ihr Jan Watermann
Lektorat Galileo Design
jan.watermann@galileo-press.de

Galileo Press • Rheinwerkallee 4 • 53227 Bonn
www.galileodesign.de

Inhalt

Bildergalerien

Formulare

Tabellen

Hintergrundgrafiken

Fix? Fließend? Elastisch?

Specials

Exkurse

Video-Lektionen auf DVD

Auf der DVD finden Sie außerdem drei exklusive Tutorials, alle im Buch gezeigten Beispiele, Quellcodes und Grafiken, XAMPP und Phase5 sowie Testversionen von Photoshop, Textmate und TopStyle.

Vorwort

So, wie sich die meisten Dinge im Leben verändern, bleibt auch die Entwicklung des Internets in einem immer anspruchsvoller werdenden Informationszeitalter nicht stehen. Im Gegenteil, es gibt wohl kaum eine Branche, die so schnelllebig ist wie diese. Um sich in diesem Bereich längerfristig behaupten zu können, bleibt einem nichts anderes übrig, als sich fortwährend mit der Entwicklung der Standards kritisch auseinanderzusetzen. Dass dies vor allem im Bereich Web vonnöten ist, dürfte nicht nur jedem einleuchten, der in dieser Branche arbeitet, denn wer von uns hätte vor zehn Jahren gedacht, dass diese ursprünglich zum Austausch von Informationen zwischen Wissenschaftlern gedachte Vernetzung einmal solche Ausmaße annehmen würde?

Die steigenden Möglichkeiten, die uns unter anderem die vom W3C verabschiedeten Webstandards (CSS, [X]HTML, JavaScript ...) bieten, kommen dem Ziel von Sir Tim Berners-Lee, dem Erfinder des World Wide Web, näher: Informationen und Wissen für jedermann zugänglich zu machen. In Zeiten des Internethypes Mitte der 90er Jahre war es leider allzu oft das Ziel, mit doch eher fragwürdigen Methoden so schnell wie möglich mit dem Medium Internet Geld zu verdienen. Der tatsächliche Nutzen des Internets entstand erst, nachdem dieser Hype abgeebbt war. Viele hinterfragten erst dann, welchen Nutzen dieses Internet denn überhaupt hat. Den eigentlichen Inhalten des Internets wurde nun mehr und mehr Bedeutung beigemessen. Ziel war es, Informationen nicht nur einfach abzubilden, sondern sie mittels Webstandards ihrer inhaltlichen Bedeutung entsprechend den Usern zugänglich zu machen.

Zu Themen wie CSS, HTML, JavaScript & Co. gibt es bereits eine interessante Vielfalt an Publikationen, die Einsteigern, Kennern und Profis der Szene die jeweiligen Sujets näherbringen. Sei es als umfangreiches Nachschlagewerk oder als Buch, das den Leser dazu inspirieren soll, das Gelesene selbst auszuprobieren. Dieses Buch »CSS-Design. Tutorials für moderne Webseiten« ist eher der zweiten Kategorie zuzuordnen. Die Beispiele sind allesamt praxisnah. Im Laufe der einzelnen Kapitel des Buches wird aber ebenso auf mögliche Probleme durch die unterschiedliche Interpretation von Standards durch die Browser und auf die daraus resultierenden Lösungsvorschläge hingewiesen. Ein weiteres Ziel des Buches ist es, mit dem Mythos aufzuräumen, dass barrierearme und mit Standards umgesetzte Webanwendungen langweilig und alles andere als kreativ seien. Denn derjenige, der die Vorteile von Standards kennt, ihre Integration beherrscht und sie bereits bei der Konzeption und dem Design berücksichtigt, kann auf seine Art und Weise dazu beitragen, das Web zukunftsfähiger und effektiver zu gestalten. Denjenigen, die daran interessiert sind, liefert dieses Buch Ansatzpunkte und zeigt mögliche Vorgehensweisen auf.

Dieses Buch richtet sein Augenmerk inhaltlich auf die Vorteile von Webstandards und der damit verbundenen Trennung von Inhalt und Layout. Die Beispiele sollen dem Leser anhand des Quellcodes und der Abbildungen in den einzelnen Kapiteln einen etwas anderen Blick auf die Erstellung von Webseiten und ihren Elementen gewähren. Die Möglichkeit, nicht nur kreativ, sondern zusätzlich auch strukturell zu denken und sich in die Beispiele zu versetzen, ist bei den Anwendungsbeispielen die ideale Voraussetzung, um die Vorteile von CSS zu erkennen und in Zukunft auch nutzen zu können.

Ein Design muss unter Berücksichtigung von Accessibility und Usability schon lange kein fades und langweiliges oder einfach nur schmückendes Beiwerk mehr sein. In der heutigen Zeit sollte die Priorität eines Designs zur Verbesserung der Kommunikation des Users mit der Anwendung beitragen. Bei der Umsetzung der Webseiten dürfen wir daher nicht vergessen, dass eine Webseite trotz so manch visuell integrierter Raffinessen immer noch ein Dokument ist. Diese Dokumente sind, weil die Menschen es mit erhaltenen oder erlernten Informationen schon immer so handhabten, inhaltlich strukturiert. Die wenigsten von uns wird es daher überraschen, dass eben diese Informationen – sei es Text, Ton oder Bild – immer eine bestimmte Bedeutung haben. Im alltäglichen Leben verleihen wir dem oft genug den entsprechenden Ausdruck, mit Inhalten eines Webdokumentes wird stattdessen oft weniger ausdrucksvoll umgegangen. Daher ist die Entwicklung von Tabellenlayouts hin zur Trennung von Inhalt und Layout ein zukunftsweisender Weg, der unter anderem dank CSS und dessen Weiterentwicklung möglich geworden ist.

»CSS-Design. Tutorials für moderne Webseiten« richtet sich

- an Einsteiger, die das Erstellen von Webseiten mit Cascading Style Sheets erlernen möchten,
- an Fortgeschrittene, die bereits Erfahrungen im Umgang mit Webseitengestaltung haben, ihr Wissen aber ausbauen möchten,
- aber auch an erfahrene, professionelle Webdesigner und Webentwickler, die an kreativen Lösungen im Umgang mit CSS interessiert sind.

Beim Besuch einer Webseite entscheiden nicht selten nur Bruchteile von Sekunden, ob der User bleibt oder die Seite verlässt, und damit verbunden auch über ihren Erfolg. Deshalb ist es wichtig, dass beim Designentwurf sowie bei der umgesetzten Webanwendung eine klare visuelle und hierarchische Struktur und Gliederung deutlich zu erkennen ist. Ziel ist es, den Lesern dieses Buches genau dieses Zusammenwirken von (X)HTML und CSS auf Basis kreativer, effektiver und vor allem praktikabler Workshops näherzubringen.

Jedes Kapitel in diesem Buch bezieht sich auf ein spezielles Thema im Bereich Webdesign und Web-Entwicklung. Klassiker wie Webseiten-Navigationen, Webformulare oder Datentabellen sind alles Anforderungen, die im Alltag nicht selten demjenigen, der sie umzusetzen hat, sämtliche Fähigkeiten abverlangen. Unter Berücksichtigung einer optimalen Zugänglichkeit und unterstützenden Usability werden den Lesern die Workshop-Beispiele Schritt für Schritt auf einfache und verständliche Weise vermittelt. Um diesen Aspekt zu verstärken, beginnt jedes Kapitel mit den »nackten« Fakten (Content) und den durch die Verwendung von semantischem Markup vorhandenen Strukturen. Der Einsatz der Step-by-Step-Arbeitsschritte im Workshop-Stil zeigt dem Ein- und Umsteiger auf unkomplizierte Weise, wie kreative und flexible Anwendungen dank CSS entstehen können.

Allen Lesern wünsche ich viel Vergnügen bei der Lektüre dieses Buches und, was eigentlich noch viel wichtiger ist, viel Erfolg beim späteren Umgang mit CSS.

Kompatibilität und Unterstützung von Browsern

Die Kompatibilität und Unterstützung vieler CSS-Eigenschaften der in diesem Buch aufgelisteten Anwendungsbeispiele ist, wie den meisten bekannt sein sollte, nicht überall identisch. Denn in der Praxis führen die nicht seltenen Differenzen der Browser in der Darstellung zu einem oft nicht unerheblichen Arbeitsaufwand. Diese fehlerhafte Darstellung entsteht durch die unterschiedlichen technischen Voraussetzungen und Interpretationsfähigkeiten bezüglich der verwendeten Standards wie CSS, HTML, DOM und JavaScript. Um dieses Verhalten nicht allgemeingültig und theoretisch zu beschreiben, wird in den einzelnen praktischen Anwendungsbeispielen des Buches explizit darauf eingegangen, auch wenn hierfür beispielsweise ein anderer Lösungsansatz möglich gewesen wäre. Da von der Konzeption bis hin zur Fertigstellung des Buches einiges an Zeit vergeht und die Entwicklung der Browser in dieser Zeit nicht stillsteht, ist davon auszugehen, dass neue Browser(-versionen) das Licht der Welt erblickt haben.

Über den Autor

Mal abgesehen von meinem Autorendasein der letzten Monate, arbeite ich seit zehn Jahren im Bereich Webdesign/Webentwicklung und seit einigen

Jahren bei der Mediaworx AG in Berlin in der Entwicklung und Produktion. Themen wie die oben erwähnten Webstandards beeinflussen meinen Arbeitsalltag in großem Maße und das immer noch mit wachsender Begeisterung. Die Entwicklung in Sachen Web ist so unglaublich rasant, und das Internet bietet durch seine immense Vielfalt unglaublich viele und interessante Möglichkeiten. Mein Ziel mit diesem Buch ist es, Ihnen nicht nur die Entwicklung von standardkonformen Webanwendungen anhand von praktischen Beispielen näherzubringen, sondern meine Begeisterung an Einsteiger und Profis gleichermaßen weiterzugeben.

Danksagung

Zunächst bedanke ich mich, und das in allererster Linie, bei meiner wundervollen Frau Sonja, die mir innerhalb der Monate des Schreibens trotz Schwangerschaft und der Geburt unserer Tochter Letizia Anna-Maria den Rücken frei gehalten hat. Außerdem bedanke ich mich bei Benjamin Apfelbaum, der mir für einige der Workshop-Beispiele wunderbare Grafiken und Illustrationen zur Verfügung gestellt hat und somit auf besonders kreative und inspirierende Weise zur Fertigstellung der Workshops beigetragen hat. Des Weiteren möchte ich selbstverständlich auch dem Galileo-Verlag und hier insbesondere Katharina Geißler und Jan Watermann für die wunderbare Zusammenarbeit danken, ebenso wie Manuela Hoffmann, die als Fachgutachterin gleichermaßen mit ihrem großen Engagement zum Gelingen des Buches beigetragen hat.

Heiko Stiegert
Berlin

Was sind Cascading Style Sheets?

Cascading Style Sheets oder kurz CSS ist eine deklarative Auszeichnungssprache zur Definition von Formateigenschaften einzelner (X)HTML-Elemente. Man strukturiert die Inhalte eines (X)HTML-Dokumentes ihrer Bedeutung entsprechend, während ihr Aussehen durch CSS festgelegt wird. Mit anderen Worten: Man trennt Inhalt vom Layout. Bei einer Auslagerung von CSS-Eigenschaften in eine separate CSS-Datei und einer damit verbundenen strikten Trennung von (X)HTML und CSS kann das gesamte Aussehen einer Webseite ausschließlich über CSS gestalten werden, ohne dafür den (X)HTML-Code überhaupt anfassen zu müssen. Das Zusammenspiel von CSS und (X)HTML ergibt das Webdesign einer Webseite. Ein Beispiel für eine solche strikte Trennung von Inhalt und Layout bietet der Weblog von Wolfgang Bartelme. Um die Möglichkeiten von und mit CSS zu verdeutlichen, sehen Sie auf Abbildung 1 den Weblog ohne CSS.

Webdesign
Webdesign ist die Gestaltung von Webseiten nach den Kriterien von Ästhetik und Funktionalität unter dem höchstmöglichen Maß an Nutzbarkeit. Die Inhalte einer Webseite sind aber nur dann für den Besucher optimal nutzbar, wenn die visuellen Gestaltungsmöglichkeiten der Gebrauchstauglichkeit einer Webseite nicht im Wege stehen, sondern sie unterstützen.

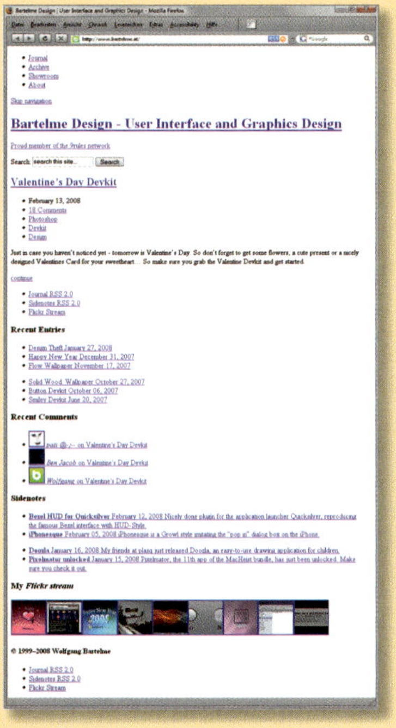

▲ **Abbildung 1**
www.bartelme.at ohne CSS

▲ **Abbildung 2**
www.bartelme.at mit CSS

Diese zwei Abbildungen sollen verdeutlichen, dass eine so umgesetzte und vorausdenkend strukturierte Webseite zu 100 % ohne CSS nutzbar ist. Den Unterschied zur zweiten Abbildung macht einzig und allein CSS aus.

Ohne jegliche Änderungen des (X)HTML-Codes ermöglicht CSS die Darstellung auf Abbildung 2.

Dieses Buch soll es Ihnen ermöglichen, dieses Vorgehen zu verstehen und auf unkomplizierte Weise selbst umsetzen zu können. Hierzu werden Sie die verschiedensten Bereiche einer Webseite – von der Überschrift über die Navigation bis hin zum Formular – mit CSS selbst gestalten.

Warum benötigen wir CSS, und welche Vorteile bieten sie?

Die Gründe für den Einsatz von CSS sind vielseitig und werden im folgenden Abschnitt daher kurz erläutert.

- **Einfachheit und Effektivität:** Ein wichtiger und ausschlaggebender Argumentationspunkt ist, dass das Layout verschiedener Webseiten über eine einzige CSS-Datei gesteuert werden kann, ohne die HTML-Dokumente überhaupt verändern oder anpassen zu müssen. Zudem ist CSS, wie die Workshops in diesem Buch belegen werden, einfach zu erlernen und bietet sofort sichtbare Ergebnisse.
- **Erhöhung der Reichweite:** Ein weiteres sehr ausschlaggebendes Argument für CSS, dessen Bedeutung bei der steigenden Mobilität der Nutzer immer größer wird, ist die Möglichkeit, Formate für unterschiedliche Ausgabemedien bereitstellen zu können. So kann beispielsweise ein separates Drucklayout angeboten werden, in dem alle unnötigen Elemente einer Webseite ausgeblendet werden und der Schriftstil entsprechend für Drucker optimiert werden kann.
- **Erhöhung der Zugänglichkeit und bessere Suchergebnisse:** Nutzer von alternativen Benutzerprogrammen wie etwa einem Screenreader sind auf gut strukturierte und semantisch korrekt ausgezeichnete Dokumente angewiesen, ebenso wie die zahlreichen Suchmaschinen. Da (X)HTML-Code syntaktisch auf der Basis von XML beruht, ist es möglich, den (X)HTML-Code auszulesen und zu verarbeiten. Die durch solchen Quellcode und mit entsprechenden CSS-Angaben ausgezeichneten Inhalte sind somit auf zahlreiche Arten zugänglich und können mit entsprechendem CSS von den verschiedensten Ausgabemedien wie Drucker, Monitor, mobilem Endgerät oder auch einem Braillegerät ausgelesen und entsprechend dem Medium abgebildet werden.
- **Geräteunabhängigkeit:** Da Cascading Style Sheets ein vom W3C entwickelter offener Standard ist und alle gängigen Browserhersteller ihn ebenso interpretieren wie Editoren und andere Benutzerprogramme, besitzt man hiermit zusätzlich eine große Geräteunabhängigkeit.

Ausgabemedien (Medientypen)

- `all` = für alle Ausgabegeräte
- `handheld` = für Handcomputer wie beispielsweise Palms oder Mobiltelefone
- `print` = für die Ausgabe durch Drucker
- `screen` = für die Ausgabe auf dem Monitor
- `aural` = für Sprachsynthesizer vorgesehen
- `braille` = für Braillegeräte mit taktilem Feedback

- **Schnellere Ladezeiten:** In den Anfangszeiten des Internets wurden viele Webseiten nicht ausschließlich durch CSS gestaltet, sondern von sogenannten Tabellenlayouts abgebildet. Denn damals stand oft das Design einer Webseite im Vordergrund und nicht der Inhalt. Heutzutage reicht eine »hübsche« Webseite allein aber nicht mehr aus, denn die Webseitenbesucher wollen Informationen. Ob der Kauf eines Buches, die Buchung einer Urlaubsreise oder das Lesen eines interessanten Artikels, es stehen immer Informationen im Vordergrund, und diese sollten ihrer Bedeutung entsprechend durch (X)HTML ausgezeichnet werden. Da Standards wie (X)HTML und CSS damals aber nicht auf dem Stand von heute waren, war es oft schwer möglich, ein Layout gemäß der Vorgabe umzusetzen. Denn nicht nur die Standards waren nicht auf dem heutigen Stand, sondern vor allem die Browser(-hersteller) waren ihrer Zeit oft hinterher und sind es teilweise heute noch (mehr dazu in den einzelnen Workshops). Ein Manko, das solche damals auf Tabellenlayouts basierenden Webseiten hatten, waren die Ladezeiten. Denn Webseiten wurden immer erst dann vom Browser abgebildet, wenn die einzelnen Tabellen des Layouts vollständig geladen wurden. Bei umfangreichen und aufwendigen Layouts konnte dies entsprechend lange dauern. Webseiten, die auf semantischem (X)HTML basieren, verzichten auf Tabellenlayouts und laden daher wesentlich schneller, werden damit schneller von Browser abgebildet und stehen damit dem User auch schneller zur Verfügung.

(X)HTML
Extensible HyperText Markup Language oder kurz (X)HTML bedeutet »erweiterbare Hypertext-Auszeichnungssprache«. (X)HTML basiert auf XML. Die (X)HTML-Version Strict, die in diesem Buch verwendet wird, verzeiht im Vergleich zur Variante Transitional keinerlei Fehler im Quellcode, wie beispielsweise ein fehlendes schließendes Tag oder Ähnliches.

Wie integriert man CSS in eine (X)HTML-Seite?

Für die Integration von CSS in (X)HTML-Dokumente gibt es verschiedene Möglichkeiten, auf die an dieser Stelle etwas näher eingegangen wird, um somit die Vor- und Nachteile besser beurteilen zu können.

Semantischer (X)HTML-Code
Semantischen (X)HTML-Code zu schreiben, heißt nichts anderes, als Inhalte strukturiert zu gliedern, um somit logische Beziehungen zwischen Quellcode und Inhalt herstellen zu können. Die (X)HTML-Elemente übermitteln dann nur, welche Bedeutung oder Funktion sie besitzen.

Einbindung per STYLE-Attribut

Diese Variante wird von allen gängigen Browserherstellern unterstützt, lässt aber bereits bei diesem Beispiel erahnen, welcher immense Pflegeaufwand der (X)HTML-Datei vonnöten wäre, wenn sich innerhalb des Layouts etwas ändern würde. Die `style`-Eigenschaften werden in diesem Ansatz innerhalb des `<body>` im HTML-Dokument in den entsprechenden HTML-Elementen direkt definiert:

```
<!DOCTYPE html PUBLIC "-//W3C//DTD XHTML 1.0 Strict//EN" "http://
www.w3.org/TR/xhtml1/DTD/xhtml1-strict.dtd">
<html xmlns="http://www.w3.org/1999/xhtml" lang="de"
```

Empfehlung: Nein!
Da sich die Angaben für das CSS und damit für die Gestaltung der Webseite direkt im (X)HTML-Code befinden, muss für jede Änderung die (X)HTML-Datei modifiziert werden. Zudem führt dieser Ansatz bei entsprechend umfangreichem Layout zu einem steigenden Wert in Sachen Kilobyte und damit wiederum zu einer längeren Ladezeit der Seite durch den Browser, was zu einem klaren Ausschlusskriterium für diese Variante wird.

Empfehlung: Nein!
Auch wenn diese Variante der CSS-Implementierung Inhalt und Layout trennt und somit für etwas mehr Übersicht sorgt, besitzt sie einen gravierenden Nachteil: Denn wenn die angelegten CSS-Eigenschaften in mehreren (X)HTML-Dokumenten verwendet werden, müssen diese CSS-Eigenschaften mehrfach in die entsprechenden Bereiche der (X)HTML-Seiten integriert werden. Dieser unnötige Datei-Ballast und der damit verbundene hohe Pflegeaufwand der Seiten lässt auch diese Variante nicht zur favorisierten Integration von CSS in (X)HTML werden.

```
xml:lang="de">
<head>
<title>CSS - Einbindung per style-Attribut</title>
</head>
<body>
<h1 style="text-align:left; font-weight:bold; color:blue;">Ich
bin eine Überschrift</h1>
</body>
</html>
```

Einbindung per STYLE-Element

Der Ansatz per `style`-Element verfolgt im Gegensatz zur vorherigen Variante eine strikte Trennung von Inhalt und Layout und wird innerhalb des HTML-Dokumentenkopfes `<head>` mit dem Befehl `<style ...> ... </style>` für Style-Sheet-Angaben definiert. Die Angabe `type="text/css"` innerhalb des Kopfes der (X)HTML-Datei definiert den MIME-Typ, der dem Browser mitteilt, dass der Inhalt vom Typ `text/css` ist, so dass die CSS-Angaben auch als solche ausgeführt werden. Damit auch ältere Browser, die keine Style Sheets kennen, die Style-Sheet-Angaben nicht irrtümlich als anzuzeigenden Text interpretieren und im Browser darstellen, sollte der Bereich der CSS-Angaben in einem mehrzeiligem (X)HTML-Kommentar `<!-- ... -->` angelegt werden:

```
<!DOCTYPE html PUBLIC "-//W3C//DTD XHTML 1.0 Strict//EN" "http://
www.w3.org/TR/xhtml1/DTD/xhtml1-strict.dtd">
<html xmlns="http://www.w3.org/1999/xhtml" lang="de"
xml:lang="de">
<head>
<title>CSS - Einbindung per style-Element</title>
<style type="text/css">
<!--
h1 {
   text-align:left;
   font-weight:bold;
   color:blue;
}
//-->
</style>
</head>
<body>
<h1>Ich bin eine Überschrift</h1>
</body>
</html>
```

Einbindung einer externen CSS-Datei mittels (X)HTML-Anweisung
Der dritte und mittlerweile Gott sei Dank sehr weit verbreitete Ansatzpunkt zu Integrierung von CSS-Eigenschaften ist das Anlegen einer externen CSS-Datei, auf die im Kopf-Bereich `<head>` eines (X)HTML-Dokumentes referenziert wird und die somit für mehrere Webseiten zuständig ist. Das Element `<link.../>` leitet die Verknüpfung zur CSS-Datei ein, wohingegen das Attribut `rel` die Beziehung zur CSS-Datei abbildet. Das Attribut `mit dem` MIME-Type informiert den Browser, wie in der Vorgänger-Variante bereits erwähnt, dass der Inhalt vom Typ `text/css` ist. Im Attribut `href` wird der Pfad zur externen Style-Sheet-Datei angegeben:

```
<!DOCTYPE html PUBLIC "-//W3C//DTD XHTML 1.0 Strict//EN" "http://
www.w3.org/TR/xhtml1/DTD/xhtml1-strict.dtd">
<html xmlns="http://www.w3.org/1999/xhtml" lang="de"
xml:lang="de">
<head>
<title>CSS - Einbindung durch externe Datei</title>
<link rel="stylesheet" media="all" type="text/css" href="css/sty-
les.css" />
</head>
<body>
<h1>Ich bin eine Überschrift</h1>
</body>
</html>
```

Die im Header der (X)HTML-Datei referenzierte CSS-Datei *styles.css* kann folgende CSS-Eigenschaften enthalten:

```
h1 {
   text-align:left;
   font-weight:bold;
   color:blue;
}
```

Diese Alternative und die bei Weitem eleganteste der bisherigen Lösungen zur Integrierung von CSS-Eigenschaften verweist dank dem (X)HTML-Element `link` (`<link rel="stylesheet" ... />`) direkt auf eine CSS-Datei mit dem Namen *styles.css*, deren CSS-Eigenschaften für sämtliche Ausgabemedien gültig sind.

Empfehlung: Ja!
Diese Variante zur Integration von CSS in Webseitendokumente ist auf den ersten Blick wesentlich übersichtlicher als die Vorgänger-Varianten. Die CSS-Eigenschaften werden einmalig in der *styles.css* angelegt und können somit, durch die in diesem Beispiel dargestellte Referenzierung, auf einfachste Weise den Dokumenten zugängig gemacht werden. Diese Variante führt zu einer 100-prozentigen Trennung zwischen den mit (X)HTML-Tags ausgezeichneten Inhalten und der Gestaltung der Inhalte. Diese Variante ist zur Gestaltung von Webseiteninhalten absolut und uneingeschränkt zu empfehlen.

Empfehlung: Ja!
Da auch diese Variante der Integration einer CSS-Datei in ein (X)HTML-Dokument auf einer strikten Trennung von Inhalt und Layout basiert, ist sie ebenso wie die Vorgängervariante im Gegensatz zu den beiden ersten Möglichkeiten absolut zu empfehlen. Ein weiterer Vorteil dieser Variante ist, dass solch ein `@import` auch innerhalb der CSS-Datei *(styles.css)* enthalten sein kann. Das führt dazu, dass beim Laden einer CSS-Datei, die einen `@import`-Befehl zu einer weiteren externen CSS-Datei *(additionalStyles.css)* enthält, der Browser auch diese Datei lädt und deren Eigenschaften abbildet.

Einbindung einer externen CSS-Datei mittels CSS-Anweisung
Diese vierte Möglichkeit der Implementierung von CSS-Anweisungen erfolgt mittels `@import`. Das heißt, hier kann neben dem Pfad, der zur CSS-Datei führt, auch das entsprechende Ausgabemedium festgelegt werden. In diesem Beispiel ist es die Ausgabe speziell für den Monitor.

```
<!DOCTYPE html PUBLIC "-//W3C//DTD XHTML 1.0 Strict//EN" "http://
www.w3.org/TR/xhtml1/DTD/xhtml1-strict.dtd">
<html xmlns="http://www.w3.org/1999/xhtml" lang="de"
xml:lang="de">
<head>
<title>CSS - Import durch externe Datei mit Angabe des Ausgabe-
mediums</title>
<style type="text/css">
<!--
@import url(css/styles.css) screen;
//-->
</style>
</head>
<body>
<h1>
Ich bin eine Überschrift
</h1>
</body>
</html>
```

Die im Header der (X)HTML-Datei referenzierte CSS-Datei *styles.css* kann folgende CSS-Eigenschaften enthalten. Wichtig beim `@import` innerhalb einer CSS-Datei ist, dass er am Anfang der Datei erfolgt, da ansonsten diese CSS-Eigenschaften der *additionalStyles.css* die der *styles.css* überschreiben würden, da die Reihenfolge der CSS-Angaben ausschlaggebend ist, nach dem Motto: »Wer zuletzt kommt, wird vom Browser abgebildet.«

```
@import url(css/additionalStyles.css);
h1 {
   text-align:left;
   font-weight:bold;
   color:blue;
}
```

Einbindung einer externen CSS-Datei für den Internet Explorer mittels CSS-Anweisung und Conditional Comments
Die fünfte und an dieser Stelle letzte Möglichkeit der Implementierung von CSS-Anweisungen erfolgt mittels Conditional Comments (kurz: CC).

Was sind Conditional Comments? | Conditional Comments sind spezielle Kommentare mit if-Abfragen, wie `<!--[if Bedingung]>Anweisung<![endif]-->`, die ausschließlich vom Microsoft Internet Explorer ab Version 5 interpretiert werden können. Das heißt, andere Browser sind nicht in der Lage, diese CSS-Anweisungen darzustellen.

Wo integriert man Conditional Comments? | Conditional Comments können ausschließlich in (X)HTML-Dokumente integriert werden, im Gegensatz zu allen anderen bisherigen Beispielen neben der üblichen Integration im `<head>` der (X)HTML-Datei auch im `<body>`.

Welche Varianten von Conditional Comments gibt es? | CCs bieten die Möglichkeit, neben allen Versionen auch bestimmte Versionen des Internet Explorers (kurz: IE) explizit anzusprechen oder auszuschließen. Dies kann mit verschiedenen Operatoren und den gewünschten Werten erreichen werden. Werte stellen in diesem Fall die einzelnen Browserversionen seit IE5.0 dar. Die Operatoren sind beispielsweise »kleiner gleich« oder »größer als«:

```
<!–[if IE]>
<link rel="stylesheet" media="all" type="text/css"
title="default" href="css/stylesIE.css" />
<![endif]-->
```

Wenn nun aus layouttechnischen Gestaltungsgründen alle 5er-Versionen des IE separate CSS-Eigenschaften benötigen, können diese wie folgt angesprochen werden.

```
<!–[if IE 5]>
<link rel="stylesheet" media="all" type="text/css"
title="default" href="css/stylesIE5.css" />
<![endif]-->
```

Mit den bereits angesprochenen Operatoren ist es möglich, nicht nur bestimmte Versionen des IE anzusprechen, sondern auch bestimmte auszuschließen. Um beim Ansprechen der 5er-Versionen zu bleiben, würde dies

CC – Operatoren

- `<!--[if !IE 6]>`
  `!` = Dieser NOT-Operator wird direkt vor einem Wert platziert und negiert damit den Wert des Operanden.
- `<!--[if lt IE 6]>`
  `lt` = Der KLEINER-ALS-Operator dient lediglich zum Vergleich von Werten.
- `<!--[if lte IE 6]>`
  `lte` = Der KLEINER-ODER-GLEICH-Operator dient ebenso zum Vergleich der Werte.
- `<!--[if gt IE6]>`
  `gt` = Der GRÖSSER-ALS-Operator vergleicht die unterschiedlichen Versionswerte der Browser.
- `<!--[if gte IE 6]>`
  `gte` = Der GRÖSSER-ODER-GLEICH-Operator dient wie seine Vorgänger zum Vergleich der Werte.

in diesem Fall mit dem Operator »less than«, `lt` (zu Deutsch: kleiner als), folgende Auswirkungen haben. Analog dazu gibt es auch den Operator »greater than«, `gt` (zu Deutsch: größer als).

```
<!–[if lt IE 6]>
<link rel="stylesheet" media="all" type="text/css"
title="default" href="css/stylesIE5.css" />
<![endif]-->
```

Diese Abfrage spricht alle Versionen des Internet Explorers an und wird direkt nach der für alle Browser allgemeingültigen CSS-Datei *styles.css* im HTML-Code definiert. Der Übersicht halber sollte eine solche Datei namentlich mit *stylesIE.css* entsprechend ausgezeichnet werden. Darin können dann die für den Internet Explorer spezifischen Cascading Style Sheets definiert werden:

```
<!DOCTYPE html PUBLIC "-//W3C//DTD XHTML 1.0 Strict//EN" "http://
www.w3.org/TR/xhtml1/DTD/xhtml1-strict.dtd">
<html xmlns="http://www.w3.org/1999/xhtml" lang="de"
xml:lang="de">
<head>
<title>CSS</title>
<link rel="stylesheet" media="all" type="text/css"
title="default" href="css/styles.css" />
<!–[if lt IE]>
<link rel="stylesheet" media="all" type="text/css"
title="default" href="css/stylesIE.css" />
<![endif]-->
<body>
<h1>Ich bin eine Überschrift</h1>
</body>
</html>
```

Fazit

Die Nachteile der ersten beiden Varianten zur Integration von CSS-Angaben in (X)HTML-Dokumente wurden im Laufe dieses ersten Exkurses deutlich, und diese Varianten sind daher absolut nicht zu empfehlen. In den Workshop-Beispielen des Buches wird daher die dritte Variante »Einbindung per externer CSS-Datei mittels (X)HTML Anweisung« eingesetzt, die aus den genannten Gründen für den privaten sowie professionellen Einsatz absolut empfehlenswert ist.

Überschriften mal anders!

Überschriften per CSS gestalten

Überschriften mit CSS skalierbar umsetzen

Eine ständig wachsende Menge an Informationen führt dazu, dass User Informationen selektieren. Daher ist es wichtig, die Aufmerksamkeit, die zur Selektion führt, auf einen entsprechenden Bereich einer Webseite zu lenken. Eine Möglichkeit dafür ist eine entsprechende Gestaltung der Überschrift einer Webseite. Wer also diese Aufmerksamkeit erlangen möchte, setzt die folgenden Möglichkeiten vor allem in Überschriften ein.

Ziel dieses Workshops ist die Umsetzung eines Layouts, das inhaltlich und strukturell mit zwei Überschriften mit zwei verschiedene Hierarchieebenen, ergänzt durch einen beschreibenden Textabsatz, skalierbar umgesetzt werden soll. Das heißt, bei einer Veränderung der Schriftgröße über den Browser oder die Tastatur verändert sich der Text entsprechend. Das Verhältnis der einzelnen Elemente zueinander bleibt aufgrund der relativen Maßangaben allerdings gleich.

Ziel

Skalierbare Überschrift mit Untertitel und Textabsatz

- Anlegen und Strukturieren zweier Überschriften sowie eines Textabsatzes
- Separates Designen der Überschrift 1. Ordnung durch den Einsatz eines Pseudo-Elementes

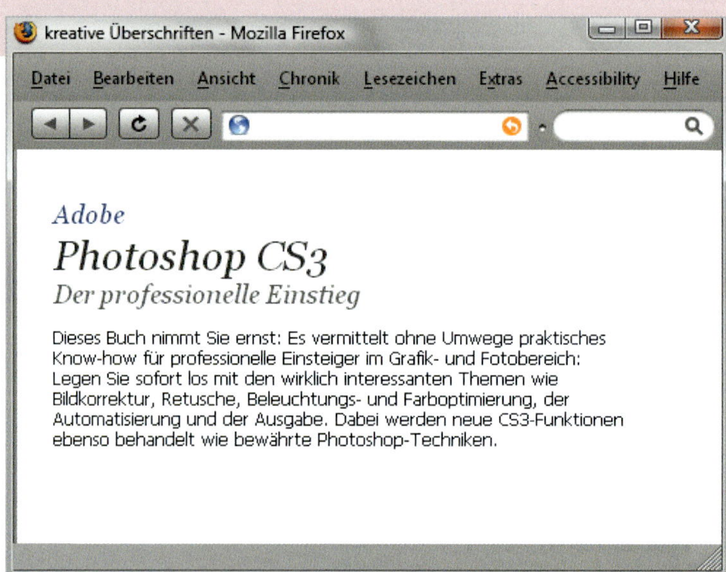

Bevor Sie mit dem ersten Workshop beginnen, legen Sie auf Ihrer Festplatte zuerst einen Ordner für unser erstes Kapitel an. Die englische Bezeichnung für Überschriften »headlines« ist naheliegend und wird daher der Name des Ordners. Diesem fügen Sie dann einen zweiten Ordner mit der Bezeichnung CREATIVEHEADLINE hinzu. Darin legen Sie außerdem einen Ordner für CSS (css) an. Die (X)HTML-Datei, die die zu erstellenden Inhalte des Workshops enthalten wird, benennen Sie *creativeHeadline.html*. Das Grundgerüst der (X)HTML-Seite für diesen Workshop sieht folgendermaßen aus:

```
<!DOCTYPE html PUBLIC "-//W3C//DTD XHTML 1.0 Strict//EN" "http://
www.w3.org/TR/xhtml1/DTD/xhtml1-strict.dtd">
<html xmlns="http://www.w3.org/1999/xhtml" xml:lang="de"
dir="ltr">
<head>
<meta http-equiv="Content-Type" content="text/
html;charset=iso-8859-1" />
<title>kreative &Uuml;berschriften</title>
</head>
<body>
<!-- hier wird der weitere (X)HTML-Code integriert -->
</body>
</html>
```

1 Struktur aufbauen

Definition des DOCTYPE
Die Deklaration des <!DOCTYPE> gibt die Document Type Definition (DTD) eines (X)HTML-Dokuments an und definiert damit, welche (X)HTML-Elemente und -Attribute in dem Dokument vorkommen sollten bzw. dürfen. Ohne diese Angabe ist ein (X)HTML-Dokument nicht »valide«.

2 Anlegen und Strukturieren der Inhalte

Der Arbeitstitel des Buches »Adobe Photoshop CS3 – Der professionelle Einstieg«, der an dieser Stelle für die zwei Überschriften herhalten muss, besteht eigentlich eher aus einer Überschrift und einem Untertitel. Der Bedeutung der Inhalte entsprechend definieren Sie daher an dieser Stelle eine Überschrift 1. Ordnung <h1> mit dem Inhalt »Adobe Photoshop CS3« und eine in der Bedeutung etwas geringwertigere Überschrift <h2> mit dem Inhalt »Der professionelle Einstieg«. Diese werden innerhalb des <body>-Tags in dem bereits vorgemerkten Bereich eingefügt:

```
...
<h1>Adobe Photoshop CS3</h1>
<h2>Der professionelle Einstieg</h2>
...
```

Unter die Überschrift fügen Sie nun einen Textabsatz <p> in den Quellcode ein. Er wird inhaltlich von den Überschriften beschrieben und bietet eine kurze Zusammenfassung des Buches.

Überschriftenhierarchie
Bevor Sie in den Workshop einsteigen, sei noch eine kleine Erklärung in Sachen Überschriften und deren unterschiedliche Gewichtung gestattet. Seitens des World Wide Web Consortium (kurz: W3C) wurden für Überschriften sechs unterschiedliche Stufen der Gewichtung innerhalb von (X)HTML festgelegt. Diese werden durch das h-Tag ausgezeichnet und erhalten mit einer dazugehörenden Ziffer ihre jeweilige Gewichtung.

```
<h1>Überschrift 1. Ordnung</h1>
<h2>Überschrift 2. Ordnung</h2>
...
<h6>Überschrift 6. Ordnung</h6>
```

```
...
<h1>Adobe<span>Photoshop CS3</span></h1>
<h2>Der professionelle Einstieg</h2>
<p>
Dieses Buch nimmt Sie ernst: Es vermittelt ohne Umwege praktisches Know-how für professionelle Einsteiger im Grafik- und Fotobereich: Legen Sie sofort los mit den wirklich interessanten Themen wie Bildkorrektur, Retusche, Beleuchtungs- und Farboptimierung, der Automatisierung und der Ausgabe. Dabei werden neue CS3-Funktionen ebenso behandelt wie bewährte Photoshop-Techniken.
</p>
...
```

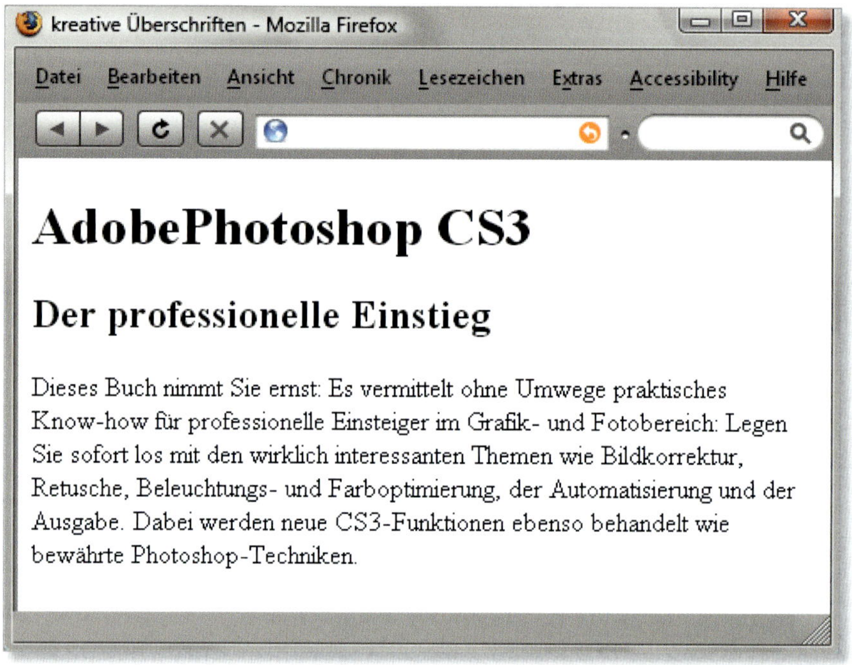

▲ **Abbildung 1**
Die Abbildung im Browser zeigt zwei Überschriften, deren unterschiedliche Gewichtung sich in einer unterschiedlich großen Schrift ausdrückt. Sie besitzen standardmäßig ein Absatzformat, wodurch jede Überschrift in einer separaten Zeile dargestellt wird und einen automatischen Umbruch erzeugt.

3 CSS-Datei in (X)HTML-Seite integrieren

Um eine gute Übersicht zu erhalten, benennen Sie zuerst die nun benötigte CSS-Datei *creativeHeadline.css*. Auf sie wird dann innerhalb des Kopfbereiches <head> unserer (X)HTML-Seite referenziert.

```
...
<head>
...
<title>kreative Überschriften</title>
<link rel="stylesheet" title="Default" href="css/creativeHead-
line.css" type="text/css" media="screen" />
</head>
...
```

Deklaration des Medientyps für das Ausgabemedium
Die Angabe des Medientyps mit `media=screen` bedeutet die Ausgabe der Styles ausschließlich für den Monitor. Mehr zu den verschiedenen Medientypen im Exkurs »Was sind Cascading Style Sheets, und wie integriert man sie?« ab Seite 14.

In dieser Datei werden dann alle nötigen CSS-Eigenschaften Schritt für Schritt angelegt. Die Eigenschaften der einzelnen (X)HTML-Elemente werden übersichtlich untereinander angeordnet. Die CSS-Datei selbst wird im dafür vorgesehenen CSS-Ordner abgelegt.

4 Schrifteigenschaften so umsetzen, dass die Schriftgröße variiert werden kann

Damit die Inhalte des Workshops überhaupt skalierbar werden können, müssen Sie die Maßangaben für die Überschriften von den bisherigen absoluten Pixelwerten in relative Werte ändern. Für die Schriften fällt in Sachen Schriftgröße die Wahl daher auf Prozentangaben.

Zur Auszeichnung relativer Schriftgrößenangaben, der Grundvoraussetzung für das Verändern der Schriftgröße, würde dem weitverbreitetsten Browser, dem Internet Explorer, eine Schriftgröße von `100%` durchaus reichen. Ältere Browser wie beispielsweise der Opera 6 stellen einen so definierten Text allerdings immens klein dar. Denn diesen älteren Versionen des Browsers unterläuft beim Kalkulieren der Schriftgröße ein Fehler, so dass die Schrift dann nicht mehr lesbar ist. Erhöht man den Wert beispielsweise auf `101%`, bringt dies leider absolut dasselbe Ergebnis. Im Safari-Browser führt dies zum Beispiel zu überproportional großen Schriften. Eine Variante, die sich daher durchgesetzt und nahezu alle Browsertests bestanden hat, ist die Definition der Schriftgröße im `<body>` der entsprechenden CSS-Datei mit einem Wert von `100,01%`:

```
body {
   font-size:100.01%;
}
```

Da sämtliche Inhalte zudem einen Abstand zum Browserfensterrand aufweisen sollen, legen Sie hierfür einen Margin-Wert von beispielsweise `25px` fest. Dadurch werden sämtliche Inhalte, die sich innerhalb des `<body>`-Tags befinden, von allen Richtungen um diesen Wert eingerückt. Da den Überschriften andere Schriftarten zugewiesen werden, gilt die bereits an dieser Stelle getroffene Auswahl für die »Tahoma« und die Ersatzschrift »Arial« für den späteren Textabsatz. Da dessen Schriftgröße allerdings kleiner ausfallen soll, muss diese dann an geeigneter Stelle nur noch angegeben werden:

Die an zweiter Stelle folgende Schriftart wird für den Fall aufgeführt, dass die erste nicht vorhanden ist. Sie können auch mehr als zwei Schriftarten angeben.

Die an zweiter Stelle folgende Schriftart wird für den Fall aufgeführt, dass die erste nicht vorhanden ist. Dabei ist es auch möglich, mehr als zwei Schriftarten zu anzugeben.

```
body {
   margin:25px;
   padding:0;
   font:normal 100.01% Tahoma, Arial;
}
```

5 Gestalten der Überschrift 1. Ordnung

Um das Workshop-Beispiel nun auch endlich etwas ansehnlicher zu gestalten, definieren Sie zuerst die CSS-Eigenschaften für `<h1>`. Da die Überschrift, ihr Untertitel und der Textabsatz keinerlei Beschränkung in der Breite besitzen, weisen Sie `<h1>` eine Breite von 400 px zu. Weil Überschriften standardmäßig als Blockelement Außen- und Innenabstände aufweisen, werden diese an dieser Stelle auf null gesetzt. Um der Überschrift nicht nur etwas mehr Gewichtung durch eine größere Schrift zu verpassen, wählen Sie für das Beispiel die Serifenschrift Georgia. Dieser Schriftfamilie weisen Sie neben einer wesentlich größeren Schrift mit `italic` zudem einen kursiven Schriftstil zu. Außerdem vergeben Sie eine dunkelgraue Schriftfarbe:

Schriftgröße berechnen
Da die Schriftgröße für `<h1>` in absoluten Werten 28 px entsprechen soll, errechnet sie sich wie folgt:
16 px/100 % * 28 px/x = 175 %

```
h1 {
   width:400px;
   padding:0;
   margin:0;
   font:italic normal 175%/115% Georgia, Verdana;
   color:#3A3A3A;
}
```

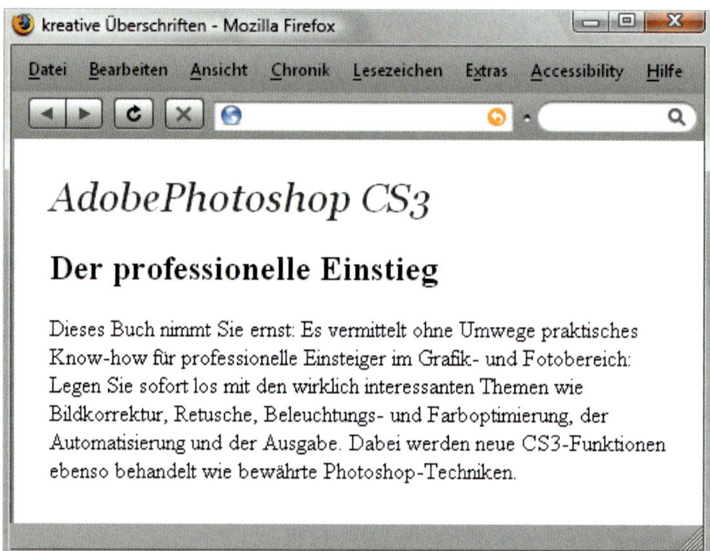

Abbildung 2 ▶
Überschrift 1. Ordnung gestaltet per CSS

Wer diese Angaben korrekt ausgeführt hat, sollte nun eine graue, kursive, größere Überschrift 1. Ordnung erhalten.

6 Überschrift 2. Ordnung formatieren

In diesem Schritt setzen Sie nun auch bei der Überschrift 2. Ordnung die gewünschten Formatierungen um. Dazu fügen Sie dem bisherigen Code in der *creativeHeadline.css* die Eigenschaften für die Überschrift 2. Ordnung `<h2>` hinzu. Da diese in Sachen Breite ebenfalls in ihre Schranken verwiesen werden soll, bekommt sie einen Wert von 400 px sowie die Textausrichtung links. Da diese Überschrift weniger Gewicht erhalten soll, bekommt `<h2>` eine kleinere Schrift mit entsprechender Zeilenhöhe und einer im Vergleich zu `<h1>` hellgraueren Schriftfarbe.

Überschriftenhierarchie
Der Einsatz einer Überschrift zweiter Ordnung setzt immer eine Überschrift 1. Ordnung voraus.

```
h2  {
   width:400px;
   padding:0;
   margin:0;
   color:#666;
   font:italic normal 112.5%/115% Georgia, Verdana;
}
```

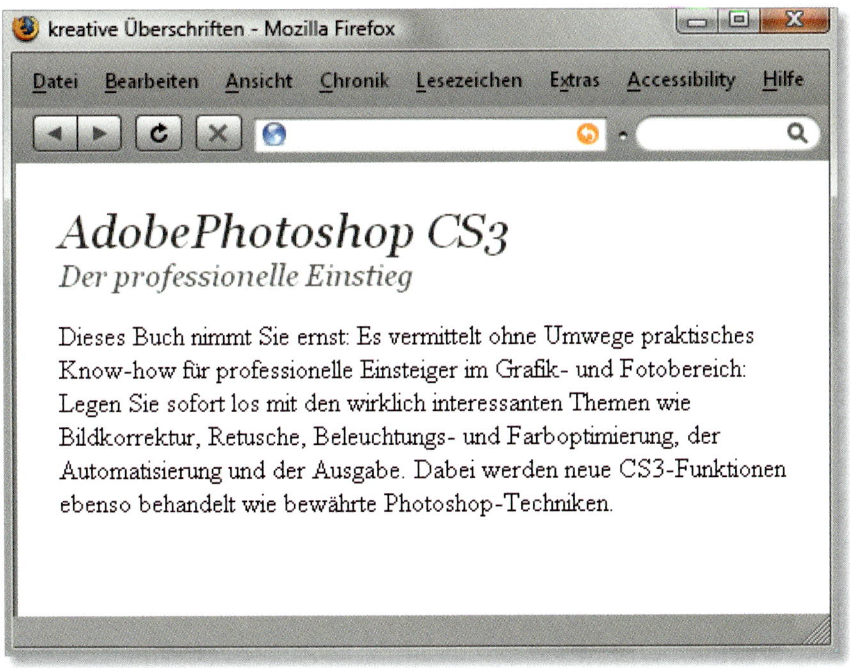

◂ **Abbildung 3**
Überschrift 2. Ordnung gestaltet per CSS

7 Formatieren des Textabsatzes

Da der Textabsatz ebenso wie die Überschriften standardmäßig Außen- und Innenabstände aufweist, werden diese zuerst auf null gesetzt. Somit haben Sie mehr Kontrolle über die genauen Abstände der Elemente zuei-

Schriftgröße berechnen
Da die Schriftgröße für <h2> in absoluten Werten 18 px entsprechen soll, errechnet sie sich wie folgt:
16 px/100 % * 18 px/x = 112,5 %

nander. Wenn Sie die Abstände der Elemente in den Abbildungen zuvor miteinander vergleichen, sehen Sie, wie deutlich teilweise diese Abstände sind. Wie bei <h1> und <h2> zuvor wird auch dem Textabsatz eine Breite von 400 px zugewiesen. Da die Schriftgröße für diesen Bereich ebenfalls skalierbar sein, aber noch kleiner ausfallen soll als bei <h2>, wählen Sie eine entsprechende Schriftgröße. Diese wird für die anfangs im Body definierte Schriftfamilie »Tahoma« angewandt:

```
p {
   width:400px;
   font-size:75%;
}
```

Abbildung 4 ▸
Textabsatz gestaltet per CSS

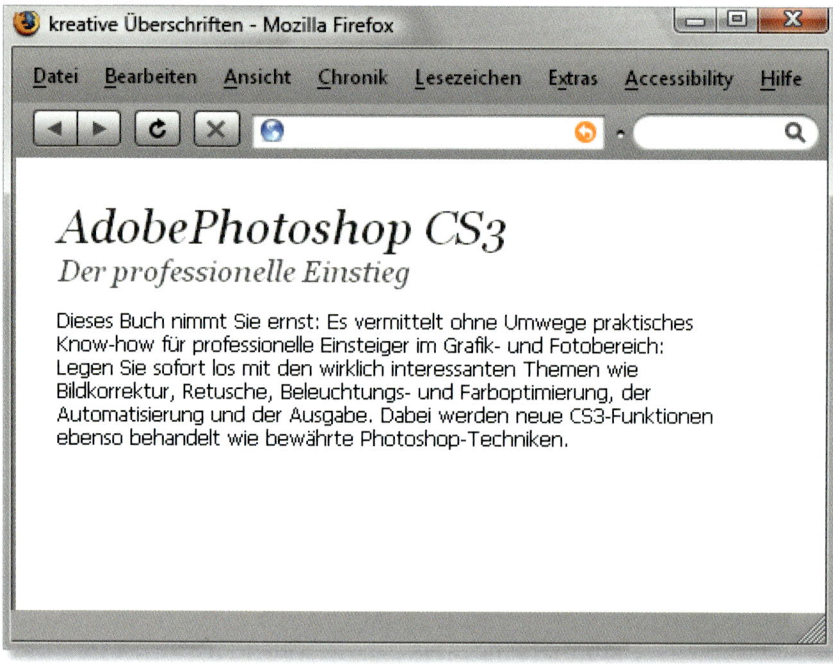

8 Überschrift 1. Ordnung mit Inline-element separieren

Um, wie anfangs angesprochen, die abgebildete Zielsetzung erreichen zu können, legen Sie mit einem <span>-Tag ein neues (X)HTML-Element in der *creativeHeadline.html* an, und fügen Sie dieses dem bisherigen (X)HTML-Code so hinzu, dass es »Photoshop CS3« enthält:

```
<h1>Adobe<span>Photoshop CS3</span></h1>
```

Auf diese Weise haben Sie die größtmögliche Kontrolle über die Gestaltung via CSS. Sie könnten nach dem Wort »Adobe« auch einen Umbruch mit einem
-Tag erzeugen, dieser würde aber immer für einen Umbruch sorgen; dank dem <span>-Tag können Sie dieses Verhalten Ihren Wünschen anpassen. Um nun den gewünschten Umbruch, wie er in der Abbildung der Zielsetzung am Anfang des Workshops zu erkennen ist, mittels dieses Inlineelementes erhalten zu können, definieren Sie es als Blockelement:

<span>-Tag
Dieses Tag ist ein sogenanntes Inlineelement, das ohne CSS im Gegensatz zu den Überschriften oder dem Textabsatz nicht zu einem Zeilenumbruch führt. Das <span>-Tag fügt den betreffenden Elementen ohne CSS-Eigenschaften keinerlei Formatierung hinzu.

```
h1 span {
   display:block;
}
```

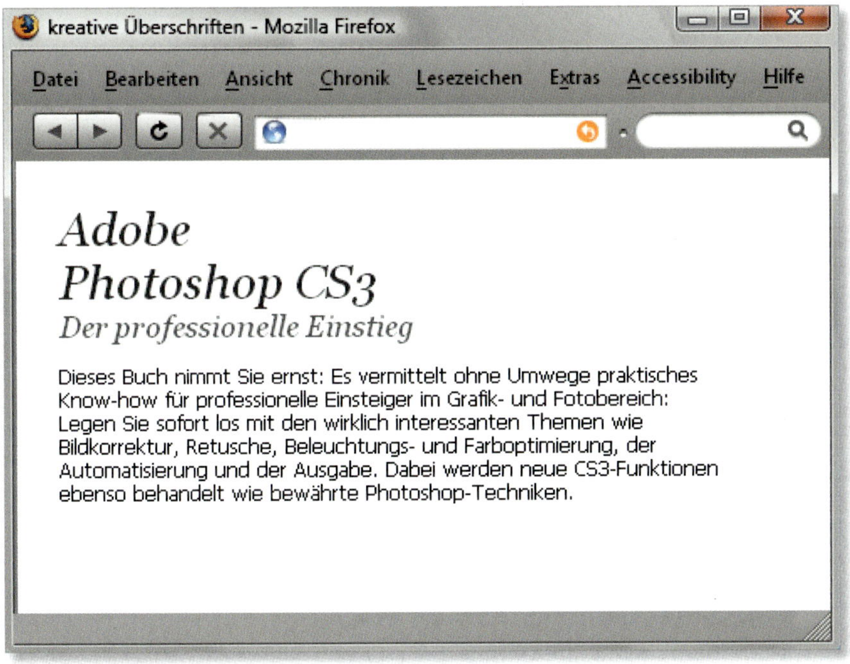

◄ **Abbildung 5**
Umbruch innerhalb von <h1> dank »display:block;«

9 Überschrift 1. Ordnung per Pseudo-Element gestalten

Dieser Umbruch per CSS führt zu einer Aufteilung von <h1> über zwei Zeilen, die beide noch dieselbe CSS-Formatierung aufweisen. Ein Pseudo-Element, dessen Einsatz bereits seit CSS1 möglich ist und von allen gängigen Browsern unterstützt wird, ermöglicht Ihnen nun eine separate Gestaltung der ersten Zeile (»Adobe«). Diese soll wesentlich kleiner ausfallen als der Text der zweiten Zeile und mit Blau auch eine andere Schriftfarbe erhalten. Das Auszeichnen eines Elementes durch ein Pseudo-Element erfolgt fol-

Pseudo-Elemente
Mit `Pseudo-Elementen` können separate CSS-Eigenschaften für (X)HTML-Elemente definiert werden, ohne zusätzlichen (X)HTML-Code anlegen zu müssen. Mit `:first-line` kann die erste Zeile eines Elementes (in diesem Fall der Überschrift `<h1>`) individuell gestaltet werden.

Umrechnung der Schriftgröße von h1:first-line
`h1:first-line` (18 px)
18 px * 100 %/28 px = 64,3 %

genderweise: Selektor, gefolgt von einem Doppelpunkt und der Bezeichnung der Pseudoklasse.

```
h1:first-line  {
   font-size:64.3%;
   line-height:90%;
   color:#2C4A8C;
}
```

Die erste Zeile unser Überschrift 1.Ordnung, gleichzusetzen mit dem Wort »Adobe«, besitzt nun eine kleinere Schrift als der Rest von `<h1>` und zudem eine blaue Schriftfarbe. Bevor an dieser Stelle noch einmal das fertige Endergebnis abgebildet wird, sei ein kleiner Vergleich gestattet: Wenn Sie die Überschrift samt Untertitel und Textabsatz nicht wie bis hierher unterschiedlich, sondern basierend auf den in Schritt 4 erstellten CSS-Eigenschaften für die Schriften gestaltet hätten, wäre in etwa solch ein Ergebnis dabei herausgekommen:

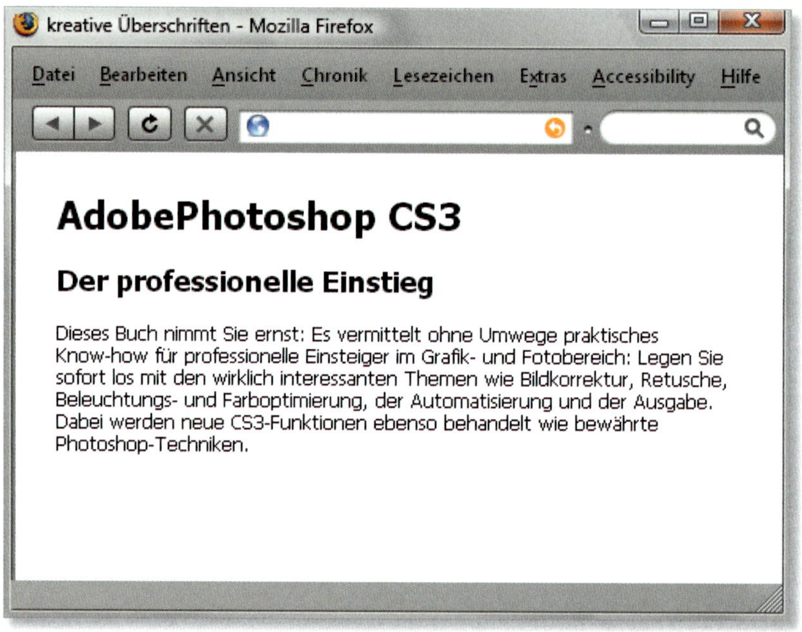

▲ **Abbildung 6**
Darstellung der Inhalte bei weniger differenzierter Formatierung durch CSS

Im Vergleich dazu das Ergebnis Ihrer bisherigen Arbeit in diesem Workshop:

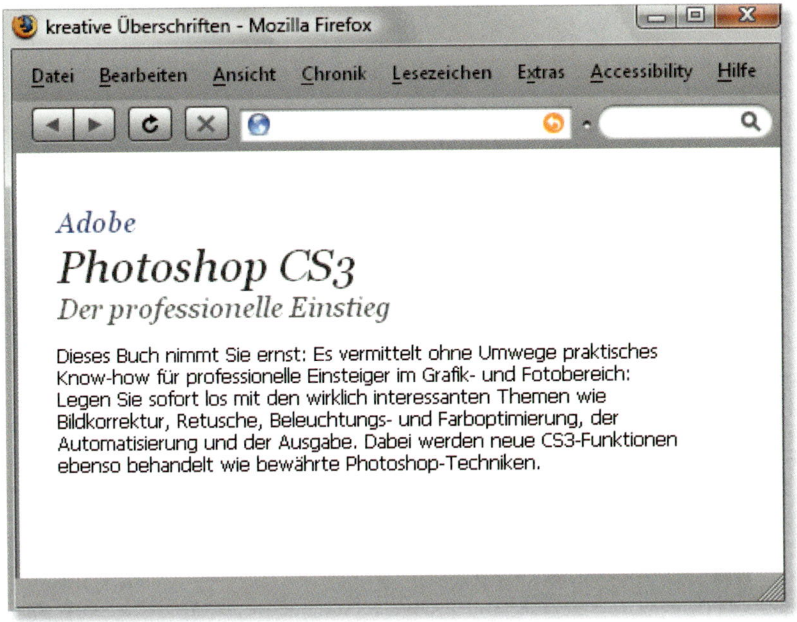

◂ **Abbildung 7**
Darstellung des Wortes »Adobe« durch das Pseudo-Element »`:first-line`«

Da im Laufe des Workshops immer auf die Skalierbarkeit der Inhalte hingewiesen wurde, folgt nun eine Abbildung bei vergrößerter Schrift:

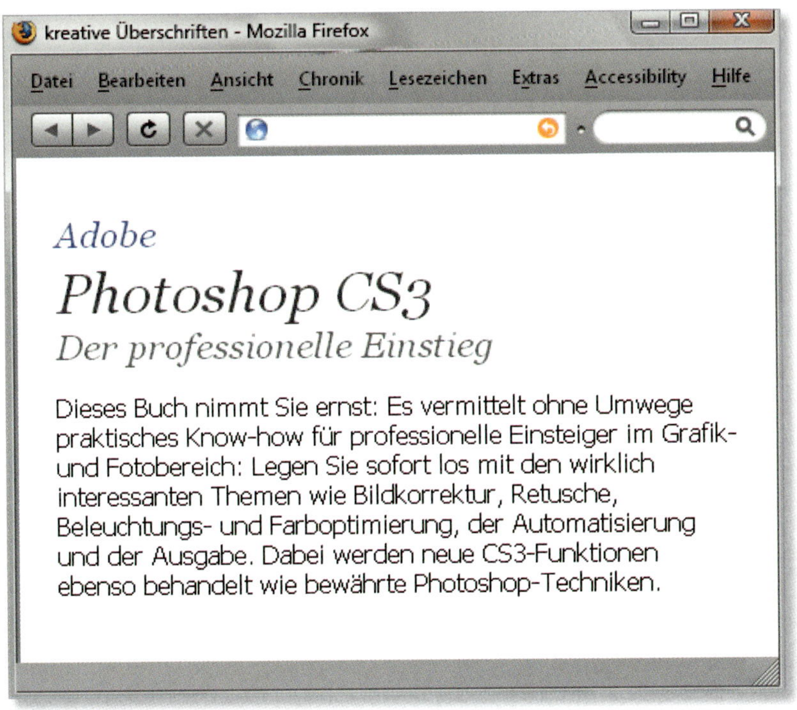

◂ **Abbildung 8**
Abbildung innerhalb des Browsers bei mehrfach vergrößerter Schrift

Diese Möglichkeit der Veränderung des Layouts bietet vor allem denjenigen einen höheren Nutzen, die zum Lesen von Webseiteninhalten eine größere Schrift benötigen.

Zum Abschluss sei mit dem IE7 an dieser Stelle auch ein Blick auf einen anderen Browser und dessen Interpretation der Inhalte gestattet.

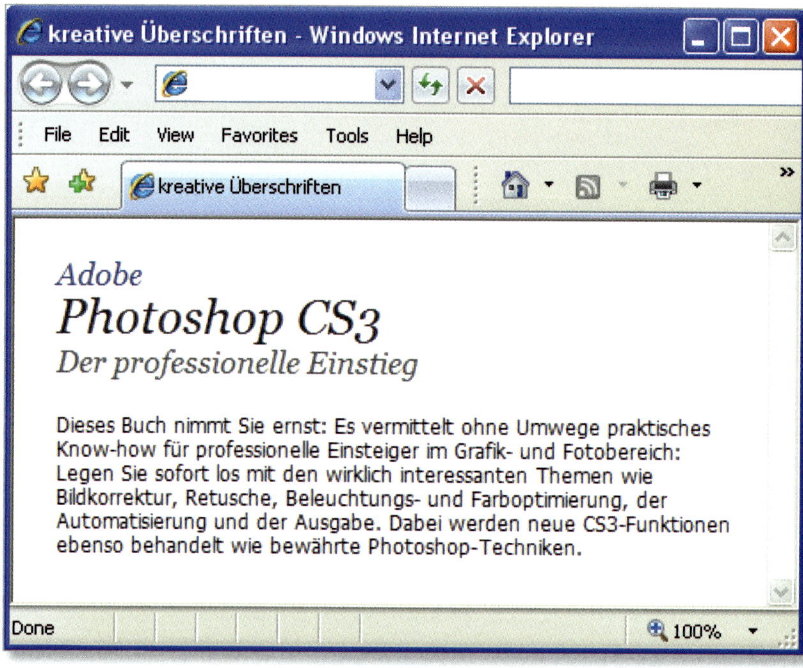

Abbildung 9 ▸
Abbildung innerhalb des IE7

Zusammenfassung

Textinhalte skalierbar umsetzen sowie (X)HTML-Elemente mittels Pseudo-Elementen differenziert gestalten zu können, war Zielsetzung dieses Workshops, dessen gesamte Umsetzung ohne das übrige (X)HTML-Grundgerüst ganze 3 Zeilen (X)HTML und knapp über 30 Zeilen CSS-Code umfasst. Alles in allem haben Sie eine Überschrift, mit Untertitel und einem Textabsatz, die von allen gängigen Browsern gleichermaßen umgesetzt und skaliert werden kann.

/* Code aus Step 1 bis 3 & 8 */

```
<!DOCTYPE html PUBLIC "-//W3C//DTD XHTML 1.0 Strict//EN" "http://www.w3.org/TR/xhtml1/DTD/
xhtml1-strict.dtd">
<html xmlns="http://www.w3.org/1999/xhtml" xml:lang="de" dir="ltr">
<head>
<meta http-equiv="Content-Type" content="text/html;charset=iso-8859-1" />
<title>kreative &Uuml;berschriften</title>
<link rel="stylesheet" title="Default" href="css/creativeHeadline.css" type="text/css"
media="screen" />
</head>
```

```
<body>
<h1>Adobe<span>Photoshop CS3</span></h1>
<h2>Der professionelle Einstieg</h2>
<p>
Dieses Buch nimmt Sie ernst: Es vermittelt ohne Umwege praktisches Know-how für professio-
nelle Einsteiger im Grafik- und Fotobereich: Legen Sie sofort los mit den wirklich inter-
essanten Themen wie Bildkorrektur, Retusche, Beleuchtungs- und Farboptimierung, der Auto-
matisierung und der Ausgabe. Dabei werden neue CS3-Funktionen ebenso behandelt wie bewährte
Photoshop-Techniken.
</p>
</body>
</html>
```

/* Code aus Step 4 bis 9 */

```
body {
   padding:0;
   margin:25px;
   font:normal 100.01% Tahoma, Arial;
}

h1 {
   width:400px;
   padding:0;
   margin:0;
   font:italic normal 175%/115% Georgia,
   Verdana;
   color:#3A3A3A;
}

h1 span {
   display:block;
}

h1:first-line  {
   font-size:64.3%;
   line-height:90%;
   color:#2C4A8C;
}


h2  {
   width:400px;
   padding:0;
   margin:0;
   color:#666;
   font:italic normal 112.5%/115% Georgia,
   Verdana;
}

p {
   width:400px;
   font-size:75%;
}
```

Bild ersetzt Text

Oder: Wie erhält man durch den Einsatz der Image-Replacement-Methode eine größere Gestaltungsvielfalt bei Überschriften?

Normalerweise ist man bei der Darstellung von Texten wie Überschriften auf die Schriftfamilien angewiesen, die auf den jeweiligen Betriebsystemen vorkommen und dann mittels CSS aufbereitet werden können. Da diese aber begrenzt sind, wird man in dieser Hinsicht von den Betriebssystemen bei der Gestaltung ausgebremst, beispielsweise bei einer weniger verbreiteten Schriftfamilie. Es gibt mit CSS aber Alternativen, dieses Problem zu umgehen. Die Zielsetzung dieses Workshops wird es daher sein, ausschließlich mit CSS Text durch ein Bild mit einer etwas spezielleren Typo zu ersetzen. Diese Methode nennt man Image-Replacement. Das heißt, der eigentliche Textinhalt wird nach dem Austausch durch das Bild nicht mehr angezeigt.

Ziel

Die Textüberschrift »Calligraphy« wird durch die Grafiküberschrift »Calligraphy« ersetzt.

- Erstellen einer textbasierten Überschrift
- Ausblenden der Überschrift via CSS
- Einblenden einer Grafik anstelle der Überschrift

1 Struktur anlegen

Zuerst legen Sie nun einen Ordner mit der eindeutigen Bezeichnung Image-Replacement an, der eine gleichnamige (X)HTML-Datei, einen CSS-Ordner (css) und einen Bilder-Ordner (images) enthält.

(X)HTML-Gerüst anlegen | Das (X)HTML-Grundgerüst ohne jegliche Inhalte sollte folgendermaßen aussehen:

```
<!DOCTYPE html PUBLIC """-//W3C//DTD XHTML 1.0 Strict//EN"
"http://www.w3.org/TR/xhtml1/DTD/xhtml1-strict.dtd">
<html xmlns="http://www.w3.org/1999/xhtml" xml:lang="de" dir="ltr">
<head>
<meta http-equiv="Content-Type" content="text/
html;charset=iso-8859-1" />
<title>Image-Replacement</title>
</head>
<body>
<!-- hier wird der weitere (X)HTML-Code integriert -->
</body>
</html>
```

xml:lang="de"
Dokumente zur Präsentation von Webseiten werden üblicherweise in einer einzigen Sprache verfasst. Werden jedoch mehrere Sprachen eingesetzt, müssen diese in Hinsicht auf die Sprachausgabe als solche ausgezeichnet werden. Bei (X)HTML-Dokumenten wird daher u.a. empfohlen, das Attribut `xml:lang` in das öffnende (X)HTML-Tag zu integrieren.

Der weitere Aufbau und die damit verbundene Integration und Strukturierung der (X)HTML-Seite ist einfach und übersichtlich. Sie besteht, wie in der Zielsetzung beschrieben, lediglich aus einer Überschrift, in unserem Falle einer der höchsten Wertigkeit `<h1>`, und zwei Textabsätzen `<p>`. Die Inhalte der Textabsätze werden uns vom Lorem-ipsum-Generator zur Verfügung gestellt.

2 Überschrift <H1>

Für die Überschrift benötigen Sie nur das bereits angesprochene (X)HTML-Tag `<h1>`, das von Textbrowser und Screenreader darstellbar sein soll, und fügen das Wort »Calligraphy« zwischen das öffnende und das schließende `<h1>`-Tag ein.

```
<h1>Calligraphy</h1>
```

◂ **Abbildung 1**
Überschrift 1. Ordnung ohne CSS

Textabsätze <P> 3

Der Lorem-ipsum-Generator ist ein Online-Werkzeug, der die gewünschte Menge an Platzhalter-Text erstellt. Ein Beispiel dieser Generatoren gibt es unter: *www.loremipsum.de*.

Unsere Überschrift beschreibt inhaltlich zwei unter ihr positionierte Textabsätze.

```
<h1>Calligraphy</h1>
<p>
   Lorem ipsum dolor sit amet, consetetur ...
</p>
<p>
   Set clita kasd gubergren, no sea takimata ...
</p>
```

Da eine Überschrift ihrer semantischen Bedeutung entsprechend immer einen folgenden Textabschnitt beschreibt, sollte sie auch nur von einem der dafür vorgesehenen (X)HTML-Tags `<h...>` in den 6 Hierarchiestufen formatiert werden. Leider werden noch allzu oft Überschriften durch Absätze `<p>` oder andere (X)HTML-Elemente umgesetzt.

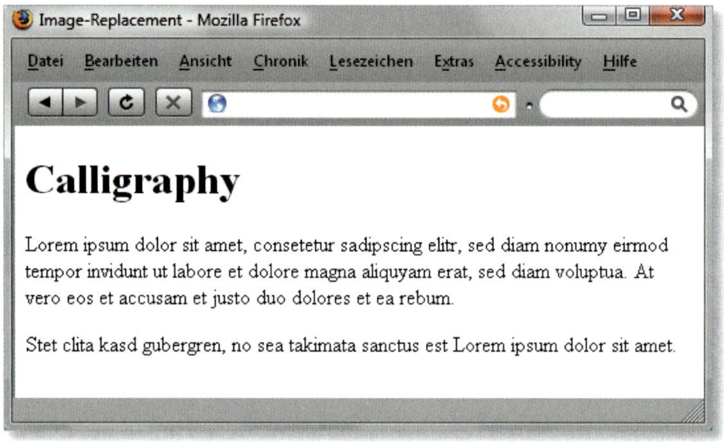

▲ **Abbildung 2**
Überschrift <h1> und zwei Textabsätze ohne CSS

CSS-Datei in (X)HTML-Seite integrieren 4

Da bereits jetzt sämtliche (X)HTML-Arbeiten abgeschlossen sind, legen Sie als Nächstes die für diesen Workshop nötige CSS-Datei an. Bezeichnen Sie sie mit *imageReplacement.css* wieder eindeutig, und legen Sie sie im CSS-Ordner ab. Innerhalb des Kopfbereiches `<head>` der (X)HTML-Seite wird sie folgendermaßen referenziert:

```
...
<head>
...
<title>kreative &Uuml;berschriften</title>
<link rel="stylesheet" title="Default" href="css/imageReplace-
ment.css" type="text/css" media="screen" />
</head>
...
```

In dieser bisher noch leeren Datei werden alle nötigen CSS-Eigenschaften für die festgelegten Elemente übersichtlich untereinander angeordnet.

5 Bild für Überschriftersatz anlegen

Bevor Sie jetzt überhaupt mit der CSS-Formatierung beginnen, müssen Sie zunächst eine Grafik anlegen. An dieser Stelle sei ein großes Dankeschön an Benjamin für die Erstellung der Grafik erlaubt. Diese erhält die Bezeichnung *imageReplacement.jpg* und wird im dafür angelegten Bilder-Ordner abgelegt.

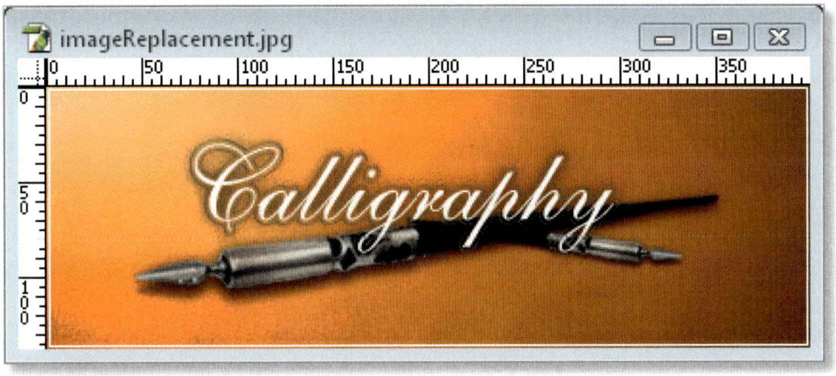

▲ **Abbildung 3**
Überschriftenersatz »imageReplacement.jpg«

Aufgrund der Farbenvielfalt dieses Bildes könnte es entweder das Format PNG oder JPG sein. Die Dateigröße des PNG-Bildes dürfte aber mindestens doppelt so groß sein. Und da Sie in Sachen Ladezeiten (auch in Zeiten von DSL) immer an den Besucher Ihrer Webseite denken sollten, fällt Ihre Wahl auf das JPG-Format.

6 Bild in den Hintergrund von <H1> positionieren

Um die Auswirkungen des Image-Replacements besser erkennen zu können, beginnen Sie in diesem Workshop zuerst mit der Ausrichtung der Hintergrundgrafik und erst im übernächsten Schritt mit der Festlegung der Eigenschaften für Schriftart und Schriftgröße. Nun zum Ersetzen des Textes durch die soeben erstellte Hintergrundgrafik: Da der Inhalt der Überschrift `<h1>`, nämlich das Wort »Calligraphy«, für Nutzer von Screenreader und Textbrowser im Quelltext verbleiben muss, damit er weiterhin vorgelesen (Screenreader) und angezeigt (Textbrowser) werden kann, darf er nicht wie in manch anderer Methode im (X)HTML-Code einfach durch eine Grafik ersetzt werden. Um die Funktionsweise dieser *Image-Replacement-Methode* zu verstehen, fügen Sie als Erstes mit CSS der Überschrift 1. Ordnung die Grafik als Hintergrund hinzu, und richten Sie sie oben links aus. Die Eigenschaft `no-repeat` sorgt dafür, dass die Grafik innerhalb von `<h1>` nicht wiederholt wird.

```
h1 {
   padding:0;
   margin:0;
   background:transparent url(../images/headlineReplacement.jpg)
   left top no-repeat;
}
```

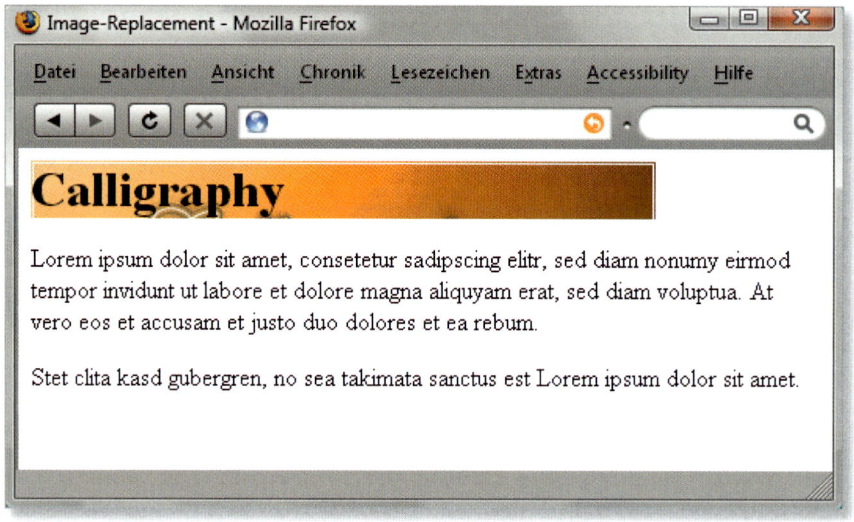

Abbildung 4 ▸
Wie in der Abbildung zu erkennen ist, wird die Hintergrundgrafik nicht vollkommen im Browser dargestellt, denn bisher wird der Überschrift lediglich die Grafik als Hintergrund zugewiesen. Dies führt dazu, dass sich die Grafik unter den Text schiebt, den Sie später vollkommen ersetzen werden.

Da der Textinhalt der Überschrift mit »Calligraphy« nicht hoch genug ist, damit die ganze Grafik abgebildet werden kann, benötigt sie die Angabe von Höhe und Breite. In diesem Fall fügen Sie in unserer *imageReplacement.css* der Überschrift `<h1>` den Wert von 138 px für die Höhe und 400 px für die Breite hinzu:

```
h1 {
   padding:0;
   margin:0;
   background:transparent url(../images/headlineReplacement.jpg)
   left top no-repeat;
   height:138px;
   width:400px;
}
```

Nach dem Abspeichern dieser Änderungen und erneutem Laden dieses Workshops sollte der Browser die Grafik in voller Höhe darstellen.

▲ **Abbildung 5**
Überschrift und Hintergrundgrafik in Einem

Ein- bzw. Ausrücken von Inhalten
Mit `text-indent` wird die jeweils erste Zeile eines Absatzes eingerückt. Aber auch ein Ausrücken nach links ist möglich, dafür muss dem Element ein negativer Wert für `text-indent` gegeben werden. Um auf Nummer sicher zu gehen, dass dieses Element nicht noch im Browser zu sehen ist, wird oft auf große Werte wie `-9999px` zurückgegriffen.

7 Textinhalt der Überschrift ausblenden

Auch wenn die Abbildung der Überschrift mit Text und Grafik unvorteilhaft ist und die Grafik den Text ersetzen soll, darf der Textinhalt mittels CSS nicht ausgeblendet werden. Denn manche dieser Image-Replacement-Methoden setzen die Eigenschaft `display:none` ein, um Überschriftentext vollkommen auszublenden; dies führt für manche Screenreader dazu, dass dieser dann nicht mehr lesbar ist. Damit wären solche Inhalte für diese Besucher unerreichbar. Deshalb sei an dieser Stelle deutlich darauf hingewiesen, dass solche Techniken nur dezent eingesetzt werden und keine wichtigen Daten enthalten sollten. Die Phark-Methode bedient sich dem Ausrücken des Elementes durch einen negativen Wert. Dieser rückt den Textinhalt von `<h1>` (nicht das ganze Element!) um genau den ausgewählten Wert links aus dem Browser aus. Der Text verschwindet also über die linke Browserfensterseite ins Nirvana. Wir entscheiden uns für eine Ausrückung um `-9999 Pixel`. Den Wert fügen Sie dann innerhalb von `<h1>` dem bisherigen CSS-Code hinzu:

```
h1 {
   padding:0;
   margin:0;
   text-indent:-9999px;
   background:transparent url(../images/imageReplacement.jpg)
   left top no-repeat;
```

```
    height:138px;
    width:400px;
}
```

Die abgebildete Hintergrund-Grafik hat hiermit den Text als Überschrift abgelöst. Da Sie die beiden noch übrigen Textabsätze, die von unserer neuen Überschrift beschrieben werden, nicht so unansehnlich zurücklassen wollen, widmen wir uns ihnen im letzten Schritt des dritten Workshops unseres Kapitels »Überschriften«.

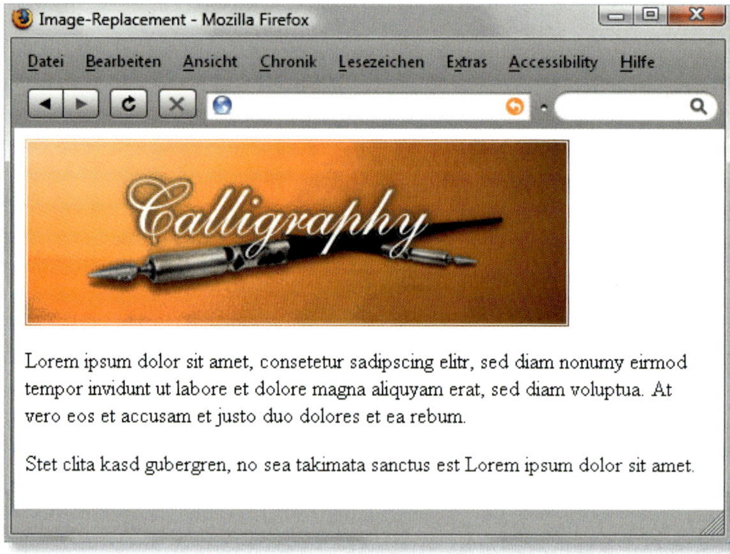

▲ **Abbildung 6**
Die Textüberschrift verschwindet aus dem sichtbaren Bereich und wird vollkommen von der Grafik ersetzt.

8 Schrifteigenschaften vergeben und Inhalte ausrichten

Zuallererst weisen Sie dem <body> in der Vertikalen einen Abstand von 10 px und in der Horizontalen von 60 px zu, damit die Inhalte des Workshops nicht mehr direkt am Browserfensterrahmen »kleben« bleiben:

```
body {
    margin:10px 60px;
    font:normal 75% Arial, Verdana;
}
```

Schriftgröße berechnen
Da die Schriftgröße für die Textabsätze in absoluten Werten 12 px entsprechen soll, die Standardgröße der Browser aber 16 px ist, was der Ausgangsgröße von 100 % entspricht, errechnet sich die Schriftgröße wie folgt:
16 px/100 % * 12 px/x = 75 %

Neben dieser Einrückung der gesamten Inhalte wird an dieser Stelle, wie bereits von den Vorgängerworkshops gewohnt, die Schriftgröße in relativen Prozentwerten festgelegt. Um in Sachen Typografie, einen kleinen Kontrast zu der in der Überschrift verwendeten Schriftart zu bieten, formatieren wir die dazugehörenden Texte mit der Schriftart Arial. Zusätzlich bekommen die Textabsätze einen Außenabstand nach oben von 10 px und entsprechend der Überschrift eine Laufweite von 400 px, damit diese Elemente gleich breit sind.

▲ **Abbildung 7**
Eingerückter Inhalt mit neuen Schrifteigenschaften

Schriftgröße berechnen
Der Berechnung dieses Wertes liegt der im `<body>` definierte Wert zugrunde. Da die Schriftgröße für den jeweils ersten Buchstaben der Textabsätze in absoluten Werten 20 px entsprechen soll, die im `<body>` festgelegte Schriftgröße von 75 % aber 12 px entspricht, was für unsere Berechnung die Ausgangsgröße von 100 % darstellt, errechnet sich die Schriftgröße wie folgt:
12 px/100 % * 20 px/x = 166 %

```
p {
   padding:0;
   margin:10px 0 0 0;
   width:400px;
}
```

Damit der Text im Vergleich zur Überschrift nicht ganz untergeht und ihm auch die entsprechende Aufmerksamkeit zuteil werden kann, werden Sie den jeweils ersten Buchstaben der zwei Absätze etwas vergrößert darstellen. Dies geschieht mit dem Pseudo-Element `:first-letter`. Dieses Pseudo-Element kann eine separate Formatierung für das erste Zeichen eines neuen Absatzes festlegen. Diese Eigenschaft wird vom IE erst ab Version 5.5 unterstützt. Als Schriftfamilie verwenden Sie in diesem Fall Serifenschriften wie »Georgia« oder »Times New Roman«:

```
p:first-letter {
   font:normal 166% Georgia, "Times New Roman";
}
```

Initiale oder Majuskel
Ein aus dem Printmedium bekanntes Mittel zum Hervorheben eines bestimmten Textbereiches ist eine Initiale. Eine Initiale kann sich größenmäßig über mehrere Zeilen erstrecken, ihr Schriftgrad kann also um ein Vielfaches größer sein als der der Grundschrift, in diesem Fall um 66 % größer.

Abbildung 8 ▸
Finale Darstellung

Der auffälligste Unterschied nach dem Abspeichern und einem Aktualisieren im Browser ist die nun wesentlich größere Schrift des jeweils ersten Buchstabens der Textabsätze.

Zusammenfassung

Im Laufe des Workshops haben Sie nun gelernt, wie Text durch eine Grafik, die sich im Hintergrund eines Elementes befindet, ersetzt werden kann. Hierbei entstand kein zusätzlicher (X)HTML-Code, sondern es bedurfte lediglich weniger Zeilen CSS. Diese weitere Art der Gestaltungsmöglichkeit gibt Ihnen weiteren Spielraum, einem Design näherzukommen, das unabhängig von Betriebssystemen und Browsern überall identisch abgebildet wird.

/* Code aus Step 1 bis 4 */

```
<!DOCTYPE html PUBLIC "-//W3C//DTD XHTML 1.0 Strict//EN" "http://www.w3.org/TR/xhtml1/DTD/
xhtml1-strict.dtd">
<html xmlns="http://www.w3.org/1999/xhtml" xml:lang="de" dir="ltr">
<head>
<meta http-equiv="Content-Type" content="text/html;charset=iso-8859-1" />
<title>kreative &Uuml;berschriften</title>
<link rel="stylesheet" title="Default" href="css/imageReplacement.css" type="text/css"
media="screen" />
</head>
<body>
<h1>Calligraphy</h1>
<p>
```

```
    Lorem ipsum dolor sit amet, consetetur sadipscing elitr, sed diam nonumy eirmod tempor
    invidunt ut labore et dolore magna aliquyam erat, sed diam voluptua. At vero eos et ac-
    cusam et justo duo dolores et ea rebum.
<p>
<p>
    Stet clita kasd gubergren, no sea takimata sanctus est Lorem ipsum dolor sit amet.
</p>
</body>
</html>
```

/* Code aus Step 6 bis 8 */

```
body {
    margin:10px 60px;
    font:normal 75% Arial, Verdana;
}

h1 {
    padding:0;
    margin:0;
    text-indent:-9999px;
    background:transparent url(../images/
    imageReplacement.jpg) left top no-repeat;
    height:138px;
    width:400px;
}

p {
    padding:0;
    margin:10px 0 0 0;
    width:400px;
}

p:first-letter {
    font:normal 166% Georgia, "Times New
    Roman";
}
```

Größere Gestaltungsvielfalt dank Flash

Wie kann ein herkömmlicher Text durch Flash-Inhalte ersetzt werden?

Um individuelle Typografiemerkmale weniger verbreiteter Schriftarten, wie der firmeneigenen Schriftfamilie, in eine Webseite integrieren zu können, wird bisher meistens auf die Abbildung dieser Texte als Bilder zurückgegriffen. Bei der Methode »Scalable Inman Flash Replacement« ersetzt eine Kombination von CSS, Flash und JavaScript den entsprechenden Text mit der gewünschten Schriftart durch die Ausgabe der Inhalte als Flash-Datei. Die Variabilität bei der Gestaltung von Webseiteninhalten durch eine solche Methode verbessert die Möglichkeiten für jeden, der Webseiten erstellt, um ein vielfaches. Zielsetzung für diesen Workshop ist es daher, die Textüberschrift »Calligraphy« aus dem (X)HTML-Code durch denselben Inhalt, allerdings aus einer Flash-Datei und in einer anderen Schriftfamilie, zu ersetzen. Ein Vorteil dieser Methode ist es, dass das JavaScript zunächst testet, ob der User überhaupt Flash installiert hat, und bei deaktiviertem JavaScript einfach den im (X)HTML-Element vorhandenen Text ausgibt. Vor allem Screenreader- und Textbrowser-Nutzer wissen dies zu schätzen, denn ihnen wird keinerlei Text vorenthalten.

Ziel

Flash-Überschrift ersetzt Textüberschrift.

- Download und Implementierung von Scalable Inman Flash Replacement (sIFR) in den bestehenden Workshop
- Erstellen und Strukturieren der textbasierten Inhalte
- Anpassen der sIFR-Bausteine und Verändern der Textgestaltung durch eine in der Flash-Datei enthaltene Schriftfamilie

1 Struktur aufbauen

Für den letzten Workshop in diesem Kapitel legen Sie einen Ordner für den Inhalt an. Die Bezeichnung lautet diesmal FLASHREPLACEMENT. Zudem benötigen Sie einen Ordner für CSS (css) und einen für JavaScripts (JS). Für die späteren Flash-Dateien erstellen Sie einen SWF-Ordner. Nun benötigen Sie die Dateien der erstmals 2004 von Mike Davidson vorgestellten Flash-Replacement-Methode. Der Download der auf seiner Webseite *www.mikeindustries.com/sifr* vorhandenen ZIP-Datei liegt aktuell in Version sIFR2.0.2 vor. Nach dem Extrahieren der Datei sollte die Testseite folgende Abbildung im Browser ergeben:

◂ **Abbildung 1**
Darstellung der »index.html« von sIFR2.0.2

Creative Commons
Creative Commons ist eine gemeinnützige Organisation, die sich dafür einsetzt, dass das Internet ein Medium für den freien Austausch von Inhalten bleibt. Der Hauptbereich der Arbeit besteht darin, den Nutzern ein System urheberrechtlicher Lizenzverträge kostenfrei anbieten zu können.

Bevor wir diese Methode unseren Anforderungen entsprechend modifizieren und in den Workshop integrieren, zuerst ein kleiner Überblick über den Aufbau und die Funktionsweise der einzelnen Dateien. Für die der **Creative-Commons-Lizenz** unterliegende Flash-Replacement-Variante sind keine besonderen JavaScript- oder Flash-Kenntnisse vonnöten, auch wenn der Beginn des Workshops vielleicht einen anderen Eindruck hinterlässt.

2 Aufbau und Funktion von sIFR – CSS

Im Quelltext des Headers werden drei zur Methode gehörende CSS-Dateien angegeben. Dazu gehören die *sIFR-screen.css*, welche die Originalschriften ausblendet, und die *sIFR-print.css*, die dem User eine Druckversion des Textes anbietet. Außerdem ist eine *all.css* enthalten, deren Inhalt die Testseite darstellt. Diese Eigenschaften werden später gänzlich durch die für den Workshop nötigen CSS-Eigenschaften ersetzt.

Aufbau und Funktion von sIFR – JavaScript 3

Die im Header referenzierten JavaScript-Dateien *sifr.js* und *sifr-addons.js* enthalten die Hauptfunktionen der *Replacement-Methode*, wohingegen der farblich hervorgehobene JavaScript-Code innerhalb des `<body>` einige CSS-Eigenschaften und den Verweis auf die entsprechende Flash-Datei beinhaltet. Der zu ersetzende Inhalt befindet sich in der Überschrift 1. Ordnung. Er wird von der Flash-Datei *vandenkeere.swf* mit der gleichnamigen Schriftart ausgeführt. Weiter unten werden neben der modifizierbaren Schrift- und Hintergrundfarbe auch die Textausrichtung sowie der Außenabstand des Flash-Textes reguliert.

Aufbau und Funktion von sIFR – Flash 4

Beim Download der sIFR-ZIP-Datei sind neben *vandenkeere.swf* und *tradegothic.swf* weitere unterschiedliche Flash-Dateien zur Implementierung vorhanden. Diese werden bei aktiviertem JavaScript und installiertem Flash-Player ab Version 6 abgebildet. Wer andere Schriften integrieren möchte, muss die Datei *sifr.fla* öffnen und die gewünschte neue Schrift (sofern rechtlich erlaubt) implementieren und dies dann als .swf-Datei exportieren. Vorlage hierfür ist die Datei *vandenkeere.swf*. Je nach sIFR-Version können die bereits enthaltenen Schriftfamilien auch variieren. Diese Dateien kopieren Sie später zusammen mit den Actionscript-Dateien *customize_me.as* und *dont_customize_me.as* in den Flash-Ordner (SWF).

Aufbau und Funktion von sIFR – HTML 5

Grundlage dieses Workshops wird die in dem Download vorhandene Arbeitsdatei mit der Bezeichnung *index.html*. Öffnen Sie die Datei und verschaffen Sie sich einen Überblick über die Inhalte.

Modifizieren der Inhalte 6

Nun modifizieren Sie die *index.html* den Vorstellungen des Workshops entsprechend. Dazu löschen Sie den gesamten Bereich mit der `id="container"` mit sämtlichen Inhalten. Danach benennen Sie die *index.html* in *flashReplacement.html* um, und kopieren Sie sie in den gleichnamigen Ordner. Als Nächstes kopieren Sie die zwei im `<head>` referenzierten JavaScript-Dateien *sifr.js* und *sifr-addons.js* in den vorher angelegten JavaScript-Ordner und passen dann die Pfade zu diesen Dateien im HTML-Head folgendermaßen an:

Vorher:

```
<script src="sifr.js" type="text/javascript"></script>
<script src="sifr-addons.js" type="text/javascript"></script>
```

Nachher:

```
<script src="js/sifr.js" type="text/javascript"></script>
<script src="js/sifr-addons.js" type="text/javascript"></script>
```

Analog gehen Sie dann mit den CSS-Dateien des Downloads um. Die CSS-Dateien *all.css*, *sIFR-screen.css* und *sIFR-print.css* kommen allerdings in den dafür vorgesehenen CSS-Ordner.

Dokumentation zu sIFR
Der Download der ZIP-Datei beinhaltet unter anderem einen Ordner mit der Bezeichnung DOCUMENTATION. Er enthält eine *index.html*, mit der Sie die Dokumentation zu dieser Flash-Replacement-Methode öffnen. Diese lässt mit Beispielen zu dieser Methode, FAQs und vielem anderen mehr keine Fragen zu sIFR offen.

7 Anlegen des (X)HTML-Gerüstes

Als Nächstes kopieren Sie die Überschrift und die zwei Textabsätze aus der (X)HTML-Datei des Vorgänger-Workshops, *imageReplacement.html*, in den `<body>` der *flashReplacement.html*.

```
<h1>Calligraphy</h1>
<p>
   Lorem ipsum dolor sit amet, consetetur sadipscing elitr, sed
   diam nonumy eirmod tempor invidunt ut labore et dolore magna
   aliquyam erat, sed diam voluptua. At vero eos et accusam et
   justo duo dolores et ea rebum.
</p>
<p>
   Stet clita kasd gubergren, no sea takimata sanctus est Lorem
   ipsum dolor sit amet.
</p>
```

Funktion – JavaScript | Wie bereits angesprochen, gibt es im unteren Bereich der (X)HTML-Datei einen JavaScript-Bereich, dessen Sie sich nun annehmen. Dazu löschen Sie innerhalb des Skriptes sämtliche Inhalte unterhalb der hier aufgeführten Zuweisung von CSS-Eigenschaften für den Selektor `body h1`.

```
<script type="text/javascript">
   //<![CDATA[
```

```
    if(typeof sIFR == "function"){
    // This is the preferred "named argument" syntax
    sIFR.replaceElement(named({
    sSelector:"body h1",
    sFlashSrc:"vandenkeere.swf",
    sColor:"#000000",
    sLinkColor:"#000000",
    sBgColor:"#FFFFFF",
    sHoverColor:"#CCCCCC",
    nPaddingTop:20,
    nPaddingBottom:20,
    sFlashVars:"textalign=center&offsetTop=6"
    }));
    ...
    //]]>
</script>
```

Als Erstes korrigieren Sie daher den Pfad der Flash-Datei *vandenkeere.swf*, da Sie diese bereits in den dafür vorgesehenen SWF-Ordner kopiert haben. Die Link-Eigenschaften innerhalb des JavaScript-Abschnittes entfernen wir. Da die Abstände der Überschrift ausschließlich über CSS modifizierbar sein sollen, setzen Sie die beiden Padding-Werte auf Null und ändern zudem die Textausrichtung von mittig auf links.

Wer sich diesen JavaScript-Block etwas näher ansieht, erkennt auch ohne Kenntnisse dieses Standards Eigenschaften für Hyperlinks (`sLinkColor`, `sHoverColor`) sowie Merkmale zur Ausrichtung der Flash-Texte (`nPaddingTop`, `nPaddingBottom`, `sFlashVars`...). Da Sie keine Texte verlinken sollen, sondern lediglich der Überschrifttext durch den Flash-Text abgebildet wird, benötigen Sie die Linkattribute nicht. Die Ausrichtung des Textes sowie die Referenzierung auf die Flash-Datei *vandenkeere.swf* müssen der Zielsetzung entsprechend angepasst werden:

```
<script type="text/javascript">
    //<![CDATA[
    if(typeof sIFR == "function"){
    sIFR.replaceElement(named({
    sSelector:"body h1",
    sFlashSrc:"swf/vandenkeere.swf",
    sColor:"#000000",
    sBgColor:"#FFFFFF",
    nPaddingTop:0,
    nPaddingBottom:0,
    sFlashVars:"textalign=left&offsetTop=6"}));
    };
    //]]>
</script>
```

In Sachen Layout hat sich allerdings im Vergleich zur letzten Abbildung nicht viel getan, daher richten Sie das Augenmerk nun auf CSS.

8 Löschen der CSS-Eigenschaften

Um die Default-CSS-Eigenschaften der Flash-Replacement-Methode endlich loswerden zu können, löschen Sie sämtliche CSS-Eigenschaften aus der *all.css*. Ein Aktualisieren des Browsers ergibt eine Abbildung, die die vorher in den (X)HTML-Code kopierten Inhalte ungeschminkt (ohne CSS) zurückgibt.

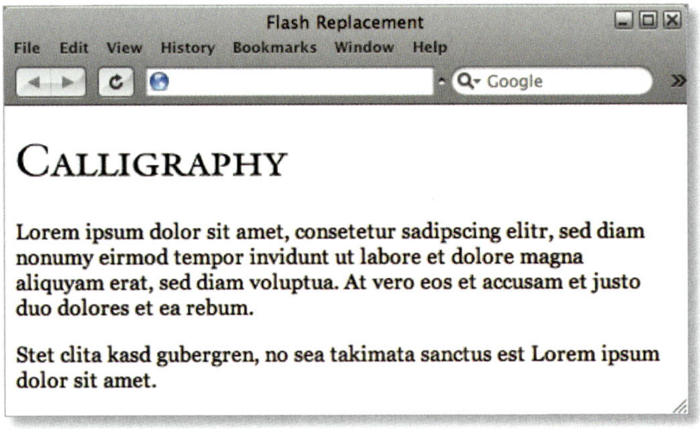

◄ **Abbildung 2**
Textabsätze mit Flash-Überschrift

Die *sIFR-screen.css* sorgt dafür, dass die Textüberschrift ausgeblendet und durch die Flash-Überschrift ersetzt wird. Wer jetzt beispielsweise die Referenzierung auf die CSS-Datei *sIFR-screen.css* im `<head>` der (X)HTML-Datei ausblenden würde, erhielte im Browser zwei Überschriften: die Text-Überschrift `<h1>` durch den (X)HTML-Code und die durch Flash hinzugefügte Überschrift, ebenfalls erster Ordnung.

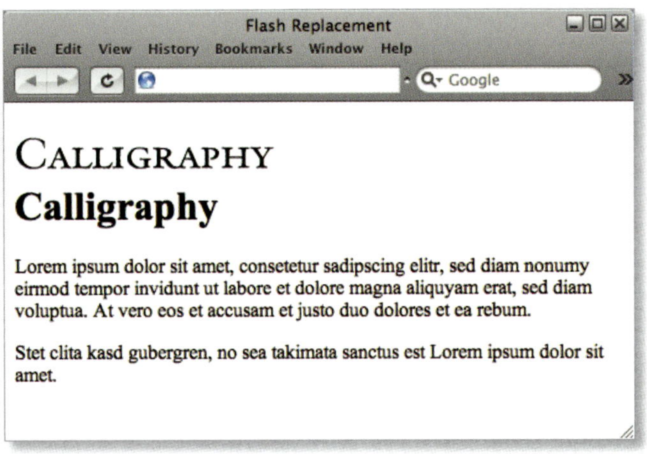

◄ **Abbildung 3**
Textabsätze mit Flash- (oben) und Textüberschrift (unten)

Da dieser Schritt lediglich dem Verständnis dieser Methode dienen soll, fügen Sie die *sIFR-screen.css* wieder im `<head>` der (X)HTML-Datei ein.

Anlegen der CSS-Eigenschaften 9

Bevor Sie der Überschrift die nötigen Eigenschaften zuweisen, vergeben Sie zuerst für den <body> einige Margin-Werte, damit die Texte ein wenig mehr Abstand zum Browserfensterrahmen besitzen, sowie eine weiße Hintergrundfarbe, analog der Hintergrundfarbe, die <h1> via JavaScript übergeben wird. Für die Hexadezimalwerte der Farbcodes kann neben der ausführlichen Schreibweise mit allen sechs Zeichen auch auf eine Kurzschreibweise zurückgegriffen werden. Diese kann durch eine Zusammenfassung der Werte auch mit drei Zeichen abgebildet werden, wie die folgenden Beispiele zeigen: #EE0000 = #E00 (entspricht rot), #FFFFFF = #FFF (entspricht weiß).

Schriftgröße berechnen
Da die Schriftgröße für die Textabsätze in absoluten Werten 12 px entsprechen soll, die Standardgröße der Browser aber 16 px ist, was der Ausgangsgröße von 100 % entspricht, errechnet sich die Schriftgröße wie folgt: 16 px/100 % * 12 px/x = 75 %

```
body {
   font:normal 75% Arial, Verdana;
   background-color:#FFF;
   margin:10px 60px;
}
```

Abbildung 4 ▸
Eingerückte Inhalte mit einer Schriftgröße von 75 % (entspricht 12 px)

Da diese Schriftgröße für die Überschrift eindeutig zu klein ist, Eigenschaften für die Schriftfarbe oder die Textausrichtung aber im JavaScript-Block der *flashReplacement.html* reguliert werden, müssen für <h1> lediglich die Außen- und Innenabstände auf null gesetzt werden, und, was wesentlich wichtiger ist, die relative Schriftgröße soll dem absoluten Maß von 52 px entsprechen. Eine Berechnung zum Erreichen der relativen Schriftgröße sieht wie folgt aus: 12 px/100 % * 52 px/x = 433 %.

```
h1 {
   padding:0;
```

```
   margin:0;
   font-size:433%;
}
```

Für die beiden der Überschrift folgenden Textabsätze vergeben Sie einen Außenabstand nach oben. Somit vermeiden Sie, dass die Textabsätze untereinander und in Bezug zur Überschrift zu dicht positioniert sind, sondern genügend Platz haben, was wiederum die Lesbarkeit der Inhalte verbessert.

```
p {
   padding:0;
   margin:10px 0 0 0;
}
```

Nach dem Definieren dieser CSS-Eigenschaft sind Sie nun am Ende des Workshops angelangt. Ein Aktualisieren des Browsers sollte nun eine Abbildung zeigen, die der Zielsetzung entspricht.

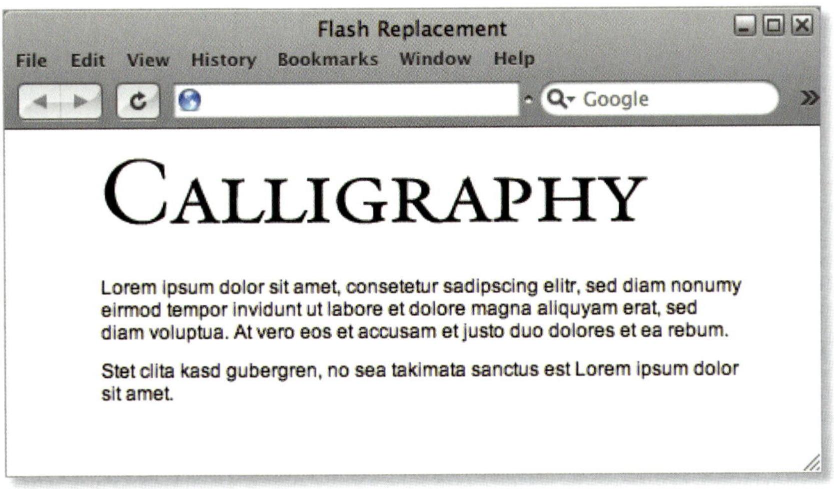

▲ **Abbildung 5**
Flash-Überschrift ersetzt HTML-Text.

Wie der Rechtsklick innerhalb des Flash-Bereiches der Überschrift zeigt, wird nicht das übliche Kontextmenü des Browsers angezeigt, sondern ein spezifisches sIFR-Menü, mit dem Text nach dem Markieren kopiert werden kann.

Schriftgröße berechnen
Der Berechnung dieses Wertes liegt der im <body> definierte Wert zugrunde. Da die Schriftgröße für den jeweils ersten Buchstaben der Textabsätze in absoluten Werten 52 px entsprechen soll, die im body festgelegte Schriftgröße von 75 % aber 12 px entspricht, was für unsere Berechnung die Ausgangsgröße von 100 % darstellt, errechnet sich die Schriftgröße wie folgt:
12 px/100 % * 52 px/x = 433 %

Diese zweite Methode in Sachen Überschriften-Alternative ist trotz Flash eine barrierefreie Lösung, die der Kreativität kaum Grenzen setzt und auch exotische oder weniger verbreitete Schriften den Usern zugänglich machen kann.

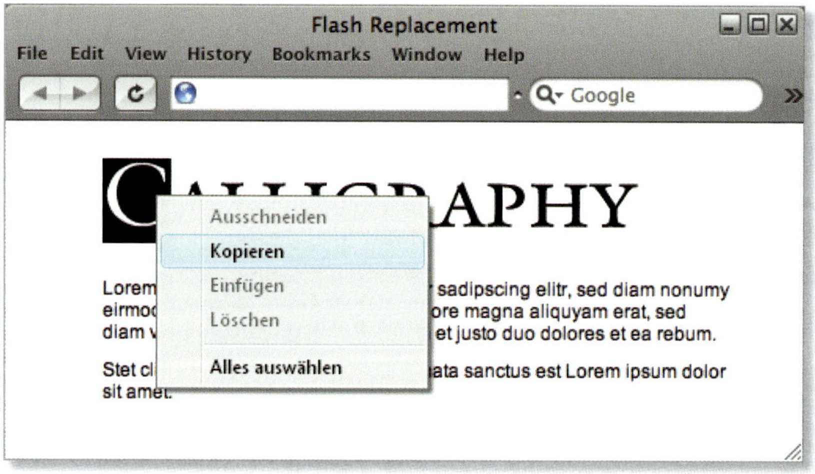

Abbildung 6 ▸
Markieren der Flash-Inhalte mit sIFR

Zusammenfassung

Dieser zweite Replacement-Workshop bietet Anwendern die Möglichkeit, mit Flash und JavaScript eine weitere Gestaltungsmöglichkeit für Webseiten zu nutzen. Nach dem Download der nötigen sIFR-Dateien kommunizieren die einzelnen Bausteine (Flash, JavaScript, (X)HTML, CSS) nur über einige Parameter miteinander, was die Anwendung für jeden einfach anwendbar macht. Einmal implementiert, sind weitere Änderungen an Text und Layout sofort abrufbar.

/* Code aus Step 1 & 8 */

```
<!DOCTYPE html PUBLIC "-//W3C//DTD XHTML 1.0 Strict//EN" "http://www.w3.org/TR/xhtml1/DTD/
xhtml1-strict.dtd">
<html xmlns="http://www.w3.org/1999/xhtml" xml:lang="de" dir="ltr">
<head>
<meta http-equiv="Content-Type" content="text/html;charset=iso-8859-1" />
<head>
<title>Flash Replacement</title>
<link rel="stylesheet" href="css/all.css" type="text/css" media="all" />
<link rel="stylesheet" href="css/sIFR-screen.css" type="text/css" media="screen" />
<link rel="stylesheet" href="css/sIFR-print.css" type="text/css" media="print" />
<script src="js/sifr.js" type="text/javascript"></script>
<script src="js/sifr-addons.js" type="text/javascript"></script>
</head>
<body>
<h1>Calligraphy</h1>
<p>
   Lorem ipsum dolor sit amet, consetetur sadipscing elitr, ...
</p>
```

```
<p>
   Stet clita kasd gubergren, no sea takimata sanctus est ...
</p>
<script type="text/javascript">
   //<![CDATA[
   if(typeof sIFR == "function"){
   sIFR.replaceElement(named({
   sSelector:"body h1",
   sFlashSrc:"swf/vandenkeere.swf",
   sColor:"#000000",
   sBgColor:"#FFFFFF",
   nPaddingTop:0,
   nPaddingBottom:0,
   sFlashVars:"textalign=left&offsetTop=6"}));
   };
   //]]>
</script
</body>
</html>
```

/* Code aus Step 9 */

```
body {
   font:normal 75% Arial, Verdana;
   background-color:#FFF;
   margin:10px 60px;
}

h1 {
   padding:0;
   margin:0;
   font-size:433%;
}

p {
   padding:0;
   margin:10px 0 0 0;
}
```

Navigation

Navigieren leicht gemacht

Umsetzen einer skalierbaren horizontalen Navigation

Der Ausgangspunkt einer Webseite ist für die meisten User die Navigation. Diese kann horizontal oder vertikal ausgerichtet sein. Die Semantische Grundlage von Navigationen sind Listen, denn die einzelnen Navigationspunkte stellen funktionell und strukturell nichts anderes dar als eine Auflistung von Hyperlinks. Zielsetzung dieses Workshops ist neben dem Aufbau und dem Anlegen einer horizontalen Navigation, besonderes Augenmerk auf die Gestaltung durch CSS zu legen. Die Umsetzung einer Navigation sollte in Form von Karteireitern, auch bekannt als Tab-Navigation, erfolgen. Die Maße für Breite und Höhe sollen flexibel gestaltet werden, dass heißt, die Navigation passt sich nicht nur unterschiedlichen Inhalten an, sondern skaliert auch bei einer Veränderung der Schriftgröße entsprechend der Veränderung mit. Bei einer solchen Umsetzung innerhalb Ihrer Seiten brauchen Sie selbst bei Fremdsprachen mit anderen Textausbreitungen wie Spanisch, Russisch oder gar Chinesisch keinerlei negative Auswirkungen auf das Navigationslayout befürchten.

Der (X)HTML-Aufbau und die Realisierung durch CSS sollen dazu führen, dass diese horizontale Navigation bei der Vergrößerung der Schrift den Eindruck hinterlässt, als wachse sie mit. Das heißt, die Umsetzung ermöglicht eine Skalierbarkeit der Navigation in gewissem Ausmaß, ohne dabei das Gesamtlayout zu vernachlässigen.

Ziel

Horizontale Navigation mit aktiven und inaktiven Navigationsreitern

- Anlegen einer Navigationsstruktur
- Erstellen und Integrieren von Hintergrundgrafiken
- Stylen der Navigation unter Berücksichtigung der Skalierbarkeit

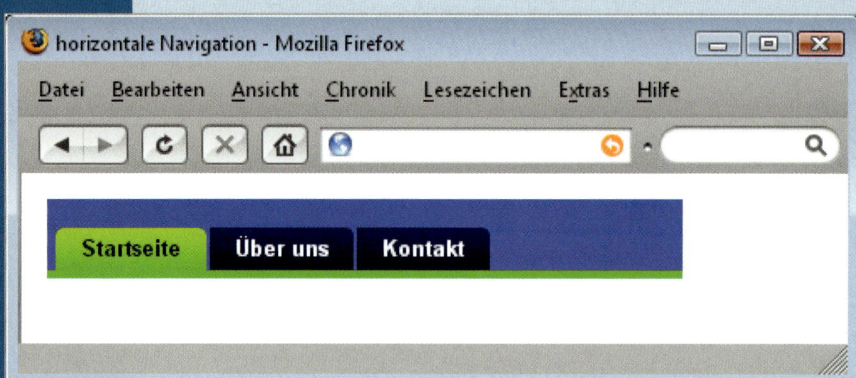

1 Struktur festlegen

Wenn Webdokumente eine klare Struktur benötigen, dann gilt diese Anforderung für Navigationen umso mehr. Um nun diesen Workshop in Angriff nehmen zu können, legen Sie zuerst einen Ordner mit der Bezeichnung HORIZONTALENAVIGATION an. Darin erstellen Sie neben einer gleichnamigen (X)HTML-Datei einen Bilder-Ordner (IMAGES) und einen Ordner für CSS (CSS).

Die soeben angelegte (X)HTML-Datei mit der Bezeichnung *horizontale-Navigation.html* enthält das folgende (X)HTML-Grundgerüst:

Mehr zu `<!DOCTYPE>` erfahren Sie im ersten Workshop des ersten Kapitels, »(X)HTML – Aufbau und Struktur «.

```
<!DOCTYPE html PUBLIC "-//W3C//DTD XHTML 1.0 Strict//EN" "http://
www.w3.org/TR/xhtml1/DTD/xhtml1-strict.dtd">
<html xmlns="http://www.w3.org/1999/xhtml" xml:lang="de"
dir="ltr">
<head>
<meta http-equiv="Content-Type" content="text/
html;charset=iso-8859-1" />
<title>horizontale Navigation</title>
</head>
<body>
<!-- hier wird der weitere (X)HTML-Code integriert -->
</body>
</html>
```

2 Anlegen der Navigationsstruktur

Die Struktur dieser Navigation sollte auf dem (X)HTML-Element einer Liste basieren; da keine besondere Ordnung vorhanden sein muss, fällt die Wahl hier auf das Element `<ul>` (steht für »unsorted list«).

Der Inhalt der Navigationspunkte ergibt eine Auflistung der Kategorien einer Webseite. Diese Liste wird mit der eindeutigen `id="mainNavi"` beschriftet, und die drei Navigationspunkte werden von drei Listenpunkten `<li>` mit ausgewählten Inhalten repräsentiert:

```
<ul id="mainNavi">
   <li>Startseite</li>
   <li>&Uuml;ber uns</li>
   <li>Kontakt</li>
</ul>
```

Abbildung 1 ▸
Das Anlegen von Listeninhalten führt standardmäßig innerhalb der Browser zu einer Darstellung mit sogenannten Aufzählungszeichen.

Verlinken der Navigationspunkte 3

Diese Navigation soll nicht nur Textinhalte abbilden, sondern auch Verweise bzw. Links zu anderen Dokumenten enthalten, damit sie ihrer eigentlichen Tätigkeit als Navigationselement auch nachkommen kann. Dazu werden den inaktiven Navigationspunkten noch die entsprechenden Verweise durch das Link-Element `a` und dessen Attribut `href` mit entsprechendem Linkziel, wie beispielsweise *http://www.galileo-press.de*, hinzugefügt. Der in der Aufgabenstellung des Workshops aktivierte Navigationspunkt »Startseite« enthält keinen solchen Hyperlink, da er aktiv ist und es nicht sehr sinnvoll ist, weiterhin auf eine Seite zu verlinken, auf der man sich bereits befindet. Aus diesem Grund weisen wir ihm die eindeutige `id` mit der Bezeichnung `active` zu:

```
<ul id="mainNavi">
   <li id="active">Startseite</li>
   <li><a href="#">&Uuml;ber uns</a></li>
   <li><a href="#">Kontakt</a></li>
</ul>
```

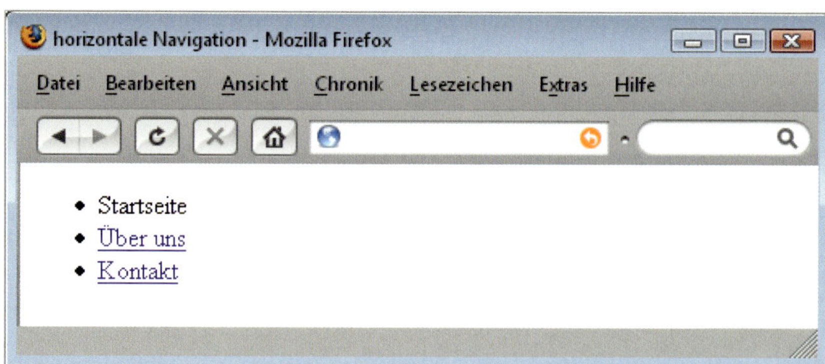

Abbildung 2 ▸
Die Definition von Hyperlinks führt standardmäßig in Browsern zu einer Darstellung mit blauen Linktexten sowie einem Unterstreichen dieser Linkinhalte.

Da bis auf die Implementierung der Bilder das (X)HTML-Gerüst bereits fertig ist, richten Sie das Augenmerk nun auf CSS. Dazu erstellen Sie in dem am Anfang angelegten CSS-Ordner eine für diesen Workshop nötige CSS-Datei *horizontaleNavigation.css*. Auf diese wird dann innerhalb des Kopfbereiches <head> der *horizontaleNavigation.html* referenziert:

4 CSS-Datei in (X)HTML-Seite integrieren

```
...
<head>
...
<title>horizontale Navigation</title>
<link rel="stylesheet" title="Default" href="css/horizontale-
Navigation.css" type="text/css" media="screen" />
</head>
...
```

5 Festlegen der Maße der Navigation

Um die Navigation innerhalb der horizontalen Ausdehnung in ihre Schranken zu weisen, vergeben Sie für die Breite `width` einen Wert von `80%` und eine Ausrichtung `float` nach links mit einem Innenabstand von `5px` nach links und rechts sowie `15px` nach oben. Außerdem weisen Sie bereits jetzt die Hintergrundfarbe der Navigation zu sowie einen unteren Rahmen von `5px`, dessen Farbe später auch der jeweils aktive Navigationsreiter bekommt.

```
body {
   margin:15px;
}

ul#mainNavi {
   width:80%;
   float:left;
   padding:15px 5px 0 5px;
   margin:0;
   list-style:none;
   border-width:0 0 5px 0;
   border-style:solid;
   border-color:#6EB327;
   background-color:#325FCC;
}
```

Da es keine absolute Einschränkung für die Ausdehnung der Navigation in Form einer Breite gibt, wird sich die Navigation aufgrund der relativen Breitenangaben von 80 % immer der Breite des Browserfensters anpassen. Das heißt, die Navigation nimmt 80 % der Breite des Browserfensters ein.

Bis auf das Ausblenden der Aufzählungszeichen der Navigation, die Farbänderungen im Hintergrund und die Ausrichtungen der Innenabstände hat sich für die Navigationspunkte noch nicht viel getan.

▲ **Abbildung 3**
Gestaltung der Liste durch Hintergrund- und Rahmenfarbe

Ausrichten der Navigationspunkte 6

Da die Navigationspunkte `<li>` nicht vertikal angeordnet werden sollen, richten Sie sie zuerst linksgerichtet aus, so dass sie nebeneinander dargestellt werden. Außerdem definieren Sie in diesem Schritt sämtliche Eigenschaften für die Schrift (Schriftgewicht, -größe und -art). Da die Navigationsinhalte innerhalb des Navigationsreiters auch einen Abstand nach oben und unten aufweisen sollen, legen Sie hierfür eine doppelte Zeilenhöhe fest. Auf diese Weise können Sie Angaben zum `Padding` vermeiden.

```
ul#mainNavi li {
   float:left;
   margin:0;
   padding:0;
   color:#020F34;
   font:bold 81.25%/2 Arial, Verdana, sans-serif;
}
```

Schriftgröße berechnen
Da die Schriftgröße in absoluten Werten 13 px entsprechen soll, errechnet sich die Schriftgröße für die Überschrift wie folgt:
16 px/100 % * 13 px/x = 81,25 %

Abbildung 4 ▶
Ausrichtung der Navigationspunkte in horizontale Richtung

7 Hervorheben des aktiven Navigationspunktes

Da der Navigationsreiter Startseite bei dem Nutzer der Navigation den Eindruck hinterlassen soll, dass es sich um einen aktiven Navigationspunkt handelt, geben Sie ihm dieselbe Hintergrundfarbe wie dem Rahmen der Liste, die die strukturelle Grundlage der Navigation ist. Durch den Rahmen in derselben Farbe sieht der aktive Navigationspunkt für den User so aus, als befinde sich im Vordergrund.

```
ul#mainNavi li#active {
   margin:0;
   padding:0;
   background:#6EB327;
}
```

▲ **Abbildung 5**
Die Änderung der Hintergrundfarbe des aktiven Navigationspuntkes führt zur einer deutlichen Verbesserung der Wahrnehmung.

8 Hintergrund für den aktiven Navigationspunkt anlegen

Da dem aktiven Navigationsreiter mit seinem farblich gestalteten Hintergrund ein wenig mehr Raffinesse nicht schlecht zu Gesicht stehen würde, verwenden Sie hierfür entsprechende Hintergrundgrafiken. Diese werden dann mittels CSS in den Hintergrund des entsprechenden (X)HTML-Elementes integriert. Die wichtigste Voraussetzung für das Layout ist hierbei die Flexibilität des Navigationspunktes in Höhe und Breite. Das heißt, der Text des (Hyper-)Links wird nicht, wie leider immer noch allzu oft, in die Grafiken integriert. Denn dies würde den Arbeitsaufwand vor allem bei der Unterstützung verschiedener Sprachen für einen Webauftritt enorm ansteigen lassen. Der Text befindet sich also direkt im (X)HTML-Code. Die Grafiken mit abgerundeten Ecken und dezentem Farbverlauf werden in den Hintergrund eingefügt.

Die zwei Grafiken sind lediglich 25 px hoch und 400 px breit. Bei einer Skalierung des Textes und einem Anwachsen der Navigationsreiter übernimmt die Hintergrundfarbe von aktiven und inaktiven Navigationspunkten sozusagen den Rest der Arbeit.

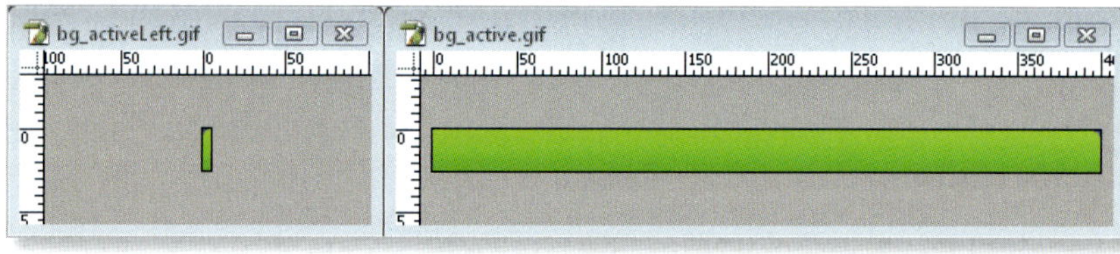

▲ **Abbildung 6**
Hintergrundgrafiken für den aktiven Navigationspunkt

Das Aufteilen in zwei Teile bewirkt Folgendes: Die schmale Grafik für den linken Bereich des Navigationsreiters wird links ausgerichtet. Die breite Grafik wird an der rechten Seite ausgerichtet. Somit sind die runden Ecken im oberen Bereich der Grafiken immer sichtbar. Je mehr Text im aktiven Navigationspunkt steht, umso mehr wird vom linken Bereich der breiten Grafik sichtbar. Sie schiebt sich praktisch mehr und mehr ins Bild des Betrachters.

9 Grafiken in den Hintergrund des aktiven Navigationspunktes einfügen

Da der aktuelle Stand von CSS es nicht ermöglicht, mehrere Hintergrundgrafiken (mehr dazu im 4. Workshop von Kapitel 7) in ein Element einzufügen, müssen Sie für den aktiven Navigationsreiter innerhalb des Listenpunktes <li> ein <span>-Tag definieren. Dieses enthält dann den Navigationstext »Startseite«:

```
<ul id="mainNavi">
   <li id="active"><span>Startseite</span></li>
   <li><a href="#">&Uuml;ber uns</a></li>
   <li><a href="#">Kontakt</a></li>
</ul>
```

Die Ausrichtung der Grafik und das Beibehalten der Hintergrundfabre führen dazu, dass bei einer Vergrößerung des Textes der Navigationsreiter nicht vom unteren Rahmen getrennt wird und die blaue Hintergrundfarbe der Navigation nicht sichtbar wird, sondern die Farbe beibehalten wird und der Text damit weiterhin gut lesbar ist.

Da Sie neben dem Element `li` mit der `id="active"` nun auch das Element `span` innerhalb von `li#active` besitzen, haben Sie nun die Möglichkeit, jedem der beiden Elemente eine Hintergrundgrafik mit entsprechender Ausrichtung zuzuweisen. Als Erstes integrieren Sie dazu die bereits erwähnte kleine Grafik *bg_activeLeft.gif* in den Hintergrund. Damit sie auch sichtbar wird und nicht vom Text überlagert wird, muss dem aktiven Navigationstab ein Innenabstand von 5 px zugewiesen werden. Da Sie außerdem nicht wollen, dass der aktive und der jeweilig nebenan befindliche inaktive Navigationsreiter direkt aneinanderkleben, sondern einen kleinen Abstand zueinander aufweisen, erhält das aktive Tab noch einen Außenabstand nach rechts von 2 Pixeln.

```
ul#mainNavi li#active {
   margin:0 2px 0 0;
   padding:0 0 0 5px;
   background:#6EB327 url(../images/bg_activeLeft.gif) left top
   no-repeat;
}
```

<span>-Tag
Das <span>-Tag verhält sich wie ein Inlineelement und fügt den entsprechenden (X)HTML-Elementen ohne weitere CSS-Eigenschaften keinerlei Formatierung hinzu.

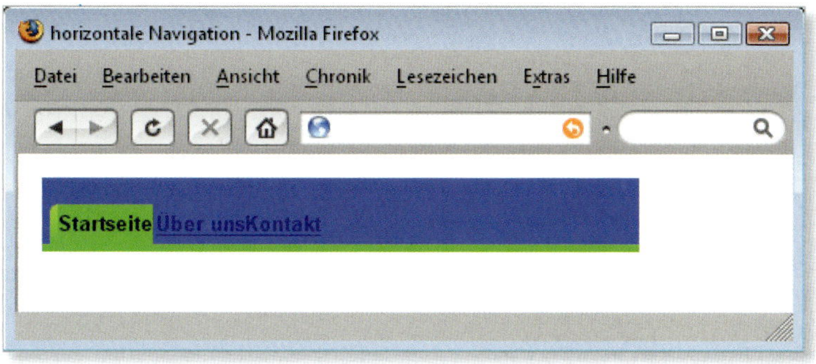

◄ **Abbildung 7**
Aktiver Navigationspunkt mit linker Hintergrundgrafik

10 Zweite Hintergrundgrafik einfügen

Da Sie nun auch die zweite Grafik im aktiven Navigationspunkt unterbringen sollen, integrieren Sie sie analog zur linken in das <span>-Tag und richten sie aus:

```
ul#mainNavi li#active span {
   display:block;
   margin:0;
   padding:0 15px 0 10px;
   background:#6EB327 url(../images/bg_active.gif) right top no-
   repeat;
}
```

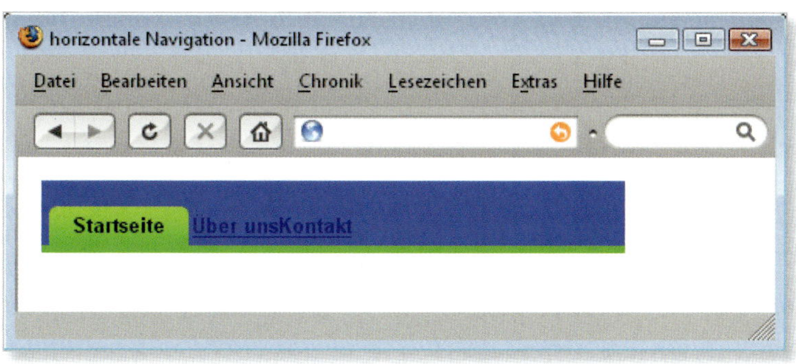

◄ **Abbildung 8**
Aktiver Navigationspunkt mit zwei Hintergrundgrafiken

Inaktive Navigationspunkte hervorheben 11

Damit die inaktiven, also die verlinkten Navigationspunkte vom Nutzer auch als solche wahrgenommen werden, sollten sie eine andere farbliche Gestaltung erhalten. Bei gleicher Farbgebung wird dem Nutzer nicht sofort ersichtlich, welcher der Navigationspunkte ihn zu einer anderen Seite (Kategorie) führt und welcher nicht, da alle gleich aussehen. Daher entscheiden Sie sich, die inaktiven Navigationsreiter weniger auffällig zu gestalten, und geben ihnen ein Dunkelblau als Hintergrundfarbe, denn das hebt sich deutlich genug vom Hellblau des Navigationshintergrundes ab. Einem deutlichen Kontrast Rechnung tragend, weisen Sie eine weiße Schriftfarbe zu und analog zum aktiven Navigationspunkt Außen- und Innenabstände:

display:block
Da sich die Grafik über den gesamten rechten Bereich des Navigationsreiters erstrecken soll, ist es notwendig, dem `<span>`-Tag die Eigenschaft `display` mit dem Wert `block` zuzuweisen. Dadurch erstreckt sich die Grafik über den gesamten Bereich. Damit die Abstände des Textes nach links und rechts ein wenig größer werden, geben Sie hierfür Abstände von 15 px bzw. 10 px an. Weil zur Darstellung der linken schmalen Grafik bereits 5 px verwendet wurde, benötigt das `<span>`-Tag für links in diesem Fall nur noch 10 px.

```
ul#mainNavi a {
   display:block;
   margin:0 2px 0 0;
   padding:0 15px;
   color:#FFF;
   background:#010F34;
   text-decoration:none;
}
```

▲ **Abbildung 9**
Hervorheben der inaktiven Navigationspunkte (noch ohne Hintergrundgrafik) mit dunkelblauer Farbe

Damit auch bei den (Hyper-)Links die Unterstreichung ausgeblendet wird, fügen Sie diesem Element die Eigenschaft `text-decoration` und den Wert `none` hinzu. Ein Abspeichern der Datei *horizontaleNavigation.css* führt zu einem recht angenehmen Zwischenergebnis.

12 Hintergrund für den inaktiven Navigationspunkt anlegen

Damit die inaktiven Reiter aber ebenso wie der aktive Navigationspunkt eine Hintergrundgrafik mit Farbverlauf erhalten, erstellen Sie hierfür eine ebenfalls 25 px hohe und 400 px breite Grafik.

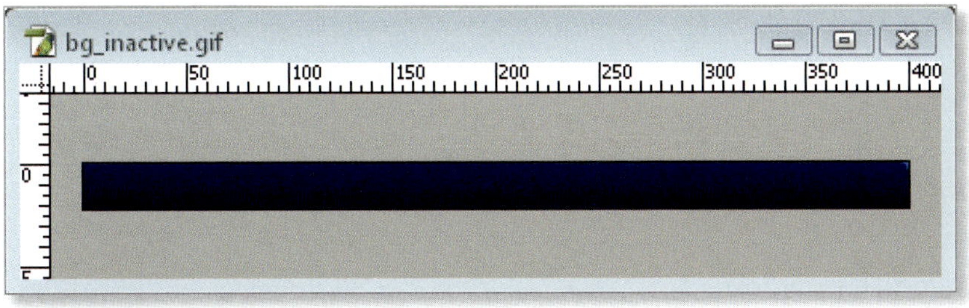

▲ **Abbildung 10**
Da die inaktiven Reiter keine zwei runden Ecken erhalten sollen, sondern lediglich eine am rechten oberen Rand, ist für die inaktiven Navigationsreiter eine zweite Grafik unnötig.

13 Hintergrund einfügen und ausrichten

Die so erstellte Grafik wird analog zum 10. Schritt dieses Workshops in den Hintergrund des entsprechenden Elementes eingefügt:

```
ul#mainNavi a {
   display:block;
   margin:0 2px 0 0;
   padding:0 15px;
   color:#FFF;
   background:#010F34 url(../images/bg_inactive.gif) right top
   no-repeat;
   text-decoration:none;
}
```

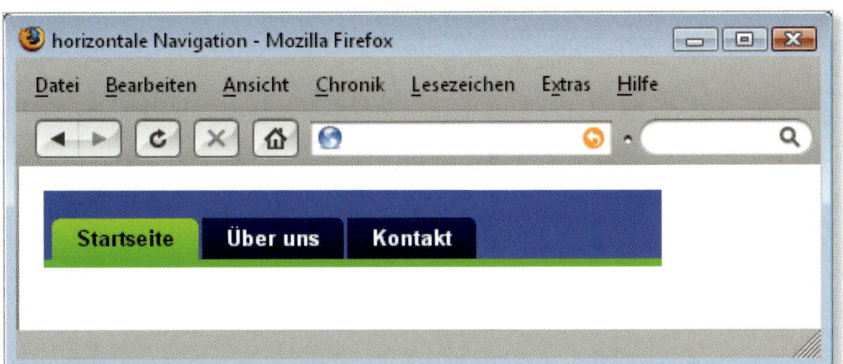

◄ **Abbildung 11**
Navigation, deren Navigationspunkte mit Hintergrundgrafiken ausgestattet sind und aufgrund der Ausrichtung skalierbar sind.

Mouse-Over-Effekt erstellen 14

Um die Flexibilität von CSS und seine sofortigen Auswirkungen auf die Inhalte einer Webseite zu unterstreichen und um dem Wunsch der meisten User nach einem Mouse-Over-Effekt nachzukommen, fügen Sie diesen als Nächstes hinzu:

```
ul#mainNavi a:hover {
   background:#6EB327 url(../images/bg_active.gif) right top no-
   repeat;
   padding:0 15px;
}
```

Der Mouse-Over-Effekt in Navigationen sollte so eingesetzt werden, dass ein farblicher Unterschied zwischen aktiven und inaktiven Navigationspunkten für den User deutlich wird.

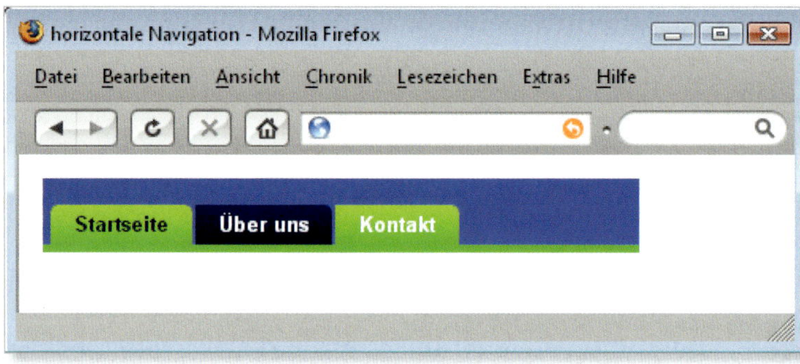

Abbildung 12 ▶
Darstellung des Mouse-Over-Effektes bei einem inaktiven Navigationspunkt

Einrücken der inaktiven Navigationspunkte 15

Wer jetzt noch den Wunsch verspürt, beispielsweise die einzelnen mit einem kleinen Abstand versehenen inaktiven Navigationsreiter zu einem Bereich zusammenfassen zu wollen, braucht hierfür lediglich zwei Werte in Sachen Ausrichtung anzupassen:

Als Erstes muss bei den inaktiven Navigationsreitern der Abstand nach rechts von 2 px gelöscht werden. Damit sich die Tabs überlagern können, müssen sie zudem mit einem negativen Wert von -5 px nach links ausgerichtet werden.

```
ul#mainNavi a {
   display:block;
   margin:0 0 0 -5px;
   padding:0 15px;
   color:#FFF;
   background:#010F34 url(../images/bg_inactive.gif) right top
   no-repeat;
   text-decoration:none;
}
```

```
ul#mainNavi li#active {
   margin:0 6px 0 0;
   padding:0 0 0 5px;
   background:#6EB327 url(../images/bg_activeLeft.gif) left top
   no-repeat;
}
```

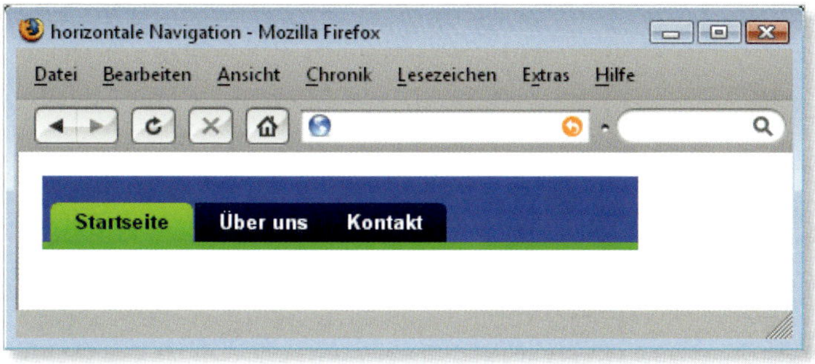

▲ **Abbildung 13**
Mit negativen Margin-Werten nach links eingerückte inaktive Navigationspunkte

Damit der jeweils aktive Navigationsreiter weiterhin seiner Bedeutung gemäß den damit verbundenen Abstand zu den inaktiven Navigationspunkten aufweist, muss sein ursprünglicher Wert von 2 px auf 6 px Abstand nach rechts vergrößert werden.

16 Umbrüche vermeiden

Da einer Navigation wie in diesem Fall nicht immer 80 % der Breite des Browserfensters zur Verfügung steht, entsteht oftmals das Problem des Umbruches von Navigationspunkten. Da der mittlere Navigationsreiter ÜBER UNS aus zwei Wörtern besteht, kann bei nicht ausreichendem Platz ein unschöner Umbruch entstehen, wie in der Abbildung des Internet Explorers ersichtlich wird. Gerade bei Webseiten mit internationalem Anspruch, das heißt der Unterstützung von mehreren Sprachen, kann so etwas schnell passieren.

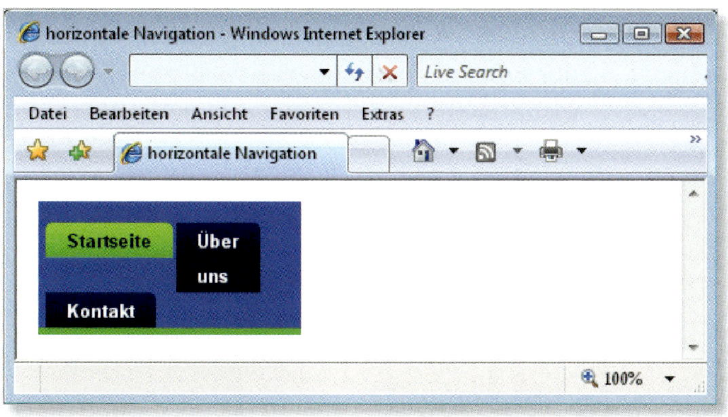

▲ **Abbildung 14**
Umbruch innerhalb eines verlinkten Listenpunktes

Wie vermeidet man Umbrüche?
Die seit CSS1 existierende Eigenschaft `white-space` innerhalb des Quellcodes stellt Zeilenumbrüche und Leerzeichen im Browser dar. Der Wert `nowrap` führt dazu, dass Zeilenumbrüche vom Browser nicht vorgenommen werden, es sei denn, sie werden durch ein `<br />` erzwungen. Diese seit CSS1 vorhandene Eigenschaft wird lediglich von IE5 und 4er-Netscape-Versionen nicht interpretiert.

Um einen solchen Umbruch innerhalb eines Navigationspunktes zu vermeiden, muss die Eigenschaft `white-space` mit dem Wert `nowrap` angegeben werden:

```
ul#mainNavi a {
   display:block;
   white-space:nowrap;
   margin:0 2px 0 0;
   padding:0 15px;
   color:#FFF;
   background:#010F34 url(../images/bg_inactive.gif) right top
   no-repeat;
   text-decoration:none;
}
```

Abbildung 15 ▶
Kein Umbruch innerhalb des Navigationspunktes

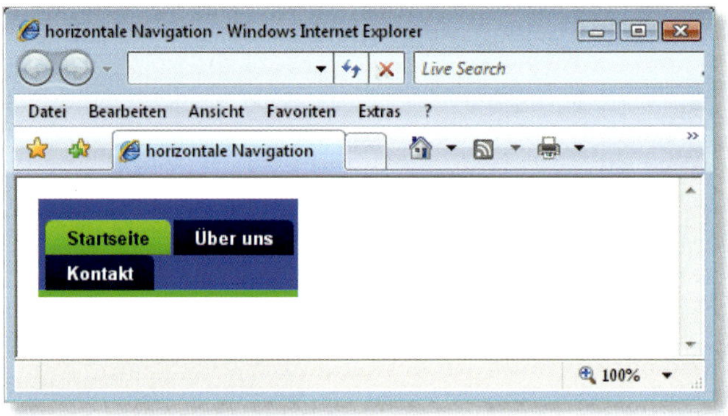

white-space:nowrap
Diese Eigenschaft untersagt es den Browsern, Zeilenumbrüche vorzunehmen, solange diese nicht durch `<br />` erzwungen werden. Diese seit CSS1 vorhandene Eigenschaft wird lediglich von IE5 und 4er-Netscape-Versionen nicht interpretiert.

Der aktuelle Stand der Arbeiten an der horizontalen Navigation bedeutet, dass Sie das Ziel bezüglich der Umsetzung erreicht haben. Zu guter Letzt soll an dieser Stelle noch die Flexibilität und Skalierbarkeit der Navigation und ihrer Inhalte getestet werden. Mit steigender Schriftgröße der Navigationspunkte rückt die Hintergrundfarbe der Navigationspunkte immer mehr in den Vordergrund, da die Hintergrundgrafiken selbst von oben ausgerichtet und lediglich 25 px hoch sind.

Abbildung 16 ▶
Mehrfach skalierte und überdimensional vergrößerte Darstellung der horizontalen Navigation

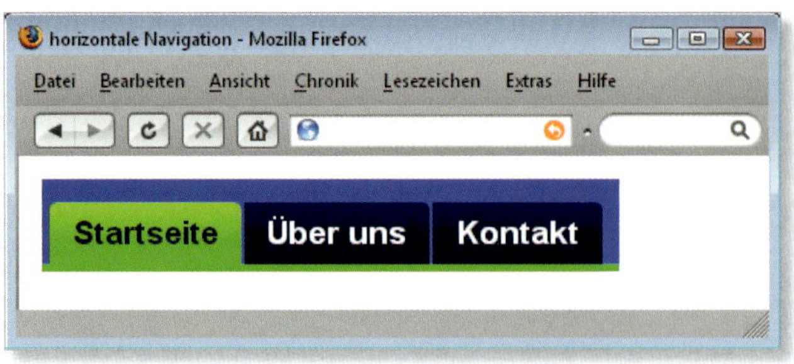

Wie die Darstellung des noch in der Beta-Phase befindlichen IE8 unter Beweis stellt, ist die Navigation selbst bei einer Schriftgröße von 200% (siehe Statuszeile unten rechts) in der Lage, die Navigation entsprechend der Vorgaben umzusetzen.

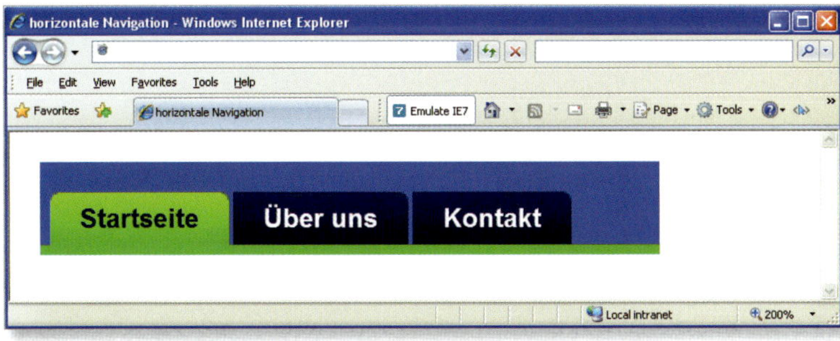

◂ **Abbildung 17**
Darstellung der horizontalen Navigation im IE8 (Beta) bei einer Schriftgröße von 200% für die Navigationspunkte

Zusammenfassung

Wie die mehrfach vergrößerte Schrift innerhalb der Abbildung des Firefox zeigt, skalieren die Navigationspunkte so, dass es den Anschein hat, als ob die Navigationsreiter mitwachsen. Tatsächlich wird aber lediglich die Schrift vergrößert. Diese Art der Strukturierung und Formatierung via (X)HTML und CSS ergibt eine schlanke, aber sehr flexible Lösung einer horizontalen Navigation.

/* Code aus Step 1 bis 4, 9 */

```
<!DOCTYPE html PUBLIC "-//W3C//DTD XHTML 1.0 Strict//EN" "http://www.w3.org/TR/xhtml1/DTD/
xhtml1-strict.dtd">
<html xmlns="http://www.w3.org/1999/xhtml" xml:lang="de" dir="ltr">
<head>
<meta http-equiv="Content-Type" content="text/html;charset=iso-8859-1" />
<title>horizontale Navigation</title>
<link rel="stylesheet" href="css/horizontaleNavigation.css" type="text/css" media="all" />
</head>
<body>
<ul id="mainNavi">
   <li id="active"><span>Startseite</span></li>
   <li><a href="#" class="inactive">&Uuml;ber uns</a></li>
   <li><a href="#" class="inactive">Kontakt</a></li>
</ul>
</body>
</html>
```

/* Code aus Step 5 bis 16 */

```
body {
   margin:15px;
}

ul#mainNavi {
   width:80%;
   float:left;
   padding:15px 5px 0 5px;
   margin:0;
   list-style:none;
   border-width:0 0 5px 0;
   border-style:solid;
   border-color:#6EB327;
   background-color:#325FCC;
}

ul#mainNavi li {
   float:left;
   margin:0;
   padding:0;
   color:#020F34;
   font:bold 81.25%/2 Arial, Verdana, sans-
   serif;
}

ul#mainNavi li#active {
   margin:0 2px 0 0;
   padding:0 0 0 5px;
   background:#6EB327 url(../images/bg_ac-
   tiveLeft.gif) left top no-repeat;
}

ul#mainNavi li#active span {
   display:block;
   margin:0;
   padding:0 15px 0 10px;
   background:#6EB327 url(../images/bg_ac-
   tive.gif) right top no-repeat;
}

ul#mainNavi a {
   display:block;
   margin:0 2px 0 0;
   padding:0 15px;
   color:#FFF;
   background:#010F34 url(../images/bg_inac-
   tive.gif) right top no-repeat;
   text-decoration:none;
}

ul#mainNavi a:hover {
   background:#6EB327 url(../images/bg_ac-
   tive.gif) right top no-repeat;
   padding:0 15px;
}
```

Navigieren auf mehreren Ebenen

Oder: Wie erstellt man eine vertikale Navigation inklusive Untermenü?

Der Weg von einer horizontalen zu einer vertikalen Navigation ist nicht weit. Eine solche Navigationsliste <ul> besteht ebenso wie die Liste im Vorgänger-Workshop aus Navigationspunkten <li> und den darin enthaltenen Hyperlinks <a>. Diese verschiedenen (X)HTML-Elemente ermöglichen zahlreiche Formatierungsvarianten durch CSS, wodurch der Kreativität kaum Grenzen gesetzt sind. Das Ziel dieses Workshops ist es daher, zuerst eine Navigation mit einer Ebene zu erstellen, um dieser dann im zweiten Schritt eine zweite Ebene mit Untermenüpunkten hinzuzufügen.

Links sehen Sie eine Vertikale Navigation mit drei Navigationspunkten und aktiviertem Navigationspunkt Über uns. Rechts kommt eine zweite Navigationsebene mit weiteren drei Untermenüpunkten hinzu.

Ziel

Vertikale Navigation ohne (links) und mit Untermenüpunkten (rechts)

- Anlegen einer vertikalen Navigationsstruktur mit einer Ebene
- Designen der Navigation
- Integration einer zweiten Navigationsebene

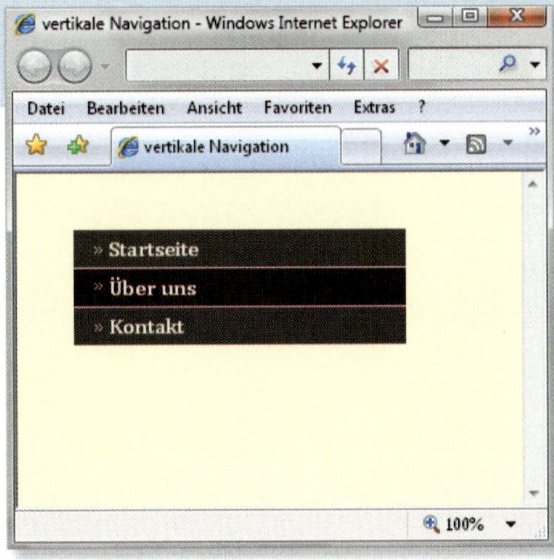

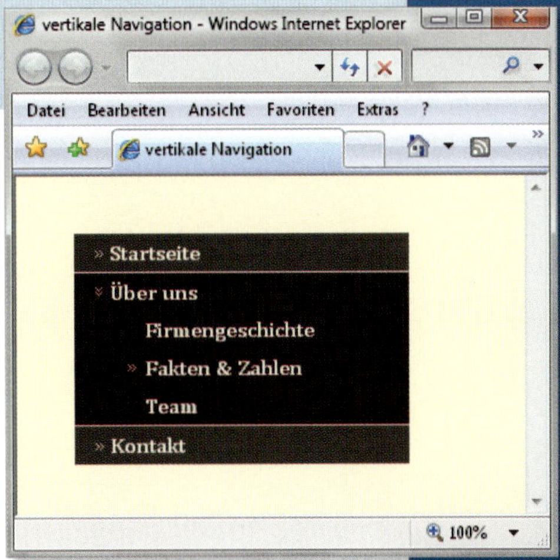

Struktur festlegen 1

Zuerst wird für diesen Workshop ein Ordner VERTIKALENAVIGATION angelegt. Darin wird neben einer gleichnamigen (X)HTML-Datei ein Bilder-Ordner (IMAGES) und ein Ordner für CSS (CSS) erstellt.

Die soeben angelegte Datei *vertikaleNavigation.html* enthält das folgende (X)HTML-Grundgerüst:

```
<!DOCTYPE html PUBLIC "-//W3C//DTD XHTML 1.0 Strict//EN" "http://
www.w3.org/TR/xhtml1/DTD/xhtml1-strict.dtd">
<html xmlns="http://www.w3.org/1999/xhtml" xml:lang="de"
dir="ltr">
<head>
<meta http-equiv="Content-Type" content="text/
html;charset=iso-8859-1" />
<title>vertikale Navigation</title>
</head>
<body>
<!-- hier wird der weitere (X)HTML-Code integriert -->
</body>
</html>
```

Definieren der Navigationsstruktur 2

Die Navigationsstruktur wird durch eine unsortierte Liste `id="mainNavi"` mit drei Listenpunkten festgelegt:

```
<ul id="mainNavi">
   <li>Startseite</li>
   <li>&Uuml;ber uns</li>
   <li>Kontakt</li>
</ul>
```

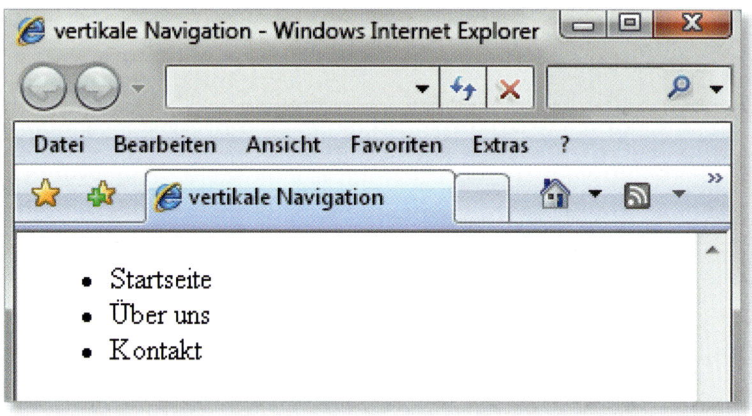

Abbildung 1 ▸ Ursache dieser bereits vertikalen Ausrichtung ist, dass die einzelnen Listenpunkte sogenannte Block-Elemente sind. Sie erzeugen also einen Zeilenumbruch, wodurch das nächste Objekt darunter positioniert wird.

3 Anlegen aktiver und inaktiver Navigationspunkte

Da eine Navigation Inhalte durch Hyperlinks miteinander verbindet, fehlt im bisherigen Aufbau noch diese Verlinkung. Der gewünschte aktivierte Navigationspunkt ÜBER UNS enthält keinen Hyperlink, da er aktiv ist und es nicht sehr sinnvoll ist, weiterhin auf eine Seite zu verlinken, die bereits aufgerufen ist. Damit Sie diesen Navigationspunkt von den weiterhin inaktiven und damit verlinkten Navigationspunkten abheben können, bekommt er eine Bezeichnung seiner Bedeutung entsprechend. Das Gleiche gilt für die inaktiven Menüpunkte.

Die zusätzliche eindeutigen Klassifizierung jedes einzelnen Navigationspunktes ermöglicht es, jeden dieser Listenpunkte unterschiedlich zu gestalten.

```
<ul id="mainNavi">
   <li><a href="#" class="homepage">Startseite</a></li>
   <li class="about">&Uuml;ber uns</li>
   <li><a href="#" class="contact">Kontakt</a></li>
</ul>
```

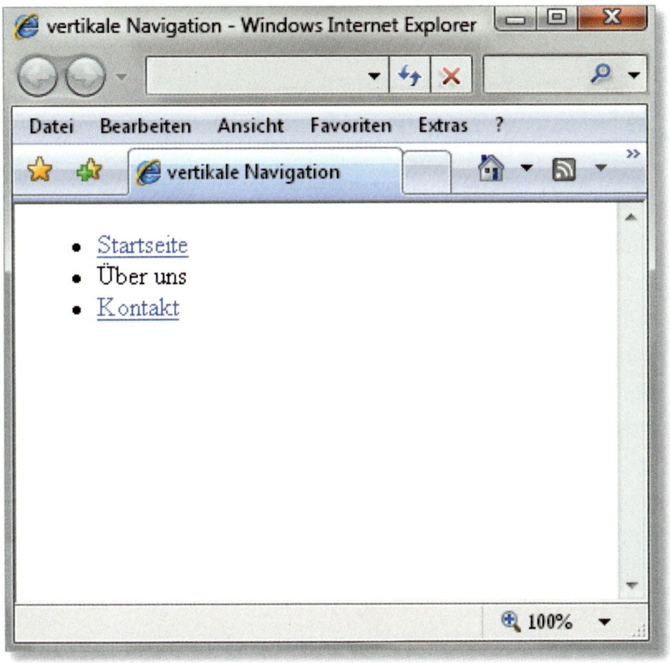

◄ **Abbildung 2**
Aus der anfänglichen Auflistung dreier Wörter wurde durch die Verlinkung einzelner Elemente eine Navigation mit zwei inaktiven und einem aktiven Navigationspunkt.

4 CSS-Datei in (X)HTML-Seite integrieren

Da das (X)HTML-Gerüst bereits fertig ist, widmen Sie sich nun dem CSS. Dazu legen Sie in dem am Anfang angelegten CSS-Ordner eine für diesen Workshop unverzichtbare CSS-Datei mit der Bezeichnung *vertikaleNavigation.css an*. Auf diese wird dann innerhalb des Kopfbereiches `<head>` der Datei *vertikaleNavigation.html* referenziert.

```
...
<head>
...
<title>vertikale Navigation</title>
<link rel="stylesheet" title="Default" href="css/vertikaleNavi-
gation.css" type="text/css" media="screen" />
</head>
...
```

Festlegen des Farbschemas der Navigation 5

Breite berechnen
240 px * 0,0625 = 15 em

Innerhalb des <body>-Elementes werden zuerst die Schrifteigenschaften für die Navigation dieses Workshops festgelegt. Um die Navigation skalierbar gestalten zu können, geben wir die Schriftgröße und die Außenabstände in relativen Werten an. Das heißt, eine Veränderung in der Schriftgröße verändert die Außenabstände proportional zur Veränderung.

```
body {
   margin:2em;
   background-color:#FFF8DB;
   font:normal 100.01% Cambria, Georgia, Palatino, serif;
}
```

Im weiteren Verlauf der Gestaltung der Navigation sollen die Navigationspunkte durch einen Rahmen auf der unteren Seite (border-bottom) der einzelnen Listenpunkte voneinander getrennt werden. Da aber auch die gesamte Navigation einen farblichen Rahmen erhalten soll, würde der letzte Navigationspunkt am unteren Rand einen doppelten Rahmen aufweisen, daher weisen Sie der Liste an dieser Stelle für alle Richtungen, bis auf die untere, einen Abstand von 1 px zu. Zusätzlich heben Sie mit list-style und dem Wert none die Auflistungszeichen der Listenpunkte auf.

Der Liste, dem Grundgerüst der Navigation, geben Sie zuerst eine Hintergrundfarbe, die sich deutlich von dem Hintergrund der Webseite abhebt. Damit die Navigation, wie im Schritt zuvor bereits angesprochen, skalierbar wird, kann die Breite ebenfalls in relativen Werten definiert werden. Die Zieldarstellung besitzt eine Breite von absoluten 240 px, die mit dem Umrechnungskoeffizienten 0,0625 multipliziert werden. Das Ergebnis von 15 em für die Breite der Navigation ermöglicht ein Verändern in beide Richtungen, ohne dass das Navigationslayout dadurch verändert wird. Ändern Sie einfach einmal die Schriftgröße innerhalb des Browsers mit der Tastatur oder mit dem Scrollrad der Maus, und Sie werden sehen, was mit einem elastischen oder skalierbarem Layout gemeint ist. Wer auf diese Möglichkeit verzichten will, kann diese Navigation auch in ein Layout mit einer festen Breite integrieren. Dazu muss lediglich der Wert der Breite von 15em durch 240px ersetzt werden.

```
ul#mainNavi {
   padding:0;
   margin:0;
   width:15em;
   border-width:1px 1px 0 1px;
```

```
    border-style:solid;
    border-color:#FFF8DB;
    background:#3A2020;
    list-style:none;
}
```

Schriftart: Cambria
Die Schriftart »Cambria« ist ein Systemfont von Windows Vista, der sich der ClearType-Technologie bedient. Dies führt zu einer angenehmen und guten Lesbarkeit von Texten insbesondere auf LCD-Displays.

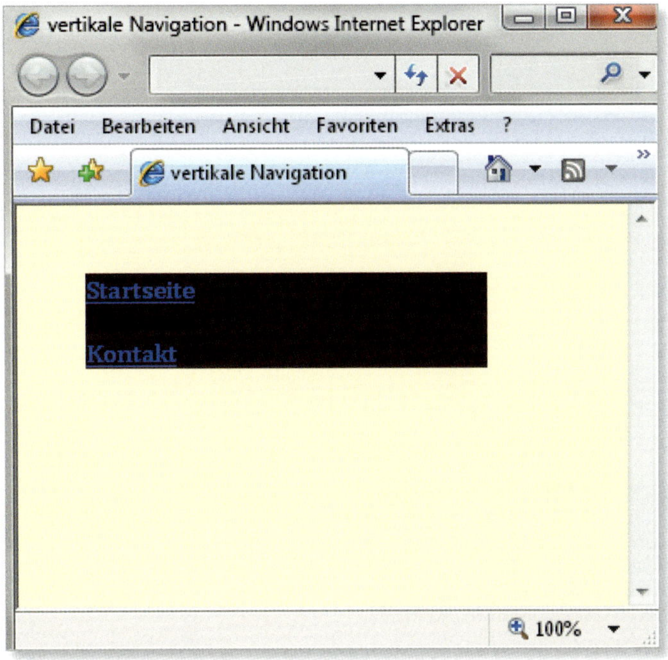

◂ **Abbildung 3**
Weiterhin standardmäßig als Link und Text ausgezeichnete Navigationspunkte vor dem Hintergrund der neuen Navigationshintergrundfarbe

6 Hervorheben der Navigationspunkte

Um auch endlich die Listenpunkte `<li>`, gleichzusetzen mit den Navigationspunkten, entsprechend zu gestalten, widmen Sie sich nun den Listenpunkten und den in ihnen befindlichen Hyperlinks. Damit der gesamte Listenpunkt und nicht nur das jeweilige Wort des Navigationspunktes anklickbar ist, wird diesen Elementen die Eigenschaft `display:block` zugewiesen. Des Weiteren bekommen sie einen vertikalen Abstand von je 4 px und werden um 25 px von links eingerückt. Außerdem erhält jeder Navigationspunkt den bereits angesprochenen Rand `border-bottom` in hellerer Farbe. Dieser trennt die einzelnen Listenpunkte optisch voneinander; sie können somit von den Besuchern der Webseite einfacher als einzelne Navigationspunkte wahrgenommen werden.

```
ul#mainNavi li.homepage,
ul#mainNavi li.about,
```

display:block
Die Eigenschaft `display:block` ermöglicht es, den gesamten Listenpunkt anzuklicken und nicht nur das verlinkte Wort; ohne diese Angabe wäre, wie bei Hyperlinks üblich, nur das jeweilige Wort verlinkt.

```
ul#mainNavi li.contact,
ul#mainNavi a.homepage,
ul#mainNavi a.about,
ul#mainNavi a.contact {
   display:block;
   text-indent:25px;
   text-decoration:none;
   padding:4px 0;
   margin:0;
   color:#FFF8DB;
   border-bottom:1px solid #FFF8DB;
}
```

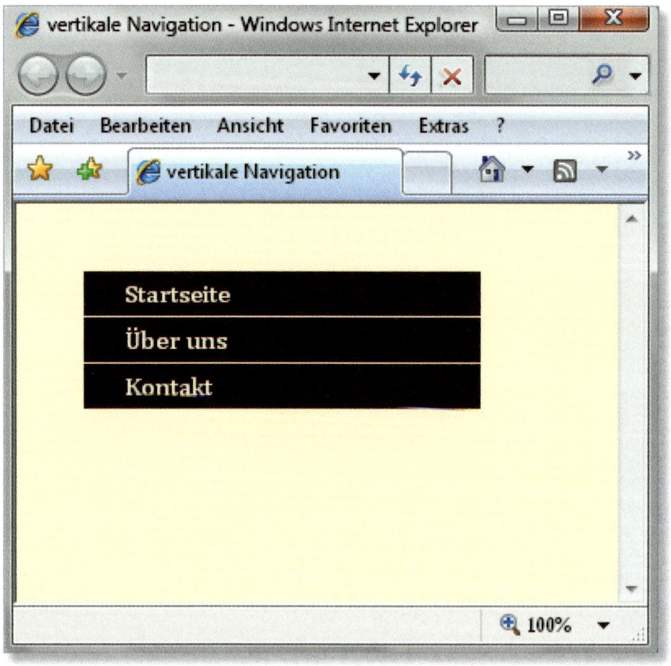

Abbildung 4 ▶
Durch Linien getrennte und eingerückte Navigationspunkte

Navigationspunkte visuell unterscheiden 7

Um den Unterschied zwischen aktiven und inaktiven Navigationspunkten zu untermauern, weisen Sie den Listenpunkten, die einen Link enthalten, die also inaktive Navigationspunkte sind, eine hellere Hintergrundfarbe zu. Damit auch der standardmäßig blau unterstrichene Link eine dem Hintergrund entsprechende Farbe erhält, wird auch dessen Farbe verändert. Da die aktiven Navigationspunkte die Hintergrundfarbe der Liste aus Schritt 5 darstellen, benötigen sie hierfür keine Angabe, anders als die inaktiven Navigationspunkte.

```
ul#mainNavi li.homepage,
ul#mainNavi li.about,
ul#mainNavi li.contact {
   padding:4px 0 0 0;
}
ul#mainNavi a.homepage,
ul#mainNavi a.about,
ul#mainNavi a.contact {
   background:#50423B;
}
```

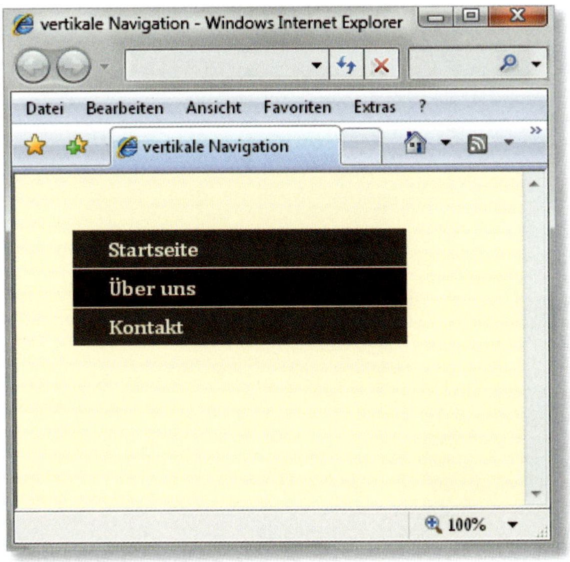

◂ **Abbildung 5**
Gestaltung eines farblichen Unterschiedes zwischen aktiven und inaktiven Navigationspunkten für Schrift und Hintergrund

Das Icon wird deshalb als transparente GIF-Grafik abgespeichert, damit es unabhängig von der Farbe des Hintergrundes gut sichtbar ist.

8 Aktive Links hervorheben

Damit aber auch ein Unterschied zwischen aktiven, also bereits ausgewählten Navigationspunkten und inaktiven Navigationspunkten besteht, sollten die aktiven für eine bessere Usability farblich stärker hervorgehoben werden. Zuerst weisen wir aber beiden Zustandstypen zusätzlich zum eigentlichen Linktext noch ein kleines Icon in Form eines Doppelpfeils zu.

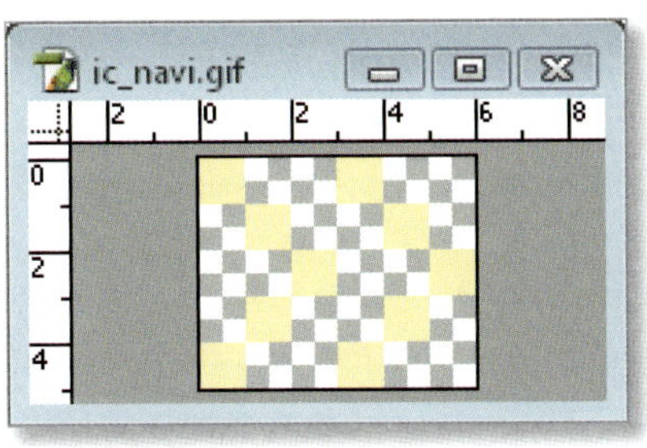

◂ **Abbildung 6**
Icons für aktiven und inaktiven Zustand des Navigationspunktes

Damit sich das Icon in vertikaler Richtung innerhalb des Listenpunktes mittig befindet, kann hierfür die Hintergrundposition `center` gewählt werden. Die `15px` hingegen sorgen für eine Einrückung um eben diesen Wert, damit sich das Pfeil-Icon *ic_navi.gif* direkt vor dem aktiven Navigationspunkt befindet.

```
ul#mainNavi li.homepage,
ul#mainNavi li.about,
ul#mainNavi li.contact {
   padding:4px 0 0 0;
   background:transparent url(../images/ic_navi.gif) 15px center
   no-repeat;
}
```

Abbildung 7 ▶
Aktive und inaktive Navigationspunkte mit entsprechenden Navigationsicons

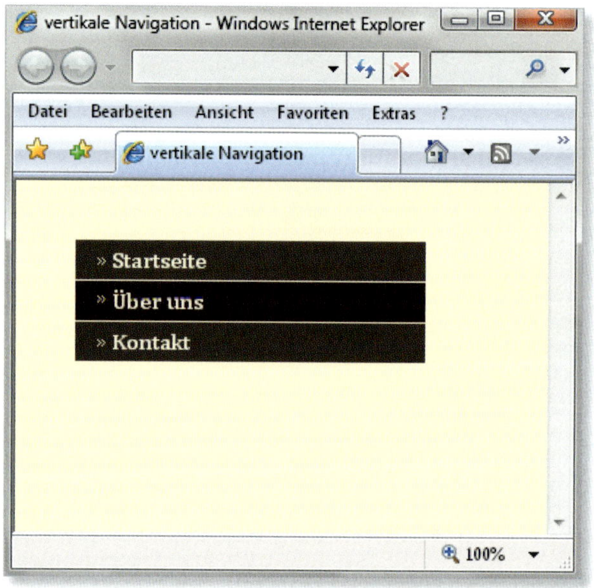

Navigation um eine Ebene erweitern 9

Da eine Liste eine Hierarchieebene (Hauptmenü) darstellt, muss, um eine zweite Ebene (Untermenü) darstellen zu können, eine weitere Liste in die bestehende Struktur integriert werden. Dem bisher aktiven Navigationspunkt Über uns weisen wir nun Untermenüpunkte zu, die weitere Informationen (verteilt über drei Untermenüpunkte) über die fiktive Firma enthalten. Das heißt, die neue Liste mit der eindeutigen `div="subNavi"` und drei Listenpunkten `<li>` wird als verschachtelte Liste direkt in den aktiven Listenpunkt `<li class="about">...</a>` integriert:

```
<ul id="mainNavi">
   <li><a href="#" class="homepage">Startseite</a></li>
   <li class="about">&Uuml;ber uns
   <ul id="subNavi">
      <li><a href="#" class="history">Firmengeschichte</a></li>
      <li class="facts">Fakten &amp; Zahlen</li>
      <li><a href="#" class="team">Team</a></li>
   </ul>
   </li>
   <li><a href="#" class="contact">Kontakt</a></li>
</ul>
```

Auch in diesem Fall wird einer der drei Punkte als aktiv ausgewählt. Auch diese Listenpunkte erhalten eine der Bedeutung der Inhalte entsprechende Bezeichnung (`facts` etc.).

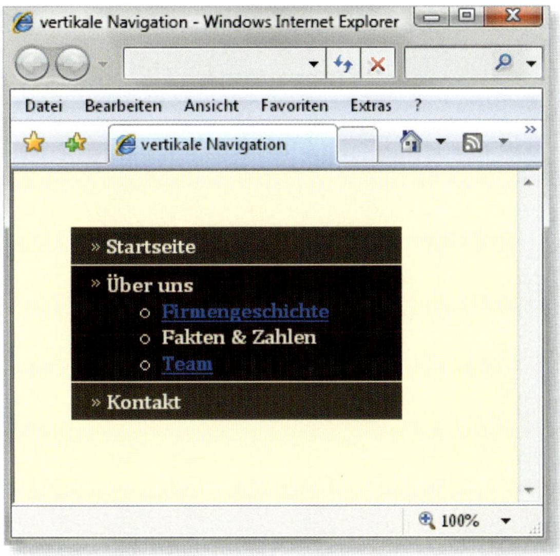

◂ **Abbildung 8**
Integrierte zweite Navigationsebene mit standardmäßigem Aufzählungszeichen

Die farbliche Gestaltung der Navigationspunkte soll den Usern verdeutlichen, dass sie sich im Bereich ÜBER UNS befinden und hier im Navigationspunkt FAKTEN & ZAHLEN.

10 Zweite Ebene ausrichten

Da die standardmäßigen Anführungszeichen `list-style-type` der Liste entfernt werden sollen, ist dies die erste Änderung, die Sie an der nun neu integrierten zweiten Ebene der Navigation durchführen:

```
ul#subNavi {
   padding:0;
   margin:0;
   list-style:none;
}
```

Wer nun noch ein wenig Finetuning betreiben möchte, kann unter anderem für den aktiven Navigationspunkt erster Ebene ein Pfeil-Icon erstellen, das nach unten zeigt. Damit wird die Zugehörigkeit des Untermenüs zu diesem aktiven Navigationspunkt optisch unterstrichen. Es wird praktisch das Icon *ic_navi.gif* durch das Icon *ic_subnavi.gif* ersetzt.

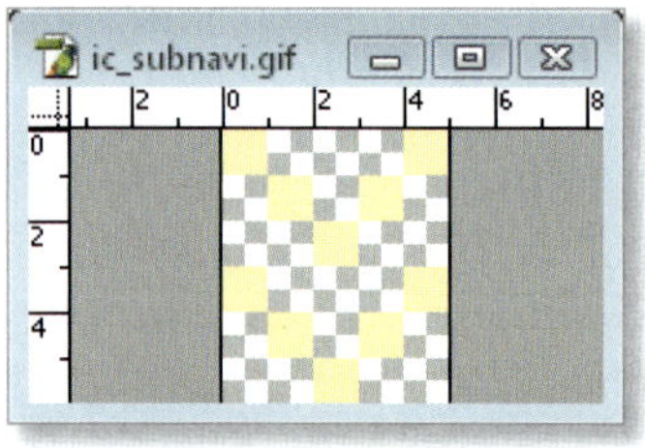

Abbildung 9 ▸
Nach unten zur 2. Navigationsebene ausgerichtetes Pfeil-Icon

```
ul#mainNavi li.homepage,
ul#mainNavi li.about,
ul#mainNavi li.contact {
   padding:4px 0 0 0;
   background:transparent url(../images/ic_subnavi.gif) 15px 10px
   no-repeat;
}
```

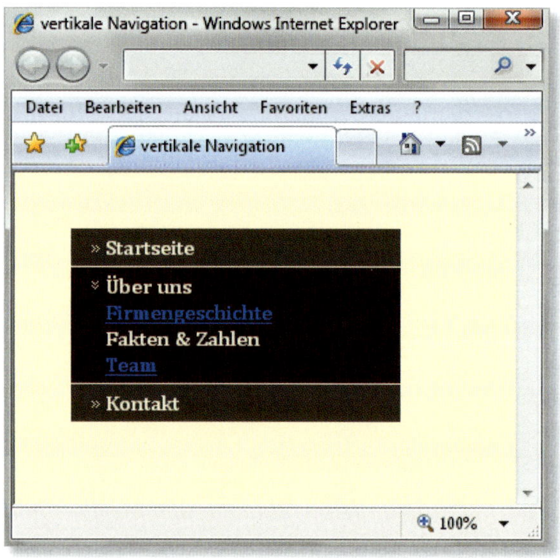

Abbildung 10 ▸
Entfernen der Aufzählungszeichen des Untermenüs und Integration eines neuen Icons, mit Hinweis auf die Darstellung eines Untermenüs

Ausrichten des Untermenüs 11

Da die Ausrichtung der Navigationspunkte der 2. Ebene identisch zur obersten Ebene sein soll, weisen Sie ihnen bis auf die Einrückung der Inhalte um 25 px dieselben CSS-Eigenschaften zu. Um die Zusammengehörigkeit der Navigationspunkte der 2. Ebene zu verdeutlichen, werden sie nicht wie in der 1. Ebene durch eine Linie getrennt abgebildet.

```
ul#subNavi li.history,
ul#subNavi li.facts,
ul#subNavi li.team,
ul#subNavi a.history,
ul#subNavi a.facts,
ul#subNavi a.team {
   display:block;
   padding:4px 0 4px 25px;
   color:#FFF8DB;
   text-decoration:none;
   margin:0;
}
```

Damit zu erkennen ist, zu welchem Hauptnavigationspunkt der ersten Ebene die jeweiligen Untermenüpunkte zweiter Ebene gehören, bekommen diese die gleiche Hintergrund- und Schriftfarbe. Da der linke Texteinzug dem der ersten Ebene entspricht, wird er um 25 px nach rechts verschoben.

Der aktivierte Navigationspunkt innerhalb der 2. Navigationsebene bekommt zusätzlich noch das Pfeil-Icon, wodurch die ausgewählte Position des Webseitenbesuchers in der Navigation deutlich wird. Da das Pfeil-Icon nicht an derselben Position wie in der 1. Navigationsebene verbleibt, sondern sich der veränderten Einrückung um 25 px fügen soll, wird das Pfeil-Icon für den aktiven Navigationspunkt der 2. Navigationsebene an dieser Stelle um 38 px von links eingerückt.

```
ul#subNavi li.history,
ul#subNavi li.facts,
ul#subNavi li.team {
   background:transparent url(../images/ic_navi.gif) 38px center
   no-repeat;
}
```

Implementierung einer 2. Navigationsebene
Dieses Einrücken von links um 25 Pixel sorgt für einen deutlichen Positionsunterschied zwischen erster und zweiter Ebene. Das Pfeil-Icon unterstreicht zudem die Position des aktiven Navigationspunktes dieser 2. Ebene.

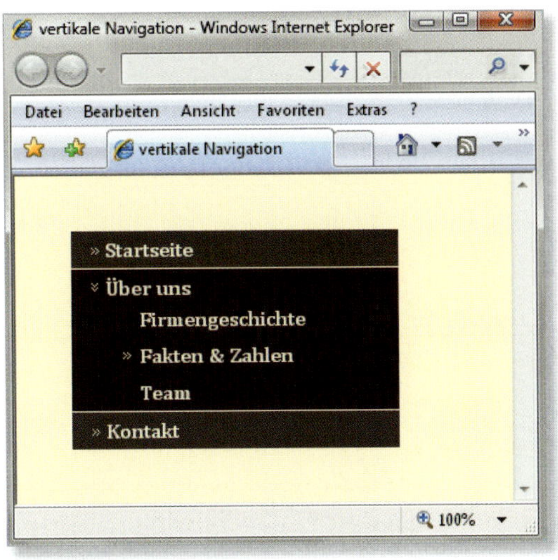

◄ **Abbildung 11**
Einrücken der Navigationspunkte der zweiten Ebene

12 Erzeugen eines Mouse-Over-Effektes

Als letzter Schritt in diesem Workshop soll ein Farbwechsel der Schriftfarbe beim Überfahren der Links in der 1. und 2. Navigationsebene mit dem Cursor erzeugt werden. Den Menüpunkten der 1. Ebene werden hierbei andere Hintergrundfarben für diesen Effekt zugewiesen als der 2. Ebene.

```
ul#mainNavi a:hover,
ul#mainNavi a:focus,
ul#mainNavi a:active {
   background-color:#847269;
}
```

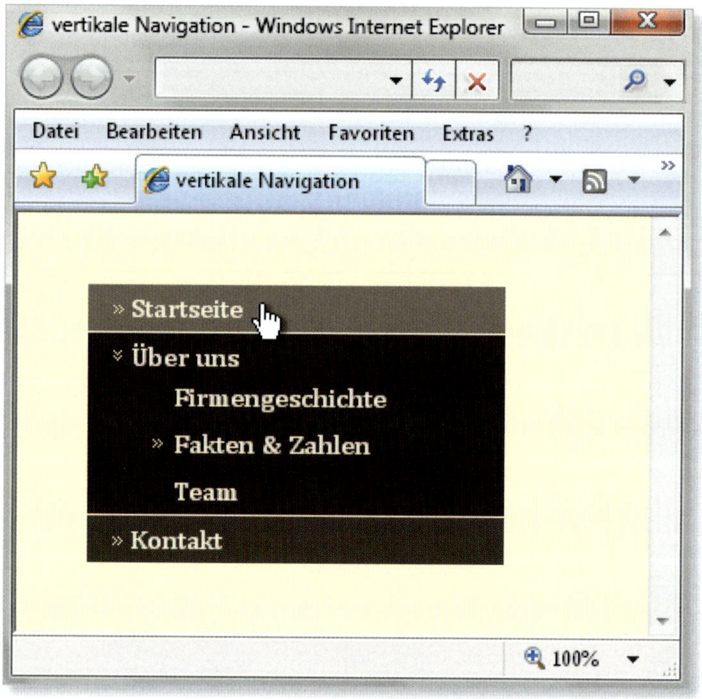

Abbildung 12 ▶
Beim Überfahren von Links und einem damit verbundenen Farbwechsel sollte immer ein deutlicher Unterschied der Farben sichtbar werden. Denn wenn die Änderung zu marginal ist, wird sie vom User kaum wahrgenommen werden können und verfehlt damit ihre Wirkung vollkommen.

```
ul#subNavi a:hover,
ul#subNavi a:focus,
ul#subNavi a:active {
   background-color:#584141;
}
```

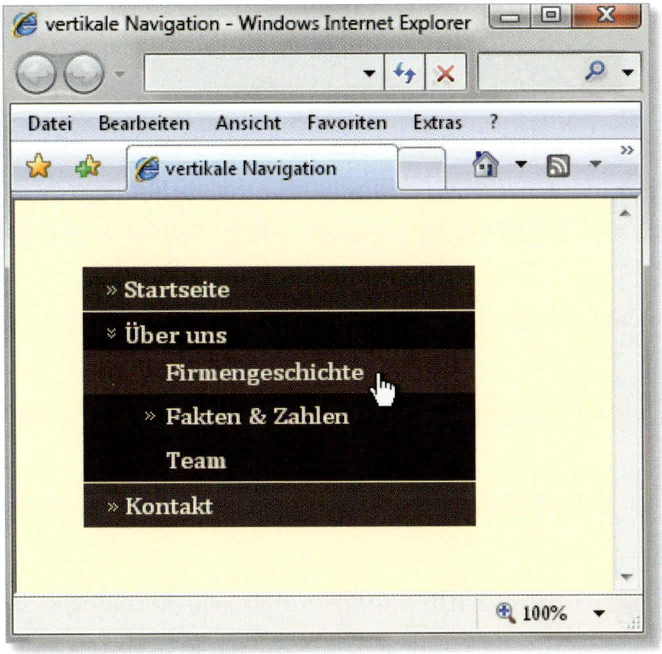

◄ **Abbildung 13**
Farbwechsel des Hintergrundes der Navigationspunkte der 2. Ebene beim Überfahren der inaktiven Navigationspunkte mit dem Cursor

Webseitenbesucher, die aufgrund körperlicher Einschränkungen auf die Skalierbarkeit von Inhalten angewiesen sind, können somit die Navigation ihren Anforderungen entsprechend skalieren.

Zusammenfassung

Dieser Workshop sollte neben der Strukturierung und dem damit verbunden (X)HTML-Aufbau einer Navigation vor allem Einblicke in die Möglichkeiten der Gestaltung geben. Wichtig bei der Gestaltung durch CSS ist es, immer eine gewisse Flexibilität der Navigation zu berücksichtigen. Flexibilität bedeutet, dass das Layout bei zwei Navigationspunkten ebenso passt wie bei fünf. Zudem sollte dieser Workshop aufzeigen, wie unkompliziert eine Navigationsebene bei entsprechendem Markup durch eine weitere ergänzt werden kann.

/* Code aus Step 1 bis 4, 9 */

```
<!DOCTYPE html PUBLIC "-//W3C//DTD XHTML 1.0 Strict//EN" "http://www.w3.org/TR/xhtml1/DTD/
xhtml1-strict.dtd">
<html xmlns="http://www.w3.org/1999/xhtml" xml:lang="de" dir="ltr">
<head>
<meta http-equiv="Content-Type" content="text/html;charset=iso-8859-1" />
<title>vertikale Navigation</title>
<link rel="stylesheet" href="css/vertikaleNavigation.css" type="text/css" media="all" />
</head>
<body>
<ul id="mainNavi">
   <li><a href="#" class="homepage">Startseite</a></li>
   <li class="about">&Uuml;ber uns
```

```
        <ul id="subNavi">
            <li><a href="#" class="history">Firmengeschichte</a></li>
            <li class="facts">Fakten &amp; Zahlen</li>
            <li><a href="#" class="team">Team</a></li>
        </ul>
    </li>
    <li><a href="#" class="contact">Kontakt</a></li>
</ul>
</body>
</html>
```

/* Code aus Step 5 bis 8 & 10 bis 12 */

```
body {
    margin:2em;
    background-color:#FFF8DB;
    font:normal 100.01% Cambria, Georgia,
    Palatino, serif;
}

ul#mainNavi {
    padding:0;
    margin:0;
    width:15em;
    border-width:1px 1px 0 1px;
    border-style:solid;
    border-color:#FFF8DB;
    list-style:none;
    background:#3A2020;
}

ul#mainNavi li.homepage,
ul#mainNavi li.about,
ul#mainNavi li.contact,
ul#mainNavi a.homepage,
ul#mainNavi a.about,
ul#mainNavi a.contact {
    display:block;
    text-indent:25px;
    text-decoration:none;
    padding:4px 0;
    margin:0;
    color:#FFF8DB;
    border-bottom:1px solid #FFF8DB;
}

ul#mainNavi li.homepage,
ul#mainNavi li.about,
ul#mainNavi li.contact {
    padding:4px 0 0 0;
    background:transparent url(../images/
    ic_subnavi.gif) 15px 10px no-repeat;
}

ul#mainNavi a.homepage,
ul#mainNavi a.about,
ul#mainNavi a.contact {
    background:#50423B url(../images/ic_navi.
    gif) 15px center  no-repeat;
}

ul#mainNavi a:hover,
ul#mainNavi a:focus,
ul#mainNavi a:active {
    background-color:#847269;
}

ul#subNavi {
    padding:0;
    margin:0;
    list-style:none;
}

ul#subNavi li.history,
ul#subNavi li.facts,
ul#subNavi li.team,
ul#subNavi a.history,
ul#subNavi a.facts,
```

```
ul#subNavi a.team {
   display:block;
   padding:4px 0 4px 25px;
   color:#FFF8DB;
   text-decoration:none;
   margin:0;
}

ul#subNavi li.history,
ul#subNavi li.facts,
ul#subNavi li.team {
   background:transparent url(../images/
   ic_navi.gif) 38px center no-repeat;
}

ul#mainNavi a:hover,
ul#mainNavi a:focus,
ul#mainNavi a:active {
  background-color:#847269;
}

ul#subNavi a:hover,
ul#subNavi a:focus,
ul#subNavi a:active {
   background-color:#584141;
}
```

Navigieren auf die etwas andere Weise

Oder: Wie erstellt man eine Navigation in Form einer jungen Frau?

Dass Navigationen nicht immer im herkömmlichen horizontalen oder vertikalen Layout daherkommen müssen, ist oft der Zielgruppe einer Webseite geschuldet. Das heißt, eine Webseite mit jugendlicher Zielklientel kann durchaus etwas, nennen wir es mal »stylisher« realisiert werden, ohne dass die Besucher die Navigation nicht mehr wahrnehmen würden. Dieser dritte Workshop soll daher die Möglichkeit einer etwas anderen Gestaltung einer Navigation aufzeigen. Präsentiert werden soll eine Navigation eines fiktiven Onlineshops für Bekleidung und Accessoires. Wie die Farbwahl des Entwurfes bereits erkennen lässt, handelt es sich hierbei eher weniger um Mode für den jungen Mann als viel eher für junge Mädchen. Die Struktur der Navigation im (X)HTML basiert unabhängig von der Darstellung auf einer Liste, ebenso wie in den beiden Navigations-Workshops zuvor. Die Unterschiede beruhen fast ausnahmslos auf CSS.

Ziel

Navigation durch eine Liste strukturiert und inhaltlich basierend auf Text- und Bildelementen

- Definieren einer Navigationsstruktur
- Integrieren der Inhalte der Navigationspunkte
- Erstellen der grafischen Schmuckelemente
- Gestalten und Ausrichten der Navigationspunkte

1 Struktur festlegen

Webdokumente mit einer klaren Struktur sollten sich durch eine ebenso übersichtliche Navigation auszeichnen. Um diese Anforderung überhaupt umsetzen zu können, legen Sie für diesen Workshop zuallererst einen Ordner mit der Bezeichnung KREATIVENAVIGATION an. Darin erstellen Sie neben einer gleichnamigen (X)HTML-Datei einen Bilder-Ordner (IMAGES) und einen Ordner für CSS (CSS). Diese soeben angelegte (X)HTML-Datei *kreativeNavigation.html* enthält ein Grundgerüst, in das im Verlauf der ersten Arbeitsschritte der (X)HTML-Code eingefügt wird:

```
<!DOCTYPE html PUBLIC "-//W3C//DTD XHTML 1.0 Strict//EN" "http://
www.w3.org/TR/xhtml1/DTD/xhtml1-strict.dtd">
<html xmlns="http://www.w3.org/1999/xhtml" xml:lang="de"
dir="ltr">
<head>
<meta http-equiv="Content-Type" content="text/
html;charset=iso-8859-1" />
<title>kreative Navigation</title>
</head>
<body>
<!-- hier wird der weitere (X)HTML-Code integriert -->
</body>
</html>
```

(X)HTML: Sonderzeichen und ihre Kodierung
Da das Euro-Zeichen nicht im Zeichenvorrat von ISO 8859-1 enthalten ist, muss an seiner Stelle eine Kodierung dieses Sonderzeichens verwendet werden.
Das Gleiche gilt für das Ampersand (»&«). Die zu verwendenden Zeichen hierfür sind folgende: `&` = `&` / € = `€`

2 Anlegen der Inhalte

Die Inhalte dieses Workshops sind schnell angelegt und in ein entsprechendes Korsett geschnürt. Zuerst erstellen Sie hierfür die Überschrift 1. Ordnung `<h1>` mit entsprechendem Inhalt:

```
<h1>Young &amp; Trendy</h1>
```

Des Weiteren übernimmt eine ungeordnete Liste `<ul>` die Strukturierung der späteren Navigation:

```
<ul>
   <li>M&uuml;tzen, Schals ...(Sonnenbrillen ab  5,99&euro;,
   H&uuml;te ab 11,99&euro;, Schmuck ab 3,99 &amp; Co.)</li>
   <li>Tops, Pullover ...(Blazer ab 14,99&euro;, Westen ab
   12,99&euro;, Top ab 4,99 &amp; Co.) </li>
   <li>Hosen, R&ouml;cke ...(Caprihosen ab 18,99&euro;, Shorts ab
   12,99&euro;, Hosen ab 7,99 &amp; Co.) </li>
   <li>Ballerinas, Stiefel ...(Sneakers ab 34,99&euro;, Slipper
   ab 32,99&euro;, Pumps ab 29,99 &amp; Co.)</li>
</ul>
```

Abbildung 1 ▶
Dass eine Navigation strukturell durch eine Liste realisiert wurde, ist wie in dieser Abbildung in erster Linie an den Aufzählungszeichen (in diesem Fall ein Kreis) der einzelnen Listenpunkte zu erkennen.

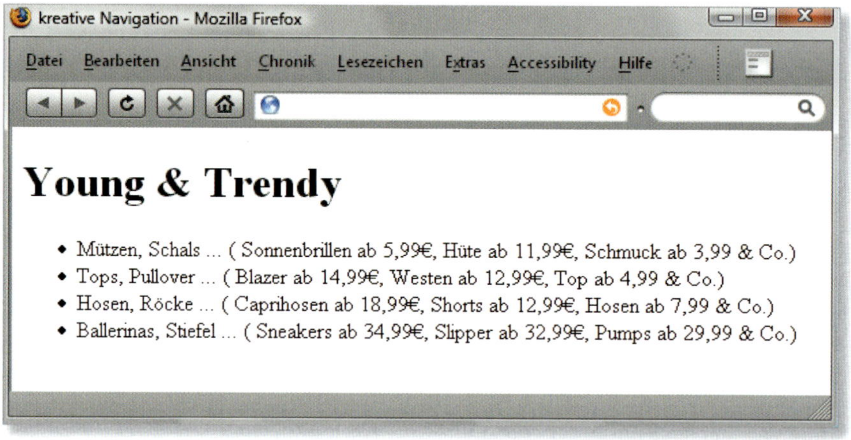

3 Verlinken der Navigationspunkte

Damit die Auflistung überhaupt zu einer Navigation, sprich zu einer Verbindung zwischen verschiedenen Seiten, werden kann, müssen die bisherigen vier Kategorien verlinkt werden. Die andersfarbigen Bereiche dieses Quellcode-Ausschnittes ermöglichen für diese vier Navigationspunkte eine unterschiedliche Gestaltung (siehe Arbeitsschritt 11 und 12) in Form eines Körperbereiches der Illustration einer jungen Frau. Die vergebenen Klassen `.head`, `.body`, `.legs` und `.feet` sollten wie gewohnt eindeutig sein. Die Angabe eines Titels soll zudem dem User die Möglichkeit geben, weitere Informationen über die einzelnen Bekleidungskategorien und die damit verbundenen Preise zu erhalten.

Die eigentlichen Navigationspunkte verlaufen hierbei lediglich bis zur öffnenden Klammer, auch wenn die innerhalb des `<span>`-Tags enthaltenen Angaben sich ebenfalls innerhalb des Link-Tags befinden. Die Inhalte innerhalb der Klammer sollen im weiteren Verlauf immer erst dann sichtbar werden, wenn der User sich mit dem Cursor über den Navigationspunkt bewegt. Damit diese Inhalte ansonsten ausgeblendet werden können, bedarf es eines weiteren Elementes, um diese Eigenschaften vergeben zu können.

```
<h1>Young &amp; Trendy</h1>
<ul id="mainNavi">
   <li><a href="#" class="head" title="Sonnenbrillen ab
   5,99&euro;">M&uuml;tzen, Schals ...<span>(Sonnenbrillen ab
   5,99&euro;, H&uuml;te ab 11,99&euro;, Schmuck ab 3,99 &amp;
   Co.)</span></a>
   </li>
   <li><a href="#" class="body" title="Blazer ab
   14,99&euro;">Tops, Pullover ...<span>(Blazer ab 14,99&euro;,
   Westen ab 12,99&euro;, Top ab 4,99 &amp; Co.)</span></a>
   </li>
   <li><a href="#" class="legs" title="Caprihosen ab
   18,99&euro;">Hosen, R&ouml;cke ...<span>(Caprihosen ab
   18,99&euro;, Shorts ab 12,99&euro;, Hosen ab 7,99 &amp; Co.)
   </span></a>
   </li>
   <li><a href="#" class="feet" title="Sneakers ab
```

```
   34,99&euro;">Ballerinas, Stiefel ...<span>(Sneakers ab
   34,99&euro;, Slipper ab 32,99&euro;, Pumps ab 29,99 &amp;
   Co.)</span></a>
   </li>
</ul>
```

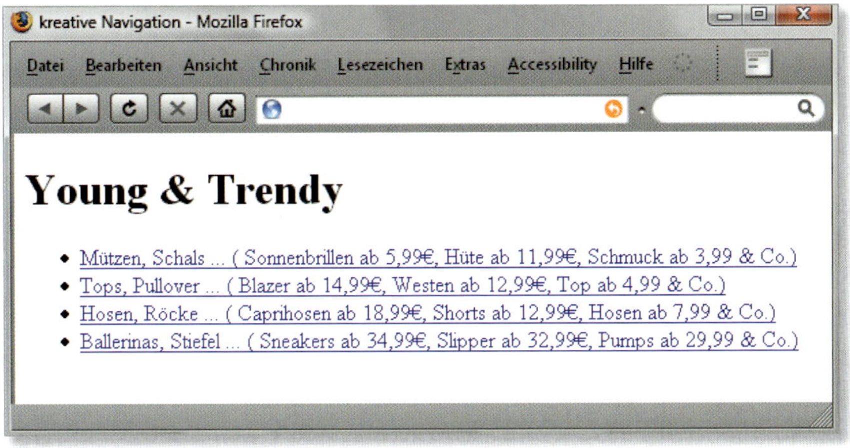

◂ **Abbildung 2**
Auflistung vier verschiedener Bekleidungskategorien, die mittlerweile verlinkt sind, inklusive Überschrift

4 CSS-Datei in (X)HTML-Seite integrieren

Da das (X)HTML-Gerüst bis auf die Implementierung der Bilder bereits abgeschlossen ist, richten Sie Ihr Augenmerk nun auf CSS. Dazu erstellen Sie in dem am Anfang angelegten CSS-Ordner eine für diesen Workshop nötige CSS-Datei *kreativeNavigation.css*. Auf diese wird dann innerhalb des Kopfbereiches `<head>` der *kreativeNavigation.html* referenziert.

```
...
<head>
...
<title>kreative Navigation</title>
<link rel="stylesheet" title="Default" href="css/kreativeNaviga-
tion.css" type="text/css" media="screen" />
</head>
...
```

5 Entwerfen einer Hintergrundgrafik

Bevor Sie sich nun der Gestaltung dieser Navigation mittels CSS widmen, erstellen Sie eine dafür geeignete Hintergrundgrafik mit dem »dezenten« Hinweis auf mögliche 50 % Rabatt beim Kauf dieser Produkte. Um auch ein wenig der Zielgruppe junger Mädchen bzw. Damen zu entsprechen, wurde an dieser Stelle eine rosafarbige, 450 x 650 Pixel große Grafik erstellt. Wie diese mittels CSS im Browser sichtbar und optimal ausgerichtet wird, zeigt der nächste Arbeitsschritt.

Regeln für die Angabe von Schriftarten in CSS
Bei der Angabe von Schriftfamilien innerhalb von CSS-Dateien müssen die Namen, die aus mehreren Wörtern bestehen, mit Anführungsstrichen versehen werden, so wie die in diesem Fall verwendete Schriftart »Segoe Print«.

▲ **Abbildung 3**
Hintergrundgrafik des Navigationsbereiches

6 Integrieren und Ausrichten der Hintergrundgrafik

Die Grafik als Hintergrund der Navigation wird dem <body>-Tag zugewiesen und von oben und links um jeweils 25 px eingerückt. Außerdem legen wir an dieser Stelle für das gesamte Layout eine Breite von 450 px fest und versehen die Schrift mit den in der Zielsetzung angegebenen Eigenschaften.

```
body {
   margin:25px;
   background:#FFF url(../images/bg_navi.jpg) 15px 15px no-repeat;
   font:normal 100.01%/.6 "Segoe Print", Arial;
   width:450px;
}
```

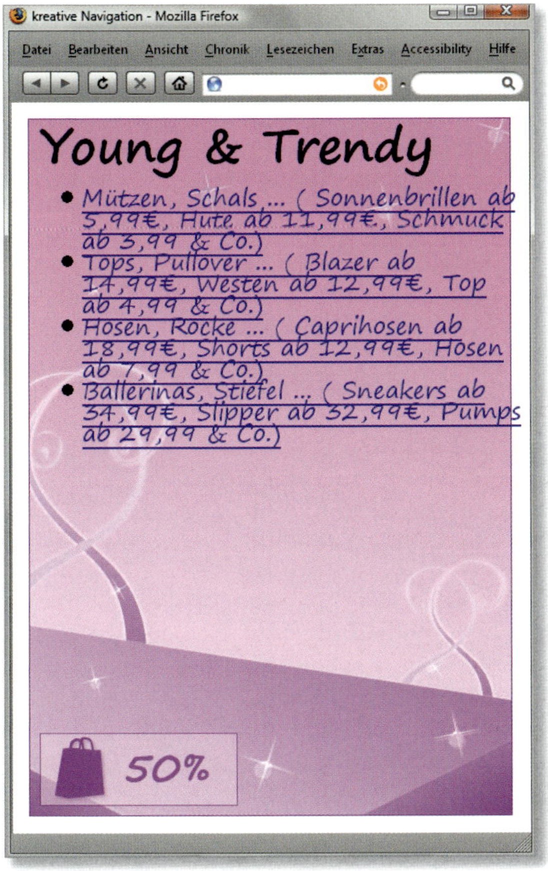

▲ **Abbildung 4**
In den <body> der (X)HTML-Seite integrierte Hintergrundgrafik inklusive der über ihr befindlichen – noch nicht mit CSS bearbeiteten – Inhalte

Die Schriftfamilie »Segoe« wurde für das Betriebssystem Windows Vista in Auftrag gegeben. Die in diesem Fall verwendete Schriftart »Segoe Print« ist, wie der Name erahnen lässt, eigentlich für den Print-Bereich gedacht. Durch die Form der einzelnen Buchstaben und den daraus resultierenden Charakter der Wörter ist sie in diesem Fall mehr als nur eine Alternative zur Schriftgestaltung.

Schriftgröße berechnen
Da die Schriftgröße für die Überschrift in absoluten Werten 36 px entsprechen soll, errechnet sie sich wie folgt: 16 px/100 % * 36 px/x = 225 %

7 Ausrichten und Gestalten der Überschrift

Damit die Überschrift neben der bereits korrekten Schriftart auch eine zum Inhalt passende Farbe und Einrückung erhält, werden an dieser Stelle die dafür notwendigen Eigenschaften festgelegt:

```
h1 {
   font-size:225%;
   padding:0;
   margin:50px 0 0 42px;
   color:#A40D9B;
}
```

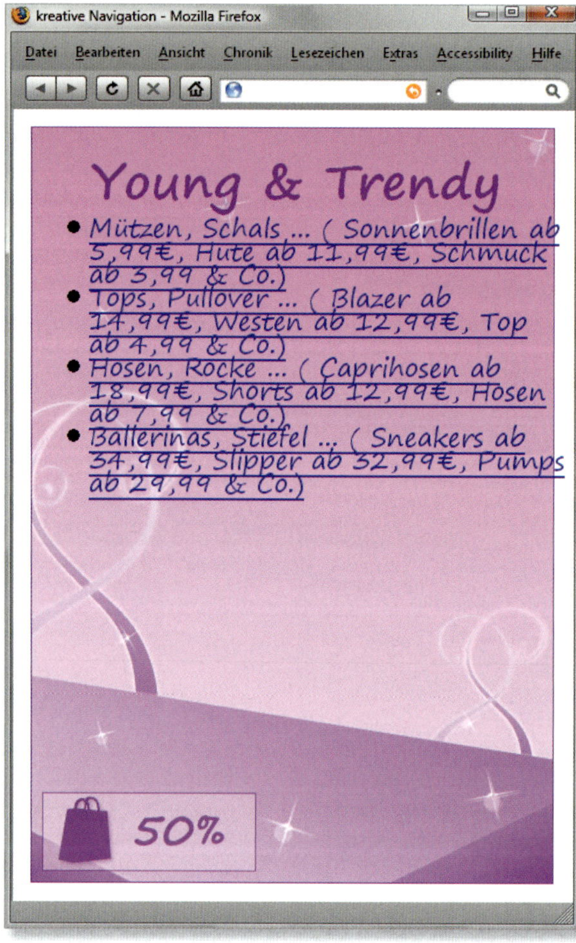

▲ **Abbildung 5**
Um 50 px von oben und um 42 px von links eingerückte Überschrift

8 Unterschiedliche Interpretation von Schriftarten

Um kurz beim Thema Schriftart zu verweilen, noch ein Hinweis auf eventuelle Fragen zur Interpretation der Schriftart auf anderen Betriebssystemen als Windows Vista: Da, wie bereits erwähnt, die Schriftart »Segoe Print« für Windows Vista in Auftrag gegeben wurde, bedarf es für die anderen Betriebssysteme einer entsprechenden Alternative für diese Schrift. Dieser ganz besondere Job wird in diesem Fall von der weit verbreiteten Schriftart »Arial« übernommen. Die folgende kleine Abbildung zeigt im Übrigen deutlich den Unterschied zwischen den beiden Schriften »Segoe« und »Arial«.

◂ **Abbildung 6**
Unterschiedliche Darstellung der Überschrift mit der Schriftart »Segoe Print« (oben) und »Arial« (unten)

9 Ausrichten der Navigationspunkte

In diesem Schritt wird nun der Bereich der Navigation abgesteckt, das heißt, Höhe, Breite und Abstände werden der Zielsetzung entsprechend umgesetzt.

```
ul {
   width:356px;
   list-style:none;
   margin:110px 40px 0 40px;
   padding:0;
}

li {
   margin:0;
   padding:0;
   *height:99px; /* ausschließlich für den IE 7 */
}
```

Die mit einem Sternchen (*) vorangestellte Angabe für die Höhe des Listenpunkts ist ausschließlich für den Internet Explorer gedacht, da dieser bei der Interpretation der CSS-Eigenschaften nicht das gewünschte Ziel erreicht. Wenn man auf solche CSS-Hacks verzichten möchte, kann man hierfür eine gesonderte CSS-Datei anlegen und diese via Conditional Comments in den (X)HTML-Code integrieren. Leider führt dieser kleine, unscheinbare CSS-Hack dazu, dass die CSS-Datei nun nicht mehr valide ist.

Den möglichen Linkzuständen der Navigation weisen Sie an dieser Stelle ihre Schriftfarbe und Linkeigenschaften zu. Damit Listenpunkte, sprich die Navigationspunkte, die richtigen Maße und später auch genügend Platz für die Grafik (einen der vier Körperabschnitte der Illustration) aufweisen, werden die hierfür nötigen Werte angegeben. Um auch den gesamten Bereich des Navigationspunktes zu verlinken, setzen Sie die Eigenschaft `display` auf den Wert `block`. Ohne diesen Wert wären lediglich die verlinkten Wörter verlinkt.

```
li a:link,
li a:hover,
```

Schriftgröße berechnen
Da die Schriftgröße für die Navigationspunkte in absoluten Werten 21 px entsprechen soll, errechnet sie sich wie folgt:
16 px/100 % * 21 px/x = 130 % (gerundeter Wert)

```
li a:active,
li a:focus,
li a:visited {
   height:108px;
   display:block;
   padding:0;
   margin:0;
   color:#A40D9B;
   text-decoration:none;
   font-weight:bold;
   font-size:130%;
   line-height:.9;
}
```

Pseudoklassen von Links

- `:link` = für Verweise zu noch nicht besuchten Seiten
- `:hover` = für Verweise, während der Anwender mit der Maus darüberfährt (CSS 2.0)
- `:active` = für gerade angeklickte Verweise
- `:focus` = für Verweise, die den Fokus erhalten, z. B. durch »Durchsteppen« mit der [Tab]-Taste (CSS 2.0)
- `:visited` = für Verweise zu bereits besuchten Seiten

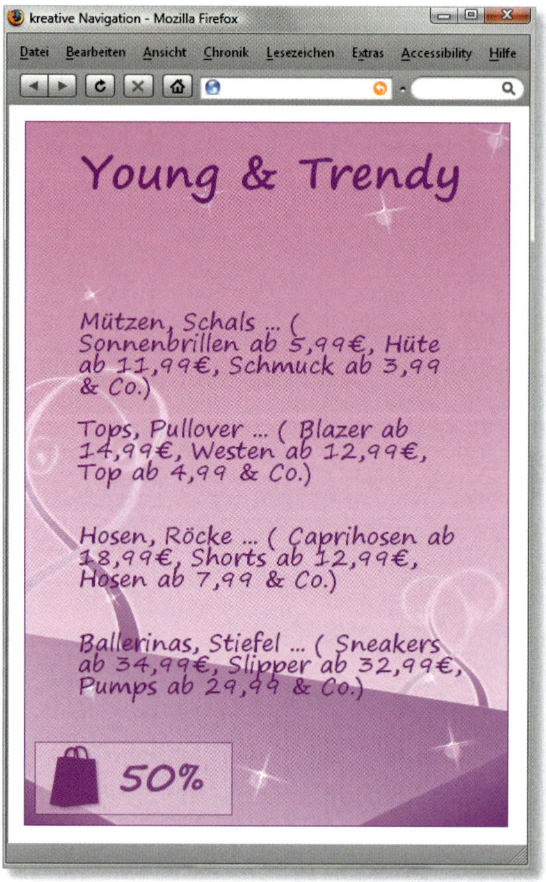

▲ **Abbildung 7**
An dieser Stelle werden noch alle Inhalte des Listenpunktes als Link verstanden und daher mit den gleichen Eigenschaften versehen und vom Browser angezeigt.

10 Ausblenden der Beschreibungstexte

Da, wie bereits erwähnt, lediglich die ersten beiden Wörter eines jeden Listenpunktes als Navigationspunkt herhalten sollen, werden die restlichen sich innerhalb eines <span>-Tags befindlichen Inhalte ausgeblendet:

```
li span {
   display:none;
}
```

◂ **Abbildung 8**
Reduzierung der Listenpunkte auf die eigentlichen vier Produktkategorien

Die Inhalte zu den Navigationspunkten (die neben preislichen Angaben auch detaillierte Informationen zu den Produktkategorien enthalten) werden an dieser Stelle nur zu dem Zweck ausgeblendet, um an späterer Stelle beim Überfahren der Links mit dem Cursor wieder eingeblendet zu werden.

11 Erstellen der Navigationsgrafiken

Damit auch die einzelnen vier Bereiche der Navigation den Weg in den Workshop finden, erstellen Sie am besten Grafiken mit einer dem Layout entsprechenden Höhe und färben sie dem Entwurf entsprechend ein. Da diese Grafiken eine Transparenz aufweisen sollen, verwenden Sie in diesem Fall das PNG-Format. Wer für ältere IE-Versionen eine entsprechende Alternative anlegen möchte, kann die Grafiken im GIF-Format erstellen und sie dann mit Conditional Comments den entsprechenden Versionen

Damit zu erkennen ist, zu welchem Hauptnavigationspunkt der ersten Ebene die jeweiligen Untermenüpunkte zweiter Ebene gehören, bekommen diese die gleiche Hintergrund- und Schriftfarbe. Da der linke Texteinzug dem der ersten Ebene entspricht, wird er um 25 px nach rechts verschoben. Am besten, Sie erledigen diesen Arbeitsschritt gleich zweimal, da genau dieselben Grafiken mit denselben Maßen auch für den aktiven Zustand der Navigationspunkte vonnöten sind, mit dem Unterschied, dass diese weiß sind. Wichtig ist, dass diese Grafiken dieselbe Größe haben.

des IE zugänglich machen. Wie Sie Conditional Comments integrieren, erfahren Sie im Exkurs »Was sind Cascading Style Sheets?«. In einer separaten CSS-Datei für den IE weisen Sie dann lediglich statt der PNG-Grafiken GIF-Grafiken zu.

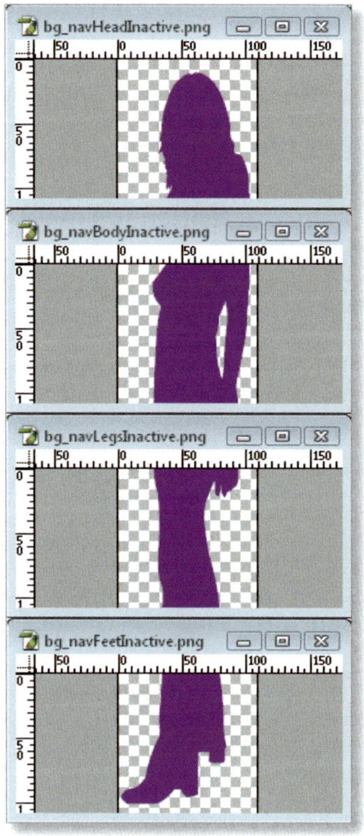

Abbildung 9 ▸
In vier Produktkategorien unterteilte Illustration einer jungen Frau (repräsentiert die inaktiven Grafiken)

12 Ausrichten der Navigationsgrafiken

Wie unschwer zu erahnen war, folgt an dieser Stelle die Integration der soeben erstellten Grafiken. Hierzu vergeben Sie an jede der in Schritt 3 angelegten Klassen die entsprechende Grafik (`.head` = *bg_navHeadInactive.tif* usw.). Da sich die Grafiken innerhalb des Listen- bzw. Navigationspunktes recht oben befinden und nur einmal abgebildet werden sollen, müssen diese Eigenschaften dem Linkverweis zu den jeweiligen Grafiken hinzugefügt werden.

```
a.head {
   background-image:url(../images/bg_navHeadInactive.tif);
   background-position:top right;
   background-repeat:no-repeat;
}
```

```
a.body {
   background-image:url(../images/bg_navBodyInactive.tif);
   background-position:top right;
   background-repeat:no-repeat;
}

a.legs {
   background-image:url(../images/bg_navLegsInactive.tif);
   background-position:top right;
   background-repeat:no-repeat;
}

a.feet {
   background-image:url(../images/bg_navFeetInactive.tif);
   background-position:top right;
   background-repeat:no-repeat;
}
```

◀ **Abbildung 10**
Diese Abbildung zeigt die zur Produktkategorie gehörende Hintergrundgrafik.

Zum besseren Verständnis der Aufteilung und Ausrichtung der Hintergrundgrafiken können Sie die Navigationspunkte mit einem Rahmen versehen. Dieser Schritt verdeutlicht außerdem, was in Sachen Maße innerhalb des Listenpunktes verlinkt ist – nämlich alles.

Im IE kleiner Version 7 führt die fehlende Möglichkeit der Interpretation von alpha-transparenten Grafiken dazu, dass der IE die Transparenz verwehrt. Dieses Verhalten tritt bei aktiven und inaktiven Navigationspunkten gleichermaßen auf.

Abbildung 11 ▶
Darstellung der Navigation im IE6

13 Ausrichten der aktiven Navigationsgrafiken

Diesen Arbeitsschritt wiederholen Sie nun. Nein, keine Angst, nicht zu 100 %. Der einzige Unterschied ist, dass nun die »aktiven« Grafiken (weiß anstatt lila) den jeweiligen Navigationspunkten (`.head` = *bg_navHeadActive.tif* usw.) hinzugefügt werden:

```
li a.head:hover,
li a.head:active,
li a.head:focus {
   background:transparent url(../images/bg_navHeadActive.tif) top
   right no-repeat;
}

li a.body:hover,
li a.body:active,
li a.body:focus {
   background:transparent url(../images/bg_navBodyActive.tif) top
   right no-repeat;
}

li a.legs:hover,
li a.legs:active,
li a.legs:focus {
```

```
   background:transparent url(../images/bg_navLegsActive.tif) top
   right no-repeat;
}

li a.feet:hover,
li a.feet:active,
li a.feet:focus {
   background:transparent url(../images/bg_navFeetActive.tif) top
   right no-repeat;
}
```

Um auch das Navigieren mit der Tastatur sichtbar zu machen, vergeben Sie für die Verlinkungen die dafür notwendige Pseudoklasse `:focus`. Ohne diese Angabe würde beim Navigieren mit der Tastatur der entsprechende Navigationspunkt die Farbe nicht ändern und wäre somit für den Besucher schwer zu erkennen.

◄ **Abbildung 12**
Aktivieren der aktiven Hintergrundgrafik der Produktkategorie Tops, Pullover ..., inklusive Angabe des Titels

14 Ausrichten der zusätzlichen Informationen

Der auch wirklich letzte Handschlag in diesem Workshop sorgt dafür, dass die bisher nicht sichtbaren zusätzlichen Informationen wie Blazer ab 14,99 €, Westen ab ... wieder eingeblendet werden. Da auch dies nur dann geschehen soll, wenn der Cursor sich über dem Navigationslink befindet, werden lediglich die dafür verantwortlichen Pseudoklassen angesprochen. Die absolute Positionierung der Inhalte des `<span>`-Tags und deren Ausrichtung von oben links lässt sie beim Überfahren der Navigationspunkte direkt unter der Navigation in weißer Schrift erscheinen.

```
ul#mainNavi a:hover span,
ul#mainNavi a:focus span   {
```

Je größer der Wert bei der Eigenschaft `top`, umso weiter rutschen die Informationen der Kategorien weiter nach unten; wobei darauf geachtet werden sollte, dass sie nicht die Navigation überlagern. Da diese zusätzlichen Informationen eine kleiner sein sollen als die eigentlichen Navigationspunkte (TOPS, PULLOVER ... etc.), wird ihnen eine Schriftgröße von 80 % zugewiesen.

```
    color:#FFF;
    position:absolute;
    display:block;
    left:65px;
    top:110px;
    width:350px;
    height:100px;
    text-decoration:none;
    font-size:80%;
}
```

Damit dieses Verhalten auch in den IE-Versionen kleiner 7 erreicht werden kann, müssen zusätzlich die folgenden Zeilen CSS eingefügt werden. Wichtig ist hierbei vor allem die Angabe der Transparenz der Hintergrundfarbe.

```
ul#mainNavi a:hover{
    background-color:transparent;
    padding:0;
    margin:0;
}
```

Abbildung 13 ▸
Beim Aktivieren der zweiten Produktkategorie zeigt der IE6 zwar die Hintergrundgrafik korrekt an und positioniert auch die Zusatzinformationen unterhalb der Überschrift, leider sind die Grafiken der Navigation nicht transparent.

Andere Browser als der IE beherrschen diese Fähigkeit und haben daher mit der korrekten Darstellung der Navigation keinerlei Probleme.

◂ Abbildung 14
Dass der IE es auch anders kann, beweist die Version 7 des Microsoft-Browsers.

Von der ursprünglichen profanen Darstellung einer Liste (siehe Arbeitsschritt 3) ist nach Beendigung der CSS-Arbeiten nicht mehr viel zu sehen. Es ist also durchaus möglich, aus einer Liste mehr zu machen, als ihre Inhalte nur nebeneinander oder untereinander abzubilden.

Nach Fertigstellung aller (X)HTML- und CSS-Arbeiten sollten Ihnen Browser wie der Firefox, Netscape, Opera, Safari & Co. die folgende, der Zielsetzung entsprechende Darstellung bieten:

◂ Abbildung 15
Beim Aktivieren der zweiten Produktkategorie wird die inaktive Hintergrundgrafik (lila) durch die aktive (weiß) ersetzt, und oberhalb der Listenpunkte werden die zusätzlichen Informationen abgebildet.

Zusammenfassung

Dieser Workshop sollte aufzeigen, dass Navigationen trotz einer einfachen Liste als (X)HTML- und Struktur-Grundlage mit ein wenig CSS und grafischen Elementen ansehnlich umgesetzt werden können, ohne dabei beispielsweise auf JavaScript zurückgreifen zu müssen.

/* Code aus Step 1 bis 4 */

```
<!DOCTYPE html PUBLIC "-//W3C//DTD XHTML 1.0 Strict//EN" "http://www.w3.org/TR/xhtml1/DTD/
xhtml1-strict.dtd">
<html xmlns="http://www.w3.org/1999/xhtml" xml:lang="de" dir="ltr">
<head>
<meta http-equiv="Content-Type" content="text/html;charset=iso-8859-1" />
<title>kreative Navigation</title>
<link rel="stylesheet" href="css/kreativeNavigation.css" type="text/css" media="all" />
</head>
<body>
<h1>Young &amp; Trendy</h1>
<ul id="mainNavi">
   <li><a href="#" class="head" title="Sonnenbrillen ab 5,99&euro;">M&uuml;tzen, Schals
   ... <span>(Sonnenbrillen ab 5,99&euro;, H&uuml;te ab 11,99&euro;, Schmuck ab 3,99 &amp;
   Co.)</span></a>
   </li>
   <li><a href="#" class="body" title="Blazer ab 14,99&euro;">Tops, Pullover
   ...<span>(Blazer ab 14,99&euro;, Westen ab 12,99&euro;, Top ab 4,99 &amp; Co.)</span>
   </a>
   </li>
   <li><a href="#" class="legs" title="Caprihosen ab 18,99&euro;">Hosen, R&ouml;cke
   ...<span>(Caprihosen ab 18,99&euro;, Shorts ab 12,99&euro;, Hosen ab 7,99 &amp; Co.)
   </span></a>
   </li>
   <li><a href="#" class="feet" title="Sneakers ab 34,99&euro;">Ballerinas, Stiefel
   ...<span>(Sneakers ab 34,99&euro;, Slipper ab 32,99&euro;, Pumps ab 29,99 &amp; Co.)
   </span></a>
   </li>
</ul>
</body>
</html>
```

/* Code aus Step 5 bis 14 */

```
body {
   margin:25px;
   background:#FFF url(../images/bg_navi.
   jpg) 15px  15px no-repeat;
   font:normal 100.01%/.6 "Segoe Print",
   Arial;
   width:450px;
}

h1 {
   font-size:225%;
   padding:0;
```

```
   margin:50px 0 0 42px;
   color:#A40D9B;
}

ul{
   width:356px;
   list-style:none;
   margin:110px 40px 0 40px;
   padding:0;
}

li {
   margin:0;
   padding:0;
   *height:99px;
}

li a:link,
li a:hover,
li a:active,
li a:focus,
li a:visited {
   height:108px;
   display:block;
   padding:0;
   margin:0;
   color:#A40D9B;
   text-decoration:none;
   font-weight:bold;
   font-size:130%;
   line-height:.9;
}

ul#mainNavi a span {
   display:none;
}
ul#mainNavi a:hover{
   background-color:transparent;
   padding:0;
   margin:0;
}

a.head,
a.body,
a.legs,
a.feet {
   background-image:url(../images/bg_nav-
   HeadInactive-trans.tif);
   background-position:top right;
   background-repeat:no-repeat;
}

a.body {
   background-image:url(../images/bg_nav-
   BodyInactive-trans.tif);
}

a.legs {
   background-image:url(../images/bg_nav-
   LegsInactive-trans.tif);
}

a.feet {
   background-image:url(../images/bg_nav-
   FeetInactive-trans.tif);
}

a.head:hover,
a.head:active,
a.head:focus   {
   background:transparent url(../images/
   bg_navHeadActive-trans.tif) top right
   no-repeat;
}

a.body:hover,
a.body:active,
a.body:focus {
   background:transparent url(../images/
   bg_navBodyActive-trans.tif) top right
   no-repeat;
}

a.legs:hover,
a.legs:active,
a.legs:focus {
   background:transparent url(../images/
   bg_navLegsActive-trans.tif) top right
   no-repeat;
}
```

```
a.feet:hover,
a.feet:active,
a.feet:focus {
   background:transparent url(../images/
   bg_navFeetActive-trans.tif) top right no-
   repeat;
}

ul#mainNavi a:hover span,
ul#mainNavi a:focus span  {
   color:#FFF;
   position:absolute;
   display:block;
   left:65px;
   top:110px;
   width:350px;
   height:100px;
   text-decoration:none;
   font-size:80%;
}
```

Schriftgrößen in px, pt, em oder %?

Einer der wichtigsten Punkte in Sachen Gestaltung ist die Angabe der Schriftgrößen. Dafür gibt es, wie die Überschrift verrät, mehrere Ansatzpunkte. Wenn man relative Maßeinheiten wie `em` oder `%` für die Schriftgröße verwendet, ermöglicht man es dem Anwender einer Webseite, solche ausgezeichneten Inhalte seinen Anforderungen entsprechend unabhängig von den Fähigkeiten des Browsers zu skalieren. Verwendet man hingegen absolute Maßeinheiten wie `px` oder `pt`, hat der User diese Möglichkeit nicht in allen Browsern. Dies wiederum kann dazu führen, dass die Webanwendung für den Besucher schwerer oder eventuell gar nicht mehr nutzbar ist, weil er oder sie beispielsweise aufgrund einer Sehschwäche die Inhalte nicht lesen kann. Daher sind für die Ausgabe auf dem Monitor vor allem relative Größenangaben wie `em`, Prozentwerte oder die noch folgenden Schlüsselworte besser geeignet. Absolute Einheiten wie `pt` oder gar Maßangaben in `cm` sollten zudem ausschließlich dem Drucklayout vorbehalten sein (mehr dazu im Exkurs »Drucken mit CSS«).

Skalierung von Schriftgrößen
Die Veränderung der Schriftgröße von Webseiteninhalten kann unabhängig von der Maßeinheit von den meisten neueren Browsern (Stand Juni 2008) den Anforderungen der Webseitenbesucher angepasst werden. Browser wie Opera, Internet Explorer ab Version 7 und Firefox ab Version 3 verändern nicht nur die Schriftgröße, sondern zoomen die gesamte Webseite, unabhängig von der Angabe der Maßeinheit in CSS-Dateien. Ältere Browser verändern hingegen lediglich die Schriftgröße.

Absolute Schriftgrößen in Pixel (px)

Die Angabe für die Schriftgröße in absoluten Pixelwerten ist in erster Linie abhängig von der Auflösung des jeweiligen Anzeigegerätes, wie beispielsweise eines PC-Monitors oder des Displays einer tragbaren PlayStation (Portable PlayStation). Pixelangaben für Layout-Elemente sind hingegen unabhängig von den Einstellungen der unterschiedlichen Browser der Anwender und bieten daher einen zuverlässigen Ansatz für die Darstellung von Layout-Elementen durch die verschiedensten Browser. Aufgrund der Entwicklung der Browser hat die Angabe der Maßeinheit für die Schriftgröße von Webseiteninhalten nicht mehr die Bedeutung wie vor einigen Jahren. Denn die meisten Browser können die Schriftgröße unabhängig von der Maßeinheit verändern. Entgegen der landläufigen Meinung, der IE kleiner Version 7 könne keine Schriftenskalierung, sei gesagt: Er kann es doch. Dazu muss innerhalb des Browsers lediglich über den Menüpunkt EXTRAS der Navigationspunkt INTERNETOPTIONEN ausgewählt werden. Dieses öffnet ein Popup-Fenster, in dem im Navigationsreiter ALLGEMEIN der Button EINGABEHILFE angeklickt werden muss, der dann zu folgender Darstellung führt:

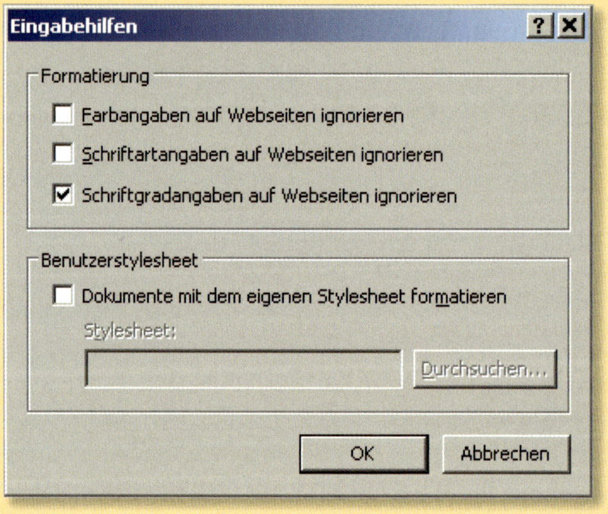

Abbildung 1 ▸
Im Bereich »Eingabehilfen« des IE kann die standardmäßige Darstellung der Schriftgröße verändert werden.

Dieses Popup bezüglich der Eingabehilfen ermöglicht es Ihnen, die Standardeinstellung (kein Häkchen bei der dritten Checkbox) zu verändern. Ein Häkchen an der richtigen Stelle, bei Schriftgradangaben auf Webseiten ignorieren, ermöglicht nach dem Bestätigen dieser Veränderung die Skalierung von Schriftinhalten.

Absolute Schriftgrößen in Punkt (pt)

Eine weitere Maßeinheit für absolute Schriftgrößen ist ein 1 Point (pt). Diese früher fälschlicherweise häufig zum Einsatz gekommene Schriftgrößenangabe sollte ausschließlich für Ausdrucke verwendet werden (mehr dazu im Exkurs »Webseiten ausdrucken? CSS macht's möglich!«). Diese Maßeinheit entspricht bei Schriftgrößen im Web einem Zweiundsiebzigstel Zoll (1/72 Zoll, Englisch: inch). Auf Mac-Systemen mit einer Auflösung von 72 Points per Inch (ppi) würde ein Point einen Bildpunkt (Pixel) ergeben, auf einem Windows-System dagegen 1,3 Pixel. Microsoft hatte sich nämlich für 96–120 ppi entschieden, was dafür sorgte, dass unter Windows die meisten Schriften noch lesbar waren, aber auf dem Mac bei kleinen Angaben zu einer Art Sehtest mutierten. Seit geraumer Zeit verwenden die aktuellen Mac-Browser ebenfalls 96 ppi als Berechnungsbasis. Um die Differenz dieser unterschiedlichen Werte zu verdeutlichen, zeigt die Abbildung die Darstellung des Akronyms »CSS«.

Angabe der Schriftgrößeneinheit
Bei der Angabe von Werten und dem entsprechenden Maß ist es wichtig, dass zwischen diesen kein Leerzeichen vorhanden ist, sondern die Werte wie folgt angegeben werden: `16px` oder `160%` (nicht `16 px` oder `160 %`).

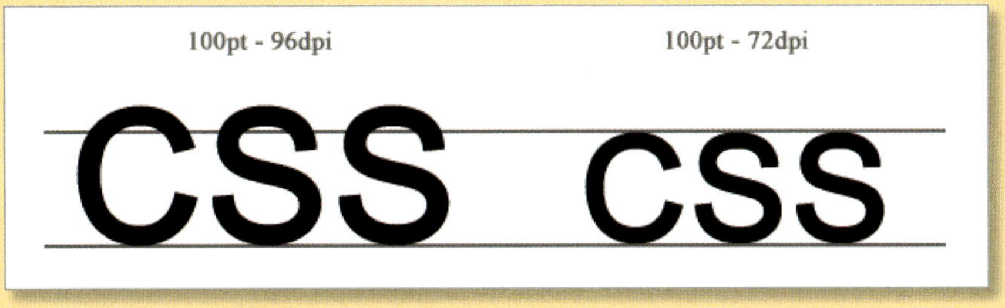

◂ **Abbildung 2**
Unterschied von 100 pt bei 96 und 72 ppi.

Relative Schriftgrößen in em

Eine Maßeinheit, die einen vollkommen anderen Ansatz zur Deklaration von Schriftgrößen verwendet, ist em (für engl. equal M). Ein `em` ist definiert als die Breite des Großbuchstabens M in der dargestellten Schriftart und Schriftgröße. Eine Schrifthöhe von beispielsweise 12 pt (Punkten) oder 16 px (Pixel) entspricht hierbei genau 1 em. Verwendet man nun `em` für die Schriftgröße, wird der entsprechende Text relativ zum Elternelement skaliert. Das heißt, ein Textabschnitt mit einer Schriftgröße von 0,8 em misst in seiner Höhe nur 80 % des Textes und nicht 100 %, wie es bei 1 em der Fall wäre.

Schriftgröße berechnen
`font-size`: 0.8 em
(0.8 em entsprechen 80 % des Elternelementes mit 20 px)
20 px * 100 % / 80 % = 16 px

```
<div style="font-size:20px;">Text ist 20px hoch
   <div style="font-size:0.8em;">Text ist 16px hoch</div>
</div>
```

Relative Schriftgrößen in Prozent (%)

Beim Einsatz der relativen Maßeinheit Prozent sind vor allem die Fähigkeiten der einzelnen Browser ein Stolperstein. Denn leider verhindern hierbei die verschiedenen Browser und ihre unterschiedliche Interpretation der Größenangaben eine elegante, einfache und allgemeingültige Möglichkeit der Schriftgrößendefinition. Überraschenderweise würde für den Internet Explorer eine Deklaration der Schriftgröße von 100 % ausreichen, was einer Standardgröße von 16 px entspräche. Die Version 6 des norwegischen Browsers Opera hingegen würde einen so definierten Textinhalt sichtbar kleiner abbilden. Da diesem Browser beim Kalkulieren der Schriftgröße ein Fehler unterläuft, sind Schriften mit diesem Wert nicht mehr lesbar. Eine Änderung des Wertes um 1 % auf 101 % bringt leider absolut dasselbe Ergebnis. Allerdings stellt in diesem Fall der Mac-Browser Safari die Schrift überproportional groß dar. Eine Variante, die sich bereits seit geraumer Zeit bewährt hat und nahezu alle wichtigen und für uns relevanten Brow-

Dezimalwerte
Dezimalwerte bei relativen Angaben wie `em` oder `%` werden nicht mit Komma, sondern mit einem Punkt versehen.

sertests bestanden hat, ist die Festlegung der Schriftgröße im `<body>` der CSS-Datei auf `100.01%`. Es besteht aber auch die Möglichkeit, die relative Schriftgröße von `100.0%` auf `62.5%` herabzusetzen, was dazu führen würde, dass die im `<body>`-Tag deklarierte absolute Größenangabe innerhalb der Browser von 16 px auf 10 px verringert würde.

Unterschied zwischen em und %

Um die unterschiedliche Interpretation der Schriftgrößeneinheiten `em` und `%` durch den IE zu demonstrieren, können Sie dem `<body>` einer Testseite des Microsoft-Browsers (Version 6) eine Schriftgröße von 100,01 % (oben) und 1 em (unten) zuweisen. Wer dann über den Menüpunkt ANSICHT und die Auswahlmöglichkeit SCHRIFTGRAD" den Schriftgrößenwert NORMAL auf SEHR KLEIN einstellt, sieht deutlich, welche unterschiedlichen Auswirkungen diese Maßangaben haben.

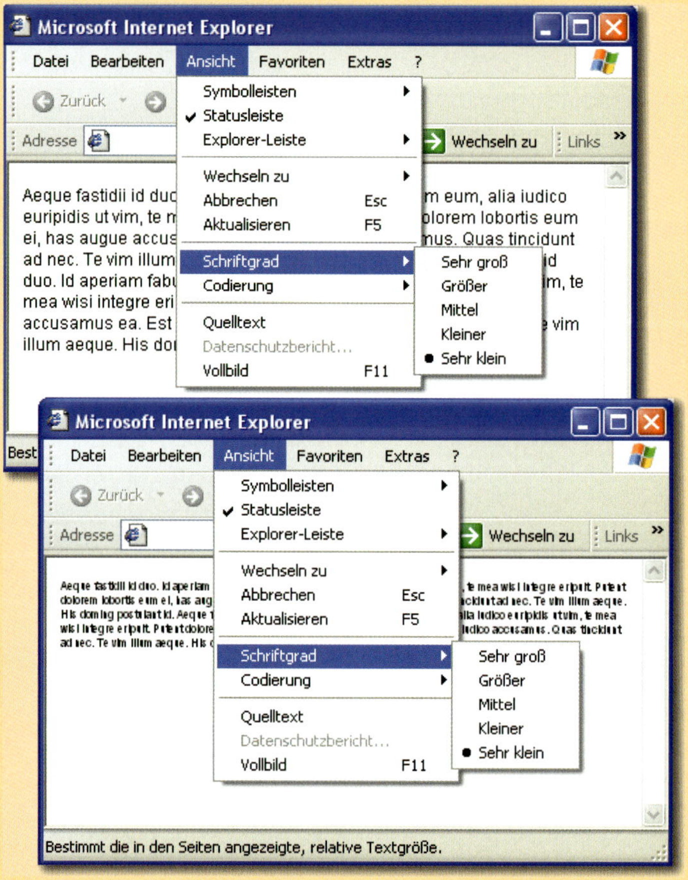

Abbildung 3 ▶
Unterschied zwischen em (oben) und % (unten) bei kleinem Schriftgrad im IE6

Schlüsselwörter (small, medium, large ...)

Eine weitere Möglichkeit zur Definition von Schriftgrößen wird von allen gängigen Browserherstellern unterstützt. Gemeint ist die Verwendung vorgegebener Schlüsselwörter für Schriftgrößen.

Schlüsselwörter
Diese Größenangaben sollen sich um jeweils den Faktor 1,2 voneinander unterscheiden. In der Praxis ist die Verwendung relativer Schlüsselwörter nicht wirklich zu empfehlen, da nicht alle gängigen Browser diese Art der Schriftgrößendeklaration gleichmäßig abbilden.

Absolute Größen

Diese Einteilung erfolgt in drei unterschiedliche Hauptgruppen:

- klein (xx-small, x-small und small)
- mittel (medium; entspricht der Voreinstellung bei Browsern)
- groß (large, x-large und xx-large)

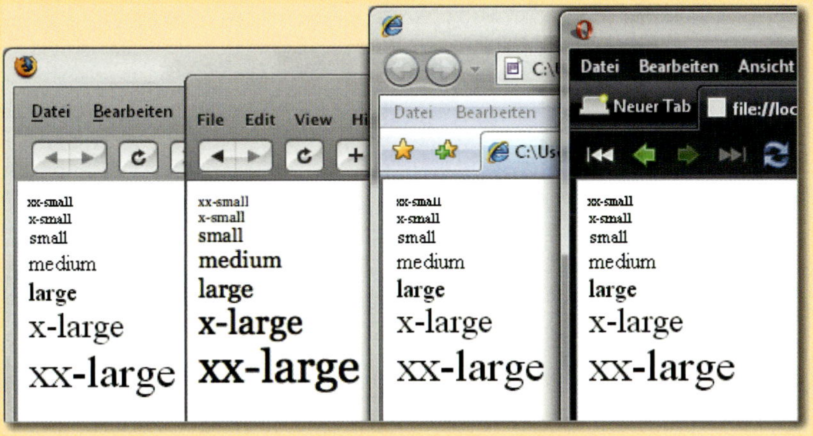

◀ **Abbildung 4**
Browservergleich der Interpretation vorgegebener Schlüsselwörter mit Firefox, Safari, IE7 und Opera (von links)

Relative Schriftgrößen

Aber für relative Schriftgrößen gibt es ebenfalls Schlüsselwörter, auch wenn die Auswahl hier auf lediglich zwei begrenzt ist:

- larger
- smaller

Durch diese Schlüsselwörter die Schriftgröße der entsprechenden Elemente um den Faktor 1,2 vergrößert bzw. verkleinert.

Da diese Standardschriftangaben unterschiedlich und meist sehr groß von den Browsern dargestellt werden, bieten die Schlüsselwörter für einfache Webseiten durchaus eine Möglichkeit zur Gestaltung von Textinhalten. Für alle anderen Webseiten bieten die Schlüsselwörter nicht genügend Kontrolle über die Schriftgrößen, da die Sprünge zwischen den einzelnen Schlüsselwörtern mit dem Multiplikator von 1,2 zu groß ausfallen.

Accessibility
Unter dem Begriff Accessibility oder auch »Barrierefreiheit« versteht man im Bereich Webgestaltung die Möglichkeit, Webseiten so zu gestalten, dass jeder sie entsprechend seinen Fähigkeiten, Möglichkeiten und Vorlieben nutzen kann.

Fazit

Von den Möglichkeiten zur Definition von Schriftgrößen ist die Variante mit absoluten Werten in Pixel sicherlich die meistverbreitete, da sie weitestgehend zuverlässige Darstellungen in den gängigen Browsern liefert. Leider ist eine Skalierbarkeit der Inhalte in Sachen Größe vor allem in den älteren Browsern nur eingeschränkt oder gar nicht möglich. Der Einsatz von Prozent für die Schriftgröße in Kombination mit em für die Seitenelemente ist vor allem für skalierende Gesamtlayouts (mehr dazu im 3. Workshop des 8. Kapitels) die eindeutig bessere Variante. Wer seinen Webseitenbesuchern die Freiheit einer Skalierung unter Berücksichtigung des Aspektes der Accessibility zugestehen möchte, sollte auf relative statt auf absolute Maßangaben für die Schriften zurückgreifen.

Text und Bild

Kooperation von Text und Bild

Die Möglichkeiten der Bilderpositionierung in Zusammenarbeit mit Textelementen

Der Hauptanreiz für die meisten Internetuser, Webseiten zu besuchen, liegt in der Suche nach Informationen. Diese können in reiner Textform vorliegen oder auch, wie in Zeitschriften oder Büchern üblich, mit Bildern versehen werden. Ergänzende Grafiken bieten nicht nur die Möglichkeit, Inhalte zusätzlich zu strukturieren und zu priorisieren, sondern sie können diesen Bereichen auch eine emotionale Komponente verleihen, um somit noch mehr Aufmerksamkeit der Leser auf sie zu lenken. Wer Design und Inhalt voneinander trennt und damit der Gestaltung via CSS freien Lauf lässt, hat zahlreiche Möglichkeiten, wie Bild und Text zueinanderfinden können. Wie solche Elemente, hier in Form einer verschiedenfarbigen Illustration eines Hundes, ausgerichtet werden können, ist Bestandteil dieses Workshops.

Ziel

Ausrichtung und Positionierung von Texten und Bildern

- Strukturierung von Layouts mittels einer Liste
- Ausrichtung der Textbereiche durch relative Positionierung
- Ausrichtung von Bildern durch absolute Positionierung
- Skalierbarkeit sämtlicher Inhalte

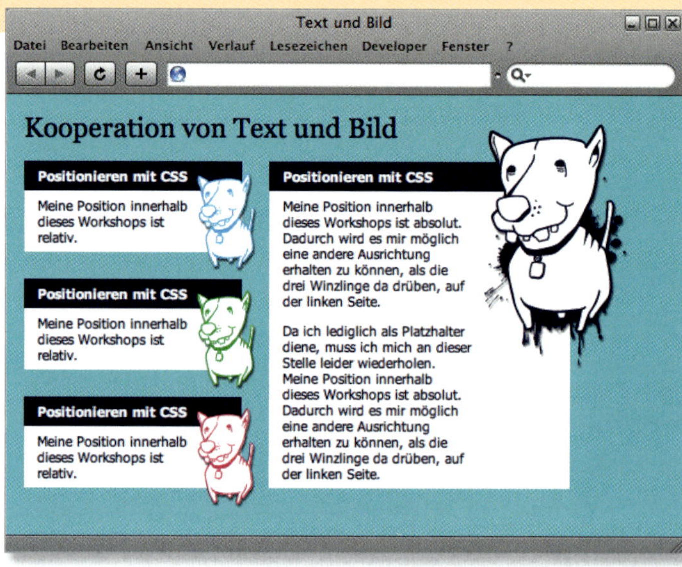

1 Struktur festlegen

Für diesen Workshop wird ein Ordner TEXTBILD angelegt. Darin erstellen Sie eine gleichnamige (X)HTML-Datei sowie einen Bilder-Ordner (IMAGES) und einen Ordner für CSS (CSS).

Die bereits angesprochene Datei *textBild.html* bekommt das folgende (X)HTML-Grundgerüst:

```
<!DOCTYPE html PUBLIC "-//W3C//DTD XHTML 1.0 Strict//EN" "http://
www.w3.org/TR/xhtml1/DTD/xhtml1-strict.dtd">
<html xmlns="http://www.w3.org/1999/xhtml" xml:lang="de"
dir="ltr">
<head>
<meta http-equiv="Content-Type" content="text/
html;charset=iso-8859-1" />
<title>Text und Bild</title>
</head>
<body>
<!-- hier wird der weitere (X)HTML-Code integriert -->
</body>
</html>
```

DOCTYPE html PUBLIC
Diese Angabe innerhalb der Doctype-Deklaration bedeutet nichts anderes, als dass sich das Dokument auf eine öffentlich verfügbare (X)HTML-DTD bezieht, deren Pfad durch die darauffolgende URL repräsentiert wird.

2 Anlegen der Textinhalte

Neben den Bildern gibt es Textinhalte, die in drei verschiedene Bereiche gegliedert werden. Als Erstes legen Sie innerhalb des <body>-Tags eine Überschrift 1. Ordnung an:

```
<h1>Kooperation von Text und Bild</h1>
```

Bei genauer Betrachtung der Aufgabenstellung, der Ausrichtung verschiedener Textbereiche inklusive dazugehörender Ergänzungsgrafik, wird deutlich, dass die Textabschnitte durch eine Überschrift eingeleitet werden. Da bereits eine Überschrift 1. Ordnung <h1> für das gesamte Beispiel definiert wurde, werden die nun folgenden Überschriften als Überschrift 2. Ordnung <h2> ausgezeichnet. Die dazugehörenden Textabsätze werden durch das Paragraph-Tag <p> eingeschlossen.

```
<h2>Positionieren mit CSS</h2>
<p>Meine Position innerhalb dieses Workshops ist relativ.</p>
<h2>Positionieren mit CSS</h2>
<p>Meine Position innerhalb dieses Workshops ist relativ.</p>
<h2>Positionieren mit CSS</h2>
<p>Meine Position innerhalb dieses Workshops ist relativ.</p>
<h2>Positionieren mit CSS</h2>
```

Mehrfachverwendung von Überschriften
Überschriften-Tags gleicher Wertigkeit können bis auf <h1> mehrfach im (X)HTML-Dokument verwendet werden, wobei Sie sie nicht aufgrund ihrer Größe, sondern ihrer Bedeutung bzw. Wertigkeit entsprechend einsetzen sollten.

```
<p>
   Meine Position innerhalb dieses Workshops ist absolut. Dadurch
   wird es mir möglich, eine andere Ausrichtung zu erhalten als
   die drei Winzlinge da drüben auf der linken Seite.
</p>
<p>
   Da ich lediglich als Platzhalter diene, muss ich mich an die-
   ser Stelle leider wiederholen. Meine Position innerhalb dieses
   Workshops ist absolut. Dadurch wird es mir möglich, eine an-
   dere Ausrichtung zu erhalten als die drei Winzlinge da drüben
   auf der linken Seite.
</p>
```

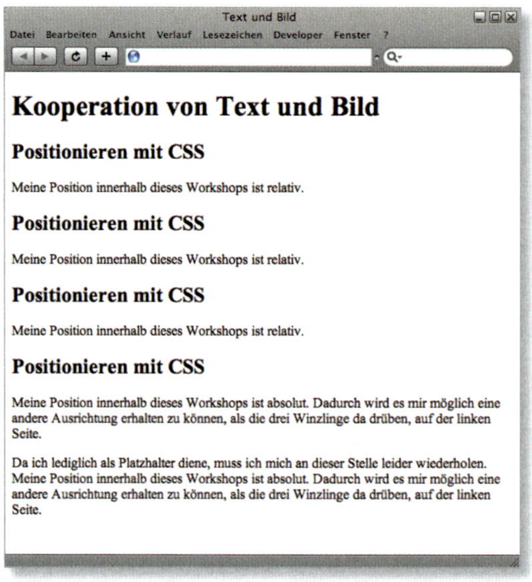

Abbildung 1 ▶
Darstellung der unformatierten Inhalte

Die bis hierhin angelegten Inhalte dieses Workshop-Beispiels erzeugen basierend auf den verwendeten (X)HTML-Tags einen noch recht dürftigen Anblick.

Strukturieren der Inhalte 3

Bisher haben Sie die Inhalte mit den ihrer Bedeutung entsprechenden (X)HTML-Tags versehen. In diesem Schritt strukturieren Sie sie. Strukturierung heißt, für die bisherigen Inhalte ein Layoutkonzept zu entwerfen. Dazu muss zuerst die Überlegung angestellt werden, wie die Inhalte im Gesamtkontext zu sehen sind. Helfen kann dabei ein Blick auf die letzte Abbildung. Diese zeigt deutlich, dass es sich bei den Inhalten um eine Wiederholung derselben Elemente handelt (Überschrift, Text, Überschrift, Text ...). Es ist praktisch nichts anderes als eine Auflistung von Inhalten, und diese werden im (X)HTML durch eine Liste `<ul>` repräsentiert. Daher strukturieren Sie die Inhalte, indem Sie je eine Überschrift mit dem dazugehörenden Text einem Listenpunkt `<li>` zuweisen:

```
<ul>
  <li>
    <h2>Positionieren mit CSS</h2>
    <p>Meine Position innerhalb dieses Workshops ist relativ.</p>
  </li>
  <li>
    <h2>Positionieren mit CSS</h2>
    <p>Meine Position innerhalb dieses Workshops ist relativ.</p>
  </li>
  <li>
    <h2>Positionieren mit CSS</h2>
    <p>Meine Position innerhalb dieses Workshops ist relativ.</p>
  </li>
  <li>
    <h2>Positionieren mit CSS</h2>
    <p>Meine Position innerhalb dieses Workshops ist absolut.
    Dadurch wird es mir möglich, eine andere Ausrichtung zu
    erhalten als die drei Winzlinge da drüben auf der linken
    Seite.</p>
    <p>Da ich lediglich als Platzhalter diene, muss ich mich an
    dieser Stelle leider wiederholen. Meine Position innerhalb
    dieses Workshops ist absolut. Dadurch wird es mir möglich,
    eine andere Ausrichtung zu erhalten als die drei Winzlinge
    da drüben auf der linken Seite.</p>
  </li>
</ul>
```

Einsatz von Listen zur Strukturierung
Ob die inhaltliche Abbildung einer Auflistung (beispielsweise Ausstattungsmerkmale einer Software) oder die Abbildung von ganzen Layoutbereichen, eine Liste ist in beiden Situationen das ideale Element zur Strukturierung von Webseiten.

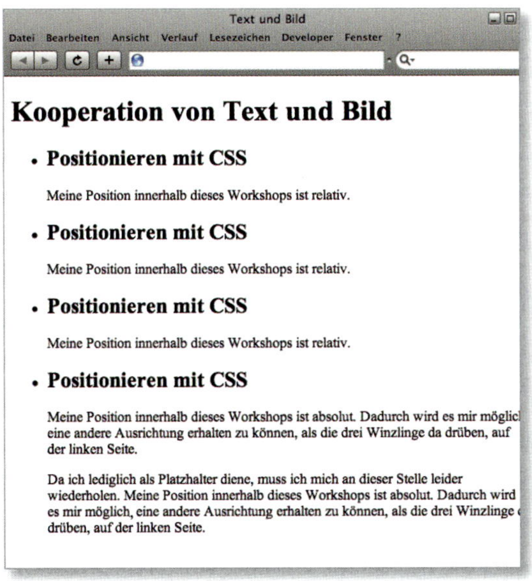

◂ **Abbildung 2**
Die Abbildung des Browsers zeigt nach einem Aktualisieren für den Betrachter lediglich eine minimale Veränderung. Dies wird durch die Einrückung der Inhalte und die für Listen typischen Aufzählungszeichen deutlich. Da die Inhalte bis hin zur Fertigstellung der Aufgabe verschiedene Ausrichtungen besitzen werden, haben Sie sich mit diesem Schritt das Anlegen weiterer (X)HTML-Elemente erspart.

CSS-Datei in (X)HTML-Seite integrieren 4

Da bis auf die Implementierung der Bilder das (X)HTML-Gerüst bereits fertig ist, widmen Sie sich jetzt dem CSS. Dazu erstellen Sie in dem am Anfang angelegten CSS-Ordner eine für diesen Workshop nötige CSS-Datei *textBild.css*. Auf diese wird dann innerhalb des Kopfbereiches `<head>` der *textBild.html* referenziert.

```
...
<head>
...
<title>Text und Bild</title>
<link rel="stylesheet" title="Default" href="css/textBild.css"
type="text/css" media="screen" />
</head>
...
```

Festlegung der Schrifteigenschaften 5

Bevor Sie nun zur Formatierung der Inhalte per CSS übergehen, sollten Sie sich für eine Layoutvariante entscheiden. Da die Bilder im weiteren Verlauf des Workshops direkt in den (X)HTML-Code integriert werden, steht einem skalierbaren Layout nichts mehr im Wege. Das wiederum heißt, dass die Definition von Schriftgrößen und die Festlegung von Breiten und Höhen der einzelnen Elemente in relativen Werten vorgenommen werden muss. Weitere Informationen dazu im sechsten Schritt des zweiten Workshops des ersten Kapitels (»Flexibilität in Überschriften«). Zuerst wird daher die Schriftgröße innerhalb aller im `<body>` befindlichen Elemente auf `100.01%` gesetzt. Die Schriftart für diesen Workshop wird »Tahoma« sein. Damit das Layout auch in seine Schranken gewiesen wird und sich nicht über die gesamte Breite des Browserfensters erstreckt, definieren Sie eine Breite von `30em`. Zudem versehen Sie diesen Wert mit einem Außenabstand `margin` von `1em` in vertikale und horizontale Richtung. Zu guter Letzt vergeben Sie für den `<body>` noch eine Hintergrundfarbe, die später einen geeigneten Kontrast zu der Hintergrundfarbe der Textboxen aufweist.

Berechnung der Breite
480 px * 0,0625 = 30 em

```
body {
   margin:1em;
   background-color:#5EBECC;
   font:normal 100.01% Tahoma, sans-serif;
   color:#003;
   width:30em;
}
```

Die Überschrift 1. Ordnung soll aufgrund ihrer Bedeutung wesentlich mehr Gewichtung bekommen und sich auch stilistisch etwas vom restlichen Text abheben. Dazu vergeben Sie mit »Georgia« eine Serifenschriftart und eine wesentlich größere Schriftgröße, die dem absoluten Wert von 24 px entsprechen soll. Wie dieser Wert berechnet wird, sehen Sie in der Infobox nebenan.

Schriftgröße berechnen
16 px/100 % * 24 px/x = 150 %

```
h1 {
   font:normal 150% Georgia, sans-serif;
}
```

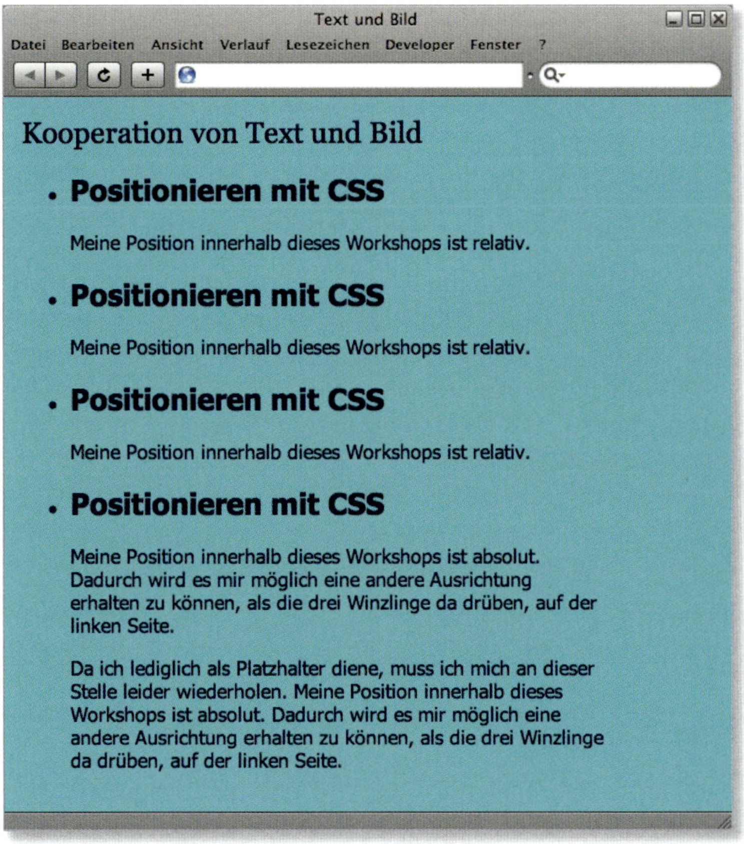

◂ **Abbildung 3**
Nach dem Abspeichern der erneuerten *textBild.css* sind die Überschriften 2. Ordnung dominanter als die der 1. Ordnung. Das liegt an den noch fehlenden CSS-Eigenschaften für diesen Überschriftentyp.

6 Ausrichtung der Inhalte

Damit sich auch die Position der einzelnen Inhalte entsprechend der Zielsetzung entwickeln kann, muss zuallererst dem Listenpunkt, der sich auf der rechten Seite des Layouts befindet und der den meisten Text beinhaltet, eine `id` mit eindeutiger Bezeichnung zugewiesen werden:

Warum es bei der Vergabe von Namen für Elemente sinnvoll ist, sich vom Inhalt und nicht von der Position des Elementes inspirieren zu lassen, zeigt das folgende Beispiel: Würde die Bezeichnung in unserem Beispiel anstatt »mainContent« etwa »rightCol« lauten, wüsste sicherlich jeder nach einem Blick innerhalb des Browsers Bescheid, welcher Bereich damit gemeint ist. Aber was passiert, wenn sich die Position des Elementes von rechts nach links verändern soll?

```
<ul>
   ...
   <li id="mainContent">
   <h2>Positionieren mit CSS</h2>
   <p>
   Meine Position innerhalb dieses Workshops ist absolut. Dadurch
   wird es mir möglich, eine andere Ausrichtung zu erhalten als
   die drei Winzlinge da drüben auf der linken Seite.
   </p>
   <p>
   Da ich lediglich als Platzhalter diene, muss ich mich an die-
   ser Stelle leider wiederholen. Meine Position innerhalb dieses
   Workshops ist absolut. Dadurch wird es mir möglich, eine an-
   dere Ausrichtung zu erhalten als die drei Winzlinge da drüben
   auf der linken Seite.
   </p>
   </li>
</ul>
```

Somit haben Sie dann die Möglichkeit, die in diesem Listenpunkt befindlichen Inhalte separat von den anderen drei Listenpunkten via CSS zu definieren. Genau das ist unser Ziel, denn dieser Bereich soll sich auf der rechten Seite wiederfinden und benötigt daher andere CSS-Eigenschaften. Da Sie nun die Grundlage für die Vergabe separater CSS-Werte gelegt haben, definieren Sie die Eigenschaften der Liste. Zuerst entfernen Sie mit `list-style-type` und der Eigenschaft `none` die Aufzählungszeichen. Damit die Inhalte der Liste auch einen kleinen Abstand zur Überschrift aufweisen, sorgen Sie zudem für einen kleinen vertikalen Außenabstand. Die relative Positionierung der Liste bezieht sich auf die vor ihr im Quellcode befindliche Überschrift `<h1>`.

```
ul {
   position:relative;
   list-style-type:none;
   margin:1em 0;
   padding:0;
}
```

Relative Positionierung
Die relative Position von Elementen berechnet sich aus ihrer Position innerhalb des (X)HTML-Dokumentes. Das führt dazu, dass ein so positioniertes Element die ihm im Quellcode folgenden Elemente verschiebt, aber niemals überlagert. Es verbleibt praktisch im Dokumentenfluss.

Damit die Positionierung der einzelnen Listenpunkte der Zielsetzung des Workshops entspricht, geben Sie den relativ ausgerichteten Textboxen eine Breite von `40%`. Diese `40%` orientieren sich an der Breite von `30em`, die innerhalb des <body> in Schritt 5 festgelegt wurde. Dieser Wert für die Breite bildet die Grundlage für den später etwas schmaleren Bereich der drei links positionierten Textboxen. Diesen weisen Sie, zwecks besserer Lesbarkeit, einen Außenabstand nach rechts von 1em und einen nach unten von 1,5em zu. Damit wird dafür gesorgt, dass die Textbereiche sich nicht berühren. Damit dies noch deutlicher zur Geltung kommt, wird den Listenpunkten <li> eine Hintergrundfarbe zugewiesen, die damit den bereits angesprochenen Kontrast zur Hintergrundfarbe des im <body> definierten Farbwertes darstellt.

```
li {
   position:relative;
   width:40%;
   margin:0 1em 1.5em 0;
   padding:0;
   background:#FFF;
}
```

Absolute Positionierung
Diese Art der Positionierung bedeutet, dass sich ein Element im normalen Textfluss des (X)HTML-Codes befindet. Die Eigenschaft absolute kann ein entsprechendes Element aus dem eigentlichen Fluss des (X)HTML-Codes heraus positionieren. In diesem Beispiel führt dies dazu, dass der rechte Bereich nicht unterhalb der anderen Textboxen abgebildet wird, sondern rechts neben ihnen. Wer jetzt beispielsweise statt right den Wert left angibt, legt den großen Textbereich (rechts) direkt über die drei kleinen Textbereiche (links).

Damit nun auch der Textbereich mit dem meisten Inhalt ausgerichtet werden kann, geben Sie ihm die Eigenschaft absolute und ermöglichen damit ein »Herauslösen« aus dem normalen »Fluss des (X)HTML-Codes«. Um diesen Bereich auch im obersten rechten Winkel des Listenkonstruktes auszurichten, soll er keinen Abstand haben, dass heißt, er erhält den Wert null. Damit er im Vergleich zu den weniger gewichtigen Textbereichen auf der linken Seite mehr Gewichtung bekommt, weisen Sie ihm für die Gesamtbreite einen Wert von 55% zu. Da dieser Bereich, anders als die anderen Listenpunkte, keinen Außenabstand benötigt, werden die zuvor angegebenen Werte mit margin:0 überschrieben und so auf null gesetzt.

```
li#mainContent {
   position:absolute;
   top:0;
   right:0;
   width:55%;
   margin:0;
}
```

Ein Aktualisieren der bisherigen CSS-Eigenschaften führt dazu, dass die drei ersten Listenpunkte nacheinander abgebildet werden, entsprechend dem Dokumentenfluss. Die große Infobox auf der rechten Seite richtet sich absolut am äußersten oberen rechten Rand aus.

Abbildung 4 ▶
Ausrichtung der einzelnen Listenpunkte bzw. Infoboxen

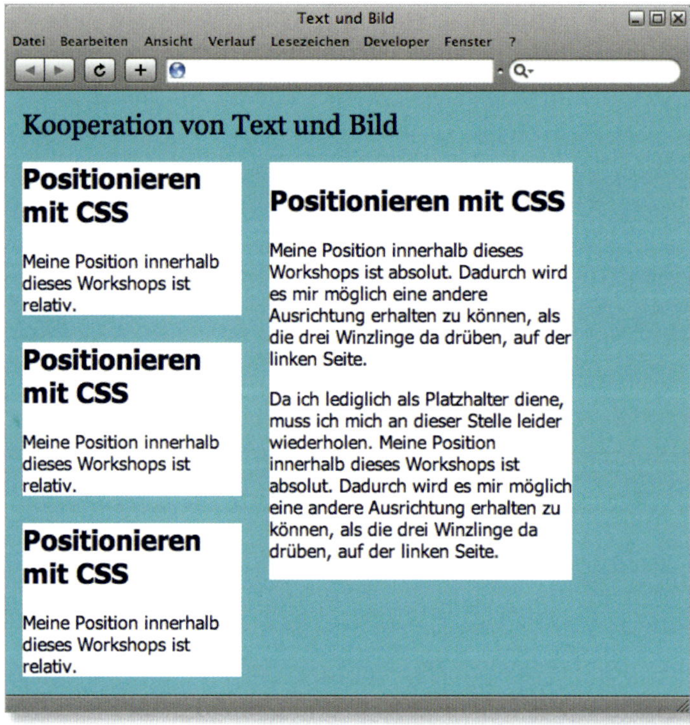

Schrifteigenschaften anpassen 7

In diesem Schritt ist die Definition der Schrifteigenschaften (Schriftart, -größe und -farbe) vorgesehen. Damit die Textinhalte der Zielsetzung entsprechen, werden die Überschriften 2. Ordnung und die Absätze `<p>` mit einer Schriftgröße von `76%` der im `<body>` zuvor festgelegten `100.01%` versehen, was, wie in den bisherigen Abbildungen zu erkennen ist, noch viel zu groß ist. Ebenso wichtig ist allerdings die Positionierung der Elemente innerhalb der Listenpunkte. Dazu wird den Überschriften und Absätzen ein Abstand in vertikaler und horizontaler Richtung zugewiesen.

```
li h2, li p {
   font-size:76%;
   padding:0.5em 1em 0.5em 1em;
   margin:0;
}
```

Somit erhalten die Texte innerhalb der Infoboxen zusätzliche Abstände, die auch zu einer besseren Lesbarkeit führen.

Bei der Definition von CSS-Eigenschaften können verschiedenen Elementen durch Trennung mittels Komma die gleichen Werte und Eigenschaften zugewiesen werden. Damit ist ein mehrfaches Auflisten identischer Eigenschaften für verschiedene Elemente unnötig. Zudem kann dies vor allem bei umfangreichen CSS-Dateien das eine oder andere Kilobyte an Daten einsparen.

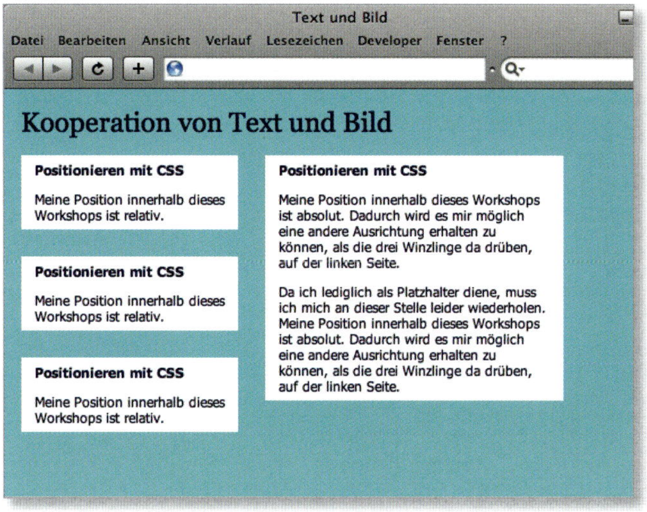

◂ **Abbildung 5**
Darstellung der Infoboxen nach Anpassung der Schriftgröße und der Innenabstände

8 Hervorheben von <H2>

Um die Überschriften 2. Ordnung innerhalb der Infoboxen noch ein wenig mehr von den Textabsätzen abzuheben, geben Sie ihnen zusätzlich eine dunklere Hintergrundfarbe als den Listenpunkten. Damit die bisher dunkle Schrift aber auch lesbar ist, wird sie gleichzeitig weiß eingefärbt.

```
li h2 {
   background:#5D5C53;
   color:#FFF;
}
```

Skalierbarkeit bei Bildern
Arbeiten Sie mit einem HTML-Editor wie beispielsweise HomeSite und integrieren Sie über die Funktion Bilder-Einfügen die Grafiken in den HTML-Code, zeigt Ihnen die Software neben dem Bildpfad und der Bezeichnung der Grafik auch Angaben für Höhe und Breite im Code an. Damit die Grafik aber durch relative Maßangaben via CSS eingefügt werden kann, müssen die Höhen- und Breitenangaben, die für absolute Angaben stehen, entfernt werden.

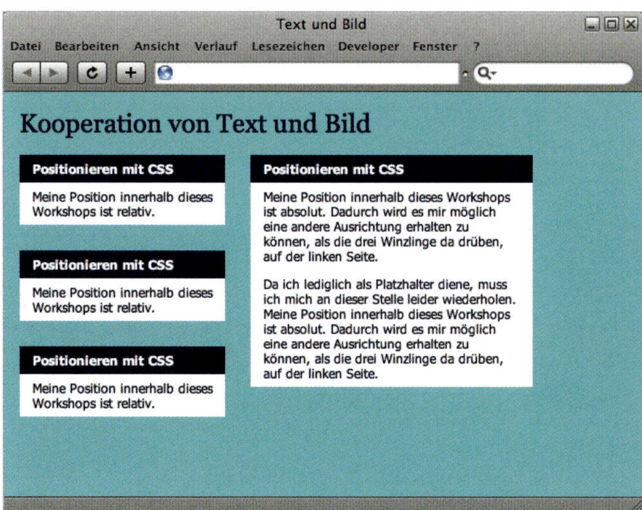

◂ **Abbildung 6**
Anpassung der Schriftfarbe für die Überschrift 2. Ordnung

Integration der Bilder in den (X)HTML-Code 9

Im nächsten Schritt sollten die gewünschten Bilder erstellt und in den (X)HTML-Code der *textBild.html* integriert werden. Die Wahl ist in diesem Workshop auf transparente Illustrationen von »Doggy« gefallen. Hierzu verwenden Sie drei kleine, farblich unterschiedliche Illustrationen für die drei Textboxen auf der linken Seite und eine größere mit ausgeprägtem Schatten für die rechte, große Textbox.

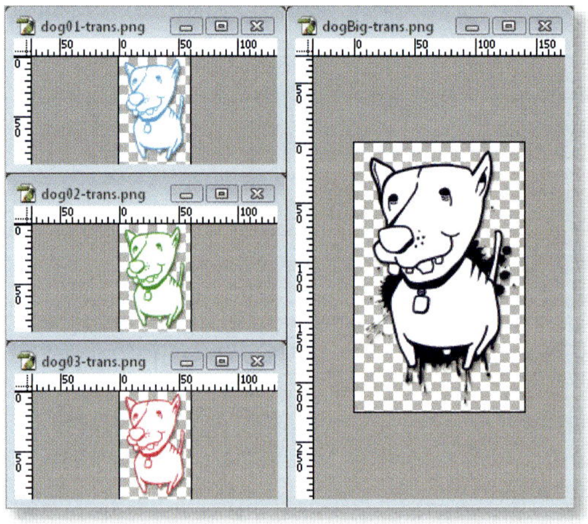

Abbildung 7 ▸
Grafiken des Workshops

Skalieren von Webinhalten mit Tastatur und Maus
Wer aufgrund körperlicher Einschränkungen auf eine vergrößerte oder verkleinerte Darstellung der Inhalte angewiesen ist oder aufgrund persönlicher Vorlieben diese Darstellung bevorzugt, kann die Skalierung mit der [Strg]- und der [+]- bzw. [-]-Taste der Tastatur regulieren. Dieses Verhalten kann aber auch mit der [Strg]-Taste und dem Betätigen des Scrollrades der Maus erzeugt werden.

Da der IE kleiner Version 7 alpha-transparente Grafiken wie diese nicht ohne JavaScript korrekt abbilden kann, sind diese Versionen daher in der Darstellung entsprechend eingeschränkt. Um dieser Problematik entgegenzuwirken, gibt es eine kleine, aber feine JavaScript-Bibliothek, die für dieses Problem eine Lösung bietet. Das Script, das im Übrigen von Dean Edwards entwickelt wurde, ist unter der URL *http://code.google.com/p/ie7-js/downloads/list* samt Erläuterung zur Implementierung zum Download erhältlich. Im weiteren Verlauf dieses Schrittes mehr zu dieser Art der »Schützenhilfe« für den IE kleiner Version 7. Damit, wie anfangs besprochen, nicht nur die Texte, sondern auch die Bilder bei entsprechender Veränderung der Schriftgröße mit skalieren können, müssen diese direkt in den (X)HTML-Code eingebettet werden. Da jede Infobox eine Grafik enthalten soll, wird in jedem Listenpunkt `<li>` vor jeder Überschrift 2. Ordnung die jeweilige Grafik integriert. Für den Fall, dass die Anzeige von Bildern deaktiviert ist oder User mit Textbrowsern oder Screenreadern die Seite besuchen, weisen wir jeder Grafik einen alternativen Beschreibungstext zu. Wichtig bei der Namenskonvention bezüglich dieser Illustrationen ist, dass sie, um mit dem JavaScript von Dean Edwards korrespondieren zu können, am Ende des Dateinamens die Bezeichnung `-trans.tif` tragen müssen, wie in der Abbildung zu erkennen.

Grafiken, die per CSS in den Hintergrund von Elementen eingefügt und ausgerichtet werden, können nicht skalieren, da sie sich nicht direkt im (X)HTML-Code der Webseite befinden.

```
<ul>
   <li>
      <img src="images/dog01-trans.tif" alt="Dog01 Illustration" />
      <h2>...
   </li>
   <li>
      <img src="images/dog02-trans.tif" alt="Dog02 Illustration" />
      <h2>...
   </li>
   <li>
         <img src="images/dog03-trans.tif" alt="Dog03 Illustra-
         tion" />
     <h2>...
   </li>
   <li id="mainContent">
    <img src="images/dogBig-trans.tif" alt="Big Dog Illustration" />
        <h2>...
   </li>
</ul>
```

Daraus resultiert, dass sich die Grafiken wie im Quellcode zwar innerhalb der Listenpunkte, aber oberhalb der Überschrift 2. Ordnung befinden.

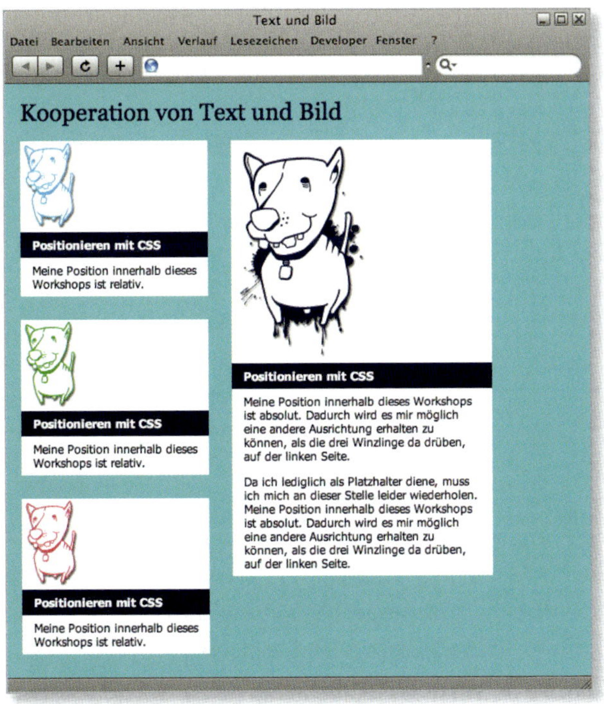

◂ **Abbildung 8**
Da die Grafiken innerhalb des (X)HTML-Codes vor den Überschriften- und Absatzelementen integriert wurden, werden sie innerhalb der Listenpunkte vom Browser auch an erster Stelle abgebildet. Somit befindet sich in jedem Listenpunkt die gewünschte »Doggy«-Illustration, leider noch nicht mit der gewünschten Ausrichtung innerhalb des Kastens.

Die Abbildung für den IE kleiner Version 7 bietet bis jetzt noch den für diese Browser-Versionen typischen Anblick einer alpha-transparenten PNG-Grafik.

Abbildung 9 ▸
Darstellung der alpha-transparenten PNG-Grafiken im IE6

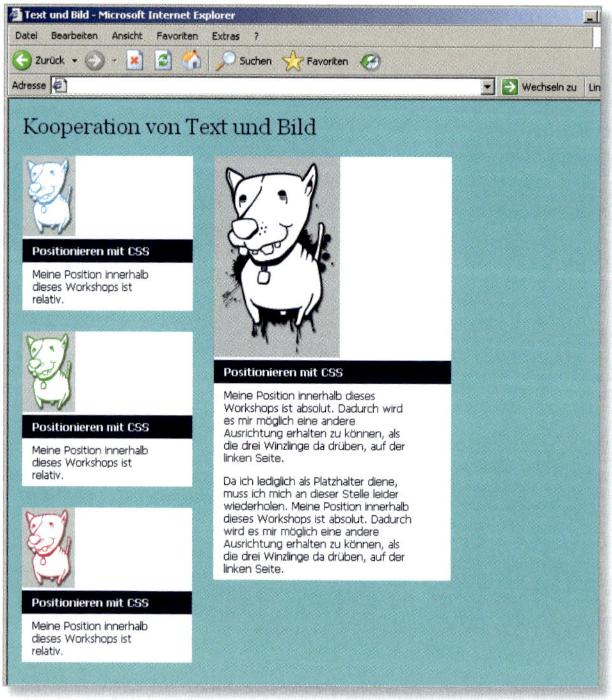

Die weiteren JavaScript-Dateien in diesem Ordner nehmen sich anderer Darstellungsbugs der IE-Versionen an. Wer mehr darüber wissen möchte, kann die Möglichkeiten dieser JavaScript-Bibliothek unter folgender URL testen: *http://ie7-js.googlecode.com/svn/test/index.html*.

Da von Transparenz in diesem Fall noch nicht viel zu sehen ist, integrieren Sie im (X)HTML-Code die JavaScript-Datei *IE7.js*, die Sie aus der ZIP-Datei *ie7-2.0(beta3).zip* von der URL *http://code.google.com/p/ie7-js/downloads/list* erhalten. Den daraus resultierenden Ordner IE7 legen Sie im Ordner TEXTBILD ab. Die u. a. in diesem Ordner enthaltene JavaScript-Datei *IE7.js* wird mittels Conditional Comments für alle Versionen des IE kleiner Version 7 angeboten. Dazu integrieren Sie folgenden Code in den `<head>` der *textBild.html*:

```
<!--[if lt IE 7]>
   <script src="ie7/IE7.js" type="text/javascript"></script>
<![endif]-->
```

Anstelle der transparenten Bereiche der PNG-Grafik wird im IE kleiner Version 7 an den entsprechenden Stellen der Grafik eine Farbe sichtbar, die die dahinterliegenden Bereiche verdeckt.

Nun benötigt diese Bibliothek zur transparenten Darstellung der Grafiken noch eine 1 x 1 Pixel große transparente GIF-Grafik, die sich nach dem Download im selben Ordner wie das JavaScript wiederfindet.

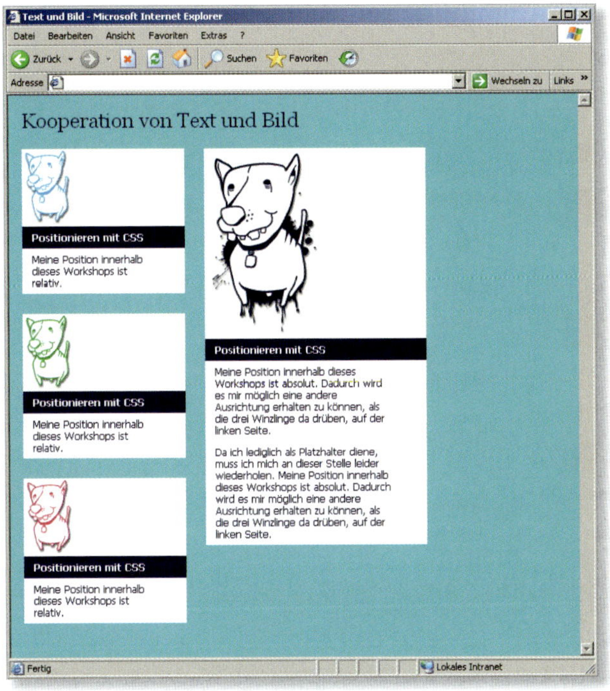

◂ **Abbildung 10**
Darstellung der alpha-transparenten PNG-Grafiken im IE6 mit Hilfe der JavaScript-Bibliothek von Dean Edwards

Dank der JavaScript-Bibliothek erreicht die Darstellung der Bilder im IE6 nun dieselben Transparenzen wie Firefox & Co.

10 Ausrichten der Bilder

Nachdem nun die PNG-Grafiken auch zur Zufriedenheit der IE-Nutzer die gewünschte Transparenz aufweisen, müssen sie nun entsprechend der Vorgabe positioniert werden. Da die Grafiken innerhalb der Infoboxen rechts ausgerichtet werden sollen und Sie im Gegensatz zu anderen Workshop-Beispielen auf die Eigenschaft `float` verzichten werden, positionieren Sie alle Bilder innerhalb der Listenpunkte absolut. Damit die Grafiken, wie im Schritt zuvor angesprochen, aber auch skalierbar sind, müssen Breite und Höhe mit relativen Werten angegeben werden.

```
li img {
   position:absolute;
   height:5.625em;
   width:3.75em;
}
```

Diese Angaben führen nun dazu, dass die Bilder zwar absolut ausgerichtet sind, aufgrund noch fehlender Angaben aber die Überschriften und Texte überlagern.

Berechnung der Werte
Höhe:
90 px * 0,0625 = 5,625 em
Breite:
60 px * 0,0625 = 3,75 em
Diese Angaben können gegebenenfalls auch gerundet werden. Ein Ab- bzw. Aufrunden bis zu 2 Stellen hinter dem Punkt ist hierbei möglich, ohne dass dabei Einbußen bei der Darstellung zu erwarten sind. Bei der Höhe von 5,625 em wäre eine Angabe des Wertes `5.63em` durchaus zu empfehlen.

Mit der absoluten Positionierung werden die Bilder aus dem »Fluss« des Quellcodes herausgelöst und können mit entsprechenden CSS-Werten separat von den restlichen Inhalten der Listenpunkte positioniert werden. Sie haben also auch keine Auswirkungen auf nachfolgende und/oder benachbarte Elemente.

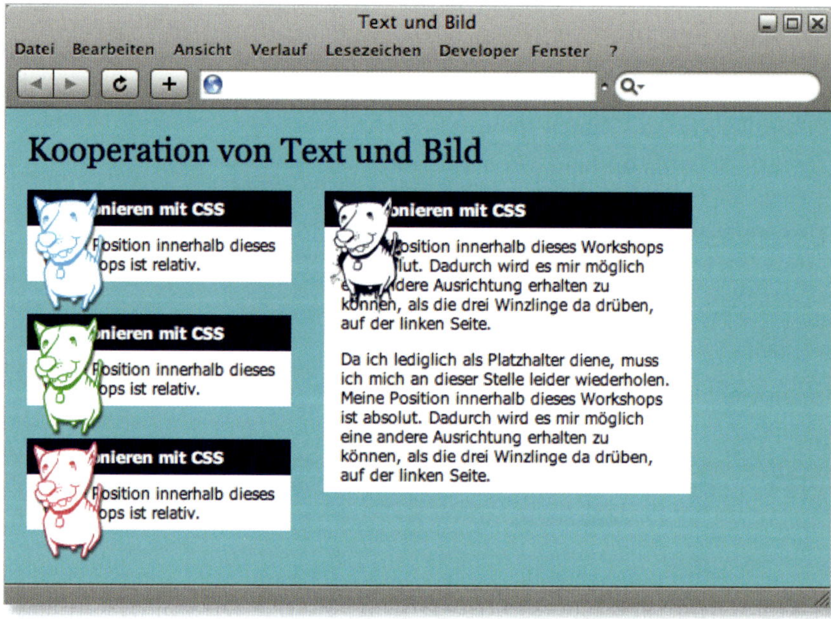

▲ **Abbildung 11**
Eine absolute Positionierung der Bilder führt zu einer Überlagerung der Texte.

Da die Bilder in diesem Beispiel am rechten Rand der Textbox ausgerichtet werden sollen und ein wenig darüber hinausgehen sollen, vergeben Sie hier für rechts einen negativen Wert:

```
li img {
   position:absolute;
   top:0.5em;
   right:-1em;
   height:5.625em;
   width:3.75em;
}
```

Absolute Positionierung
Mit der Vergabe negativer Werte für (X)HTML-Elemente ist es möglich, diese optisch außerhalb des Bereiches der jeweiligen Textbox zu positionieren.

Die Illustration des Hundes ragt somit deutlich über die Textbox hinaus. Die Grafik <img... /> orientiert sich hierbei an dem Element, in dem sie sich befindet, also dem jeweiligen Listenpunkt <li>. Dieses Verhalten entsteht dadurch, dass sich die Bilder aufgrund der absoluten Position nicht mehr im »Dokumentenfluss« mit dem restlichen Text befinden, somit ist ein Überlagern dieses Bereichs erst möglich. Auffällig ist neben der Überlagerung der unteren Bereiche der Textboxen durch die Bilder vor allem die noch etwas kleine Abbildung des Hundes auf der rechten Seite.

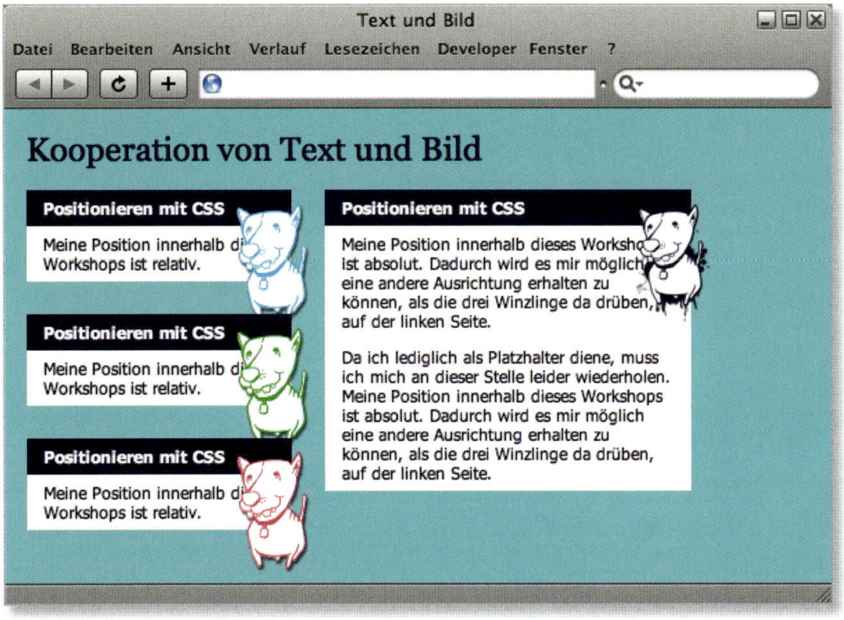

▲ **Abbildung 12**
Neuausrichtung der Bilder, diese überlagern jedoch immer noch die Texte.

11 Anpassung der Illustration auf der rechten Seite

Damit auch diese große Illustration, analog zu den kleinen im linken Bereich, mit dem gesamten Content skalierbar ist, geben Sie ihre Maße relativ an:

```
li#mainContent img {
   height:14.06em;
   width:8.75em;
   top:-2.5em;
   right:-3.5em;
}
```

Aufgrund der visuellen Sonderstellung der Illustration auf der rechten Seite wird diese Grafik sowohl oben als auch rechts mit einem negativen Wert versehen. Das sorgt dafür, dass sie in den Bereich der Überschrift `<h1>` hineinragt.

Werte berechnen
Höhe:
225 px * 0,0625 = 14,06 em
(gerundeter Wert)
Breite:
140px * 0,0625 = 8,75 em

Abbildung 13 ▶
Darstellung der vergrößerten Illustration auf der rechten Seite

Noch werden die Absatztexte von den Grafiken überlagert und sind somit nicht vollständig sichtbar. Da die Grafiken absolut positioniert sind, befinden sie sich nicht mehr im Dokumentenfluss, so dass ihre Position über der der anderen Elemente liegt.

12 Optimierung der Textinhalte

Damit die Überschriften und Absätze nicht von den Grafiken überlagert werden, müssen sie in ihrer Ausbreitung eingeschränkt werden. Das heißt, Sie weisen ihnen in diesem Fall einen größeren Abstand zur rechten Seite von `5em` zu:

```
li h2,
li p {
   font-size:76%;
   padding:0.5em 5em 0.5em 1em;
   margin:0;
}
```

Da die zwei Textabsätze auf der rechten Seite sich ebenfalls von dieser Ausrichtung angesprochen fühlen würden, die große Illustration von »Doggy« aber weiter in die Textbox hineinragt als die kleinen Illustrationen im linken Bereich, muss diesen Textabsätzen mit `7em` ein größerer Abstand nach rechts hinzugefügt werden:

```
li#mainContent p {
    padding-right:7em;
}
```

◂ **Abbildung 14**
Diese letzte, kleine, aber feine Änderung innerhalb der *textBild.css* sorgt für die optimale Ausrichtung aller Bilder und das Erreichen der Aufgabenstellung.

Die Versionen des IE kleiner Version 7 bieten aufgrund der Implementierung der JavaScript-Datei von Dean Edwards ebenfalls eine Darstellung, die sich mehr als sehen lassen kann.

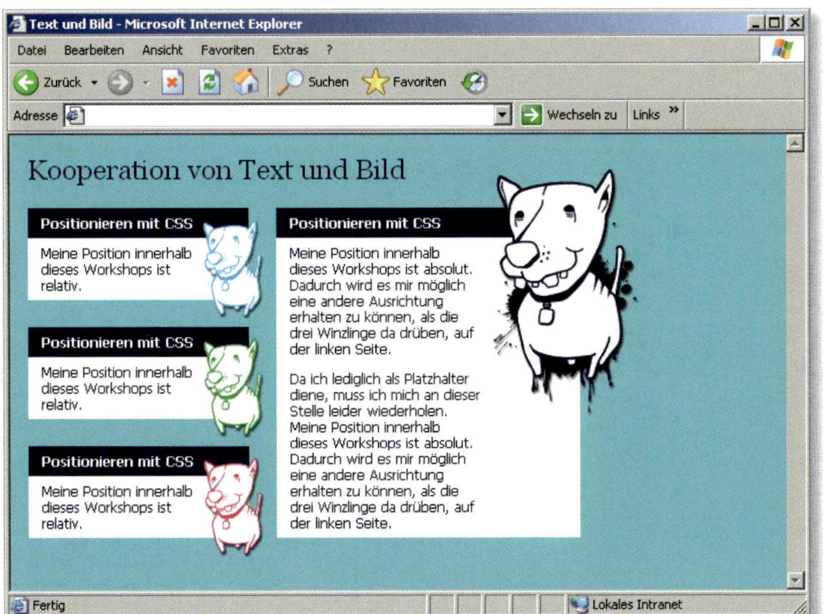

◂ **Abbildung 15**
Darstellung des Workshops im IE6 auf Windows XP

Skalieren von Bildern
Wer wie die Internetseite *www.heute.de* auf ein elastisches Layout setzt und neben Textinhalten auch das Layout skalieren möchte, kann dies auch mit Bildern machen. Dies führt allerdings bei immenser Vergrößerung von kleinen Bildern zu einer recht pixeligen Darstellung.

Zusammenfassung

Neben der Möglichkeit, Elemente mit der Eigenschaft `float` auszurichten, hat dieser Workshop einen kleinen Einblick in die relative und absolute Positionierung von Elementen gegeben. Außerdem wurde mit der Angabe relativer Werte für Maßangaben (Höhe, Breite, Schriftgröße etc.) die Grundlage für ein skalierbares Layout gelegt. Das heißt, das Layout verändert sich im Maßstab, bleibt vom Raster her allerdings gleich. Des Weiteren zeigt dieser Workshop auf, dass die Abbildung alpha-transparenter PNG-Grafiken innerhalb des IE kleiner Version 7 möglich ist. Erreicht wird dies durch die Implementierung einer JavaScript-Bibliothek und einer 1 x 1 Pixel großen transparenten GIF-Grafik.

/* Code aus Step 1 bis 4, 6 & 9 */

```
<!DOCTYPE html PUBLIC "-//W3C//DTD XHTML 1.0 Strict//EN" "http://www.w3.org/TR/xhtml1/DTD/
xhtml1-strict.dtd">
<html xmlns="http://www.w3.org/1999/xhtml" xml:lang="de" dir="ltr">
<head>
<meta http-equiv="Content-Type" content="text/html;charset=iso-8859-1" />
<title>Text und Bild</title>
<link rel="stylesheet" href="css/textBild.css" type="text/css" media="all" />
<!--[if lt IE 7]>
<script src="js/IE7.js" type="text/javascript"></script>
<![endif]-->
</head>
<body>
<h1>Kooperation von Text und Bild</h1>
<ul>
   <li>
      <img src="images/dog01-trans.tif" alt="Dog01 Illustration" />
      <h2>Positionieren mit CSS</h2><p>Meine Position innerhalb dieses Workshops ist rela-
      tiv.</p>
   </li>
   <li>
      <img src="images/dog02-trans.tif" alt="Dog02 Illustration" />
      <h2>Positionieren mit CSS</h2><p>Meine Position innerhalb dieses Workshops ist rela-
      tiv.</p>
   </li>
   <li>
      <img src="images/dog03-trans.tif" alt="Dog03 Illustration" />
      <h2>Positionieren mit CSS</h2><p>Meine Position innerhalb dieses Workshops ist rela-
      tiv.</p>
   </li>
   <li id="mainContent">
      <img src="images/dogBig-trans.tif" alt="Big Dog Illustration" />
      <h2>Positionieren mit CSS</h2>
      <p>
```

```
      Meine Position innerhalb dieses Workshops ist absolut. Dadurch wird es mir mög-
      lich, eine andere Ausrichtung zu erhalten als die drei Winzlinge da drüben auf
      der linken Seite.
    </p>
    <p>
      Da ich lediglich als Platzhalter diene, muss ich mich an dieser Stelle leider wie-
      derholen. Meine Position innerhalb dieses Workshops ist absolut. Dadurch wird es
      mir möglich, eine andere Ausrichtung zu erhalten als die drei Winzlinge da drüben
      auf der linken Seite.
    </p>
  </li>
</ul>
</body>
</html>
```

/* Code aus Step 5 bis 8, 10 bis 12 */

```
body {
  margin:1em;
  background-color:#5EBECC;
  font:normal 100.01% Tahoma, sans-serif;
  color:#003;
  width:30em;
}

h1 {
  font:normal 150% Georgia, sans-serif;
}

ul {
  position:relative;
  list-style:none;
  margin:1em 0;
  padding:0;
}
li {
  position:relative;
  width:40%;
  margin:0 1em 1.5em 0;
  padding:0;
  background:#FFF;
}

li#mainContent {
  width:55%;
  margin:0;
  top:0;
  position:absolute;
  right:0;
}

li h2, li p {
  font-size:76%;
  padding:0.5em 5em 0.5em 1em;
  margin:0;
}

li h2 {
  background:#003;
  color:#FFF;
}

li img {
  position:absolute;
  top:0.5em;
  right:-1em;
  height:5.625em;
  width:3.75em;
}

li#mainContent img {
  height:14.06em;
  width:8.75em;
```

```
    top:-2.5em;
    right:-3.5em;
}

li#mainContent p {
    padding-right:7em;
}
```

Beschreibung von Bildern kreativ gestalten

Die etwas andere Bildunterschrift

Ob Onlineshop oder Reiseportal – Bilder sind ein Mittel, um den Leser mehr für ein Produkt oder einen Service zu interessieren; denn bekanntlich sagt ein Bild mehr als Worte. Eine gute Auszeichnung des Bildes ist mindestens genauso wichtig, da User so den direkten Bezug herstellen können, ohne erst nach ihnen in der Webseite suchen zu müssen.Aus dem Printmedium sind Bildbeschreibungen oder -unterschriften kaum wegzudenken. In der Onlinewelt sind sie eher eine Seltenheit. Gerade bei einer großen Anzahl von Bildern innerhalb einer Webseite ist eine direkte Bezeichnung der Bilder zur Beschreibung eine große Hilfe für den User. Die Realisierung einer solchen Bildunterschrift ist wie alle anderen gestalterischen Merkmale einer Webseite immer von der Struktur des Markups abhängig, wodurch es, wie so oft, auch hier verschiedene Ansatzmöglichkeiten zur Lösung dieser Aufgabe gibt. Ziel dieses Workshops wird es daher sein, ein Bild und die dazugehörende Bildunterschrift mittels einer Definitionsliste und auf kreative Weise unter Mithilfe von CSS zu gestalten.

Bild mit Schatten und dazugehörender Bildunterschrift

- Anlegen der Text- und Bildinhalte
- Ausrichten des Bildes
- Zusätzliches Gestalten des Bildes durch eine Hintergrundgrafik in Form eines »Schattenrahmens«
- Ausrichten der Bildunterschrift

Ziel

Struktur aufbauen 1

Als Erstes legen wir für diesen Workshop einen Ordner BILDUNTERSCHRIFT an. Darin erstellen wir neben einer (X)HTML-Datei mit gleichem Namen einen Bilder-Ordner (IMAGES) und einen Ordner für CSS (CSS).

Das Grundgerüst des (X)HTML-Dokumentes *bildunterschrift.html* sieht folgendermaßen aus:

Spezifizierung der Leserichtung von Text: dir="ltr"
Das Attribut `dir` (»direction«, zu Deutsch »Richtung«) und die Eigenschaft `ltr` »left to right« innerhalb des öffnenden HTML-Tags spezifizieren die Basisrichtung von Text innerhalb von Webseitendokumenten. Analog dazu gibt es auch den Wert `rtl` (»right to left«).

```
<!DOCTYPE html PUBLIC "-//W3C//DTD XHTML 1.0 Strict//EN" "http://
www.w3.org/TR/xhtml1/DTD/xhtml1-strict.dtd">
<html xmlns="http://www.w3.org/1999/xhtml" xml:lang="de"
dir="ltr">
<head>
<meta http-equiv="Content-Type" content="text/
html;charset=iso-8859-1" />
<title>Bildunterschrift</title>
</head>
<body>
<!-- hier wird der weitere (X)HTML-Code integriert -->
</body>
</html>
```

Anlegen von Überschrift und Textinhalten 2

Zuerst legen wir innerhalb des `<body>`-Tags die Überschrift `<h1>` mit dem Titel »Bildunterschrift« und innerhalb des `<p>`-Tags den Platzhaltertext »Lorem ipsum ...« an. Diese Texte sind nach dem Abspeichern der (X)HTML-Datei und einem Aktualisieren des Browsers sofort sichtbar, bieten aber noch keinen besonders ansehnlichen Anblick.

```
<h1>Bildunterschrift</h1>
<p>Lorem ipsum dolor sit amet, consetetur ... </p>
```

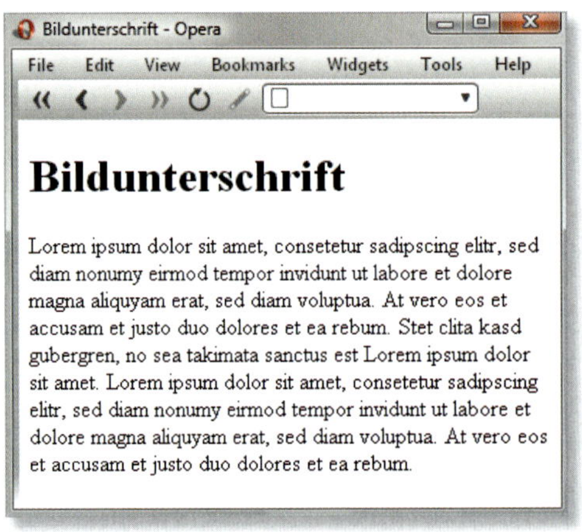

Abbildung 1 ▶
Überschrift und Text des Workshops ohne CSS

3 Bild erstellen

Bevor wir als Nächstes das CSS angehen, müssen wir zunächst eine Grafik anlegen. Die in diesem Beispiel verwendete Abbildung trägt die Bezeichnung »Pfefferminzschnee«. Unter gleichem Namen wird dieses Bild im JPG-Format in dem dafür zuvor angelegten Bilder-Ordner abgelegt.

▲ **Abbildung 2**
»pfefferminzschnee.jpg«

Für die Dateigröße eines Bildes ist neben der Komprimierung und der damit verbundenen Qualität des Bildes vor allem das Dateiformat verantwortlich, in dem das Bild abgespeichert wird. PNG-Grafiken sind wesentlich größer als Grafiken im JPG- oder GIF-Format. Die in diesem Fall verwendete Grafik *pfefferminzschnee.jpg* wäre im PNG-Format mehr als doppelt so groß, bei größerer Farbtiefe sogar fünfmal so groß. Diese Abbildung im GIF-Format abzuspeichern wäre aber wenig sinnvoll, da GIF-Grafiken lediglich 256 Farben abbilden können.

4 Struktur für Bild und Bildunterschrift erstellen

Nun folgt der eigentlich wichtigste Schritt in diesem Workshop, das Einfügen des Bildes. Dazu sollte man sich zuerst überlegen, wie die Darstellung von Bild und dem dazugehörenden beschreibenden Text (Bildunterschrift) im (X)HTML-Code strukturiert werden sollte. Sicherlich könnte die Bildunterschrift auch innerhalb eines separaten `<p>`-, `<span>`- oder `<div>`-Tags unter der Abbildung positioniert werden. Der semantische Bezug zueinander wäre somit allerdings nicht gegeben. Da das W3C aktuell für dieses Element noch kein spezielles Tag veröffentlicht hat, fällt die Wahl auf die in Webseiten noch relativ selten eingesetzte Definitionsliste `<dl>`. Dieser Listentyp enthält einen zu definierenden Begriff (`<dt>` = »definition [list] term«) sowie dessen Definition (`<dd>` = »definition [list] definition«). In unserem Fall ist das zu definierende oder besser gesagt zu beschreibende Element unsere Grafik. Diese wird also innerhalb des öffnenden und schließenden `<dt>`-Tags integriert. Die Definition des Bildes, also die Beschreibung, findet im `<dd>`-Tag ihren geeigneten »Partner«. Dieser Code wird zwischen `<h1>` und `<p>` eingefügt. Das Bild bekommt zusätzlich einen Alternativtext.

Definitionsliste <dl>

Im Gegensatz zu herkömmlichen Listen wird Definitionslisten (<dl>) kein Listensymbol vorangestellt, sondern der zu definierende Begriff <dt>. Dieser wird ohne CSS von den meisten Browsern in einer separaten Zeile abgebildet. Das <dd>-Tag enthält hierbei die Definition von <dt>. Dieser wird von den Browser ohne CSS meist eingerückt abgebildet.

```
<h1>Bildunterschrift</h1>
<dl>
   <dt>
      <img src="images/pfefferminzschnee.jpg"
      alt="Pfefferminzschnee" />
   </dt>
   <dd>Pfefferminzschnee</dd>
</dl>
<p>
   Lorem ipsum dolor sit amet, consetetur ...
</p>
```

Abbildung 3 ▸
Sämtliche Inhalte (inklusive Bildunterschrift) ohne CSS

5 CSS-Datei in (X)HTML-Seite integrieren

Da nun sämtliche (X)HTML-Arbeiten abgeschlossen sind, legen wir als Nächstes die für diesen Workshop nötige CSS-Datei *bildunterschrift.css* an und legen sie im CSS-Ordner ab. Innerhalb des Kopfbereiches <head> der *bildunterschrift.html* wird diese Datei folgendermaßen referenziert:

```
...
<head>
...
<title>Bildunterschrift</title>
<link rel="stylesheet" title="Default" href="css/bildunter-
schrift.css" type="text/css" media="screen" />
</head>
...
```

Die Definition der Schriften und die Festlegung der Laufweite, sprich der Breite des Textes innerhalb des Workshop-Beispiels, erfolgen durch CSS-Eigenschaften innerhalb des `<body>`-Tags. Da dieses Workshop-Beispiel zudem skalierbar sein soll, verwenden wir relative Werte für Größen- (`font-size`, `height`) und Abstandsangaben (`margin`, `padding`).

```
body {
   margin:1em 2em;
   font:normal 100.01% Georgia, sans-serif;
   width:20em;
}
```

Um der Überschrift ein wenig mehr Gewichtung zu geben, wird sie mit der Schriftgewichts-Eigenschaft `bold` versehen und bekommt zudem noch einen Außenabstand in Richtung Text:

```
h1 {
   margin:0 0 1.25em 0;
   padding:0;
   font-weight:bold;
}
```

Damit auch unsere Definitionsliste an der richtigen Stelle steht, positionieren wir sie mit der Eigenschaft `float:right` an den zuvor im `<body>` definierten rechten Rand des 20 em (entspricht 320 px) breiten Bereichs. Zudem soll dieser Bereich einen kleinen Außenabstand nach links und unten bekommen, so dass der umfließende Text nicht direkt am Bild »klebt«.

```
dl {
   float:right;
   margin:0 0 1em 1em;
   padding:0;
}
```

6 Ausrichten der Elemente

Vererbung mittels CSS
Die im `<body>` des Beispiels definierte Schriftart und -größe werden von allen Elementen (Überschrift, Textabsatz und Bildunterschrift) verwendet, sofern Sie diesen hierfür keine eigenen Eigenschaften zuweisen.

Umrechnungskoeffizient
Relativ/absolut
1 em/16 px = 0,0625

Abbildung 4 ▸
Die Abbildung zeigt deutlich, dass alle Elemente bis auf die Bildunterschrift durch diese wenigen Zeilen CSS bereits perfekt ausgerichtet sind. Da man aber auch diese Darstellung noch etwas ansehnlicher gestalten kann, werden wir im nächsten Schritt der Abbildung via CSS einen Schatten hinzufügen.

Bild skalierbar gestalten 7

Um das Bild wie gewünscht skalieren zu können, müssen die Maße des Bildes (148 x 374 Pixel, d.h. Breite x Höhe) in `em` umgerechnet werden. Auch an dieser Stelle sei darauf hingewiesen, dass dieses Verhalten bei zu großer Veränderung der Schriftgröße und der damit verbundenen Vergrößerung dieser Grafik zu Qualitätsverlusten in der Abbildung innerhalb des Browsers führt. Wer diese Skalierbarkeit nicht einsetzen möchte, kann im folgenden CSS-Block statt der relativen Höhen- und Breitenangaben die Pixelwerte (siehe Infobox rechts) eintragen.

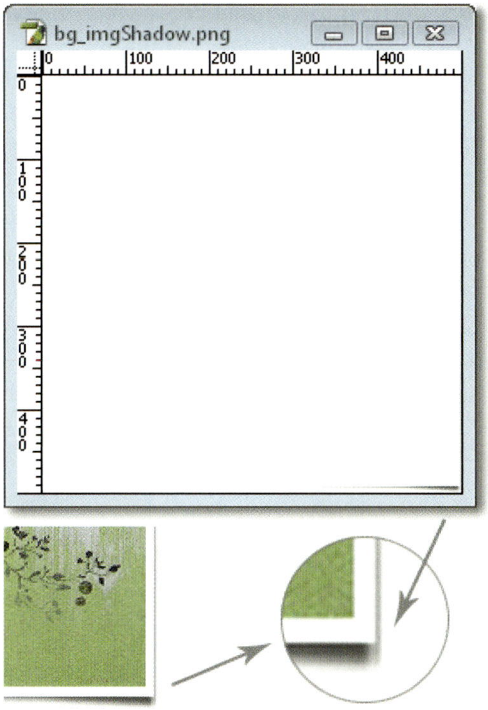

◂ **Abbildung 5**
Rechts unten ausgerichtete Schattengrafik, inklusive Abstand (»padding«) zum Bild (weißer Rahmen)

Damit die Grafik *pfefferminzschnee.jpg* auch den Eindruck hinterlässt, dass sie einen Schatten wirft, wird sie von unten rechts eingerückt. Auf diese Weise kommt die direkt in ihrem Hintergrund befindliche Schattengrafik *bg_imgShadow.tif* (siehe Listing) zum Vorschein. Erst durch diesen Schritt entsteht der in Abbildung 4 erkennbare weiße Rahmen.

Berechnung der Maße
Höhe:
148 px * 0,0625 = 9,25 em
Breite:
374 px * 0,0625 = 23,375 em

```
img {
   width:9.25em;
   height:23.375em;
   display:block;
   background:url(../images/bg_imgShadow.tif) bottom right
   no-repeat;
   padding:0 0.45em 0.875em 0;
}
```

Wer die Auswirkung besser erkennen möchte, setzt die Abstandswerte einfach mal auf null. Wer einen größeren oder schmaleren Abstand zwischen Schatten und Abbildung haben möchte, muss ebenfalls nur diese Werte den eigenen Wünschen entsprechend anpassen.

Hintergrundwiederholung
Die Eigenschaft `repeat` legt fest, ob (`no-repeat` oder `repeat`) und in welcher Richtung (`repeat-y` oder `repeat-x`) ein Hintergrundbild innerhalb eines Elements wiederholt wird.

Abbildung 6 ▶
Bild mit Schatten

Bildunterschrift ausrichten 8

Der letzte Schritt in diesem Workshop umfasst die Ausrichtung der Bildunterschrift. Aktuell befindet sich diese aufgrund der `float`-Eigenschaft von `<dl>` am äußersten rechten Rand unterhalb des Bildes. Sie sollten diese Position aber etwas von rechts einrücken. Außerdem wird `<dd>` mit einem negativen `margin`-Wert über `<dt>` und das in diesem Element befindliche Bild gelegt. Außerdem weisen Sie der Bildunterschrift »Pfefferminzschnee« mit 75 % eine kleinere Schriftgröße zu als dem restlichen Text dieses Workshops.

```
dd {
   text-align:right;
   margin:-2.75em 0.5em 0.5em 0;
   font-size:75%;
}
```

▲ **Abbildung 7**
Das Bild mit Schatten und ausgerichteter Bildunterschrift. Die Position der Bildunterschrift ist somit perfekt. Da seine Schriftfarbe aber noch nicht der Zielsetzung des Workshops entspricht, vergeben wir für dieses Element zur guter Letzt noch eine weiße Schriftfarbe.

Wenn Sie möchten, können Sie die Bildunterschrift nun noch farblich dem »Rahmen« des Bildes anpassen und sie weiß einfärben.

```
dd {
   text-align:right;
   margin:-2.75em 1.25em 0.5em 0;
   font-size:75%;
   color:#FFF;
}
```

Benjamin Apfelbaum ...
... arbeitet als Art-Director bei einer Berliner Internet-Agentur und hat in den letzten 7 Jahren als Freelancer und Designer für verschiedene Kunden einen tiefen Einblick in die Entwicklung der Webgestaltung erlangen können. In seiner Freizeit beschäftigt er sich, wie die Abbildung dieses Workshops unterstreicht, u. a. mich zeitgenössischer analoger und digitaler Kunst.

Negative Abstände zur Ausrichtung nutzen
Mit negativen Angaben bei Außenabständen `margin` können Abstände nicht nur wie üblich vergrößert, sondern auch verringert werden. So lassen sich bestimmte Elemente einer Webseite über oder unter einen anderen Bereich positionieren.

Abbildung 8 ▶
Erreichte Zielsetzung mit ausgerichteter Bildunterschrift »auf« dem Bild

Zusammenfassung

Wieder ist ein Workshop entstanden, dessen Inhalte unabhängig von den Fähigkeiten der Browser skalierbar sind. Die Entscheidung für eine Definitionsliste zur Strukturierung wahrt zudem im Gegensatz zu so manch anderen Lösungen den semantischen Zusammenhang der Bild- und Textelemente. Außerdem zeigt dieses kleine Beispiel, dass die Beschreibung eines Bildes nicht als Text innerhalb der Grafik oder immer unter einem Bild stehen muss.

/* Code aus Step 1 bis 5 */

```
<!DOCTYPE html PUBLIC "-//W3C//DTD XHTML 1.0 Strict//EN" "http://www.w3.org/TR/xhtml1/DTD/
xhtml1-strict.dtd">
<html xmlns="http://www.w3.org/1999/xhtml" xml:lang="de" dir="ltr">
<head>
<meta http-equiv="Content-Type" content="text/html;charset=iso-8859-1" />
<title>Bildunterschrift</title>
<link rel="stylesheet" href="css/bildunterschrift.css" type="text/css" media="all" />
</head>
<body>
<h1>Bildunterschrift</h1>
<dl>
```

```
  <dt><img src="images/pfefferminzschnee.jpg"
  alt="Pfefferminzschnee" /></dt>
  <dd>Pfefferminzschnee</dd>
</dl>
<p>Lorem ipsum dolor sit amet, consetetur ... </p>
</body>
</html>
```

/* Code aus Step 6 bis 8 * /

```
body {
  margin:15px 30px;
  font:normal 100.01% Georgia, sans-serif;
  width:20em;
}
h1 {
  margin:0 0 20px 0;
  padding:0;
  font-weight:bold;
}
dl {
  float:right;
  margin:0 0 1em 1em;
  padding:0;
}
dd {
  text-align:right;
  margin:-2.75em 1.25em 0.5em 0;
  color:#FFF;
  font-size:75%;
}
img {
  width:9.25em;
  height:23.375em;
  display:block;
  padding:0 0.45em 0.875em 0;
  background:url(../images/bg_imgShadow.
  tif) bottom right no-repeat;
}
```

Zitate mittels CSS ins rechte Licht rücken

Oder: Wie erzielt man eine semantische und kreative Gestaltung von Zitaten?

Ein Zitat ist eine wörtlich übernommene Stelle eines Textes, idealerweise mit einer Referenzierung auf die Quelle und den entsprechenden Autor. Um seine Bedeutung auch anhand des (X)HTML-Codes ausmachen zu können, hat das W3C dafür entsprechende Tags definiert. Eine Auszeichnung von solchen Inhalten ist somit nicht nur von der semantischen Bedeutung her ideal, sondern gibt Ihnen zusätzlich die Möglichkeit, durch die (X)HTML-Elemente die Inhalte stilistisch zu formatieren. Um Zitate auszuzeichnen, gibt es verschiedene Möglichkeiten. Die eine ist das bereits erwähnte Element <blockquote>. Dieses bezieht sich ausschließlich auf lange Zitate. Die andere Variante der Kennzeichnung von Zitaten findet sich oft direkt in Fließtexten wieder und wird nicht separat in einem Absatz abgebildet. Der entsprechend zitierte Abschnitt wird vom <q>-Tag eingegrenzt und kann zudem die Sprache des Zitates enthalten: <q lang="de">... </q>. So kann in einer englischsprachigen Seite einem deutschen Zitat die Sprache zugewiesen werden, in der das Zitat veröffentlicht wurde. Somit kann unter anderem auch ein Screenreader diesen Bereich des Textes entsprechend der Sprache betonen und aussprechen. Wie dies in wenigen Schritten und mit relativ wenig Aufwand schnell realisiert werden kann, ist Inhalt dieses Workshops.

Ziel

Strukturieren und Gestalten eines Zitates mit dem dafür vom W3C vorgesehenen Markup

- Aufbau und Strukturierung des Zitat-Markups (Zitat, Autor)
- Stylen des Zitat-Markups (u.a. durch Pseudo-Elemente)

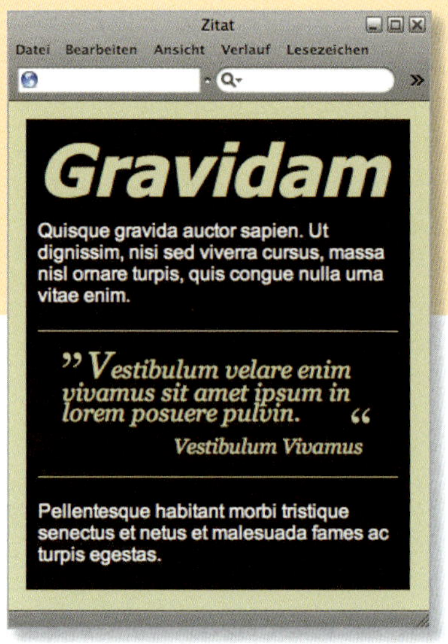

1 Struktur festlegen

Die Ordnerstruktur dieses Workshops lautet wie folgt: Ein Datei-Ordner mit Bezeichnung ZITAT wird angelegt. Darin erstellen Sie eine gleichnamige (X) HTML-Datei, einen Bilder-Ordner (IMAGES) und einen Ordner für CSS (CSS).

Das Grundgerüst des anzulegenden (X)HTML-Dokumentes *zitat.html* sollte folgendermaßen aussehen.

```
<!DOCTYPE html PUBLIC "-//W3C//DTD XHTML 1.0 Strict//EN" "http://
www.w3.org/TR/xhtml1/DTD/xhtml1-strict.dtd">
<html xmlns="http://www.w3.org/1999/xhtml" xml:lang="de"
dir="ltr">
<head>
<meta http-equiv="Content-Type" content="text/
html;charset=iso-8859-1" />
<title>Zitat</title>
</head>
<body>
<!-- hier wird der weitere (X)HTML-Code integriert -->
</body>
</html>
```

2 Anlegen des (X)HTML-Gerüstes

Nach dem Anlegen des Grundgerüstes liegt das Augenmerk auf der Strukturierung der Inhalte. Um die Textinhalte in ein (X)HTML-Element zu integrieren und diesem sogenannten »runde Ecken« zu verpassen, legen Sie ein `<div>`-Tag mit der eindeutigen `id="content"` an:

```
<div id="content">
...
</div>
Als ersten Inhalt definieren Sie die Überschrift:
<div id="content">
   <h1>Gravidam</h1>
</div>
```

Die nächste Aufgabe besteht darin, zwei vom Lorem-ipsum-Generator zur Verfügung gestellte Textabsätze zu integrieren:

```
<div id="content">
   <h1>Gravidam </h1>
   <p>Quisque gravida auctor ...</p>
   <p>Pellentesque habitant morbi ...</p>
</div>
```

Blockquote
Das `<blockquote>`-Element für Zitate setzt einen Textblock ähnlich einem `<p>`-Tag, wodurch vor und nach einem Zitat ein Absatz entsteht. Die standardmäßige Darstellung durch den Browser wird üblicherweise rechts und links eingerückt und in kursivem Schriftstil gerendert.

Bereich des Zitats kennzeichnen 3

In diesem Schritt wird der Bereich des Zitates definiert. Dazu verwenden Sie das vom W3C dafür vorgesehene (X)HTML-Tag `<blockquote>`. In diesem Bereich werden nun alle weiteren zum Zitat gehörenden Daten angegeben.

```
<div id="content">
   <h1>Gravidam</h1>
   <p>Quisque gravida auctor ...</p>
   <blockquote>...</blockquote>
   <p>Pellentesque habitant morbi ...</p>
</div>
```

Quelle eines Zitates auszeichnen 4

Eines der wichtigsten Elemente eines Zitates ist, neben dem Inhalt, die Quelle. Innerhalb von Internetseiten verweist man dazu auf die Webseite, von der das Zitat stammt. Da Sie den Text dem Lorem-ipsum-Generator zu verdanken haben, verweisen Sie mit dem Attribut `cite` und der dazugehörenden URL auf die Seite der Quelle:

```
<blockquote cite="http://www.loremipsum.de/">
   <p>Vestibulum velare enim vivamus sit amet ipsum in lorem
   posuere pulvin.</p>
</blockquote>
```

Autor eines Zitates auszeichnen 5

Zur korrekten Auszeichnung eines Zitates benötigen Sie unter anderem aber auch noch den Namen seines Autors. Im Unterschied zur Quelle wird `<cite>` hier nicht als Attribut, sondern als eigenständiges Element verwendet. In diesem fiktiven Beispiel lautet der Autor des Zitates »Vestibulum Vivamus«.

```
<blockquote cite="http://www.loremipsum.de/">
   <p>Vestibulum velare enim ...</p>
   <cite>Vestibulum Vivamus</cite>
</blockquote>
```

Standardformatierung von <cite> durch die Browser
Die Standardformatierung der Browser sorgt ohne zusätzliches CSS dafür, dass der Inhalt des (X)HTML-Tags `<cite>`, in dem sich die Angabe des Autors eines Zitates befinden sollte, kursiv dargestellt wird.

Das nun bereits vollständige Markup für diesen Workshop besteht aus den folgenden wenigen Zeilen (X)HTML:

```
<div id="content">
   <h1>Gravidam</h1>
   <p>Quisque gravida auctor ...</p>
   <blockquote cite="http://www.loremipsum.de/">
```

```
    <p>Vestibulum velare enim vivamus sit amet ipsum in lorem
    posuere pulvin.</p>
    <cite>Vestibulum Vivamus</cite>
    </blockquote>
    <p>Pellentesque habitant morbi ...</p>
</div>
```

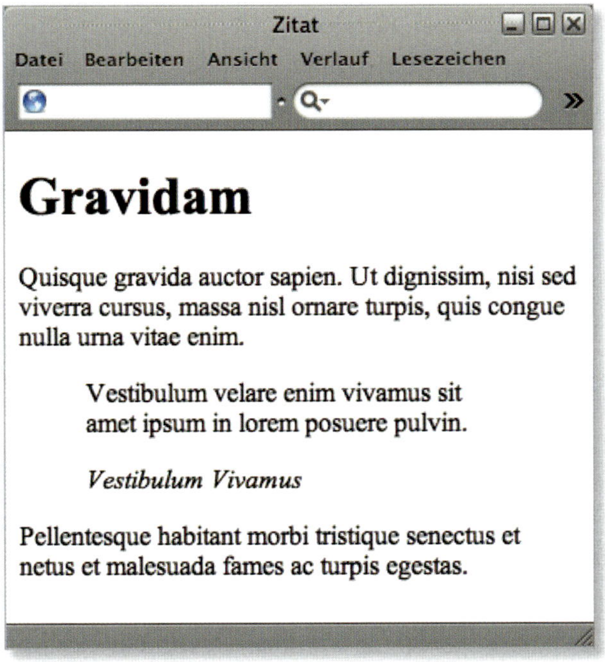

◄ **Abbildung 1**
Aufgrund der Auszeichnung von Zitaten mit den entsprechenden (X)HTML-Tags und der standardmäßigen Interpretation dieser durch die Browser werden Zitate allerdings anders als normale Textabsätze formatiert und bei den gängigen Browsern linksbündig eingerückt.

6 Festlegen des Farbschemas und Layouts

Um dem bisherigen Stand im wahrsten Sinne des Wortes etwas Farbe zu verpassen, definieren wir neben der Hintergrundfarbe und einer Einrückung aller Inhalte vom Rand des Browserfensters auch die Schriften mit sämtlichen Eigenschaften (Schriftfamilie, -größe, -farbe etc.). Da die hier festzulegende Schriftgröße in absoluten Werten 16px entsprechen soll, setzen Sie den Wert auf `100.01%`.

Mehr zu Schriftgrößendefinitionen im Exkurs »Schriftgrößen in px, pt, em oder %?« ab Seite 103.

```
body {
    font:normal 100.01% Arial, Helvetica, serif;
    margin:15px;
    padding:0;
    background-color:#E7E2B7;
    color:#FFF;
}
```

Als nächsten Schritt definieren Sie eine Breite des `<div>`-Elementes und vergeben für ihn gleichzeitig ein `padding` von `10px`. Damit sich dieser Bereich auch farblich vom Hintergrund der im `<body>`-Tag definierten Farbe abhebt, weisen Sie ihm einen auffälligen Braunton zu; somit kann auch die zuvor festgelegte weiße Schriftfarbe die gewünschte Aufmerksamkeit der Leser auf sich ziehen.

```
#content{
   width:300px;
   padding:10px;
   margin:0;
   background-color:#271100;
}
```

Abbildung 2 ▶
Unterschiedliche Hintergrundfarben für <body> und #content heben den Textinhalt stärker hervor.

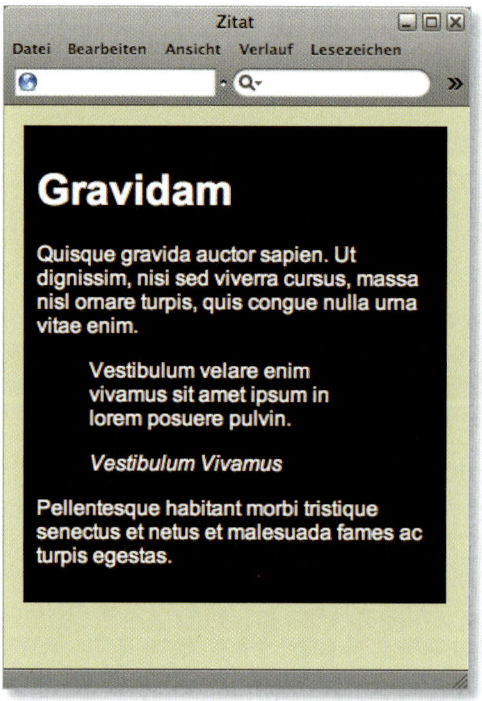

Die farbliche Gestaltung hat sich im Vergleich zur vorhergehenden Abbildung bereits verändert; die Größenverhältnisse, aber vor allem die Gestaltung sind unverändert mangelhaft.

Überschrift hervorheben 7

Um nicht nur mittels der Auszeichnung auf das Zitat aufmerksam zu machen, legen Sie besonderes Augenmerk auf die Überschrift. Diese soll in Prozentangaben einer Höhe von 60px entsprechen. Neben dieser nicht unwesentlich größeren Schrift und einer höheren Gewichtung gehört hierzu auch eine andere Schriftfarbe, die zudem kursiv dargestellt wird.

```
#content h1 {
   margin:10px 0 20px 0;
   padding:0;
   font:italic bold 375%/.7 Tahoma, Arial;
   color:#E7E2B7;
}
```

Schriftgröße berechnen
16 px/100 % * 60 px/x = 375 %

Zeilenhöhe
Der Wert `.7` hinter der Schriftgröße steht für die Zeilenhöhe `line-height` von `<h1>`. Man kann diesen Wert auch folgendermaßen angeben: `0.7`. Bei einem Wert über 1 ist die Zeilenhöhe größer als die Schriftgröße. Wenn der Wert wie in unserem Fall kleiner 1 ist, verringern sich die Abstände in vertikaler Richtung, was an der Verringerung des Abstandes der Überschrift hin zum oberen Rand des `<div>`-Elementes deutlich wird.

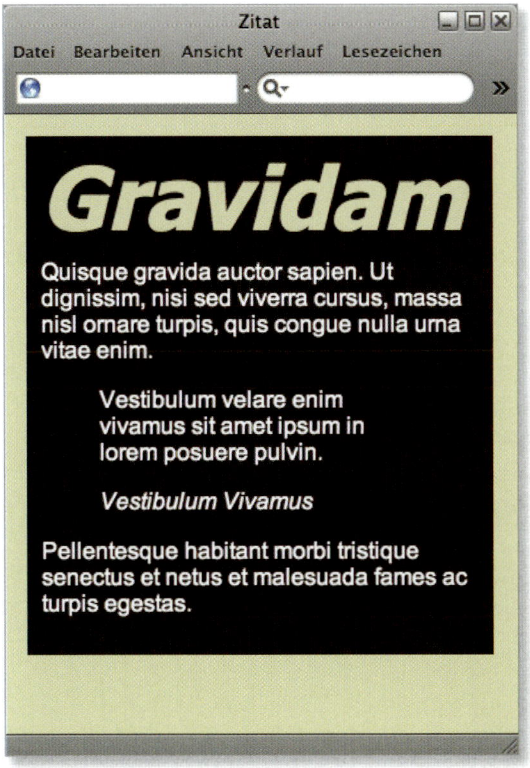

▲ **Abbildung 3**
Deutlich hervorgehobene Überschrift

8 Zitat farblich und räumlich vom übrigen Inhalt trennen

Da auch die Textabsätze eine kleine Anpassung in Sachen Ausrichtung vertragen können, weisen wir ihnen jeweils einen Abstand nach unten von 10 px zu:

```
#content p {
   padding:0 0 10px 0;
   margin:0;
}
```

Da der Name des Autors des Zitates rechts ausgerichtet werden soll, richten Sie den Zitattext rechts aus. Das Zitat selbst wird im nächsten Schritt aufgrund des in ihm befindlichen <p>-Tags wieder links ausgerichtet.

Damit aber auch farblich ein Unterschied zwischen den zwei »normalen« Textabsätzen und dem Zitat besteht, wird dieses farblich differenziert dargestellt und in Sachen Position mit einem zusätzlichen Innen- und Außenabstand zu umliegenden Inhalten ausgerichtet. Außerdem legen Sie für unten und oben einen durchgehenden Rahmen mit einer Breite von 1px an. Somit wird das Zitat visuell vom übrigen Text separiert und kommt damit optisch noch deutlicher zur Geltung.

```
blockquote {
   color:#E7E2B7;
   font-family:Georgia, serif;
   margin:10px 0 20px 0;
   padding:15px 30px 15px 20px;
   border-width:1px 0;
   border-style:solid;
   border-color:#E7E2B7;
   text-align:right;
}
```

Schriftgröße berechnen
16 px/100 % * 20 px/x = 125 %

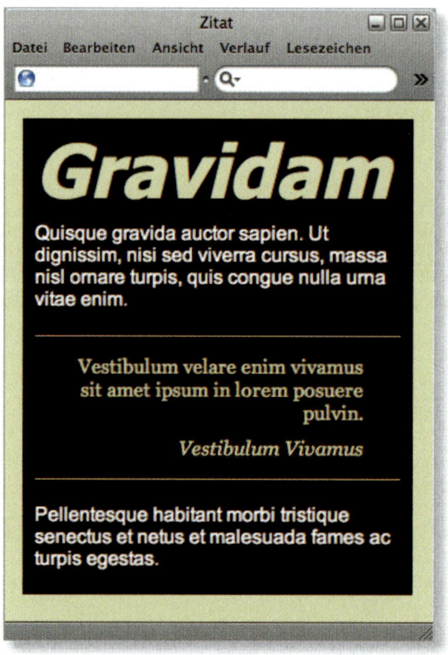

Abbildung 4 ▸
Optische Trennung des Zitates durch Linien und eine andere Schriftfarbe

Da dieses Zitat nun aber die falsche Textausrichtung besitzt, weisen wir ihm eine Ausrichtung nach links und einen kursiven Schriftstil zugewiesen. Weil außerdem die Darstellung des Autornamens nicht dieselbe Gewichtung der Schriftgröße besitzen soll wie das Zitat selbst, vergrößern Sie die Schrift des Textabsatzes, in dem sich das Zitat befindet, auf 125 %.

```
blockquote p {
   text-align:left;
   font:italic normal 125%/.9 Georgia, serif;
}
```

Um der besonderen Bedeutung des Zitates Rechnung zu tragen, nutzen Sie die Möglichkeit, das Pseudo-Element `:first-letter` einzusetzen. Mit ihm können Sie dem ersten Buchstaben des Zitates eine separate Eigenschaft zuweisen. In diesem Fall ist es lediglich eine größere Schrift, eine sogenannte Initiale. Diese soll in absoluten Werten die Größe von 25 px besitzen.

Schriftgröße berechnen

`first-letter`

16 px/100 % * 25 px/x = 156 %

`cite`

17 px/100 % * 25 px/x = 106 %

```
blockquote p:first-letter {
   font-size:156%;
}
```

Da der Autor `<cite>` aber nicht zu klein geraten soll, erhöhen Sie die bisherige Schriftgröße von 16 px (wurde im `<body>` festgelegt) auf 17 px:

```
blockquote cite {
   font-size:106%;
}
```

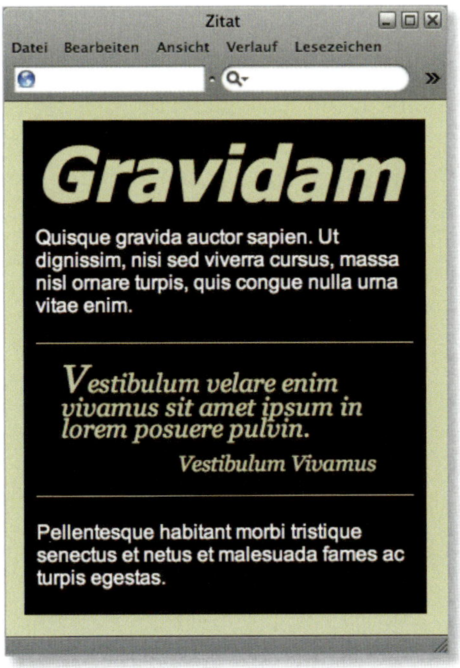

◀ **Abbildung 5**
Eine Initiale ist der typografische Terminus für einen ausgeschmückten Anfangsbuchstaben. Die auch unter dem Begriff »Majuskel« bekannte Form der Darstellung eines ersten Buchstabens am Anfang eines Buchkapitels oder Textabsatzes ist im Printmedium aus dem Alltag kaum wegzudenken. Ob dies im Web auch der Fall sein wird, sei dahingestellt. Eine elegante Möglichkeit zur Gestaltung von Inhalten ist es allemal.

Anführungsstriche für Zitat erstellen 9

Ein doch recht signifikantes Merkmal von Zitaten sind die An- und Abführungsstriche, die normalerweise am Anfang und am Ende eines Zitates stehen. Die dem einen oder anderen auch als »Gänsefüßchen« bekannten Anführungsstriche können unter anderem ausschließlich mittels CSS dem betreffenden Textabschnitt zugewiesen werden. Das Problem bei der Sache ist, dass nicht alle Browser diese weitere CSS3-Spezifikation korrekt interpretieren können. Daher verwenden Sie an deren Stelle Grafiken für die An- und Abführungsstriche. Diese werden per CSS im Hintergrund des Zitates positioniert.

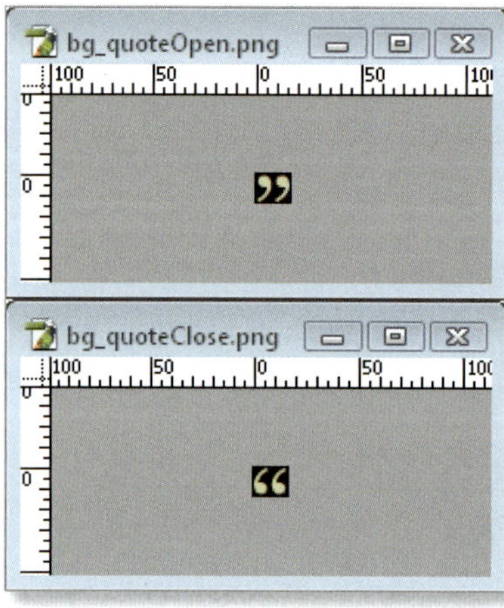

Abbildung 6 ▸
An- und Abführungsstriche (PNG-Grafiken) dienen zur Kennzeichnung des Zitates.

Ausrichtung von Hintergrundgrafiken
Die Prozentangaben bei der Positionierung der An- und Abführungsstriche sorgen für die korrekte Position entsprechend den Gepflogenheiten der deutschen Sprache. Da in der englischen Sprache das Anführungszeichen am oberen Rand der Zeilen angezeigt wird und nicht wie im Deutschen am unteren, muss einfach nur der Wert 15% auf null herabgesetzt werden.

Um sie an den vorgesehen Positionen ausrichten zu können, übergeben Sie die An- und Abführungsstriche (unterer Teil der Abbildung) dem Zitat-Block `<blockquote>` und den öffnenden dem darin befindlichen Textabsatz `<p>` (oberer Teil der Abbildung). Mit `text-indent` kann Text von links eingerückt werden, dies ist allerdings nur einzeilig möglich und entspricht damit genau unserem Ziel. Denn für das Anführungszeichen muss nur der erste Buchstabe eingerückt werden und nicht das gesamte Zitat.

```
blockquote {
...
   background:transparent url(../images/bg_quoteClose.tif) 92%
   56% no-repeat;
}
blockquote p {
   text-indent:20px;
   background:transparent url(../images/bg_quoteOpen.tif) 0% 15%
   no-repeat;
}
```

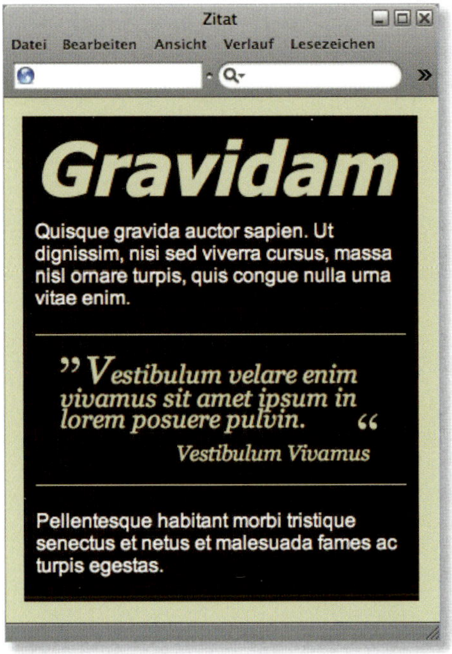

◂ **Abbildung 7**
Korrekte Darstellung der Zielsetzung, inklusive der via CSS integrierten An- und Abführungsstriche

Zusammenfassung

Das Ziel dieses Workshops war es, zu demonstrieren, mit wie wenig Aufwand es möglich ist, ein Zitat durch semantische und kreative Gestaltung vom übrigen Text einer Seite abzuheben. Nutzen Sie die vom W3C zur Auszeichnung von Zitaten zur Verfügung gestellten Elemente, und der Gestaltungsvielfalt per CSS sind kaum Grenzen gesetzt.

/* Code aus Step 1 bis 5 */

```
<!DOCTYPE html PUBLIC "-//W3C//DTD XHTML 1.0 Strict//EN" "http://www.w3.org/TR/xhtml1/DTD/
xhtml1-strict.dtd">
<html xmlns="http://www.w3.org/1999/xhtml" xml:lang="de" dir="ltr">
<head>
<meta http-equiv="Content-Type" content="text/html;charset=iso-8859-1" />
<title>Zitat</title>
<link rel="stylesheet" href="css/zitat.css" type="text/css" media="all" />
</head>
<body>
<div id="content">
   <h1>Gravidam</h1>
   <p>
      Quisque gravida auctor sapien. Ut dignissim, nisi sed viverra cursus, massa nisl or-
      nare turpis, quis congue nulla urna vitae enim.
```

```
    </p>
    <blockquote cite="http://www.loremipsum.de/">
       <p>
          Vestibulum velare enim vivamus sit amet ipsum in lorem posuere pulvin.
       </p>
    <cite>Vestibulum Vivamus</cite>
    </blockquote>
    <p>
       Pellentesque habitant morbi tristique senectus et netus et malesuada fames ac turpis
       egestas.
    </p>
</div>
</body>
</html>
```

/* Code aus Step 6 bis 10 */

```
body {
   font:normal 100% Arial, Helvetica, serif;
   margin:15px;
   padding:0;
   background-color:#E7E2B7;
   color:#FFF;
}

#content {
   width:300px;
   padding:10px;
   margin:0;
   background-color:#271100;
}

#content h1 {
   margin:10px 0 20px 0;
   padding:0;
   font:italic bold 375%/.7 Tahoma, Arial;
   color:#E7E2B7;
}
#content p {
   padding:0 0 10px 0;
   margin:0;
}

blockquote {
   color:#E7E2B7;
   font-family:Georgia, serif;
   margin:10px 0 20px 0;
   padding:15px 30px 15px 20px;
   border-width:1px 0;
   border-style:solid;
   border-color:#E7E2B7;
   text-align:right;
   background:transparent url(../images/
   bg_quoteClose.tif) 92% 56% no-repeat;

}

blockquote p {
   text-align:left;
   font:italic normal 135%/.9 Georgia,
   serif;
   text-indent:20px;
   background:transparent url(../images/
   bg_quoteOpen.tif) 0% 15% no-repeat;
}

blockquote p:first-letter {
   font-size:156%;
}

blockquote cite {
   font-size:106%;
}
```

Sind Gutenbergs Grundlagen auch auf das WWW übertragbar?

Oder: Wie teilt man Textinhalte von Webseiten mit dem Multi-Column-Layout-Modul in Spalten auf?

Die Aufteilung von Texten in Spalten ist im Bereich Print seit Jahrhunderten ein beliebtes Mittel. Ein solches Raster hilft dem Leser, die Fläche zu organisieren, um somit eine bessere Übersicht über die Textinhalte zu erhalten. Im Web wird dieser Ansatz selten verfolgt. Ursache hierfür ist unter anderem, dass die Browser diese Art der Rasterung nicht unterstützen, ohne dabei die Inhalte strukturell auseinanderzunehmen. Dass es bei entsprechender Unterstützung des CSS-Standards Version 3 auch anders geht, soll dieser Workshop unter Beweis stellen. Er soll somit einen kleinen Ausblick auf das geben, was CSS3 alles ermöglichen wird. Bei der gezeigten Technik wird ein Textabsatz lediglich mit CSS in drei Spalten aufgeteilt. Ihm wird eine Grafik hinzugefügt, die in der Ausrichtung der ersten Spalte angezeigt wird. Ohne diese CSS3-Eigenschaft muss für eine solche Darstellung der Text in drei Absätze aufgeteilt werden.

Ziel

Erstellen und Ausrichten von Mehrfachspalten

- Anlegen der Textinhalte (Überschrift/Textabsätze)
- Einsatz des Multi-Column-Layout-Moduls
- Integration einer Grafik in das Spaltenlayout

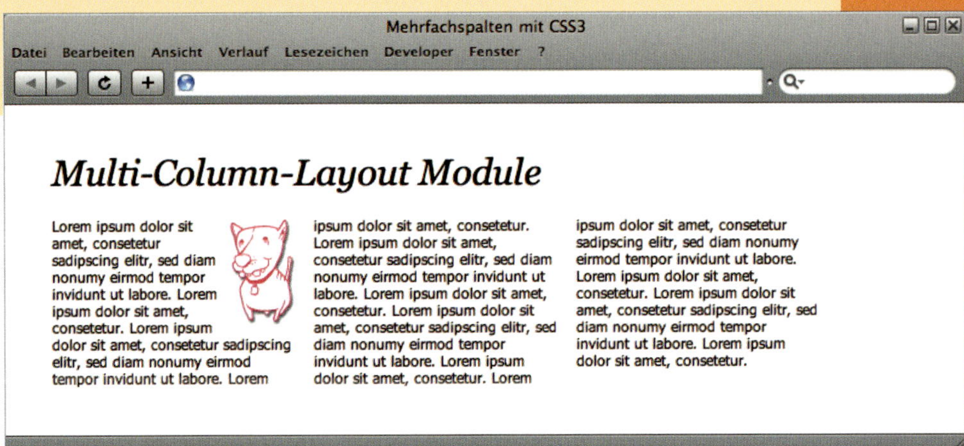

Struktur festlegen **1**

Die Workshop-Struktur verlangt an dieser Stelle das Anlegen eines Ordners. Diesen bezeichnen wir als TEXTCSS3. Dem Ordner wird eine gleichnamige (X)HTML-Datei, ein Bilder-Ordner (IMAGES) und ein Ordner für CSS (CSS) hinzugefügt.

Nach dem Definieren der Struktur öffnen wir die bereits angesprochene Datei *textCSS3.html*. Grundlage unseres letzten Workshop-Beispiels dieses Kapitels ist das folgende (X)HTML-Gerüst:

```
<!DOCTYPE html PUBLIC "-//W3C//DTD XHTML 1.0 Strict//EN" "http://
www.w3.org/TR/xhtml1/DTD/xhtml1-strict.dtd">
<html xmlns="http://www.w3.org/1999/xhtml" xml:lang="de"
dir="ltr">
<head>
<meta http-equiv="Content-Type" content="text/
html;charset=iso-8859-1" />
<title>Mehrfachspalten mit CSS3</title>
</head>
<body>
<!-- hier wird der weitere (X)HTML-Code integriert -->
</body>
</html>
```

Anlegen der Dokumentstruktur **2**

Wie die Abbildung unserer Zielsetzung zeigt, besteht das aktuelle Workshop-Beispiel aus Text- und Bildelementen. Der Text wird hierbei in zwei Bereiche untergliedert: eine Überschrift und ein Fließtext. Die Überschrift erhält mit dem (X)HTML-Tag `<h1>` die höchste Wertigkeit.

```
<h1>Multi-Column Layout Module</h1>
```

Der Fließtext wird durch einen Paragraphen `<p>` präsentiert:

```
<p>
   Lorem ipsum dolor sit amet, consetetur sadipscing elitr, sed
   diam nonumy eirmod tempor invidunt ut labore. Lorem ipsum do-
   lor sit amet, consetetur...
</p>
```

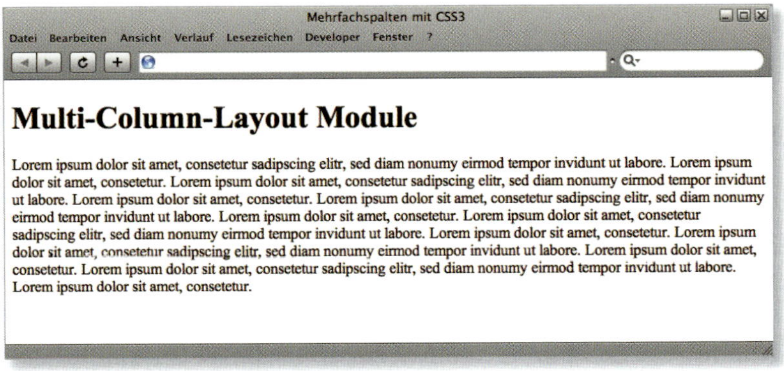

◂ **Abbildung 1**
Durch (X)HTML-Elemente strukturierter Inhalt ohne CSS

Die (X)HTML-Arbeiten sind mit diesem Schritt bereits abgeschlossen. Dem Textabsatz müssen keine zusätzlichen Klassen oder IDs hinzugefügt werden.

3 Anlegen der Dokumentstruktur

Zu guter Letzt fügen Sie an dieser Stelle dem bisher noch wenig ansehnlichen Layout eine Grafik hinzu. In diesem Fall wird dieser Job von der Ihnen bereits bekannten Illustration namens »Doggy« übernommen.

▴ **Abbildung 2**
»dog.tif«

Diese Grafik wurde hier im PNG-Format mit weißem Hintergrund erstellt.

```
<h1>Multi-Column-Layout Module</h1>
<p><img src="images/dog.tif" alt="Doggy" />
Lorem ipsum dolor sit amet...</p>
```

Da die Grafik innerhalb des (X)HTML-Dokumentes im Textabsatz, aber vor dem Textinhalt des Absatzes integriert wurde, wird die Grafik der Reihenfolge des Dokumentes entsprechend links abgebildet.

CSS3 und das Multi-Column-Layout-Modul
Das W3C arbeitet an der Entwicklung von Spezifikationen und Architekturen für das World Wide Web. Damit ein Standard zur offiziellen Empfehlung (recommendation) erhoben werden kann, muss dieser einen vorgegebenen Prozess durchlaufen. Das Multi-Column-Layout-Modul ist eines der ersten Module für CSS3 und befindet sich im Stand eines Working Drafts, der bereits 1999 vorgestellt wurde. Ein Working Draft ist ein Arbeitsdokument, das eine Verpflichtung seitens des W3C darstellt, an diesem Bereich weiterzuarbeiten.

Abbildung 3 ▶
Von Textspalten wie in einem Buch oder einer Zeitschrift, wie in dem Browsertitel zu lesen, ist noch nicht wirklich viel zu sehen. Diese Aufgabe wird in den nächsten Arbeitsschritten vom Multi-Column-Layout-Modul übernommen.

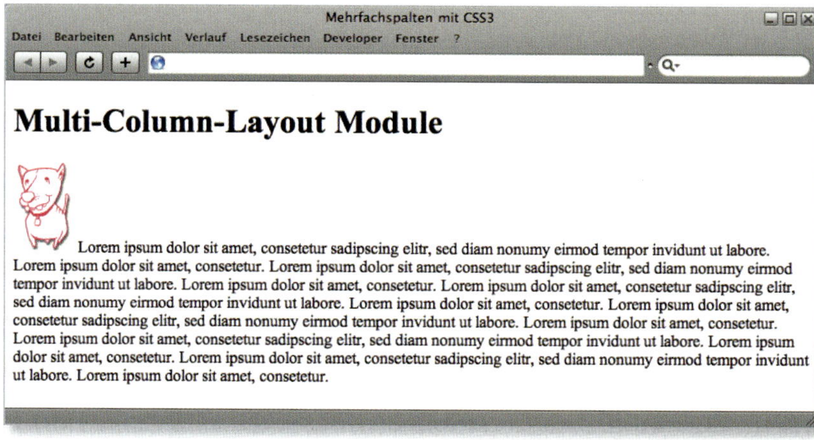

4 CSS-Datei in (X)HTML-Seite integrieren

Um in Sachen Layout überhaupt etwas Gestaltung erzeugen zu können, nutzen Sie den am Anfang angelegten CSS-Ordner. Darin legen Sie eine CSS-Datei mit dem Namen *textCSS3.css* an. Auf sie wird dann wie folgt innerhalb des Kopfbereiches `<head>` der *textCSS3.html* referenziert:

```
...
<head>
...
<title>Text und Bild</title>
<link rel="stylesheet" title="Default" href="css/ textCSS3.css"
type="text/css" media="screen" />
</head>
...
```

5 Allgemeine Schrifteigenschaften

Der Wert 80 % orientiert sich an der Breite des Browserfensters. Das führt dazu, dass sich beim Verändern der Browserfenstergröße die Breite des Textes anpasst.

Als Erstes werden die Eigenschaften (Größe, Stil, Schriftart etc.) rund um die Schrift des Artikels festgelegt. Dann wird dem Workshop-Beispiel ein Außenabstand zugewiesen; somit kleben die Inhalte nicht, wie in der letzten Abbildung, direkt am Rand des Browserfensters. Damit der Text des Artikels sich nicht endlos ausbreitet (entsprechend der Browserfenstergröße), begrenzen Sie ihn. Hierfür verwenden Sie die Eigenschaft `width` mit einem relativen Wert von `80%`. Da die Standardschriftgröße in absolutem Maß 16 px beträgt, die relative Schriftgröße in diesem Fall aber 12 px entsprechen soll, werden diese ins Verhältnis zueinander gesetzt (Berechnung siehe Infobox).

```
body {
   font:normal 75% Tahoma, sans-serif;
```

```
    margin:5%;
    width:80%;
}
```

Schriftgröße berechnen

16 px/100 % * 12 px/x = 75 %

6 Gestalten der Überschrift

Um der Überschrift im Vergleich zum übrigen Text ein wenig mehr Gewichtung zu verschaffen, soll sie mit 30 px eine mehr als doppelt so große Schrift und mit »Georgia« eine andere Schriftart erhalten, die zudem kursiv dargestellt wird. Da in diesem Workshop aber keine absoluten Größenangaben für Schriftinhalte vergeben werden, damit auch der IE diese skalieren kann, muss dieser Wert umgerechnet werden.

```
h1 {
    font:italic normal 250% Georgia, sans-serif;
    letter-spacing:1px;
    margin:0;
    padding:0;
}
```

Schriftgröße berechnen

30 px/12 px * 100 %/x = 250 %

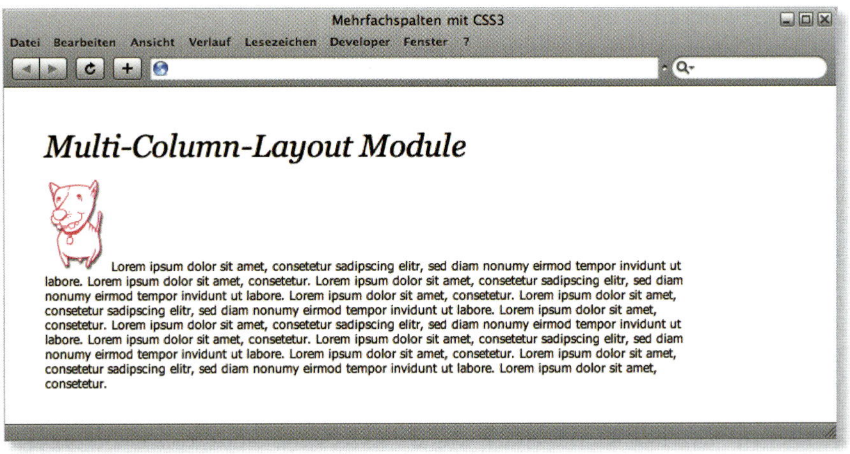

◂ **Abbildung 4**
Darstellung der Inhalte mit den für sie vorgesehenen Schrifteigenschaften

7 Erstellen eines mehrspaltigen Layouts

Der Textabsatz soll entsprechend der Zielsetzung in drei Spalten aufgeteilt werden. Mit der Eigenschaft `column-count` und einem Wert von `3%` kann der bisherige Absatz in drei gleich breite Spalten aufgeteilt werden. Damit die Spalten aber nicht direkt aneinanderkleben, sondern einen kleinen horizontalen Abstand zueinander aufweisen, fügen Sie zusätzlich die Eigenschaft `column-gap` hinzu. Da sich dieser Wert relativ zum Gesamtlayout verhalten soll, wird dieser Eigenschaft ein Wert von 3 %, der sich

Abstände zwischen den Spalten
Anders als die Eigenschaft padding, die auch der letzten der drei Spalten einen Abstand nach rechts vergeben hätte, fügt `column-gap` ausschließlich zwischen den Spalten einen Abstand ein.

auf die 80 % bezieht, zugewiesen. Das Gleiche gilt für den Außenabstand des Textabsatzes. Somit bleibt das Layout in Sachen Größe und Abstand bei seinen Proportionen, egal, welche Schriftgröße gewählt wird. Da diese Spalten-Eigenschaft noch nicht allgemeingültig ist, sondern die Nutzung erst bei einigen Browsern vereinzelt möglich ist, muss sie mit dem Präfix `-moz-` für Gecko (Firefox, Flock) oder `-webkit-` für Webkit-Browser (Safari) versehen werden.

```
p {
   margin:3% 0;
   -moz-column-gap:3%;
   -webkit-column-gap:3%;
   -moz-column-count:3;
   -webkit-column-count:3;
}
```

Bei der Wahl der Breite sollte vor allem die Lesbarkeit des Textes im Vordergrund stehen. Denn die wenigsten Webseitenbesucher möchten Texte bei einer Schriftgröße von weniger als 16 px und einer Laufweite größer als 700 px lesen müssen. Usability-Experten raten dazu, nicht mehr als 8–12 Wörter in einer Zeile abzubilden.

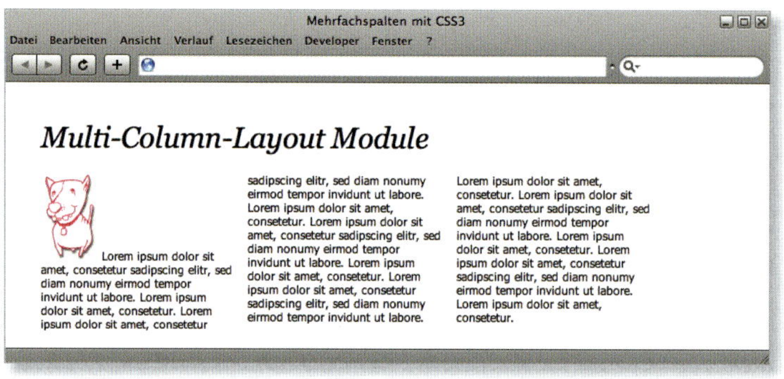

▲ **Abbildung 5**
Abbildung der drei Textspalten bei einer Browserfensterbreite von 800 px

Da dieses CSS-Feature, wie bereits angesprochen, nicht von allen Browsern korrekt dargestellt wird, zeigt die letzte Abbildung dieses Workshops den IE7 mit seiner Interpretation der Dinge. Damit der IE7 aber überhaupt dazu in der Lage ist, die Spalten abzubilden, müssen dem Textabsatz die Eigenschaften `column-gap` und `column-count` zugewiesen werden, allerdings ohne Präfix `-moz-` oder `-webkit-`, denn der Microsoft-Browser ist kein mit der Mozilla- oder der Webkit-Engine betriebener Browser.

Die neue Aufteilung des einen Textabsatzes in drei gleichbreite Spalten ändert nichts an der Position der »Doggy«- Illustration. Die Breite der Spalten orientiert sich hierbei an dem Wert für die Breite des Layouts, und der entspricht 80 % der Breite des Browserfensters. Diese Breite wird durch drei dividiert und ergibt damit die Breite der Spalten.

```
p {
   margin:3% 0;
   -moz-column-gap:3%;
   -webkit-column-gap:3%;
   -moz-column-count:3;
   -webkit-column-count:3;
   column-gap:3%;
   column-count:3;
}
```

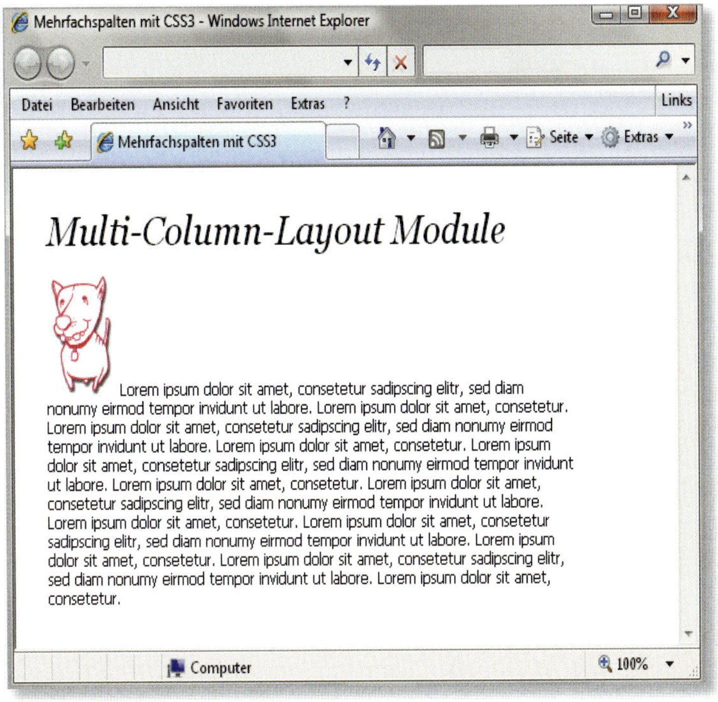

◂ **Abbildung 6**
Abbildung des Textabsatzes im IE7 mit einer Browserfensterbreite von 800 px

Dieser Zusatz ändert allerdings trotzdem nichts daran, dass der IE (auch in der Version 8) diese Eigenschaft des Multi-Column-Layout-Modules nicht abbilden kann. Daher kann diese Ergänzung wieder aus dem CSS-Block entfernt werden.

8 Ausrichten der Grafik

Da sich nun auch noch einiges bei der Ausrichtung der Grafik tun muss, wird diese mit der Eigenschaft `float` und dem Wert `right` versehen. Da innerhalb des (X)HTML-Codes keine Größe für die Grafik angegeben wurde, geschieht das an dieser Stelle:

```
img {
   float:right;
   width:60px;
   height:90px;
}
```

Die Darstellung innerhalb des Browsers führt bei diesem CSS3-Feature nicht dazu, dass die Grafik ganz rechts neben der dritten Spalte abgebildet wird, sondern nach der ersten. Diese wird vom Browser als eigenständiger Absatz interpretiert, obwohl sie laut (X)HTML-Code keiner ist. Ein wirklich netter Nebeneffekt, der, wie in der Einleitung beschrieben, ohne das Multi-Column-Layout-Modul nur durch drei nebeneinander ausgerichtete Textabsätze realisiert werden könnte.

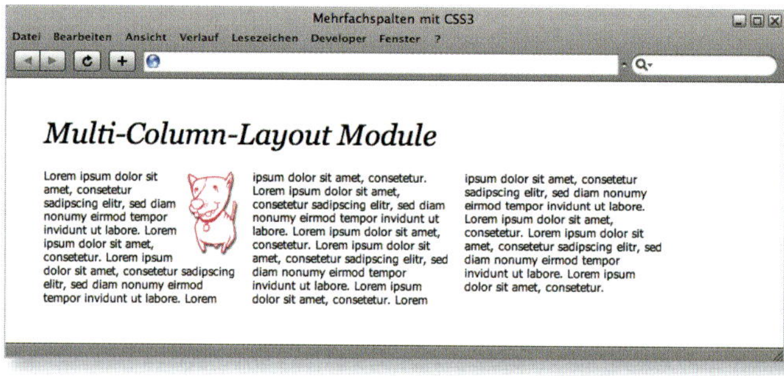

Abbildung 7 ▶ Das Ausrichten der Grafik nach rechts sorgt für den gewünschten Seitenwechsel von »Doggy«.

Dieses Workshop-Beispiel mit der Aufteilung des Textabsatzes in drei Spalten ist bis zu einem Viewport von 1.024 px in der Breite gut zu lesen, danach wird die Laufweite der einzelnen Spalten zu breit. Dann sollte entweder der Wert von 80 % oder die Anzahl der Spalten angepasst werden.

Um die Vergabe relativer Werte für Breite und Schriftgröße und insbesondere deren Auswirkung zu verdeutlichen, folgt nun noch eine Abbildung des Safari-Browsers mit einer Browserfenstergröße von 600 px. Darin wird deutlich, dass sich die Grafik immer weiter in die erste Spalte hineinschiebt, je kleiner die Breite der Spalte wird. Das liegt zum einen an der mit absoluten Maßen ausgezeichneten Grafik und zum anderen an der in relativen Werten (80 % dividiert durch 3) angegebenen Breite der Textspalten.

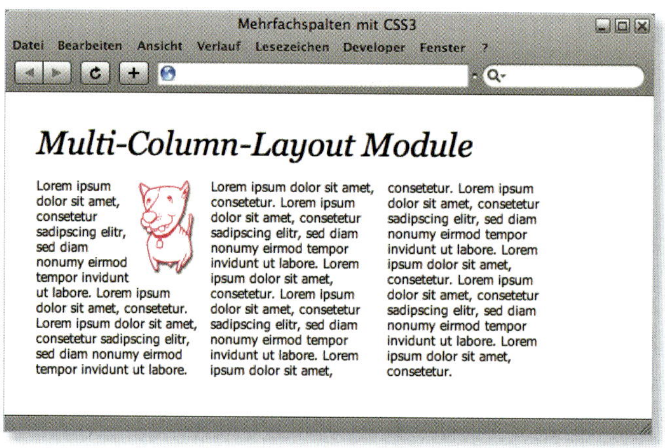

Abbildung 8 ▶ Wie deutlich zu erkennen ist, sind die 80 % Breite für das Layout im Verhältnis zur Browserfensterbreite zwar gleich, das Layout und die Spalten sind bei 600 px Fensterbreite allerdings sichtbar schmaler als bei 800 px, wie der Vergleich mit der Abbildung zuvor zeigt.

Zusammenfassung

Dieser kleine Ausblick in Sachen CSS3 zeigt, wie einfach (X)HTML-Dokumente ohne Layouttabellen oder <div>-Konstrukte gestaltet werden können, und das, ohne dem (X)HTML-Code zusätzliche Style-Klassen zur Gestaltung hinzufügen zu müssen. Ob sich diese Spaltenaufteilung durchsetzt oder zukünftig zumindest eine geeignete Alternative zur Textauszeichnung darstellt, werden die Implementierung dieses Features in die nächste Browsergeneration und die daraus resultierenden Anwendungsmöglichkeiten zeigen.

/* Code aus Step 1 bis 4 */

```
<!DOCTYPE html PUBLIC "-//W3C//DTD XHTML 1.0 Strict//EN" "http://www.w3.org/TR/xhtml1/DTD/
xhtml1-strict.dtd">
<head>
<meta http-equiv="Content-Type" content="text/html;charset=iso-8859-1" />
<title>Mehrfachspalten mit CSS3</title>
<link rel="stylesheet" href="css/textCSS3.css" type="text/css" media="all" />
</head>
<body>
<h1>Multi-Column Layout Module</h1>
<img src="images/dog.tif" alt="Doggy" />
<p>Lorem ipsum dolor sit amet, consetetur sadipscing elitr, sed diam nonumy eirmod tempor
invidunt ut labore. Lorem ipsum dolor sit amet, consetetur...</p>
</body>
</html>
```

/* Code aus Step 5 bis 8 */

```
body {
   font:normal 75% Tahoma,
   sans-serif;
   margin:5%;
   width:80%;
}

h1{
   font:italic normal 250%
   Georgia, sans-serif;
   margin:0;
   padding:0;
}

p {
   margin:3% 0;
   -moz-column-gap:3%;
   -webkit-column-gap:3%;
   -moz-column-count:3;
   -webkit-column-count:3;
}

img {
   float:right;
   width:60px;
   height:90px;
}
```

Bildergalerien

Bildergalerie mit CSS

Oder: Wie erstellt man eine CSS-basierte Bildergalerie in Form eines Bücherregals?

Kaum eine Seite kommt ohne sie aus, vom Onlineshop bis hin zur privaten Webseite. Mittlerweile sind sie in vielen Bereichen des Webs zu einem unverzichtbaren Mittel der Präsentation geworden. Die Rede ist von Bildergalerien.

Aufgabenstellung ist die Präsentation mehrerer Büchercover mit entsprechender »Zoom-Darstellung«, die beim Überfahren der Vorschaubilder mit dem Cursor sichtbar wird. Die Produkte sind in diesem Fall Bücher des Galileo-Verlages, die, wie bei Büchern üblich, nebeneinander aufgestellt werden und somit den Eindruck eines gut aufgeräumten Regales hinterlassen. Diese Bücher, nennen wir sie einmal Neuerscheinungen, sind in ihrer Darstellungsgröße relativ klein. Daher werden sie beim Überfahren des jeweiligen Buches im rechten Bereich vergrößert und mit einer kleinen Beschreibung abgebildet. Ziel soll es sein, diese Galerie von Büchern mit Zoom-Darstellung für alle gängigen Browser zu ermöglichen. Dieser Workshop soll Schritt für Schritt aufzeigen, dass eine Bildergalerie auch mit CSS zu realisieren ist und dabei auf JavaScript vollkommen verzichtet werden kann.

Ziel

Erstellung einer Bildergalerie, die auf CSS basiert

- Anlegen der Text- und Bildinhalte der Galerie
- Strukturieren der Bücher(reihe)
- Ausrichten der Zoom-Darstellungen

1 Struktur aufbauen

Legen Sie einen Ordner mit der Bezeichnung CSSGALERIE an. Darin erstellen Sie die gleichnamige (X)HTML-Datei *cssGalerie.html*. Außerdem richten Sie in diesem Ordner einen Bilder- und einen CSS-Ordner ein.

Das Grundgerüst der (X)HTML-Datei *cssGalerie.html* mit dem Seitentitel »CSS Bildergalerie« sieht wie folgt aus:

```
<!DOCTYPE html PUBLIC "-//W3C//DTD XHTML 1.0 Strict//EN" "http://
www.w3.org/TR/xhtml1/DTD/xhtml1-strict.dtd">
<html xmlns="http://www.w3.org/1999/xhtml" xml:lang="de"
dir="ltr">
<head>
<meta http-equiv="Content-Type" content="text/
html;charset=iso-8859-1" />
<!-- an dieser Stelle wird auf die einzelnen CSS-Dateien referen-
ziert werden -->
<title>CSS Bildergalerie</title>
</head>
<body>
<!-- hier wird der weitere (X)HTML-Code integriert -->
</body>
</html>
```

<div>-Tag
Die Bezeichnung »div« dieses Elementes steht für das englische Wort »division«, mit der ein »Bereich« und damit ein allgemeines Blockelement definiert wird, denn das öffnende und das schließende <div>-Tag führt zu Zeilenumbrüchen. Im Gegensatz zum <span>-Tag kann es alle anderen (X)HTML-Elemente beinhalten.

2 Anlegen des Galerie-Bereiches

Nach dem öffnen der *cssGalerie.html* definieren Sie zuerst einen Bereich, der das gesamte spätere Layout enthalten wird. Dieser Container, dargestellt vom <div>-Tag, erhält die eindeutige Bezeichnung #gallery und wird innerhalb des <body>-Tags angelegt:

```
<div id="gallery">
   ...
</div>
```

3 Integrieren der Textinhalte

In den soeben angelegten Bereich integrieren Sie die Überschrift <h1> sowie einen Textabsatz inklusive Platzhaltertext:

```
<div id="gallery">
   <h1>Neuerscheinungen</h1>
   <p>Lorem ipsum dolor sit ...</p>
</div>
```

Erstellen der Vorschau- und Zoom-Grafiken 4

Die Wahl des Grafikformates fällt in diesem Workshop auf Portable Network Graphics (PNG). Da dieses Bildformat vom IE kleiner Version 7 in Bezug auf die Alpha-Transparenz nicht ohne Weiteres korrekt dargestellt wird, wurde in diese Grafiken neben dem Schatteneffekt auch die Hintergrundfarbe der »Bücherreihe« integriert.

PNG-Format
Der Vorzug dieses Formates ist die Möglichkeit, Echtfarbenbilder (24 Bit) verlustfrei komprimiert in den gängigen Webbrowsern darzustellen. Zudem unterstützt es »Alpha-Transparenz«. Die ebenfalls im PNG-Format erstellten Zoom-Grafiken werden absolut positioniert. Der dafür vorgesehene Bereich mit einer Höhe von 218 px und einer Breite von 180 px ist begrenzt. Das heißt, wenn diese vergrößerten Abbildungen der Bücher zu groß erstellt werden, ragen sie über diesen Bereich hinaus.

▲ **Abbildung 1**
Abbildung einer der kleinen Grafiken inklusive Schatten

Analog zu den kleinen Vorschaubildern der sechs Bücher werden die großen Grafiken zur vergrößerten Zoom-Darstellung erstellt und entsprechend dem jeweiligen Buchtitel bezeichnet.

Abbildung 2 ▶
Beispielabbildung einer der Grafiken, die für die Zoom-Darstellung der Buchreihe eingesetzt werden

Anlegen und Strukturieren des »Bücherregals« 5

Die kleine Buchreihe dieser Bildergalerie wird im (X)HTML-Code durch eine ungeordnete Liste `<ul>` definiert, denn die Darstellung unserer zugegeben recht überschaubaren »Bibliothek« ist nichts anderes als eine Auflistung von Grafikinhalten. Die verlinkten Vorschaubilder werden je einem Listenpunkt `<li>` hinzugefügt.

```
...
<div id="gallery">
   ...
<ul id="navi">
   <li>
      <a id="modernesWebdesign" href="#"><img alt="Modernes Web
      design" src="images/preview_modernesWebdesign.tif" />
      <span><strong>Modernes Webdesign</strong><br />Gestaltungs
      prinzipien, ...</span></a>
   </li>
...
</ul>
<p id="preview">
   Bewegen Sie den Cursor &uuml;ber die kleinen Abbildungen!
</p>
</div>
...
```

Ein weiterer Textabsatz, der die Handhabung der Bildergalerie oberhalb der Zoom-Abbildung beschreibt, wird in den Absatz mit der `id="preview"` integriert. Ohne diesen Zusatz würde sich auch der Textabsatz oberhalb der List angesprochen fühlen; da beide aber vor allem unterschiedliche Positionen erhalten müssen, ist dieser Schritt notwendig.

◂ **Abbildung 3**
Abbildung aller Inhalte; die Galerie wird durch eine unsortierte Liste strukturiert.

Der reine (X)HTML-Code wird in seiner standardmäßigen Formatierung durch den Browser abgebildet. Typisch hierfür sind u.a. die Auflistungszeichen sowie der blaue Rahmen um verlinkte Grafiken.

CSS-Datei in (X)HTML-Seite einbinden 6

Zuerst legen Sie nun eine CSS-Datei *cssGalerie.css* an und kopieren diese in den dafür vorgesehenen CSS-Ordner. Dann referenzieren Sie auf diese Datei im <head> der (X)HTML-Datei wie folgt:

```
...
<head>
...
<title>JavaScript Bildergalerie</title>
<link rel="stylesheet" href="css/cssGalerie.css" type="text/css"
media="all" />
</head>
...
```

Maße der Bildergalerie festlegen 7

Grundlegende Schrifteigenschaften (Schriftart, -farbe, -gewicht, Zeilenhöhe etc.), die für alle Elemente gelten sollen, werden im <body> festgelegt:

Schriftgröße berechnen
Da die Schriftgröße der Textabsätze in absoluten Werten 13 px entsprechen soll, errechnet sich der entsprechende Wert, der innerhalb des <body>-Tags definiert werden kann, wie folgt:
16 px/100 % * 13 px/x = 81 %
Daraus folgt die folgende Umrechnung in das ebenfalls relative Schriftgrößenmaß em:
100 %/1 em * 81 %/x = 0,8 em
(gerundeter Wert)

```
body    {
   color:#000;
   font:normal .8em/1.1 Arial, Helvetica;
   margin:0;
   padding:0;
}
```

Im nächsten Schritt geben Sie dem Seitenbereich unserer »Neuerscheinungen« Werte für Innen- und Außenabstände sowie eine absolute Gesamtbreite von 540 px:

```
div#gallery {
   margin:20px 0 0 0;
   padding:0 0 0 25px;
   width:540px;
}
```

Hintergrundgrafik erstellen und mittels CSS ausrichten 8

Danach wird diesem Bereich eine Hintergrundgrafik hinzugefügt, die innerhalb des Bereiches div#gallery von unten ausgerichtet wird:

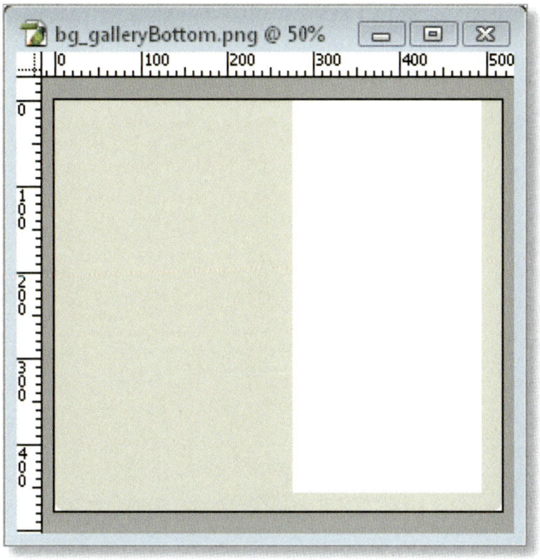

◂ **Abbildung 4**
Hintergrundgrafik des unteren Bereiches der Bildergalerie

```
div#gallery {
   margin:20px 0 0 0;
   padding:0 0 0 25px;
   width:540px;
   background:transparent url(../images/bg_galleryBottom.tif)
25px bottom no-repeat;
}
```

Die Ausrichtung der Hintergrundgrafik erfolgt von unten, da sie sich so den ändernden Inhalten anpassen und »mitwachsen« kann.

9 Bereich der Überschrift gestalten

Da Sie auch für den oberen Bereich eine Hintergrundgrafik benötigen, weisen Sie diese dem (X)HTML-Element zu, das für diese Aufgabe am besten geeignet ist: der Überschrift 1. Ordnung.

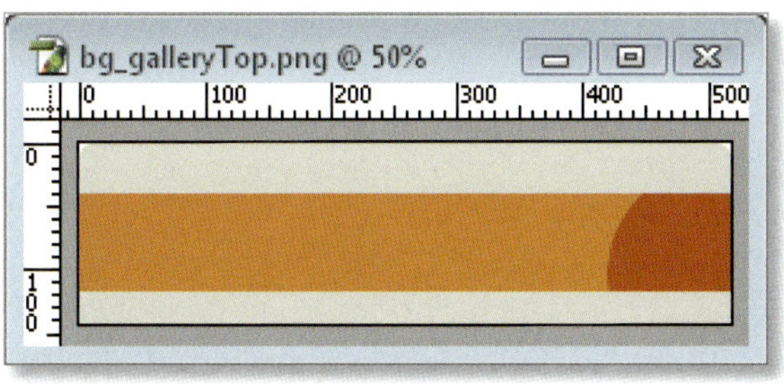

◂ **Abbildung 5**
Hintergrundgrafik für den oberen Bereich der Bildergalerie

Die Überschrift `<h1>` bekommt neben der Grafik auch eine andere Schriftfamilie und -farbe, um sich vom restlichen Text visuell besser abzusetzen zu können. Damit auch die Ausrichtung und Abstände zu den unter ihr be-

Schriftgröße berechnen
Da die Schrift der Überschrift viermal so groß sein soll wie die Textabsätze, deren Wert 0.8em beträgt, weisen wir der Überschrift den Wert `3.2em` zu.

findlichen Elementen stimmen, fügen Sie jeweils Abstände von 55 px nach oben und unten und eine Einrückung vom linken Rand um 25 px hinzu.

```
#gallery h1 {
   margin:0;
   padding:55px 0 55px 25px;
   font:normal bold 3.2em Tahoma, Arial;
   color:#FFF;
   background:transparent url(../images/bg_galleryTop.tif) left
   top no-repeat;
}
```

Position der Textabsätze festlegen 10

Zum Textabsatz oberhalb unserer Bücherreihe ist nicht viel zu sagen, außer dass auch er eine absolute Breite und Abstände zu den anderen Elementen erhält:

```
#gallery p {
   width:225px;
   margin:0;
   padding:0 0 27px 25px;
}
```

Bücher(reihe) flexibel ausrichten 11

Der Hauptbereich dieses ganzen Workshops und die Basis des gesamten Verhaltens dieser Aufgabenstellung ist die Bücherreihe auf der linken Seite. Dazu vergeben Sie für die Bücherreihe ein wenig Außenabstand nach links und unten und entfernen die Auflistungszeichen für Listen:

```
ul#navi{
   margin:0 0 40px 70px;
   padding:0;
   list-style:none;
}
```

Zum besseren Verständnis der Aufteilung und des Aufbaus unserer Liste wurde der Liste `<ul>` ein blauer und den Listenpunkten `<li>` ein roter Rahmen zugewiesen. Für alle Listenpunkte ist die Breite von `75px` definiert worden, damit die Grafiken passgenau in unsere Buchreihe passen.

Damit auch alle Bücher horizontal ausgerichtet abgebildet werden, werden sie dementsprechend mit der Eigenschaft `float:left` versehen und bekommen je Listenpunkt eine Breite von 75 px, die der Breite der Bilder entspricht. Außerdem erhalten Sie dadurch die Möglichkeit, weitere Buchreihen abzubilden, und sind damit ausreichend flexibel.

```
ul#navi li {
    width:75px;
    float:left;
    text-align:left;
    padding:0;
}
```

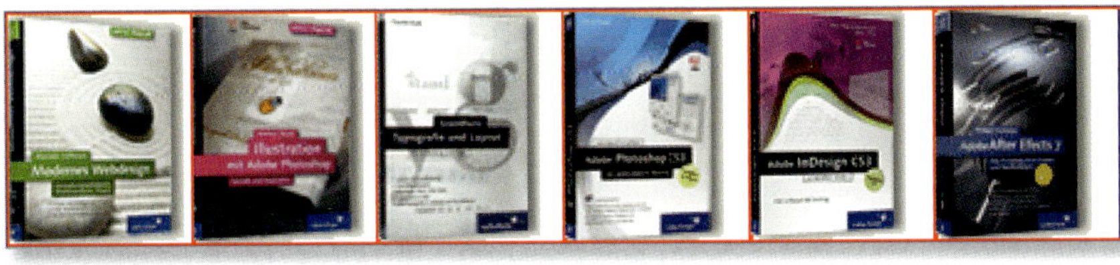

▲ **Abbildung 6**
Abbildung aller Bücher innerhalb der Liste, ohne Einrücken nach links und ohne Angabe einer Gesamtbreite

Diese Darstellung entsteht aus der Summe der sechs Listenpunkte mit je 75 px Breite und einer daraus resultierenden Gesamtbreite von 450 px.

12 Bücher übereinanderlegen

Diese in vielen Bildergalerien gewählte Darstellung, Bilder nebeneinander abzubilden, wird von Ihnen dahingehend geändert, dass alle Listenpunkte um jeweils -46 px nach links verschoben werden, beginnend bei dem ersten. Dieses Verhalten kann mit einem negativen `margin`-Wert erzeugt werden. Das heißt, das Cover des Buches »Modernes Webdesign« von Manuela Hoffmann (erstes Buch von links) wird um diesen Wert nach links verschoben, alle anderen rechts von dem Buch befindlichen Abbildungen folgen dem Beispiel.

```
ul#navi li {
    width:75px;
    float:left;
    text-align:left;
    margin:0 0 38px -46px;
    padding:0;
}
```

▲ **Abbildung 7**
Abbildung aller Bücher innerhalb der Liste, mit Einrücken nach links und einer Gesamtbreite von 450 px (6 x 75 px)

In dieser Abbildung überlagern sich zwar die Listenpunkte um jeweils 46 px (negativer Margin-Wert), die Gesamtbreite (450 px minus blauer Rahmen) resultiert aber immer noch aus dem Wert für der Breite (75 px minus roter Rahmen) jedes einzelnen Listenpunktes.

13 Breite der Bücherreihe einschränken

Mit der Angabe des Wertes für die Gesamtbreite verhindern Sie bei der Implementierung weiterer Bücher ein Hinausragen über diesen Bereich hinaus.

Da die Liste allerdings nicht die Breite von 450 px für die Buchreihe zur Verfügung hat, weil direkt daneben die vergrößerte Darstellung des Buches angeboten werden soll, vergeben Sie hierfür einen Wert von 200 px. Aufgrund der neu vergebenen Breite findet keine siebte Grafik mehr Platz in der Buchreihe, deswegen würde ein eventuelles siebtes Buch die zweite Buchreihe beginnen. Ohne weitere Zusätze im Code würde es also unsere Bücherreihe in einer zweiten Reihe fließend fortsetzen.

```
ul#navi{
   margin:0 0 40px 70px;
   width:200px;
   padding:0;
   list-style:none;
}
```

Abbildung 8 ▶ Alle Bücher innerhalb der Liste, mit Einrücken nach links und einer Gesamtbreite von 200 px

Da wieder einmal die älteren Versionen des IE die bisherigen Schritte nicht mit der nötigen Genauigkeit interpretieren, wird für sie mittels separater CSS-Dateien und Conditional Comments am Ende des Workshops eine Anpassung stattfinden.

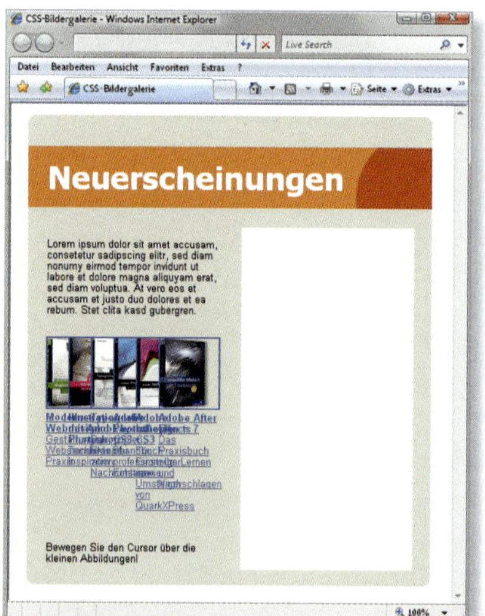

Abbildung 9 ▶ Die ausgerichtete Bücherreihe ohne CSS-Eigenschaften für die übrigen Textbereiche

Nach der Ausrichtung der Bücherreihe werden im Browser noch alle innerhalb des Link-Tags angelegten Beschreibungen zum jeweiligen Buchtitel unterhalb der verlinkten Vorschaugrafik abgebildet.

Da die jeweiligen Beschreibungen der Bücher, die sich in dem zusätzlichen <span>-Tag befinden, nicht immer, sondern lediglich beim Überfahren der Bilder mit der Maus angezeigt werden sollen, werden sie im Ausgangszustand mit display:none einfach ausgeblendet. Die Schrift- und Hintergrundfarbe sorgt dafür, dass beim Überfahren der Vorschaubilder mit der Maus die beschreibenden Texte der Zoom-Darstellungen nicht blau dargestellt werden, sondern schwarz.

```
ul#navi a span {
   display:none;
   color:#000;
   background:#FFF;
}
```

Damit auch die Größe der Bilder passend dargestellt wird, vergeben Sie via CSS den dafür vorgesehenen Wert. Bei den Links innerhalb der Bücherreihe entfernen Sie zudem sämtliche durch browserspezifisches Verhalten entstandene Abstände. Um die kleinen Vorschaubilder entsteht aufgrund des Link-Tags <a href="#"> beim Überfahren mit dem Cursor standardmäßig ein Rahmen, der für diesen Aktivitätszustand entfernt wird.

```
ul#navi a img{
   width:75px;
   padding:0;
   margin:0;
   border:0px;
   float:left;
}

ul#navi a{
   padding:0;
   margin:0;
}

ul#navi a:hover img{
   border:0px;
}

ul#navi a:hover{
   background:#FFF;
   padding:0;
   margin:0;
}
```

14 Darstellung der Bücher(reihe) optimieren

Ausblenden von Inhalten
Damit der Text »Modernes Webdesign ...« oberhalb der Zoom-Darstellung der Bücher nicht von vornherein dargestellt wird, wird mit der Eigenschaft display:none dieser Abschnitt ausgeblen-

Da innerhalb des (X)HTML-Codes keine Größen für Höhe und Breite definiert wurden, muss diese Angabe an dieser Stelle unbedingt erfolgen. Damit der standardmäßig blaue Rahmen für verlinkte Elemente ausgeblendet werden kann, muss hierfür der Eigenschaft border der Wert 0px zugewiesen werden. Das Gleiche gilt für den Augenblick, in dem der Cursor über der Grafik positioniert ist (:hover).

Abbildung 10 ▶
Darstellung der Buchreihe nach Ausblenden der zusätzlichen Link-Informationen der Vorschaubilder

Erweiterung der Bücherreihe ermöglichen 15

Ein Schritt, der weniger mit der Gestaltung der Galerie als mit dem Verhalten der Bücherreihe zu tun hat, bezieht sich auf die `float`-Eigenschaften, die für die Listenpunkte und die in ihr enthaltenen Grafiken eingesetzt wurden. Nach dem Listenelement soll sich das restliche Layout ungehindert fortsetzen können, die `float`-Eigenschaft aber beendet werden. Für diesen Fall verwenden Sie eine weitere CSS-Klasse `.clearfix`, die in dem Bereich `<div id="gallery">` hinzugefügt wird:

```
...
<body>
<div id="gallery" class="clearfix">
...
```

clear
Die CSS-Eigenschaft `float` kann mit den Eigenschaften `clear` und den Werten `left`, `right` und `both` aufgehoben werden. Der Wert `both` bietet sich hierbei besonders an, da er alle Zustände aufhebt und somit sämtliche Wünsche bezüglich des Aufhebens dieser Eigenschaft erfüllt.

Diese Klasse ermöglicht es, dass sich das gesamte Layout inklusive der Hintergrundgrafik der Menge des Inhaltes anpasst. Durch das Pseudo-Element `:after` wird diese »fließende« Eigenschaft aufgehoben, womit die weiteren Inhalte unabhängig von der Bücherreihe abgebildet werden können.

```
.clearfix:after {
   content:".";
   display:block;
   height:0;
   clear:both;
   visibility:hidden;
}
```

Damit auch der Internet Explorer auf einem Mac-Rechner diese Anweisung versteht, muss dieser in CSS-Kommentare gefasste CSS-Hack verwendet werden.

```
div.clearfix {
   display:block;
}

/* Hides from IE-Mac \*/
* html .clearfix {height:1%;}
.clearfix {
    display:block;
}
/* End hide from IE-Mac */
```

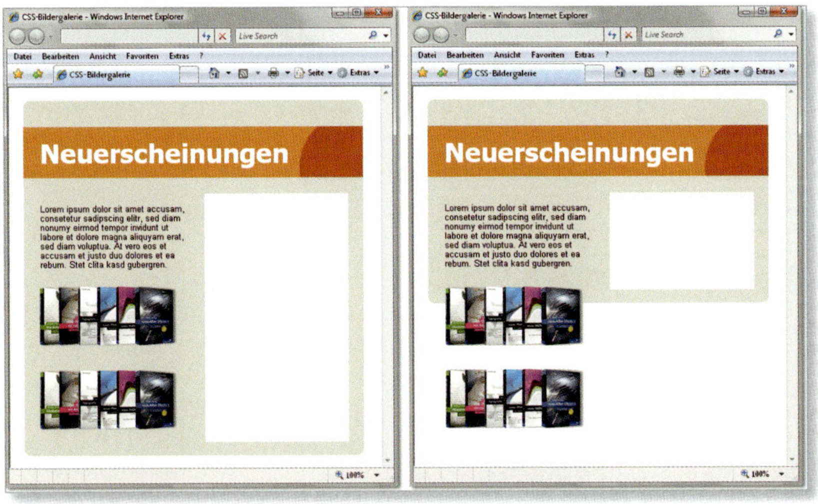

◀ **Abbildung 11**
Vergleich der CSS-Galerie mit `clear` (links) und ohne `clear` (rechts)

Wie das Verhalten der Bücherreihe innerhalb des gesamten Layouts wäre, falls mehr als fünf Bücher in der Bücherreihe integriert würden, zeigt die folgende Abbildung.

16 Positionieren der Zoom-Darstellungen

Der beschreibende Text für die Handhabung der Galerie wird so ausgerichtet, dass er sich direkt oben am weißen Rand des Vorschaubereiches (siehe rot eingerahmter Bereich in der Abbildung 12) wiederfindet. Da er absolut positioniert wird, das heißt von oben links ausgerichtet, bedeutet dies ein Einrücken um 320 px von links und um 167 px von oben. Denn somit kann der das Buchcover beschreibende Text direkt über den weißen Bereich der zuvor integrierten Hintergrundgrafik ausgerichtet werden. Damit der Text nicht nur positioniert, sondern auch in der Breite und Höhe in seine Grenzen verwiesen wird, so dass er nicht über den dafür vorgesehenen Bereich hinausragt, sind diese Angaben unverzichtbar. Diese Angaben gelten für Text und die Zoom-Darstellung des jeweiligen Bildes. Damit auch der im Link befindliche Beschreibungstext nicht unterstrichen wird, wird dies mit `text-decoration:none` unterbunden.

Absolute Positionierung
Diese Art der Positionierung ermöglicht es Ihnen, den Bereich eindeutig zu bestimmen, unabhängig vom restlichen Inhalt des Workshop-Beispiels. Damit das Bild in dem für ihn vorgesehenen weiß ausgesparten Bereich platziert werden kann, ist die obere linkere Ecke unserer Zoom-Abbildungen 167 px von oben und 320 px von links eingerückt.

```
ul#navi a:hover span  {
   position:absolute;
   display:block;
   left:320px;
   top:169px;
   width:180px;
   height:218px;
   padding:10px 0 2px 0;
   text-decoration:none;
   z-index:1;
   background-color:#FFF;
   background-position:0px 60px;
   background-repeat:no-repeat;
}
```

Die für diesen Bereich verwendete Eigenschaft `z-index` legt bei mehreren (absolut) positionierten Elementen fest, welches Element von welchem Element überlagert wird. Es wird somit eine Art Stapelreihenfolge vorgegeben.

Abbildung 12 ▶
Absolut positionierter Bereich der Zoom-Vorschau im Safari-Browser

Zum besseren Verständnis der absoluten Positionierung von Elmenten wurde der Bereich der Zoom-Vorschau (wird beim Überfahren der Vorschaubilder mit dem Cursor erzeugt) mit einem roten Rahmen versehen. Außerdem wurde der Bereich, um den dieser Abschnitt eingerückt wurde, rot eingefärbt und mit den jeweiligen Achsen der Ausrichtung beschriftet. Auch wenn sich der beschreibende Text »Adobe After Effects 7 …« eigentlich innerhalb eines <span>-Elements befindet, wird er unterstrichen dargestellt. Dieser Effekt rührt daher, dass dieses Element innerhalb eines Link-Tags steht. Diese Art der »Textdekoration« wird durch den Wert none aufgehoben:

```
a {
   text-decoration:none;
}
```

17 Zoom-Darstellung erzeugen

Da bisher nur CSS-Eigenschaften zur Positionierung der Texte vergeben wurden, weisen Sie an dieser Stelle noch den Pfad zu den bereits erstellten Zoom-Darstellungen zu. Über die jeweils eindeutige id, beispielsweise a#modernesWebdesign, wird die entsprechende Grafik aufgerufen, in diesem Fall *modernesWebdesign.tif*.

Dem von der dynamischen Pseudo-Klasse :hover erzeugten Mouse-Over-Effekt wird entsprechend der Position in unserer Buchreihe die jeweilige Zoom-Darstellung zugewiesen.

```
a#modernesWebdesign:hover span {
   background-image:url(../images/modernesWebdesign.tif); }
a#adobePhotoshop:hover span {
   background-image:url(../images/adobePhotoshop.tif); }
a#typografie:hover span {
   background-image:url(../images/typografie.tif); }
a#photoshopCS3:hover span {
   background-image:url(../images/photoshopCS3.tif); }
a#inDesignCS3:hover span {
   background-image:url(../images/inDesignCS3.tif); }
a#afterEffects:hover span {
   background-image:url(../images/afterEffects.tif); }
```

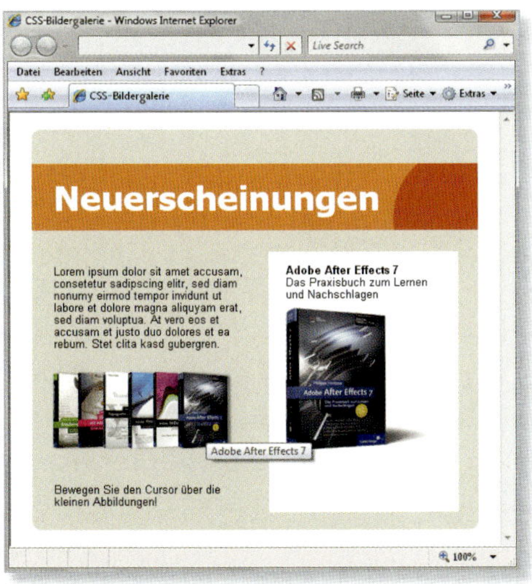

◂ **Abbildung 13**
CSS-Galerie mit vergrößerter Zoom-Darstellung eines Buches

Vorschautext ausrichten 18

Der anfangs angesprochene Absatz `<p id="preview">` ist an der aktuellen Position (unterhalb der Bücher) im wahrsten Sinne des Wortes immer noch fehl am Platze. Da er vor dem Bewegen des Cursors durch den User innerhalb des für die Zoom-Darstellungen reservierten Bereiches angezeigt werden soll, ist die Vorgehensweise analog zu Schritt 16:

```
p#preview {
   position:absolute;
   display:block;
   left:320px;
   top:169px;
   padding:10px 0 2px 0;
   margin:0;
   width:180px;
   height:218px;
}
```

Die Reihenfolge der CSS-Dateien ist zu beachten, denn die zu überschreibenden CSS-Eigenschaften für den IE müssen nach (!) der für alle Browser allgemeingültigen CSS-Datei *cssGalerie.css* referenziert werden. Die Eigenschaften der Datei *cssGalerieIE6.css* werden von allen Versionen kleiner/gleich dieser Versionsnummer interpretiert (also auch vom IE 5.0 und 5.5). Deshalb werden die älteren Versionen zuletzt in den `<head>` eingefügt.

Abbildung 14 ▸
Veränderte Position des Textes in der Vorschaufunktion

Integration von Conditional Comments 19

Wie bereits in Schritt 13 angesprochen, folgen nun browserspezifische Anpassungen dieses CSS-basierten Layouts einer Bildergalerie für ältere IE-Versionen. Damit auch die Browser-Versionen des IE kleiner gleich 6 eine optimale Darstellung erhalten, legen Sie zwei weitere CSS-Dateien im CSS-Ordner dieses Workshops ab. Diese bezeichnen Sie entsprechend der Browserversion des IE. Integrieren Sie die Dateien dann mit Conditional Comments (mehr dazu im Exkurs »Was ist CSS?«) innerhalb des Kopfbereiches der *cssGalerie.html*.

```
...
<title>CSS Bildergalerie</title>
<link rel="stylesheet" href="css/cssGalerie.css" type="text/css"
media="all" />
<!--[if lte IE 6]>
<link rel="stylesheet" href="css/cssGalerieIE6.css" type="text/
css" media="all" />
<![endif]-->
<!--[if lte IE 5.5]>
<link rel="stylesheet" href="css/cssGalerieIE5x.css" type="text/
css" media="all" />
<![endif]-->
</head>
...
```

Separate CSS-Dateien für ältere IE-Versionen
cssGalerieIE6.css = IE6
cssGalerieIE5x.css = IE5/IE5.5

20 Optimierung der Bildergalerie für IE 5.x bis 6.0

Damit aber nicht nur theoretisch über die IE-Bugs im Layout gesprochen wird, stellt die Abbildung des aktuellen Standes (ohne Conditional Comments) im IE 6 dar, welcher Fehler der Grund für die Optimierung ist. Die Abbildung zeigt deutlich, dass das Einrücken (siehe Arbeitsschritt 8) der Liste `ul#navi` um 70 px und das der Listenpunkte `ul#navi li` um -46 px nach links eine unschöne Auswirkung auf die Darstellung im IE6 hat.

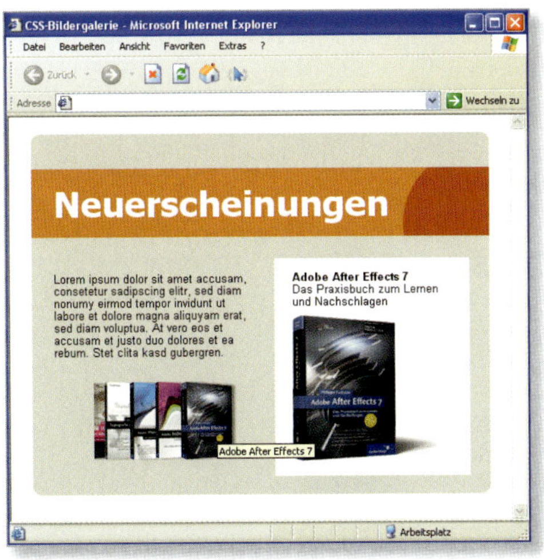

◄ **Abbildung 15**
Abbildung der Bildergalerie im IE6 mit falsch positionierter Buchreihe

Da es nicht nötig ist, in die via Conditional Comments integrierten CSS-Dateien sämtlichen CSS-Code zu kopieren, reicht es vollkommen aus, in der *cssGalerieIE6.css* nur die CSS-Werte aufzulisten, deren Eigenschaften für die jeweilige IE-Version verändert werden sollen. In diesem Fall sind das für die bereits angesprochenen Elemente folgende Werte:

Zum besseren Vergleich der Werte für die jeweilige IE-Version sind die von allen anderen Browsern korrekt interpretierten CSS-Werte in Kommentaren angegeben.

```
ul#navi{
   margin:0 0 40px 25px;
   /* margin:0 0 40px 70px; */
}

ul#navi li {
   margin:0 0 8px -50px;
   /* margin:0 0 38px -46px; */
}
```

Wer eine korrekte Darstellung der Galerie auch für den IE 5.0 und 5.5 gewährleisten will, muss nun die bereits angelegte CSS-Datei *cssGalerie-IE5x.css* öffnen und lediglich das Listen-Element mit einem neuen Wert für die Überlagerung der Bücher innerhalb der Buchreihe versehen. Die CSS-Datei für die 5er-Versionen des IE im `<head>` der *cssGalerie.html* wird nach der CSS-Datei für die 6er-Version aufgerufen. Da dadurch die Werte und Eigenschaften der CSS-Datei ebenfalls im Browser abgebildet werden, überschreibt der nun folgende Wert lediglich den der *cssGalerieIE6.css*.

```
ul#navi li {
   margin:0 0 8px -58px;
}
```

Da der Abstand der Liste `ul#navi` für diese IE-Versionen von `margin-left:70px` auf `25px` herabgesetzt wurde, überlagern die letzten vier Bücher der Buchreihe die ersten beiden. Die ersten beiden sind daher nicht sichtbar.

Abbildung 16 ▶
Buchreihe nach links eingerückt

Um diesen letzten kleinen Layout-Bug zu beheben, öffnen Sie wieder die *cssGalerie.html* und vergeben für den ersten Listenpunkt eine eigene `id` mit der Bezeichnung `first`:

```
<ul id="navi">
   <li id="first">
      <a id="modernesWebdesign" href="#"><img alt="Modernes
      Webdesign" src="images/preview_modernesWebdesign.tif" />
      <span><strong>Modernes Webdesign</strong><br />Gestal-
      tungsprinzipien, Webstandards, Praxis</span></a>
   </li>
   <li>...
</ul>
```

Ältere IE-Versionen interpretieren die bisherigen CSS-Eigenschaften anders, was dazu führt, dass aufgrund der negativen Ausrichtung der Listenpunkte nach links die Bücher über den linken Rand der Liste hinausgeschoben werden und daher nicht mehr sichtbar sind. Der nächste Absatz verrät, mit welchem kleinen Trick Sie diesem Verhalten entgegenwirken können.

Diese kleine Erweiterung des (X)HTML-Codes ermöglicht es Ihnen nun, das differenzierte Verhalten dieser älteren IE-Versionen separat zu betrachten. Das Einrücken des ersten Listenpunktes um -43 px im IE6 und um -51 px im IE5.x–5.5 kann somit aufgehoben werden, das heißt, Sie definieren innerhalb der *cssGalerieIE6.css* folgende Angabe:

```
ul#navi li#first{
   margin-left:0;
}
```

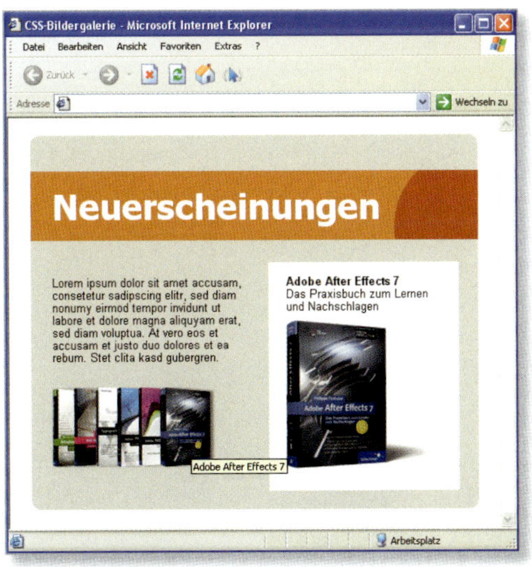

▲ **Abbildung 17**
Korrekte Darstellung der Buchreihe im IE6 nach der Definition von separatem CSS und dessen Integration via Conditional Comments

Der in diesem Schritt definierte Wert null für `margin-left` überschreibt nun die Werte zur Einrückung der Buchreihe nach links für das erste Buch um die oben genannten Werte. Er beginnt, wie die Abbildung zeigt, am linken Rand und bringt daher die ersten beiden Bilder zum Vorschein. Da in der eigentlichen *cssGalerie.css* für alle anderen Browser keine Eigenschaften für das Element `li#first` defniert werden, ändert sich für diese auch nichts.

Zusammenfassung

Dieser Workshop soll verdeutlichen, dass es auch mit CSS möglich ist, Bildergalerien umzusetzen, ohne dabei auf JavaScript zurückgreifen zu müssen. Am Ende des Workshops wurde bewusst der Einsatz von Conditional Comments für mehrere IE-Versionen zur Lösung des Layoutproblems herangezogen, auch wenn die Lösung via CSS-Hacks für die älteren IE-Versionen eventuell weniger umfangreich gewesen wäre.

/* Code aus Step 1 bis 6, 15, 19, 20 */

```
<!DOCTYPE html PUBLIC "-//W3C//DTD XHTML 1.0 Strict//EN" "http://www.w3.org/TR/xhtml1/DTD/
xhtml1-strict.dtd">
<html xmlns="http://www.w3.org/1999/xhtml" xml:lang="de" dir="ltr">
<head>
<meta http-equiv="Content-Type" content="text/html;charset=iso-8859-1" />
<title>CSS Bildergalerie</title>
<link rel="stylesheet" href="css/cssGalerie.css" type="text/css" media="all" />
<!--[if lte IE 6]>
<link rel="stylesheet" href="css/cssGalerieIE6.css" type="text/css" media="all" />
<![endif]-->
<!--[if lte IE 5.5]>
<link rel="stylesheet" href="css/cssGalerieIE5x.css" type="text/css" media="all" />
<![endif]-->
</head>
<body>
<div class="clearfix" id="gallery">
<h1>Neuerscheinungen</h1>
<p>Lorem ipsum dolor sit amet accusam,..</p>
<ul id="navi">
   <li id="first">
      <a id="modernesWebdesign" href="#"><img alt="Modernes Webdesign" src="images/pre-
      view_modernesWebdesign.tif" /><span><strong>Modernes Webdesign</strong><br />Gestal-
      tungsprinzipien, Webstandards, Praxis</span></a>
   </li>
   <li><a id="adobePhotoshop" href="#"><img alt="Illustration mit Adobe Photoshop"
       src="images/preview_adobePhotoshop.tif" /><span><strong>Illustration mit Adobe Pho-
       toshop</strong><br />Technik und Inspiration</span></a>
   </li>
   <li><a id="typografie" href="#"><img lt="Grundkurs Typografie und Layout" src="images/
   preview_typografie.tif" /><span><strong>Typografie und Layout</strong><br />Das Praxis-
   handbuch zum Nachschlagen</span></a>
   </li>
   <li><a id="photoshopCS3" href="#"><img alt="Adobe Photoshop CS3" src="images/preview_
   photoshopCS3.tif" /><span><strong>Adobe Photoshop CS3</strong><br />Der professionelle
   Einstieg</span></a>
   </li>
```

```
    <li><a id="inDesignCS3" href="#"><img alt="Adobe InDesign CS3" src="images/preview_in-
    DesignCS3.tif" /><span><strong>Adobe InDesign CS3</strong><br />Für Einsteiger sowie
    Umsteiger von QuarkXPress</span></a>
    </li>
    <li><a id="afterEffects" href="#"><img alt="Adobe After Effects 7" src="images/preview_
    afterEffects.tif" /><span><strong>Adobe After Effects 7</strong><br />Das Praxisbuch
    zum Lernen und Nachschlagen</span></a>
    </li>
</ul>
<p id="preview">
    Bewegen Sie den Cursor &uuml;ber die kleinen Abbildungen!
</p>
</div>
</body>
</html>
```

/* Code aus Step 7 bis 14, 16 bis 18, 20 */

```
body   {
    color:#000;
    font:normal .8em/1.1 Arial, Helvetica;
    margin:0;
    padding:0;
}

div#gallery {
    margin:20px 0 0 0;
    padding:0 0 0 25px;
    width:540px;
    background:transparent url(../images/bg_
    galleryBottom.tif) 25px bottom no-repeat;
}

#gallery h1 {
    margin:0;
    padding:55px 0 55px 25px;
    font:normal bold 3.2em Tahoma, Arial;
    color:#FFF;
    background:transparent url(../images/
    bg_galleryTop.tif) left top no-repeat;
}

#gallery p {
    width:225px;
    margin:0;
    padding:0 0 27px 25px;
}

ul#navi{
    margin:0 0 40px 70px;
    padding:0;
    width:200px;
    list-style:none;
}

ul#navi li {
    width:75px;
    float:left;
    text-align:left;
    margin:0 0 38px -46px;
    padding:0;
}

ul#navi a{
    padding:0;
    margin:0;
}

ul#navi a img{
    width:75px;
    padding:0;
    margin:0;
    border:0px;
    float:left;
}
```

```
ul#navi a:hover img {
   border:0px;
}

ul#navi a span {
   display:none;
   color:#000;
   background:#FFF;
}

ul#navi a:hover{
   background:#FFF;
   padding:0;
   margin:0;
}

ul#navi a:hover span  {

   padding:10px 0 2px 0;
   position:absolute;
   display:block;
   left:320px;
   top:169px;
   width:180px;
   height:218px;
   text-decoration:none;
   z-index:1;
   background-color:#FFF;
   background-position:0px 60px;
   background-repeat:no-repeat;
}

a {
   text-decoration:none;
}

a#modernesWebdesign:hover span {
   background-image:url(../images/modernes-
   Webdesign.tif);
}

a#adobePhotoshop:hover span {
   background-image:url(../images/adobePho-
   toshop.tif);
}

a#typografie:hover span {
   background-image:url(../images/typogra-
   fie.tif);
}

a#photoshopCS3:hover span {
   background-image:url(../images/photo-
   shopCS3.tif);
}

a#inDesignCS3:hover span {
   background-image:url(../images/inDesi-
   gnCS3.tif);
}

a#afterEffects:hover span {
   background-image:url(../images/afterEf-
   fects.tif);
}

p#preview {
   position:absolute;
   display:block;
   left:320px;
   top:169px;
   padding:10px 0 2px 0;
   margin:0;
   width:180px;
   height:218px;
   background-image:url(../images/zoomPre-
   view.tif);
   background-position:0px 60px;
   background-repeat:no-repeat;
}

div.clearfix:after {
   content:".";
   display:block;
   height:0;
   clear:both;
   visibility:hidden;
}

div.clearfix {
   display:block;
}
```

```
/* Hides from IE-Mac \*/
* html .clearfix {height:1%;}
.clearfix {display:block;}
/* End hide from IE-Mac */
/* cssGalerieIE6.css */
ul#navi{
   margin:0 0 40px 25px;
}

ul#navi li {
   margin:0 0 8px -50px;
   padding:0;
}

ul#navi li#first{
   margin-left:0;
}

/* cssGalerieIE5x. css */
ul#navi li {
   margin:0 0 8px -58px;
   padding:0;
}
```

Bildergalerie mit JavaScript

Kreative Lösung einer Bildergalerie mit dem JavaScript-Framework »jQuery« und dem Plug-in »Thickbox«

Die Präsentation von Bildern, wie Produktabbildungen, wird oftmals von kleinen Abbildungen eingeleitet und bietet dann die Möglichkeit einer vergrößerten Abbildung. Eine solche Zoom-Ansicht kann anders als im vorhergehenden Workshop auch mit JavaScript realisiert werden und das nicht, wie so oft, in einem separaten Popup-Fenster des Browsers. Um an dieser Stelle auch nicht zwangsläufig zum JavaScript-Experten werden zu müssen, verwenden wir in diesem Workshop das JavaScript-Framework »jQuery« und das auf diesem Framework basierenden Plug-in »Thickbox«.

Ziel

Darstellung der Bildergalerie »Doggys Metamorphose« und der Zoom-Abbildung eines der Bilder aus der Galerie

- Erstellen einer Bildergalerie
- Download und Integration von jQuery
- Erzeugen von Popup-Darstellungen inklusive Blätterfunktion

1 Struktur aufbauen

Für diesen Workshop definieren Sie zuerst einen Ordner JSGALERIE. In diesem Ordner legen Sie einen weiteren Ordner für CSS (CSS), einen für JavaScript (JS) und einen für die Bilder (IMAGES) an.

2 Download der JavaScript-Dateien

Die Basis des gewünschten Verhaltens in Sachen Popup ist auf der einen Seite das bereits angesprochene JavaScript-Framework jQuery. Dieses besteht lediglich aus der Datei *jQuery.js*. Wer auf seiner Seite immer die aktuellste Version laufen lassen möchte, sollte sie, anstatt die Bezeichnung der jeweils aktuellen Version zu wählen, gegebenenfalls in *jquery-latest.pack.js* umbenennen. Diese kann unter *www.jQuery.com* heruntergeladen und in den JS-Ordner gelegt werden.

Auf der anderen Seite gibt es das Plug-in Thickbox. Dieses JavaScript, das für die vergrößerte Darstellung der Bilder im Popup-Format sorgt, basiert auf der JavaScript-Datei *thickbox-compressed.js*. Diese Datei (URL siehe Infobox) wird nach dem Herunterladen ebenfalls im oben erstellten JS-Ordner abgelegt.

3 Download der CSS-Datei

Um die Zoom-Darstellung für die Galerie und die Gestaltung dieses Popup-Imitates nutzen zu können, muss noch die `thickbox.css` heruntergeladen und im CSS-Ordner abgelegt werden.

4 Download der Status-Grafik

Zu Thickbox gehört außerdem eine GIF-Animation, die den Ladestatus bei größeren Zoom-Darstellungen anzeigt. Da über dieses Script auch Movies oder Flash-Filme in diesem »Popup« dargestellt werden können und deren Dateigröße die einer Grafik um Welten überragt, kann auf diese Weise dem Webseitenbesucher der Ladestatus der Datei auf einfache Weise veranschaulicht werden. Die entsprechende Datei *loadingAnimation.gif* kann ebenfalls bei der angegebenen URL heruntergeladen und im zuvor angelegten IMAGES-Ordner abgelegt werden.

Nun erstellen Sie im Workshop-Ordner ein (X)HTML-Dokument mit der Bezeichnung *JSGalerie.html*. Es bildet die Grundlage dieses Workshops und enthält im weiteren Verlauf die Referenzierungen auf die zuvor heruntergeladenen Dateien und entsprechenden Inhalte.

```
<!DOCTYPE html PUBLIC "-//W3C//DTD XHTML 1.0 Strict//EN" "http://
www.w3.org/TR/xhtml1/DTD/xhtml1-strict.dtd">
<html xmlns="http://www.w3.org/1999/xhtml" xml:lang="de"
dir="ltr">
```

```
<head>
<meta http-equiv="Content-Type" content="text/
html;charset=iso-8859-1" />
<title>JavaScript Bildergalerie</title>
</head>
<body>
<!-- hier wird der weitere (X)HTML-Code integriert -->
</body>
</html>
```

5 Anlegen der Galeriestruktur

Nach dem Abspeichern des Grundgerüstes fügen Sie als ersten Schritt die Überschrift in den <body> der (X)HTML-Datei ein:

```
<h1>Doggy's Metamorphose</h1>
```

Der Hauptbestandteil des Workshops wird die Bildergalerie, die aufgrund der Strukturvorgabe (Auflistung von Bildern) durch eine unsortierte Liste repräsentiert wird. Die kleinen Vorschaubilder sind 112 px breit und 187 px hoch und wurden im GIF-Format erstellt. Diese Grafiken wurden auf hellem Hintergrund freigestellt, das heißt, sie besitzen eine Transparenz, wodurch die weiße Hintergrundfarbe hinter den Grafiken sichtbar wird. Da hier keine Farbverläufe oder -wechsel im Hintergrund stattfinden und die Abbildungen selbst aus weniger als 256 Farben bestehen – der maximalen Anzahl an Farben, die das GIF-Format darstellen kann –, fällt die Wahl auf dieses Format. Außerdem ist die Dateigröße bei diesem Format für alle Grafiken wesentlich geringer als beispielsweise bei transparenten PNG-Grafiken.

Abbildung 1 ▸
Eines der sechs Vorschaubilder, die in den Listenpunkten später per CSS ausgerichtet werden

Da die Galerie ausschließlich über CSS ausgerichtet und gestaltet werden soll, wird innerhalb des `<img src= .../>`-Tags lediglich der alternative Beschreibungstext angegeben und auf die Angabe von Höhe und Breite verzichtet:

```
<ul>
...
   <li><img src="images/dogSmall06.gif" alt="Doggy's Metamor-
   phose" /></li>
</ul>
```

Namenskonventionen
Die einzelnen Bilder der »Metamorphose« werden entsprechend ihrer Eigenschaft bezeichnet und tragen die Titel *dogSmall01.gif* für die Vorschau und *dogBig01.gif* für die Zoom-Darstellung. Die Nummer am Ende dieser Namen sind fortlaufend und entsprechen damit dem Entwicklungsstadium innerhalb der »Metamorphose«.

◄ **Abbildung 2**
Darstellung der Galeriebilder innerhalb der unsortierten Liste

Jedem einzelnen Listenpunkt fügen Sie nun einen Hyperlink hinzu, schließlich soll durch das Anklicken einer kleinen Vorschaugrafik eine große Zoom-Darstellung aufgerufen werden:

```
<ul>
...
   <li>
      <a href="#"><img src="images/dogSmall01.gif" alt="Doggy's
      Metamorphose" /></a>
   </li>
</ul>
```

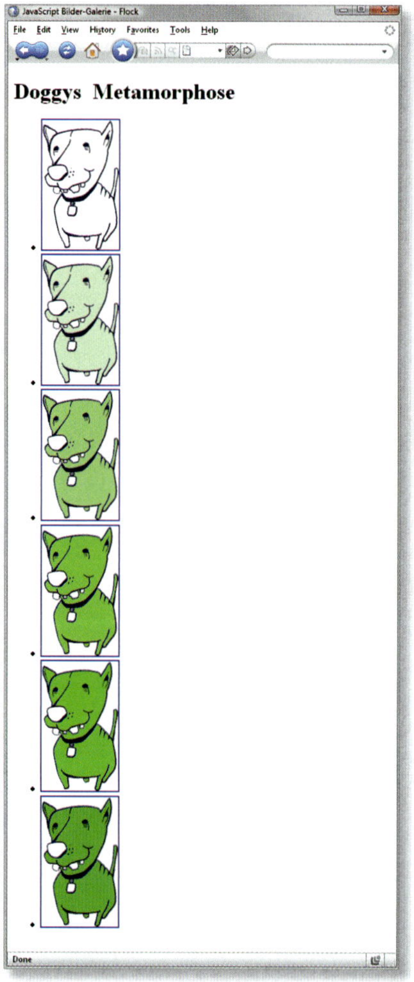

Abbildung 3 ▶
Darstellung der verlinkten Galeriebilder ohne CSS

Block-Elemente <li>
Ohne den Einsatz von CSS werden die einzelnen Abschnitte der »Metamorphose« aufgrund der Block-Eigenschaft der einzelnen Listenpunkte zu einer Abbildung, die alle Bilder untereinander darstellt, da je ein Zeilenumbruch eingefügt wird. Block-Eigenschaft heißt, dass die Listenelemente `<li>` Block-Elemente sind, was nach jedem Listenpunkt zu einem Zeilenumbruch führt.

Berechnung der Breite
100 %/1 em * 300 %/x = 3 em
Da 16 px die Standardschriftgröße ist und dieser Wert wiederum 100 % entspricht, beträgt der Wert 3 em ca. 48 px in absoluter Schriftgröße.

6 CSS-Datei in HTML-Seite einbinden

Zuerst legen Sie nun eine CSS-Datei *JSGalerie.css* an und kopieren diese in den CSS-Ordner, in dem sich bereits die *thickbox.css* befindet. Dann integrieren Sie die Referenzierung auf diese Datei direkt im `<head>` der *JSGalerie.html*:

```
...
<head>
...
<title>JavaScript Bildergalerie</title>
<link rel="stylesheet" href="css/JSGalerie.css" type="text/css"
media="all" />
</head>
...
```

7 Ausrichten der Inhalte

Da auch diese Workshop-Inhalte sich nicht direkt am Browserfensterrand wiederfinden sollen, werden sie um 15 px nach oben und unten sowie um 30 px von links und rechts eingerückt:

```
body {
   padding:0;
   margin:15px 30px;
}
```

8 Schrifteigenschaften der Überschrift definieren

Damit der Besucher unabhängig von der Bildergalerie selbst sofort erkennt, worum es sich in diesem Beispiel handelt, wird der Überschrift `<h1>` eine ihrer Bedeutung entsprechende Größe von 3 em zugewiesen (das entspricht in absoluten Pixeln einem Wert von 48 px):

```
h1 {
   font:normal 3em Georgia, Helvetica;
   color:#003;
}
```

9 Ausrichten der Vorschaubilder

Da »Doggys Metamorphose« nicht auf so unansehnliche Weise enden soll, entfernen Sie an dieser Stelle zuerst die für Listen typischen Auflistungszeichen. Dann vergeben Sie für die Liste eine Gesamtbreite und -höhe, wodurch drei Grafiken nebeneinanderpassen werden.

```
ul {
   list-style:none;
   width:525px;
   height:525px;
}
```

Wenn Sie an dieser Stelle den Außenabstand in alle Richtungen mit 25 px definieren, wird die gesamte Galerie ebenfalls um 25 px von links eingerückt, und das sollte vermieden werden.

Damit der Browser auch weiß, wie er die einzelnen Listenpunkte darzustellen und abzubilden hat, weisen Sie jedem einzelnen Listenpunkt eine

Breite von 127 px zu. Damit sind die Listenpunkte 15 px breiter als die in ihr befindlichen Vorschaubilder. Zudem vergeben Sie für alle Listenpunkte einen Außenabstand von 25 px nach oben und rechts. Um die einzelnen Positionen der Listenpunkte bzw. der Vorschaubilder zu verdeutlichen, geben Sie den Listenpunkten einen durchgehenden Rahmen mit einer Breite von 1 px. Die wichtigste Eigenschaft dieses Elementes betrifft seine Ausrichtung, denn die soll nicht wie bisher untereinander, sondern nebeneinander sein. Dies erreichen Sie mit der Ausrichtungseigenschaft `float` und dem Wert `left`:

```
ul li {
   width:127px;
   padding:10px;
   margin:25px 25px 0 0;
   border:1px solid #003;
   float:left;
}
```

Standardmäßig stellen Browser verlinkte Elemente unterstrichen oder bei Bildern umrahmt dar. Dies führt wegen der Standardformatierung wie beispielsweise im Flock-Browser, zu einem unschönen Rahmen um die Vorschaubilder.

Abbildung 4 ▸
Darstellung sämtlicher Inhalte, inklusive Default-Rahmen für Hyperlinks

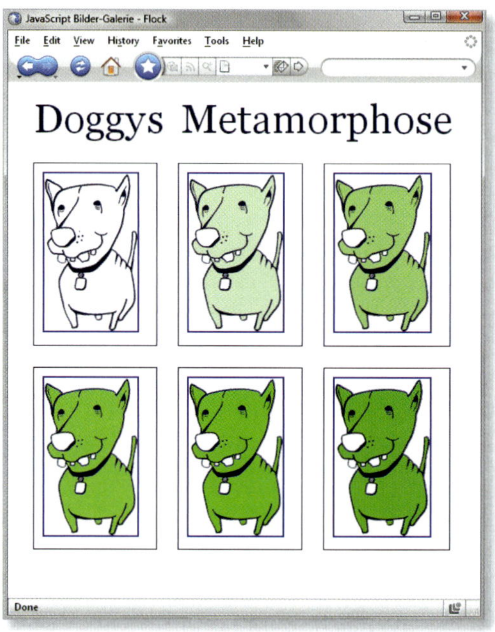

Der freie Webbrowser Flock basiert auf dem wesentlich bekannteren Browser Mozilla Firefox. Mehr dazu auf der Webseite *http://www.flock.com*.

Indem man dem Element Bild per CSS die Möglichkeit der Darstellung eines Rahmens nimmt, werden die Bilder später auch ohne Rahmen dargestellt. Weil auch die Größe der Vorschaubilder über CSS gesteuert werden soll, fügen Sie an dieser Stelle noch die bereits in Schritt 5 angegebenen Bildermaße hinzu:

```
ul li img {
   border:none;
   width:112px;
   height:187px;
}
```

Mit den bisherigen Arbeitsschritten sind die CSS-Arbeiten für die Galerie bereits abgeschlossen.

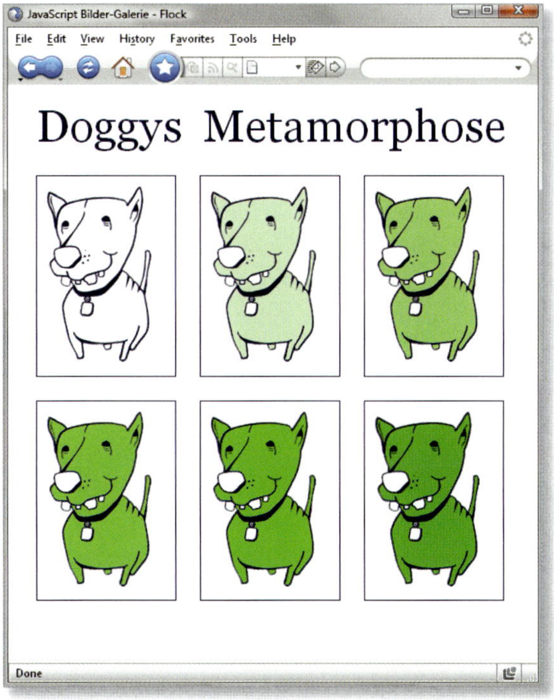

◀ **Abbildung 5**
Bildergalerie, in der die Hintergrundgrafik und die daraus resultierende weiße Schriftfarbe fehlt

Ein Speichern der bisherigen Daten der *jsGallery.css* und ein Aktualisieren des Browsers erzeugt die gewünschte Darstellung der Inhalte. Damit aber auch die Funktionalität gegeben ist, widmen Sie sich in den nächsten Arbeitsschritten der Implementierung von Thickbox.

Implementierung des Thickbox-Plug-ins 10

Nachdem Sie mit dem (X)HTML-Code die Grundlage des Workshops geschaffen haben, werden Sie als Nächstes die zuvor heruntergeladenen JavaScript- und CSS-Dateien in den (X)HTML-Code integrieren. Die Einbindung der jQuery- und Thickbox-Skripte und der CSS-Datei in den bisherigen Quellcode ist kaum einfacher zu bewerkstelligen als in diesem Fall.

Beim Herunterladen von Dateien und deren Integration ist vor allem die Referenzierung auf diese eine kleine, aber nicht selten auftretende Fehlerquelle. Es hilft oft, die Ordnerbezeichnung und den Pfad zur jeweiligen Datei zu überprüfen.

```
...
<head>
<meta http-equiv="Content-Type" content="text/
html;charset=iso-8859-1" />
<title>JavaScript Bildergalerie</title>
<link rel="stylesheet" href="css/thickbox.css" type="text/css"
media="all" />
<link rel="stylesheet" href="css/JSGalerie.css" type="text/css"
media="all" />
<script src="js/jquery-latest.pack.js" type="text/javascript">
</script>
<script src="js/thickbox-compressed.js" type="text/javascript">
</script>
</head>
...
```

Funktionsweise und Aufbau von Thickbox 11

Als Linkziel definieren Sie die jeweils zur Vorschaugrafik gehörende Zoom-Darstellung. Innerhalb des (X)HTML-Codes geben Sie den Abbildungen dazu das Attribut `title`; es wird später in der vergrößerten Darstellung der Titel einer jeden Zoom-Darstellung sein. Wer jetzt auf den Link klickt, dem wird die vergrößerte Abbildung des Bildes im selben Browserfenster angeboten. Genau diese Darstellung erhält man auch, wenn JavaScript deaktiviert ist.

title-Tag
Das Universalattribut `title` erlaubt es, HTML-Elemente wie den Link `a` mit kommentierenden Beschreibungstexten auszustatten. Wenn der Anwender mit der Maus dann über das jeweilige HTML-Element fährt, wird dieser Text vom Browser außer im IE als Art Tooltip angezeigt.

```
<ul>
  ...
  <li>
    <a href="images/dogBig06.gif" title="Das Ende von Doggy's
    Metamorphose"><img src="images/dogSmall06.gif" alt="Doggy's
    Metamorphose" /></a>
  </li>
</ul>
```

◂ **Abbildung 6**
Zoom-Darstellung nach Abschluss der »Doggy-Metamorphose«

Damit diese Grafik aber auch im »Popup« aufgerufen werden kann, müssen Sie den Links lediglich die Klasse `.thickbox` hinzufügen. Diese wird vom JavaScript verwendet und ruft die zur Vorschaugrafik gehörende Zoom-Darstellung auf.

```
<ul>
...
  <li>
    <a href="images/dogBig06.gif" title="Das Ende von Doggy's
    Metamorphose" class="thickbox"><img src="images/dogSmall06.
    gif" alt="Doggy's Metamorphose" /></a>
  </li>
</ul>
```

Nach dem Anklicken der Vorschaubilder enthält das »Popup« einen Text, der aus dem Inhalt des `title`-Attributes stammt. Das JavaScript *thickbox-compressed.js* fügt darunter einen Link zum Schließen der Darstellung ein. Die Ausrichtung des »Popups« innerhalb des Browserfensters sowie die Gestaltung des halbtransparenten, dunkelgrauen Hintergrunds wird über die *thickbox.css* bzw. die Javascript-Datei des Frameworks gesteuert. Diese Eigenschaften können selbstverständlich auch modifiziert werden.

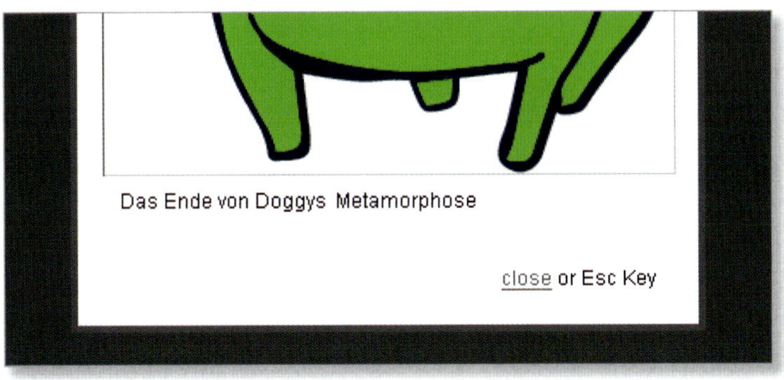

▴ **Abbildung 7**
Der Inhalt des »title«-Attributes aus dem Hyperlink wird als Beschreibung der Bilder in der Zoom-Darstellung dargestellt.

Da Sie aber mehrere Bilder in der Galerie haben und die Zoom-Darstellung nach ihrem Aufruf nicht jedes Mal schließen und öffnen wollen, müssen Sie nun den Links noch ein zusätzliches Attribut zuweisen, das eine Beziehung dieser zueinander herstellt. Übernommen wird diese Aufgabe vom Attribut `rel`. Dessen Inhalt fällt auf den naheliegenden Begriff »Metamorphose«: `rel="metamorphose"`.

```
<ul>
   ...
   <li>
      <a href="images/dogBig06.gif" title="Das Ende von Doggy's
      Metamorphose" class="thickbox" rel="metamorphose"><img
      src="images/dogSmall06.gif" alt="Doggy's Metamorphose" />
      </a>
   </li>
</ul>
```

Dieser in allen sechs Hyperlinks integrierte Verweis führt dazu, dass Sie beim Aufruf der großen Abbildung innerhalb dieser über die Links PREV und NEXT zwischen vorhandenen Bildern hin- und herblättern können.

▲ **Abbildung 8**
Bildtitel inklusive Blätterfunktion zwischen den einzelnen Abbildungen

Das JavaScript *thickbox-compressed.js* fügt zudem automatisch einen Counter ein, der die Anzahl der Bilder und das jeweils aktuelle Bild angibt (IMAGE 5 OF 6). Die Anzeige einer der Zoom-Darstellungen sieht nach Abschluss der Arbeiten wie folgt aus:

◂ **Abbildung 9**
Darstellung der Zoom-Abbildung eines der Bilder aus der Galerie, das sich mittels JavaScript über die Inhalte der »JSGalerie.html« legt.

Zusammenfassung

Dieser Workshop macht deutlich, dass das früher oft vernachlässigte JavaScript auch für Einsteiger auf einfache Weise implementierbar sein kann. Schlanke und funktionell interessante JavaScript-Frameworks wie jQuery und die dazugehörenden Erweiterungen wie Thickbox ermöglichen den Einsatz von JavaScript, ohne je zuvor mit JavaScript in Berührung gekommen zu sein.

/* Code aus Step 1 bis 6, 10 & 11*/

```
<!DOCTYPE html PUBLIC "-//W3C//DTD XHTML 1.0 Strict//EN" "http://www.w3.org/TR/xhtml1/DTD/
xhtml1-strict.dtd">
<html xmlns="http://www.w3.org/1999/xhtml" xml:lang="de" dir="ltr">
<head>
<meta http-equiv="Content-Type" content="text/html;charset=iso-8859-1" />
<title>JavaScript Bildergalerie</title>
<link rel="stylesheet" href="css/thickbox.css" type="text/css" media="all" />
<link rel="stylesheet" href="css/JSGalerie.css" type="text/css" media="all" />
<script src="js/jquery-latest.pack.js" type="text/javascript"></script>
<script src="js/thickbox-compressed.js" type="text/javascript"></script>
</head>
<body>
<h1>Doggy's Metamorphose</h1>
```

```
<ul>
   <li>
   <a href="images/dogBig01.gif" title="Der Anfang von Doggy's Metamorphose"
   class="thickbox" rel="metamorphose"><img src="images/dogSmall01.gif" alt="Doggy's Meta-
   morphose" /></a>
   </li>
   <li><a href="images/dogBig02.gif" title="Die ersten Veränderungen werden sichtbar"
   class="thickbox" rel="metamorphose"><img src="images/dogSmall02.gif" alt="Doggy's Meta-
   morphose" /></a>
   </li>
   <li><a href="images/dogBig03.gif" title="So langsam wird's" class="thickbox"
   rel="metamorphose"><img src="images/dogSmall03.gif" alt="Doggy's Metamorphose" /></a>
   </li>
   <li><a href="images/dogBig04.gif" title="Dei Hälfte der Metamorphose wäre geschafft"
   class="thickbox" rel="metamorphose"><img src="images/dogSmall04.gif" alt="Doggy's Meta-
   morphose" /></a>
   </li>
   <li><a href="images/dogBig05.gif" title="Bald ist er fertig" class="thickbox"
   rel="metamorphose"><img src="images/dogSmall05.gif" alt="Doggy's Metamorphose" /></a>
   </li>
   <li><a href="images/dogBig06.gif" title="Das Ende von Doggy's Metamorphose"
   class="thickbox" rel="metamorphose"><img src="images/dogSmall06.gif" alt="Doggy's Meta-
   morphose" /></a>
   </li>
</ul>
</body>
</html>
```

/* Code aus Step 7 bis 9 & 11 */

```
body {
   padding:0;
   margin:15px 30px;
}

h1 {
   font:normal 3em Georgia, Helvetica;
   color:#003;
}

ul {
   list-style:none;
   width:525px;
   height:525px;
}

ul li {
   width:127px;
   float:left;
   padding:10px;
   margin:25px 25px 0 0;
   border:1px solid #003;
}

ul li img {
   width:112px;
   height:187px;
   border:none;
}
```

Webseiten ausdrucken? CSS macht's möglich!

Webdesigner verbringen oft viel Zeit mit der Gestaltung eines Designs für einen Webauftritt. Ein ganz wichtiger Bereich wird dabei oft außen vor gelassen: Der Ausdruck von Webseiten. Sei es die Bestätigung einer Bestellung oder die Zusammenfassung von Buchungsdaten. Oftmals wird für diese Ausgabealternative lediglich die gesamte (X)HTML-Seite in Form einer »Text-Variante« zum Ausdruck angeboten. Wesentlich einfacher wäre es, dem Ausgabemedium Drucker eine separate CSS-Datei zukommen zu lassen, in der mit relativ wenig Aufwand die Informationen für den Ausdruck anpasst werden, ohne dafür zusätzliche (X)HTML-Seiten anlegen zu müssen. Was es dabei zu beachten gibt, wird im Laufe dieses Exkurses deutlich.

Einbindung einer CSS-Datei für den Druck

Wie bereits im Exkurs »Was sind Cascading Style Sheets?« beschrieben wurde, gibt es verschiedene Möglichkeiten der Integrierung von externen CSS-Dateien. Damit der Ausdruck einer solchen Seite überhaupt separate CSS-Eigenschaften erhalten kann, muss dafür eine solche Datei angelegt werden. Diese wird dann zusätzlich zu der bereits im Kopf des (X)HTML-Dokumentes referenzierten CSS-Datei hinzugefügt. Die Angabe des Ausgabemediums `media="print"` für die *print.css* weist auf die Verwendung dieser Datei für den Druck hin. Zusätzlich kann dieser Referenzierung mit dem Attribut `title="print"` eine Bezeichnung gegeben werden, die auf ihre Nutzung hinweist.

```
<!DOCTYPE html PUBLIC "-//W3C//DTD XHTML 1.0 Strict//EN" "http://
www.w3.org/TR/xhtml1/DTD/xhtml1-strict.dtd">
<html xmlns="http://www.w3.org/1999/xhtml" lang="de"
xml:lang="de">
<head>
<title>Drucken mit CSS</title>
<link rel="stylesheet" media="screen" type="text/css"
title="default" href="css/styles.css" />
<link rel="stylesheet" media="print" type="text/css" href="css/
print.css" title="print" />
</head>
```

Reihenfolge der Referenzierung der CSS-Dateien
Wichtig ist hierbei vor allem, dass die *print.css* nach der *styles.css* referenziert wird, denn nur so können die bereits festgelegten CSS-Eigenschaften für die Webseitenelemente überschrieben werden.

```
<body>
<!-- Hier befindet sich der HTML-Code für die Gestaltung der Web-
seite, deren Elemente für den Ausdruck durch den Drucker mittels
der print.css neu gestaltet bzw. ausgeblendet werden. -->
</body>
</html>
```

Verifizieren der Druckinhalte

Eine Frage, die man sich vor dem Anlegen einer CSS-Datei für die Druckausgabe auf jeden Fall stellen sollte, ist folgende:

Was soll gedruckt werden?

Gedruckt werden sollen Überschriften, Absätze und Links. Sie können neu definiert werden, um somit auf dem Ausdruck eine bessere Lesbarkeit zu erzielen. Unverzichtbar sind Ausdrucke vor allem bei Buchungs- oder Bestelldaten. Diese Daten können dann auf einem Ausdruck mit einer ansprechenden Abbildung des jeweiligen Produktes noch einmal für die »Offline-Welt« zusammengefasst werden. Die anzubietenden Ausdrucke einer Webseite sollten also auf die wesentlichen Inhalte reduziert und dennoch ansprechend aufbereitet sein.

Sekundäre Inhalte und sämtliche Arten von Navigationen sind auf einem Ausdruck ebenso unnötig wie beispielsweise in der *styles.css* verwendete Hintergrundgrafiken und -farben. Wer nicht gerade mit Werbebannern Geld verdient und diese daher auch auf Ausdrucken platzieren muss, sollte sie bei eventuellen Ausdrukken im Sinne des Nutzers und seiner Druckerpatrone ebenfalls mit der CSS-Eigenschaft `display` und dem Wert `none` ausblenden.

Was soll nicht gedruckt werden?

Die Abbildung einer Webseite auf dem Ausdruck ist, wie beispielsweise eine 1024er-Auflösung einer Webseite unschwer erahnen lässt, keine gute Lösung. Angaben zur Breite sollten daher weitestgehend und sofern nicht vonnöten vermieden werden. Wichtig beim Ausdruck von Webseiten sind Angaben bezüglich der Abstände in vertikaler sowie horizontaler Richtung. Aber nicht nur über das Layout einer Webseite, sondern auch und vor allem über die Inhalte und deren Ausdruck sollte man sich vor dem Anlegen einer alternativen CSS-Datei Gedanken machen.

Vergleich zwischen Online- und Offline-Inhalten

Ein sehenswertes praktisches Beispiel für den Vergleich zwischen Online- und Druck-Ansicht bietet die Webseite *bs-markup.de* von Björn Seibert.

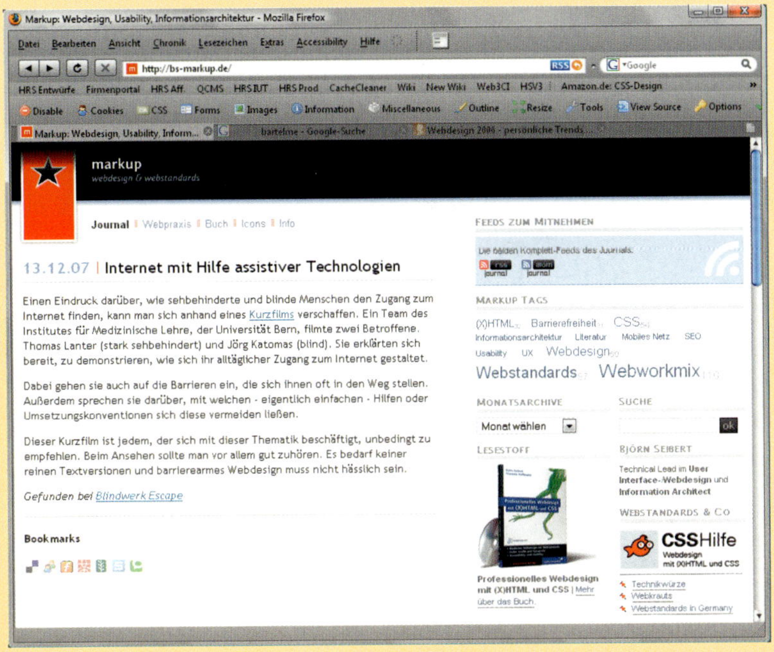

◂ **Abbildung 1**
Darstellung mit CSS für das Ausgabemedium »screen«

In seiner Druckversion hingegen werden schmückende und im Ausdruck einer Webseite unnötige Elemente ausgeblendet.

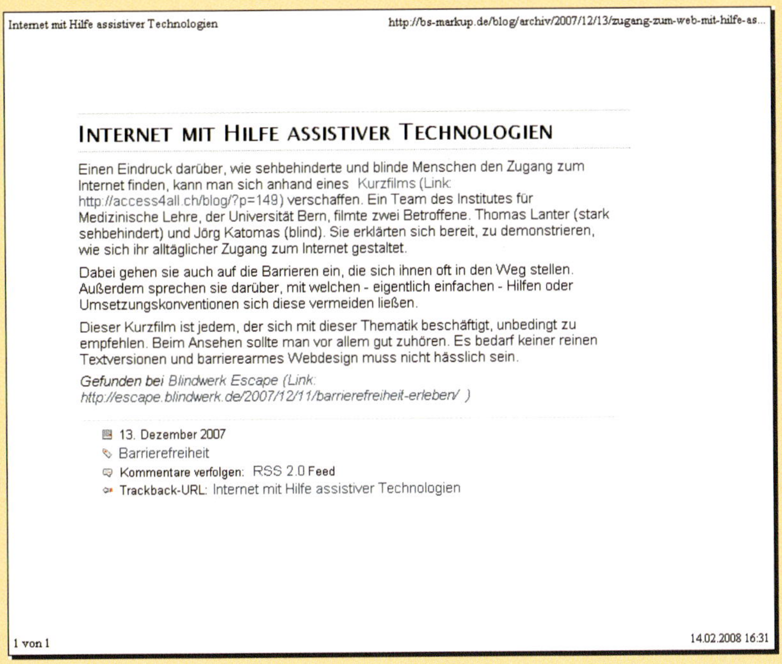
Internet mit Hilfe assistiver Technologien http://bs-markup.de/blog/archiv/2007/12/13/zugang-zum-web-mit-hilfe-as...

INTERNET MIT HILFE ASSISTIVER TECHNOLOGIEN

Einen Eindruck darüber, wie sehbehinderte und blinde Menschen den Zugang zum Internet finden, kann man sich anhand eines Kurzfilms (Link: http://access4all.ch/blog/?p=149) verschaffen. Ein Team des Institutes für Medizinische Lehre, der Universität Bern, filmte zwei Betroffene. Thomas Lanter (stark sehbehindert) und Jörg Katomas (blind). Sie erklärten sich bereit, zu demonstrieren, wie sich ihr alltäglicher Zugang zum Internet gestaltet.

Dabei gehen sie auch auf die Barrieren ein, die sich ihnen oft in den Weg stellen. Außerdem sprechen sie darüber, mit welchen - eigentlich einfachen - Hilfen oder Umsetzungskonventionen sich diese vermeiden ließen.

Dieser Kurzfilm ist jedem, der sich mit dieser Thematik beschäftigt, unbedingt zu empfehlen. Beim Ansehen sollte man vor allem gut zuhören. Es bedarf keiner reinen Textversionen und barrierearmes Webdesign muss nicht hässlich sein.

Gefunden bei Blindwerk Escape (Link: http://escape.blindwerk.de/2007/12/11/barrierefreiheit-erleben/)

- 13. Dezember 2007
- Barrierefreiheit
- Kommentare verfolgen: RSS 2.0 Feed
- Trackback-URL: Internet mit Hilfe assistiver Technologien

1 von 1 14.02.2008 16:31

◂ **Abbildung 2**
Darstellung mit CSS für das Ausgabemedium »print«

Schriftgröße für den Ausdruck optimieren
Beim Ausdruck von Seiteninhalten wie Formularen sollten Sie immer darauf achten, die Schriftgrößen in der *print.css* so anzugeben sind, dass sie gut lesbar sind. Ansonsten sollte ihr Wert entsprechend erhöht werden.

Somit kann sich der User beim Ausdruck eines Artikels auf das Wesentliche konzentrieren, in diesem Falle auf den zuvor in der Onlineversion angezeigten Inhalt des Artikels. Wichtig ist es hierbei, die Schriftgrößen im Vergleich zum Online-Angebot für eine bessere Lesbarkeit zu vergrößern. Die Maßangaben für den Druckbereich sollten hierbei eher in `pt` und `cm` angeben werden. Außerdem sollte eine CSS-Datei für den Ausdruck von Webseiteninhalten Hintergrundgrafiken und Farbverläufe ebenso wie unnötige Seitenbereiche ausblenden.

Fazit

Mit einer zusätzlichen CSS-Datei *print.css* ist es möglich, neben der bereits bestehenden CSS-Datei *styles.css*, die für die Darstellung der Webseite durch den Browser verantwortlich ist, auch eine Formatierung für den Drucker, sprich den Ausdruck, anzubieten. Oftmals wird auf dieses Feature verzichtet und die CSS-Datei lediglich ausgeblendet, was zu einer wenig ansehnlichen Darstellung der Inhalte auf dem Ausdruck führt. Wer sich im Klaren darüber ist, was auf dem Ausdruck nicht abgebildet werden soll (denken Sie auch bitte immer an die Druckerpatronen Ihrer Webseitenbesucher!), kann diese Elemente mittels CSS auf einfache Weise ausblenden. Für die auszudruckenden Inhalte gibt es einige Regeln, die bei entsprechender Einhaltung einen optimalen Ausdruck und damit einen zufriedenen Webseitenbesucher hinterlassen.

Formulare

Ein barrierefreies Formular

Oder: Niemand mag sie, aber für eine Webanwendung sind sie unverzichtbar.

Dieses fünfte Kapitel soll neben dem allgemeinen Aufbau und der Struktur von Formularen auch auf Besonderheiten beim Umgang mit ihnen und die daraus resultierenden Überlegungen in Sachen Layout eingehen. Das heißt, wie und wo positioniere ich Hinweise bezüglich Pflichtfelder und wann und wo wird beispielsweise auf Fehler beim Ausfüllen des Formulars hingewiesen? Wer sich zum Beispiel für ein elastisches bzw. skalierendes Webseitenlayout entschieden hat, sollte auch einen darin enthaltenen Kontakt- oder Formularbereich entsprechend gestalten. Dieser Workshop soll Ihnen daher aufzeigen, dass auch Formulare und die in ihnen befindlichen Elemente, bei entsprechender Auszeichnung per CSS, skalierbar sein können. Die Besonderheit ist dabei die Skalierbarkeit des Formulars, wie im rechten Bereich der Abbildung zu erkennen. Das heißt, sämtliche Formularelemente wie Eingabefelder, Auswahlmenüs und Buttons verändern je nach Veränderung der Schriftgröße ihre eigene Größe, ohne dabei das Layout zu zerstören.

Ziel

Übersichtliches und skalierbares Formular

- Festlegen der Formularinhalte
- Strukturieren der Formularinhalte
- Stylen der Formularelemente
- Verbessern der Usability durch Kennzeichnung von Pflichtfeldern und Angabe von Fehlermeldungen

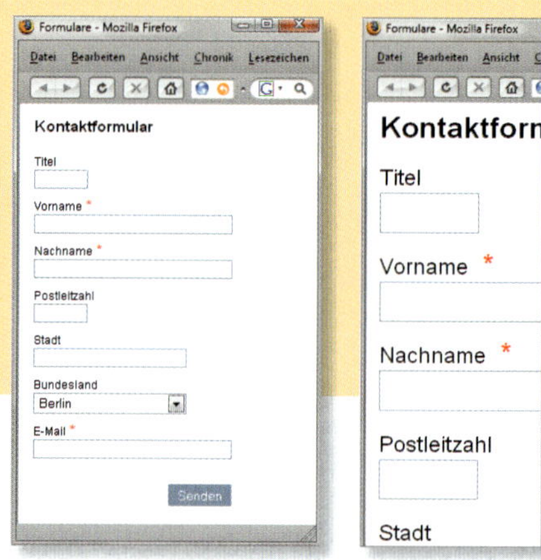

1 Struktur aufbauen

Bevor Sie in den Workshop einsteigen, definieren Sie zuerst einen Ordner mit der Bezeichnung SKALIERBARESFORMULAR. Darin legen Sie einen weiteren Ordner für CSS (css) an. Die (X)HTML-Datei, die die zu erstellenden Inhalte des Workshops enthalten wird, nennen Sie analog zum soeben angelegten Ordner *skalierbaresFormular.html*.

Grundlage dieser Datei ist das folgende (X)HTML-Gerüst:

```
<!DOCTYPE html PUBLIC "-//W3C//DTD XHTML 1.0 Strict//EN" "http://
www.w3.org/TR/xhtml1/DTD/xhtml1-strict.dtd">
<html xmlns="http://www.w3.org/1999/xhtml" xml:lang="de"
dir="ltr">
<head>
<meta http-equiv="Content-Type" content="text/
html;charset=iso-8859-1" />
<title>skalierbares Formular</title>
</head>
<body>
<!-- hier wird der weitere (X)HTML-Code integriert -->
</body>
</html>
```

2 Formularbereich definieren

Bevor die einzelnen Formularelemente und die Inhalte eines Formulars definiert werden können, muss zuerst der Bereich des Formulars so ausgezeichnet werden, dass dieses beispielsweise auch von assistiven Technologien als solches erkannt werden kann. Dies geschieht mit dem `<form>`-Tag. Das zusätzliche Attribut `action` gibt an, wohin die Daten übertragen werden, und das Attribut `method` bestimmt sozusagen an, auf welche Art die Daten übertragen werden.

```
<form action="kontakt.html" method="post">
    ...
</form>
```

Für eine zusammengehörende Gruppe von Formularelementen, wie sie dieses Kontaktformular enthält, wird ein sogenanntes `<fieldset>` definiert (»fieldset« = »Feldgruppe«). Zwischen dem öffnenden und dem schließenden `<fieldset>`-Tag können dann die Formularinhalte festgelegt werden, nachdem sie von der optionalen Gruppenüberschrift `legend` für die Elementgruppe eingeleitet wurden. In diesem Fall wählen Sie mit »Kontaktformular« eine aussagekräftige und eindeutige Bezeichnung. Gerade umfang-

Attribut: method

Das Attribut `method` gibt an, welche HTTP-Methode benutzt wird, um die ausgefüllten Inhalte des Formulars zu übertragen. Mit der Methode `post` wird die vom `action`-Attribut referenzierte URL kontaktiert und der Inhalt an die URL übertragen. Die hier nicht verwendete `get`-Methode hängt den Inhalt einfach an das Ende der entsprechenden URL an.

reiche Formulare können auf diese Art und Weise optisch und technisch eine zusätzliche Orientierung erhalten.

<fieldset>
Das Element `<fieldset>` gruppiert zusammengehörende `<form>`-Elemente und erhält dafür von den Browsern standardmäßig einen Rahmen.

```
<form action=" kontakt.html" method="post">
<fieldset class="kontaktForm">
<legend>Kontaktformular</legend>
   ...
</fieldset>
</form>
```

Abbildung 1 ►
Formularbereich inklusive »legend«-Element

3 Formularstruktur mit Definitionslisten festlegen

Bevor Sie nun die Inhalte definieren, strukturieren Sie das Layout durch die entsprechenden (X)HTML-Elemente strukturiert. Da Sie einem Begriff ein dazugehörendes Formularelement zuweisen wollen (dem Vornamen beispielsweise das Eingabefeld zur Eingabe des Vornamens), werden Sie diesen Workshop mit einer Definitionsliste `<dl>` realisieren. Diese Art der Liste enthält neben dem zu definierenden Ausdruck `<dt>` (Label) mit dem (X)HTML-Element `<dd>` auch eine Definition des Ausdrucks (Formularelemente).

```
<form action=" kontakt.html" method="post">
<fieldset class="kontaktForm">
<legend>Kontaktformular</legend>
   <dl>
      <dt><!-- Bereich des Labels --></dt>
      <dd><!-- Bereich des Formularelementes -->
      </dd>
   </dl>
</fieldset>
</form>
```

4 Etikettierung der Kontrollelemente mit <LABEL>

Die Texte, die die einzelnen Kontroll- oder Formularelemente beschreiben, werden als `<label>` bezeichnet. Dieses Element dient dem Zweck, den logischen Bezug zum jeweiligen Formularelement herzustellen. Die jeweiligen Inhalte der Labels haben aber nicht nur einen visuellen Bezug zu den Formularelementen, sondern auch einen funktionellen. Denn die Label können mit einem `for`-Attribut und einer entsprechenden `id` gleichen Namens miteinander verknüpft werden. Das bedeutet, dass der Cursor, wenn man mit der Maus beispielsweise auf das Label Vorname klickt, im dazugehörenden Eingabefeld landet – eine Möglichkeit, die vor allem Usern mit motorischen Behinderungen eine große Hilfe sein kann, den Mauszeiger einfach platzieren zu können. Das einzeilige Eingabefeld etwa für den Vornamen wird mit dem `<input>`-Tag realisiert. Die zu verarbeitenden Eingaben sind Texte, weshalb dem Eingabefeld zusätzlich ein `type="text"` hinzugefügt wird:

```
<dt><label for="vorname">Vorname</label></dt>
<dd><input name="vorname" id="vorname" type="text" /></dd>
```

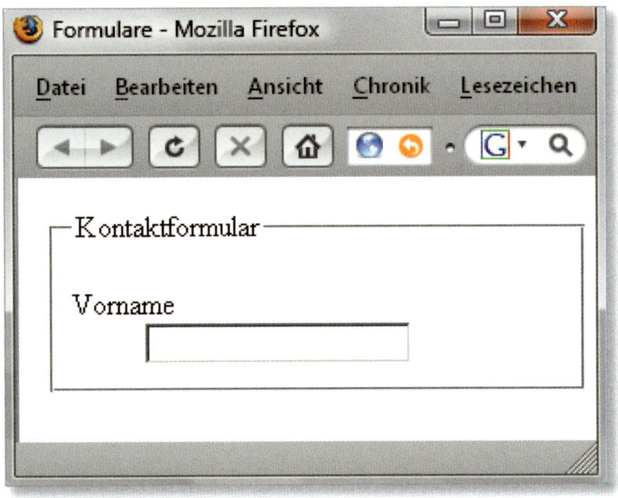

▲ **Abbildung 2**
Label und Eingabefeld

Da Sie im Kontaktformular mit dem Inhaltspunkt Bundesland eine Auswahl zur Verfügung stellen, muss an dieser Stelle eine sogenannte Auswahlliste angeboten werden. Zum Einleiten der Auswahlliste wird das entsprechende (X)HTML-Tag `<select>` verwendet. Das `<select>`-Element erhält ebenso wie das Eingabefeld eine `id`, damit es ebenfalls in direkter Verbindung zu seinem jeweiligen `label` steht. Die entsprechenden Aus-

Vorteil von Definitionslisten zur Gestaltung von Formularen
Da die später zu definierenden Label das jeweilige Formularelement beschreiben, bietet eine Definitionsliste eine Möglichkeit zur Strukturierung des Formulars. Auf diese Weise besitzen Sie drei verschiedene (X)HTML-Tags, wodurch sich Ihnen zusätzliche Gestaltungsmöglichkeiten via CSS bieten. Im Vergleich dazu würden Ihnen bei einer Strukturierung durch eine einfache unsortierte Liste nur zwei statt drei (X)HTML-Tags für die CSS-Formatierung zur Verfügung stehen.

Definitionslisten
Das standardmäßige Einrücken von Definitionslisten entsteht durch die Wertigkeit der Elemente `<dt>` und `<dd>`. `<dt>` leitet einen zu definierenden Ausdruck ein und ist aus diesem Grund dem Element `<dd>` vorangestellt.

wahloptionen befinden sich zwischen dem öffnenden und dem schließenden `<select>`-Tag und werden mit `<option>...</option>` definiert:

Wer aus einer Auswahlliste einen entsprechenden Wert als vorab ausgewählt definieren möchte, weist der Auswahloption das Attribut `selected` zu. Um validen, standardkonformen (X)HTML-Code ausliefern zu können, müssen Sie das Attribut `selected="selected"` hinzufügen.

```
<dt><label for="bundesland">Bundesland</label></dt>
<dd>
   <select id="bundesland">
      <option value="Bayern">Bayern</option>
      <option value="Berlin" selected="selected">Berlin</option>
      <option value="Brandenburg">Brandenburg</option>
      <option value="...">...</option>
   </select>
</dd>
```

Somit wird in diesem Fall »Berlin« vorab ausgewählt und angezeigt, obwohl »Bayern« in der Auswahlliste vor »Berlin« steht. Ohne diese Vorauswahl würde demzufolge »Bayern« angezeigt werden.

Das Leerzeichen
Das geschützte Leerzeichen (engl. »non-breaking space«) wird verwendet, um einen ungewollten automatischen Zeilenumbruch zu verhindern. Im (X)HTML-Quelltext wird dieses Zeichen durch das Sonderzeichen ` ` erzeugt.

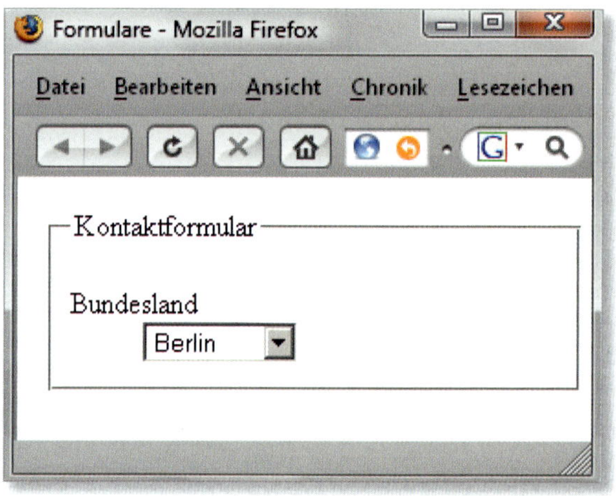

Abbildung 3 ▸
Label und Auswahlliste mit »Berlin« als vorab ausgewählt

Versende-Button anlegen 5

Damit die ausgefüllten Daten eines Formulars verarbeitet werden können, müssen sie weitergeleitet, sprich versendet werden. Diese Aufgabe übernimmt der dafür zuständige Absende-Button `<input type="submit" />`. Mit dem zusätzlichen Attribut `value` und dem Wert `Senden` weisen Sie ihm zusätzlich eine eindeutige Beschriftung zu. Um die Strukturierung des Formulars mit `<dt>` und `<dd>` beizubehalten, obwohl der Button keine Beschreibung in Form eines Labels besitzt, wird dem Definitionsterm ein Leerzeichen in Form des »non-breaking space« hinzugefügt:

```
<dt> </dt>
<dd><input type="submit" class="button" value="Senden" /></dd>
```

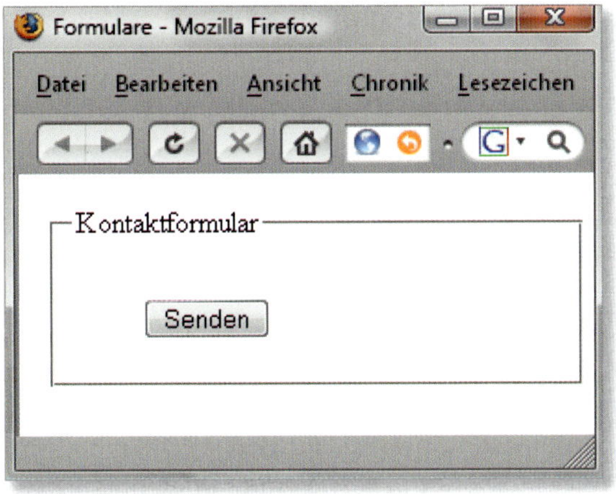

◂ Abbildung 4
Submit-Button zum Versenden der Formulardaten

6 Pflichtfelder festlegen

Da zur Anmeldung über dieses Kontaktformular nicht alle Daten zwingend vonnöten sind, definieren Sie mit Vorname, Nachname und selbstverständlich der E-Mail-Adresse sogenannte Pflichtfelder, die vom User ausgefüllt werden müssen. In diesem Fall wird dies vom `<em>`-Tag und einem darin befindlichen Sternchen übernommen. Auch wenn Sie dieses Sternchen später mittels CSS farblich deutlich vom restlichen Formular absetzen werden, fügen Sie mit `title="Pflichtfeld"` eine alternative Information bezüglich des Pflichtfeldes hinzu.

```
<dt><label for="vorname">Vorname <em title="Pflichtfeld">*</em>
</label></dt>
<dd><input name="vorname" id="vorname" type="text" /></dd>
```

title-Tag
Das Attribut `title` ist eine zusätzliche Möglichkeit, die Bezeichnung eines Elementes hervorzuheben. Dies kann, wie in diesem Beispiel, ein Hinweis auf ein Pflichtfeld innerhalb eines Formulars sein.

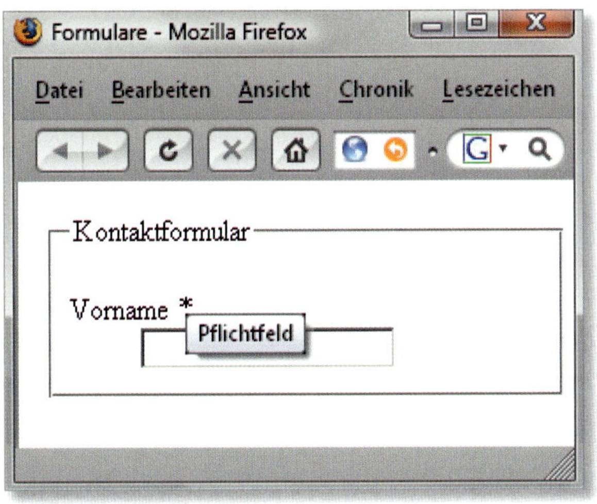

◂ Abbildung 5
Label und Eingabefeld mit Pflichtfeldauszeichnung

Zusammenfassen der Formularelemente 7

Da Sie nun sämtliche Formularelemente kennengelernt haben, geht es darum, all die in der Zielsetzung für diesen Workshop festgelegten Inhalte in diesem Kontaktformular zusammenzufassen. Für das gesamte Formular mit allen abzufragenden Inhalten ergibt sich beginnend mit der Zieldatei und der Methode des Versendes der Daten folgender Quellcode:

```
<form action="kontakt.html" method="post">
<fieldset class="kontaktForm">
<legend>Kontaktformular</legend>
   <dl>
      <dt><label for="titel">Titel</label></dt>
      <dd><input name="titel" id="titel" type="text" /></dd>
      <dt><label for="vorname">Vorname <em>*</em></label></dt>
      <dd><input name="vorname" id="vorname" type="text" /></dd>
      <dt><label for="nachname">Nachname <em>*</em></label></dt>
      <dd><input name="lastname" id="nachname" type="text" />
      </dd>
      <dt><label for="plz">Postleitzahl</label></dt>
      <dd><input name="plz" id="plz" type="text" /></dd>
      <dt><label for="stadt">Stadt</label></dt>
      <dd><input name="stadt" id="stadt" type="text" /></dd>
      <dt><label for="bundesland">Bundesland</label></dt>
      <dd>
         <select id="bundesland">
            <option value="Bayern">Bayern</option>
            <option value="Berlin" selected="selected">Berlin
            </option>
            <option value="Brandenburg">Brandenburg</option>
            <option value="...">...</option>
         </select>
      </dd>
      <dt><label for="mail">E-Mail <em>*</em></label></dt>
      <dd><input name="mail" id="mail" type="text" /></dd>
      <dt> </dt>
      <dd><input type="submit" class="button" value="Senden" />
      </dd>
   </dl>
</fieldset>
</form>
```

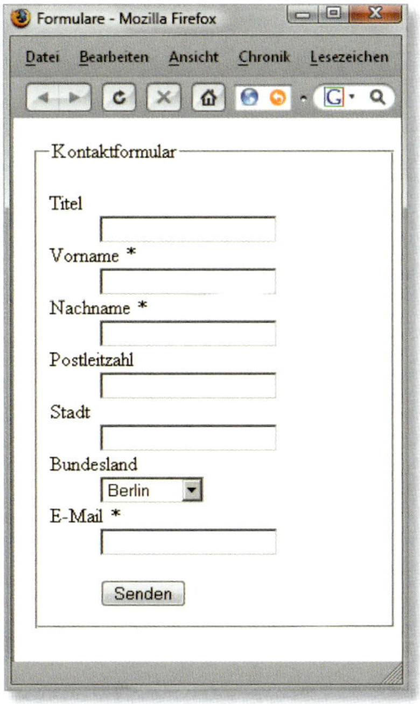

◂ **Abbildung 6**
Formularstruktur ohne CSS

Die (X)HTML-Arbeiten sind an dieser Stelle abgeschlossen und führen ohne CSS-Eigenschaften für einzlene Formularelemente zu einem zwar noch »blassen«, aber zu 100 % funktionstüchtigen Formular.

8 CSS-Datei in (X)HTML-Seite integrieren

Um einer guten Übersicht Rechnung zu tragen, legen Sie zuerst die nun benötigte CSS-Datei *skalierbaresFormular.css* an. Auf diese wird dann innerhalb des Kopfbereiches `<head>` dieser (X)HTML-Seite referenziert:

```
...
<head>
...
<title>skalierbares Formular</title>
<link rel="stylesheet" title="Default" href="css/skalierbaresFor-
mular.css" type="text/css" media="screen" />
</head>
...
```

9 Formularmaße und Schrifteigenschaften festlegen

Als Erstes definieren Sie die Schriftart für das Kontaktformular inklusive eines Abstandes, damit das Formular später nicht direkt am Browserrand wiederzufinden ist. Wie in Schritt 2 festgelegt, geben Sie dem `fieldset` mit `kontaktForm` einen Klassennamen und weisen ihm eine absolute Breite von ca. 210 px und eine 16 px große Schrift zu. Die skalierbaren und damit flexiblen Werte dieser Elemente errechnen sich wie im Kasten rechts beschrieben: 210 px / 16 px = 13 em.

Ältere Versionen des norwegischen Browsers Opera würden das fieldset ohne den speziellen Ausdruck border:0px solid transparent; mit einem sichtbaren Rahmen umgeben.

```
body {
   font:normal 100.01% Arial, Verdana;
   margin:1em;
}

fieldset.kontaktForm {
   border:0px solid transparent;
   background-color:#FFF;
   padding:0;
   margin:0;
   color:#000;
   width:13em;
}
```

Breite des Formulars berechnen
16 px = 1 em (entspricht 100 % der Standardschriftgröße und ist der Ausgangswert aller Berechnungen für relative Maßangaben)
Breite: 210 px/16 px = 13 em (gerundeter Wert)

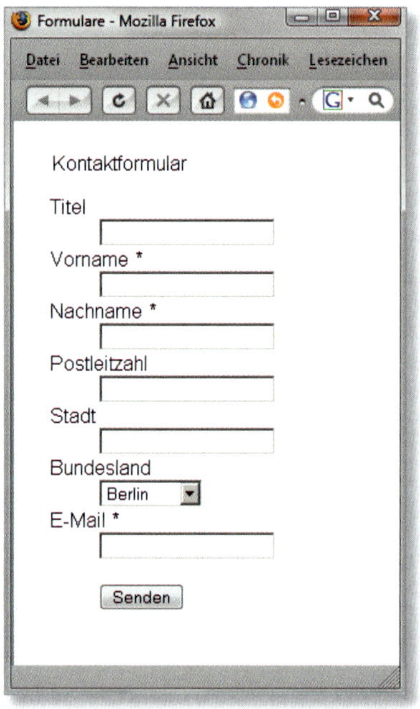

Abbildung 7 ►
Schriftauszeichnung und Breitenangabe für Formular und Formularelemente

10 Ausrichtung der Formularelemente

Damit sich diese »Überschrift« des Formulars auch optisch etwas abhebt, geben wir der Legende neben einem dominanteren Schriftgewicht auch einen größeren Abstand nach unten. Warum die Zeile für den Außenabstand mit der negativen Ausrichtung der Legende nötig wird, zeigt der folgende Ausschnitt der Abbildung des Internet Explorers Version 7. Um genau diesen Wert der Differenz zwischen <label> und <legend> muss diese Zeile für den IE nach links versetzt werden, das heißt, sie bekommt einen negativen Außenwert von -8 px.

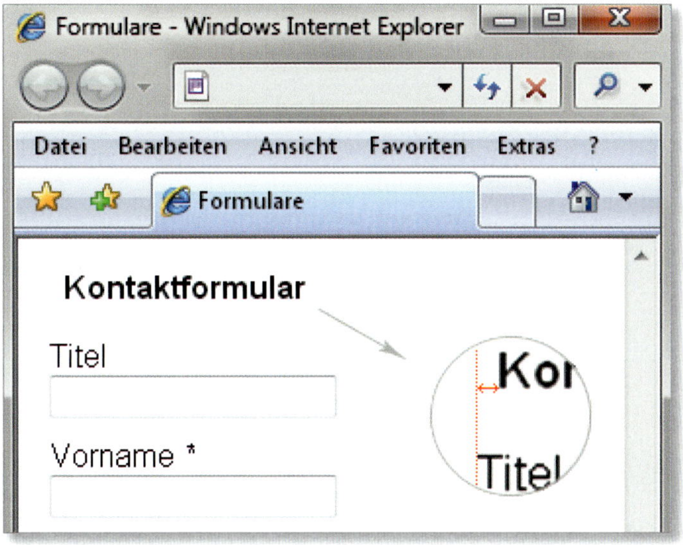

▲ **Abbildung 8**
Ungenaue Linksbündigkeit der Legende im IE7

Da das <legend>-Tag im IE7 nach rechts veschoben ist, muss er mittels eines negativen Margin-Wertes nach links gerückt werden, damit er bündig mit den Inhalten der <label>-Tags abschließt.

Berechnung der Werte
Da die Standardschriftgröße, die Grundlage zur Berechnung relativer Maßangaben, in absoluten Werten 16 px entspricht, errechnet sich für 8 px der entsprechende Außenabstand wie folgt:
16 px = 1 em
8 px/16 px = 0,5 em

In den folgenden Zeilen werden die Eingabefelder und die Auswahlliste durch die entsprechende float -Eigenschaft linksbündig positioniert. Damit sich aber aufgrund dieser Eigenschaft nicht alle Elemente nebeneinander positionieren, sondern in Reih und Glied untereinanderstehen, weisen Sie <dd> eine Breite von 100 % zu. Das sorgt wiederum dafür, dass beispielsweise selbst bei einem 500 px breiten Formular alle Elemente untereinander abgebildet werden, und das ohne zusätzliche Umbrüche oder Absätze. Alles in allem ist dies also eine sehr flexible Lösung, so dass bei Bedarf nur die Breite neu definiert werden müsste.

```
fieldset.kontaktForm legend {
   font-weight:bold;
   color:#000;
   padding:0;
   margin:0 0 1em 0;
   *margin:0 0 1em -0.5em;
}

fieldset.kontaktForm dl {
   padding:0;
   margin:0;
}
```

Der Wert für den negativen Außenabstand kann aufgrund des vorangestellten Sternes nur vom IE korrekt interpretiert werden, weswegen diese Anweisung für alle anderen Browser nicht vorhanden ist.
Die nun daraus resultierende Abbildung des Browsers kommt der Zielsetzung für diesen Workshop schon wesentlich näher und bietet einen bereits recht übersichtlichen Überblick.

```
dt, dd {
   float:left;
   padding:0;
   margin:0;
   text-align:left;
}

dd {
   width:100%;
   margin:0 0 0.5em 0;
}
```

Abbildung 9 ▶
Schriftauszeichnung und Breitenangabe für Formular und Formularelemente

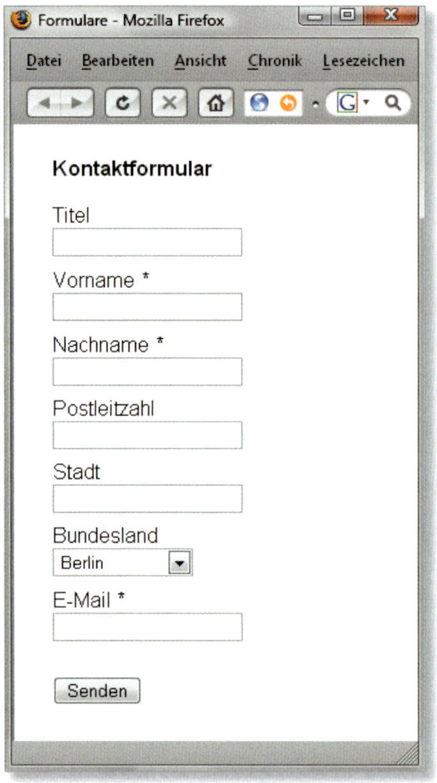

Formularelemente kennzeichnen **11**

Da die Beschriftung der Formularelemente im Vergleich zur `legend` ein wenig kleiner werden soll, vergeben Sie für die `<label>`-Elemente 75 % der der Schriftgröße von 100 %, die am Anfang im `<body>` definiert wurde. Für den Inhalt des `<em>`-Tags, dem Sie das Sternchen zur Information des Pflichtfeldes zuweisen, verwenden Sie neben einer deutlich größeren und gewichtigeren Schrift (damit das Sternchen auch optisch deutlicher hervorgehoben wird) die Signalfarbe Rot für die Schrift. Außerdem teilen Sie den Eingabefeldern und der Auswahlliste neben der Breite auch eine Rahmenstärke und -farbe zu. Da Eingabefelder wie TITEL, POSTLEITZAHL, STADT und die Auswahlliste für das BUNDESLAND nicht über die gleiche volle Breite gehen sollen wie beispielsweise der Vor- und Nachname, setzen Sie die Breite für diese Formularelemente auf die der Zielsetzung entsprechenden relativen Werte.

Die Position des Labels oberhalb des Formularelements vereinfacht es dem User, Label und Formularelement in einem wahrzunehmen.

```
dt label {
   font-size:75%;
}

dt label em {
   color:#E00;
   font-weight:bold;
   font-size:130%;
}

dd input, dd select {
   width:98%;
   border:1px solid #7F9DB9;
   padding:1px;
   vertical-align:bottom;
}

dd input#titel, dd input#plz {
   width:25%;
}

dd input#stadt {
   width:75%;
}

dd select#bundesland {
   width:77%;
   text-indent:0px;
}

/*\*/
html*dd select {
   height:1.75em;
}
```

Schriftgröße berechnen
Da die Standardschriftgröße, die Grundlage zur Berechnung relative Maßangaben, in absoluten Werten 16 px entspricht, errechnet sich diese für die 12 px der `<label>`-Tags oder die 21 px des `<em>`-Tags wie folgt:
16 px/100 % * 12 px/x = 75 %
16 px/100 % * 21 px/x = 130 %
(gerundeter Wert)

CSS-Hack für Safari
An dieser Stelle sei darauf hingewiesen, dass der den Apple-Jüngern ans Herz gewachsene Safari-Browser und der IE7 für die Auswahlliste eine separate Höhenangabe benötigen, die Sie ihnen mittels eines CSS-Hacks übergeben.

CSS-Hacks
CSS-Hacks sind Anweisungen, die eingesetzt werden, um Fehler und Schwachstellen in Browsern und deren Interpretation von Webstandards auszugleichen. Beim Umgang mit Hacks macht man sich eigentlich wiederum andere Fehler der einzelnen Browser zu eigen, die nur diese Browser im Speziellen verstehen und kein anderer.

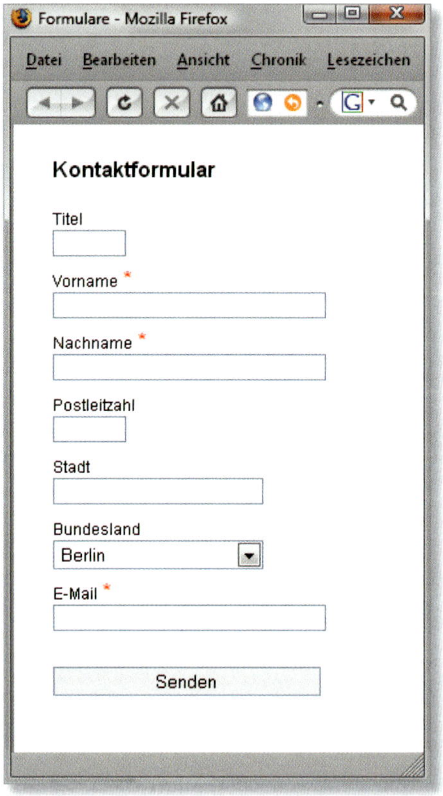

Abbildung 10 ▶
Angepasste Schriftgröße mit Angabe der Pflichtfelder und der Breiten der einzelnen Formularelemente

12 Versenden-Button stylen

Der letzte Schritt in Sachen CSS ist die Zuweisung der Eigenschaften für den Button zum Versenden der Formulardaten. Damit auch dieses Element sich bei einer Skalierung weiterhin proportional zu den anderen Kontrollelementen verhält, erhält es eine Breitenangabe in Prozent, die sich an der gesamten Breite des Formulars orientiert und in etwa 60 px entspricht. Zu guter Letzt geben wir ihm die Hintergrundfarbe, die sämtliche Formularelemente in ihrer Rahmenfarbe aufweisen, und weisen ihm eine weiße Schrift und den eindeutigen Wert `value` zu.

```
dd input.button {
   float:right;
   width:30%;
   margin:0 0.025em 0 0;
   background:#7F9DB9;
   color:#FFF;
   height:1.7em;
}
```

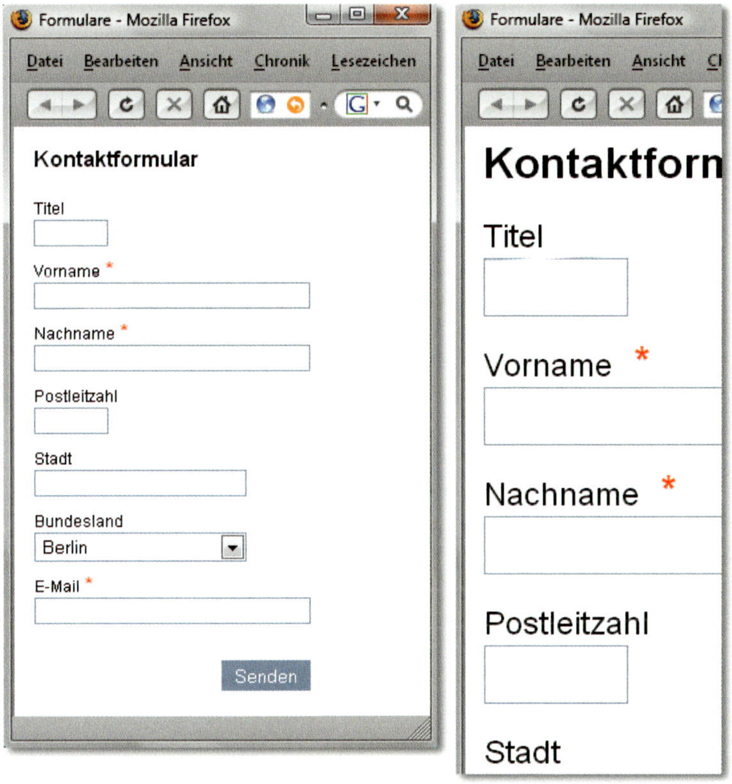

◂ **Abbildung 11**
Formular in Originalgröße (links) und in mehrfach vergrößerter Darstellung (rechts)

Relative Maßangaben mit Dezimalstellen
Da es bei der Umrechnung von absoluten in relative Maßangaben oft zu Werten mit Dezimalstelle kommt, ist hierbei darauf zu achten, dass solche Werte nicht mit einem Komma, sondern mit einem Punkt angegeben werden. Bei Angaben in em ist es zudem möglich, die Null vor dem Punkt wegzulassen. Beide Varianten werden von den Browsern verstanden.

Zusammenfassung

Dieser Workshop beschreibt anhand von gerade einmal einem Dutzend Arbeitsschritten neben den Grundlagen des Aufbaus von Formularen die Möglichkeit einer Skalierbarkeit des gesamten Layouts auf Basis relativer Maßangaben.

/* Code aus Step 1 bis 8 */

```
<!DOCTYPE html PUBLIC "-//W3C//DTD XHTML 1.0 Strict//EN" "http://www.w3.org/TR/xhtml1/DTD/
xhtml1-strict.dtd">
<html xmlns="http://www.w3.org/1999/xhtml" xml:lang="de" dir="ltr">
<head>
<meta http-equiv="Content-Type" content="text/html;charset=iso-8859-1" />
<title>skalierbares Formular</title>
<link rel="stylesheet" href="css/skalierbaresFormular.css" type="text/css" media="all" />
</head>
<body>
<form action="kontakt.html" method="post">
```

```
<fieldset class="kontaktForm">
<legend>Kontaktformular</legend>
   <dl>
      <dt><label for="titel">Titel</label></dt>
      <dd><input name="titel" id="titel" type="text" /></dd>
      <dt><label for="vorname">Vorname <em title="Pflichtfeld">*</em></label></dt>
      <dd><input name="vorname" id="vorname" type="text" /></dd>
      <dt><label for="nachname">Nachname <em title="Pflichtfeld">*</em></label></dt>
      <dd><input name="lastname" id="nachname" type="text" />
      </dd>
      <dt><label for="plz">Postleitzahl</label></dt>
      <dd><input name="plz" id="plz" type="text" /></dd>
      <dt><label for="stadt">Stadt</label></dt>
      <dd><input name="stadt" id="stadt" type="text" />
      </dd>
      <dt><label for="bundesland">Bundesland</label></dt>
      <dd>
         <select id="bundesland">
            <option value="Bayern">Bayern</option>
            <option value="Berlin" selected="selected">Berlin
            </option>
            <option value="Brandenburg">Brandenburg</option>
            <option value="...">...</option>
         </select>
      </dd>
      <dt><label for="mail">E-Mail <em title="Pflichtfeld">*
      </em></label></dt>
      <dd><input name="mail" id="mail" type="text" /></dd>
      <dt> </dt>
      <dd><input type="submit" class="button" value="Senden" />
      </dd>
   </dl>
</fieldset>
</form>
</body>
</html>
```

/* Code aus Step 9 bis 12 * /

```
body {
   font:normal 100.01% Arial, Verdana;
   margin:1em;
}

fieldset.kontaktForm {
   border:0px solid transparent;
   background-color:#FFF;
   padding:0;
   margin:0;
   color:#000;
   width:13em;
}
```

```
fieldset.kontaktForm legend {
    font-weight:bold;
    color:#000;
    padding:0;
    margin:0 0 1em 0;
    *margin:0 0 1em -0.5em;
}

fieldset.kontaktForm dl {
    padding:0;
    margin:0;
}

dt, dd {
    float:left;
    padding:0;
    margin:0;
    text-align:left;
}

dd {
    width:100%;
    margin:0 0 0.5em 0;
}

dt label {
    font-size:75%;
}

dt label em {
    color:#E00;
    font-weight:bold;
    font-size:130%;
}

dd input, dd select {
    width:98%;
    border:1px solid #7F9DB9;
    padding:1px;
    vertical-align:bottom;
}

dd input#titel, dd input#plz {
    width:25%;
}

dd input#stadt {
    width:75%;
}

dd select#bundesland {
    width:77%;
    text-indent:0px;
}

dd input.button {
    float:right;
    width:30%;
    margin:0 0.025em 0 0;
    background:#7F9DB9;
    color:#FFF;
    height:1.7em;
}

/*\*/
    html*dd select {
    height:1.75em;
}
```

Muss ich das ganze Formular ausfüllen?

Oder: Wie gestaltet man benutzerfreundliche Formulare mit Pflichtfeldern und inklusive Fehlermeldungen?

Kein Webseitenbesucher liebt sie wirklich, aber fast alle Webseitenbetreiber sind auf sie angewiesen: Formulare. Heutzutage sind Webanwendungen, die Produkte oder Dienstleistungen verkaufen oder versteigern, kundengenau ausgerichtet. Den Abschluss eines Besuches auf solchen Seiten bildet, zumindest wenn man sich für den Kauf eines Produktes oder einer Dienstleistung entschieden hat, meistens ein entsprechendes Buchungs- oder Registrierungsformular. Dass mit einem verständlichen Aufbau, der Auszeichnung von Pflichtfeldern und zusätzlichen Informationen dem Nutzer von Formularen das Ausfüllen leichter gemacht werden kann, ist Inhalt des letzten Workshops dieses Kapitels. Die Vorlage für die Umsetzung soll das hier abgebildete Formular eines fiktiven Online-Getränkelieferanten sein, der sich auf die Auslieferung von Mineralwasser spezialisiert hat und neben Bildungseinrichtungen auch Sportveranstaltungen beliefert. Pflichtfelder und Fehlermeldungen sollen hierbei die Nutzerführung spürbar vereinfachen, um somit einer möglichen Bestellung eines Produktes näherzukommen.

Ziel

Kontaktformular eines fiktiven Getränkelieferanten

- Anlegen der Formulardaten
- Strukturieren der Formulardaten
- Ausrichten und Gestalten der Formulardaten und -elemente
- Integration von Pflichtfeldern und Fehlermeldungen für eine bessere Nutzerführung

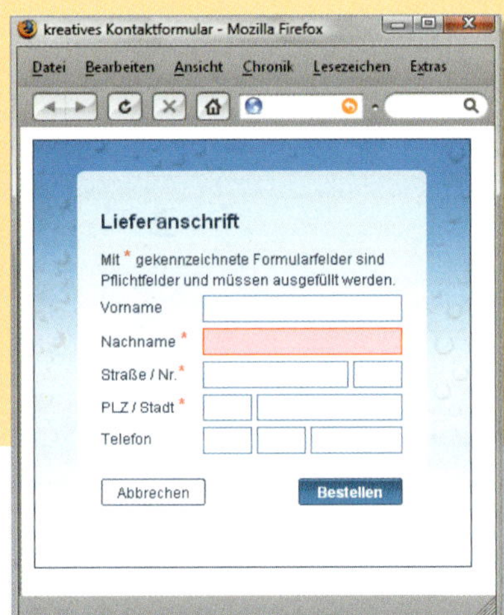

1 Struktur anlegen

Zuerst wird für dieses Kapitel ein Ordner mit der Bezeichnung KREATIVES-FORMULAR angelegt. Darin richten Sie einen Bilder-Ordner (IMAGES) und einen Ordner für CSS (CSS) ein. Die (X)HTML-Datei, die die zu erstellenden Inhalte des Workshops enthalten wird, benennen Sie *kreativesFormular.html*.

Der Datei *kreativesFormular.html* liegt hierbei das folgende (X)HTML-Gerüst zugrunde:

```
<!DOCTYPE html PUBLIC "-//W3C//DTD XHTML 1.0 Strict//EN" "http://
www.w3.org/TR/xhtml1/DTD/xhtml1-strict.dtd">
<html xmlns="http://www.w3.org/1999/xhtml" xml:lang="de"
dir="ltr">
<head>
<meta http-equiv="Content-Type" content="text/
html;charset=iso-8859-1" />
<title>kreatives Formular</title>
</head>
<body>
<!-- hier wird der weitere (X)HTML-Code integriert -->
</body>
</html>
```

2 Anlegen der Formularinhalte

Um im Vergleich zu anderen Workshops auch einmal eine andere Herangehensweise zu präsentieren, legen Sie in diesem Workshop zuerst sämtliche Inhalte innerhalb des `<body>`-Tags an. Zuerst erstellen Sie hierfür die spätere Überschrift. Dieser folgt die Angabe des Vornamens mit entsprechendem Formularelement, in diesem Fall einem Eingabefeld mit eindeutigem Bezeichner:

```
Lieferanschrift
Vorname <input name="firstname" type="text" />
Nachname <input name="lastname" type="text" />
```

Da für die Abfrage des Straßennamens und der Hausnummer ein einziges Eingabefeld nicht in Frage kommt, legen Sie hierfür Eingabefelder mit entsprechender Bezeichnung an. Das Gleiche gilt für die Postleitzahl und den abzufragenden Städtenamen.

Eingabefelder erhalten einen Bezeichner, der durch das Attribut `name` definiert wird. Dieser Name wird bei CGI-Scripts benötigt, um die Daten genau diesem Feld zuweisen zu können

```
Straße / Nr.
<input name="street" type="text" />
```

```
<input name="number" type="text" />
PLZ / Stadt
<input name="zipCode" type="text" />
<input name="city" type="text" />
```

Bei der Abfrage telefonischer Daten bieten sich zwei getrennte Eingabefelder für Länder- und Ortsvorwahl an sowie eines für die entsprechende Telefonnummer:

```
Telefon
<input name="countryCode" type="text" />
<input name="cityCode" type="text" />
<input name="telNumber" type="text" />
```

Als letztes Element innerhalb des Formulars legen Sie zwei Buttons an: einen mit der Bezeichnung `cancel` zum Abbrechen des Vorganges und einen mit der Bezeichnung `absenden` und dem `value="Bestellen"` zum Versenden der Bestellung an den Lieferanten.

```
<input type="reset" name="cancel" value="Abbrechen" />
<input type="submit" name="absenden" value="Bestellen" />
```

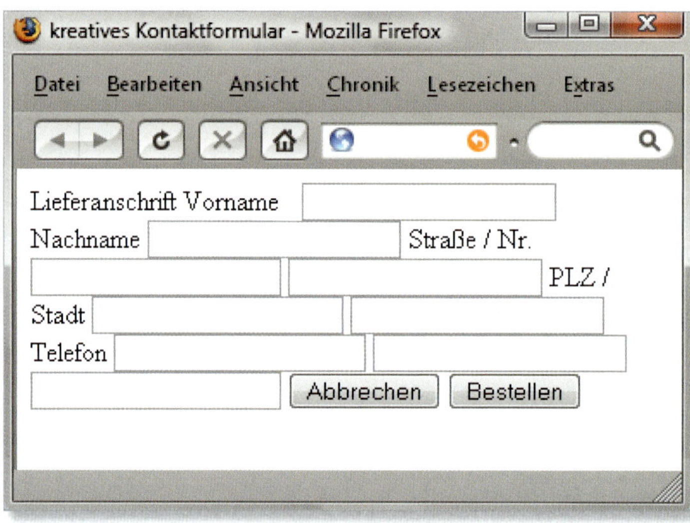

▲ **Abbildung 1**
Inhalte und Formularelemente des Kontaktformulars

Daten versenden: »post« oder »get«
Das Attribut `method` bestimmt, nach welcher HTTP-Übertragungsmethode die Daten eines Formulars übertragen werden. Hierbei sind zwei verschiedene Methoden möglich. Das W3-Konsortium empfiehlt, `get` dann zu wählen, wenn die Daten beispielsweise über eine Suche oder zum Weiterblättern benutzt werden sollen. Diese Werte werden dann in der Adresszeile des Browsers angehängt. Die Methode `post` hingegen wird dann empfohlen, wenn die Daten über das auswertende Programm hinaus weiterverarbeitet oder in Datenbanken gespeichert werden sollen. Da für diese Methode keine Zeichenbegrenzung für die zu übermittelnden Werte existiert, eignet sie sich besonders für den Versand großer Datenmengen.

3 Strukturieren des Formulars mit einer Liste

Damit diese bisher lose Anhäufung von Formularelementen auch zu einem funktionierenden Formular werden kann, müssen diese Elemente von einem `<form>`-Tag umschlossen werden, das den Bereich des Formulars kennzeichnet. Da Sie die abzufragenden Formulardaten kennen, definieren Sie als Nächstes mit `action` die entsprechende Zieldatei für die zu versendenden Daten. Zudem legen Sie das `<fieldset>` mit der eindeutigen Bezeichnung `contactForm` fest. Da dies allein noch zu keinerlei Abbildung innerhalb des Browsers führt, widmen Sie sich im nächsten Schritt der Struktur der abzubildenden Formulardaten.

```
<form action="/cgi-bin/order.pl" method="post">
```

Um die Daten des Formulars »Lieferanschrift« strukturell zusammenzufassen, gruppieren Sie sie mit dem `<fieldset>`-Tag, mit der Bezeichnung `#contactForm` und mit der entsprechenden Legende. Dies führt ohne CSS-Eigenschaften zu einer Umrahmung des gesamten Formularbereiches.

```
<fieldset id="contactForm">
<legend>Lieferanschrift</legend>
```

Da Sie die Formulardaten nacheinander, also untereinander, abbilden und die Bezeichnung sowie das Formularelement nebeneinander positionieren sollen, verwenden Sie im Gegensatz zum vorhergehenden Workshop für das Layout eine unsortierte Liste `<ul>`. Diese weitere Variante einer Strukturierung von Formularen ist so aufgebaut, dass jedem Listenpunkt ein Label und das dazugehörige Formularelement hinzugefügt werden. Die Listenpunkte `<li>` sorgen aufgrund ihrer Blockeigenschaft dafür, dass jedes Label und Formularelement in einer separaten Zeile abgebildet wird. Die Ausrichtung der Inhalte zueinander wird von CSS im weiteren Verlauf des Workshops übernommen.

```
<ul>
  <li>
    <label for="firstname">Vorname</label>
    <input name="firstname" id="firstname" type="text" />
  </li>
  <li>
    <label for="lastname">Nachname</label>
    <input name="lastname" id="lastname" type="text" />
  </li>
  <li>
    <label for="street">Stra&szlig;e / Nr.</label>
    <input name="street" id="street" type="text" />
```

Verknüpfungen schaffen: »for« und »id«
Formularelemente können mit eindeutigen `id`-Attribut versehen `zipCode` = Postleitzahl (PLZ) werden. Dies erzeugt im Zusammenhang mit dem `for`-Attribut des `label` eine »Verknüpfung«, so dass beim Anklicken des `label` direkt in das Formularelement gesprungen und dieses visuell hervorgehoben wird. Somit kann dem User die Benutzerführung zusätzlich erleichtert werden.

```
      <input name="number" id="number" type="text" />
   </li>
   <li>
      <label for="zipCode">PLZ / Stadt</label>
      <input name="zipCode" id="zipCode" type="text" />
      <input name="city" id="city" type="text" />
   </li>
   <li>
      <label for="mobileCountryCode">Telefon</label>
      <input name="countryCode" id="mobileCountryCode"
      type="text" />
      <name="cityCode" id="cityCode" type="text" />
      <input name="telNumber" id="telNumber" type="text" />
   </li>
   <li>
      <input type="reset" name="cancel" value="Abbrechen" />
      <input type="submit" name="absenden" value="Bestellen" />
   </li>
</ul>
</fieldset>
</form>
```

Abbildung 2 ▶
Formulardaten strukturiert durch eine Liste

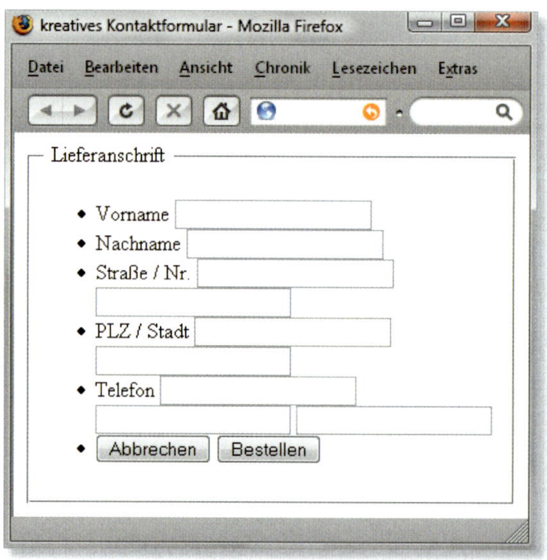

Nach dem aktuellen Stand der Dinge besitzen Sie ein funktionstüchtiges und einsatzbereites Formular. Wenn Sie allerdings auf einer Seite mit einem solchen Formular landen würden, gäben Sie hier eine Bestellung auf? Man muss schon sehr durstig sein, wenn dies der Fall sein sollte, denn sehr vertrauenswürdig und vor allem sehr benutzerfreundlich ist dieses Formular nicht.

Damit zu dem reinen Formulargerüst endlich auch visuell eine Verbindung zum Thema der Seite (»Getränkelieferant«) hergestellt werden kann, wird der Layoutentwurf dem Rechnung tragen und auf den »frisch« und »sprudelnd« wirkenden Farben Weiß und Blau basieren.

4 CSS-Datei in (X)HTML-Seite integrieren

Um diese Eigenschaften definieren zu können, bedarf es einer CSS-Datei. Diese bezeichnen Sie analog zur (X)HTML-Datei *kreativesFormular.html*, allerdings mit der Dateiendung *.css*. Auf diese CSS-Datei wird dann innerhalb des Kopfbereiches <head> der (X)HTML-Seite referenziert:

```
...
<head>
...
<title>kreatives Formular</title>
<link rel="stylesheet" title="Default" href="css/kreativesFormu-
lar.css" type="text/css" media="screen" />
</head>
...
```

5 Maße des Formulars festlegen

Um diesem Chaos nun endlich auch ein wenig Übersicht und dem User ein wenig mehr das Gefühl eines Formulars zu verschaffen, weisen sie es in Sachen Breite in das vorgesehene »Korsett«. Dazu vergeben Sie im <body> zuerst sämtliche Schrifteigenschaften:

```
body {
    font:normal 75% Arial, Verdana;
    color:#004f6e;
    margin:10px;
}
```

Schriftgröße berechnen
Da die Schriftgröße für alle Formularelemente in absoluten Werten 12 px entsprechen soll, errechnet sich die allgemeingültige Schriftgröße in diesem Workshop wie folgt: 16 px/100 % * 12 px/x = 75 %

Für das Stylen des Formulars ist kein <div> oder kein weiteres (X)HTML-Element vonnöten, denn Sie definieren die CSS direkt für den <form>-Tag.

6 Farbgestaltung des Formulars

Neben einem Rahmen und einer festen Breite für das gesamte Formular wird an dieser Stelle die Hintergrundgrafik *bg_form.jpg* ausgerichtet.

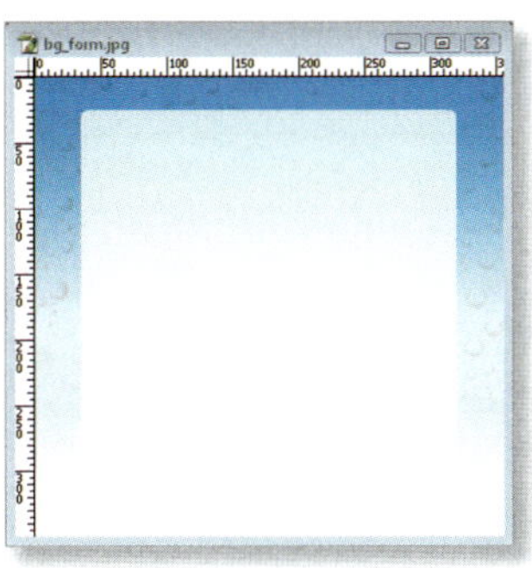

◂ **Abbildung 3**
Hintergrundgrafik »bg_form.jpg«

Die Grafik soll der Zielgruppe und dem Produkt Mineralwasser entsprechend einen jugendlich-frischen Eindruck hinterlassen und sich daher von den üblicherweise sonst eher tristen Formularen abheben.

Dem <fieldset> wird ein Innenabstand zugewiesen sowie jegliche Eigenschaft eines Rahmens mit dem Wert null zunichte gemacht, denn der Rahmen des Formulars soll sich durch die Hintergrundgrafik ergeben. Diese Angabe ist nötig, da ansonsten der Opera-Browser an dieser Stelle den Rahmen um das Formular beibehalten würde.

```
form {
   border:1px solid #004f6e;
   background:transparent url(../images/bg_form.jpg) left top
   no-repeat;
   width:356px;
   margin:0;
   padding:57px 0 10px 0;
}

fieldset {
   padding:0 40px 35px 52px;
   border:0px solid transparent;
}
```

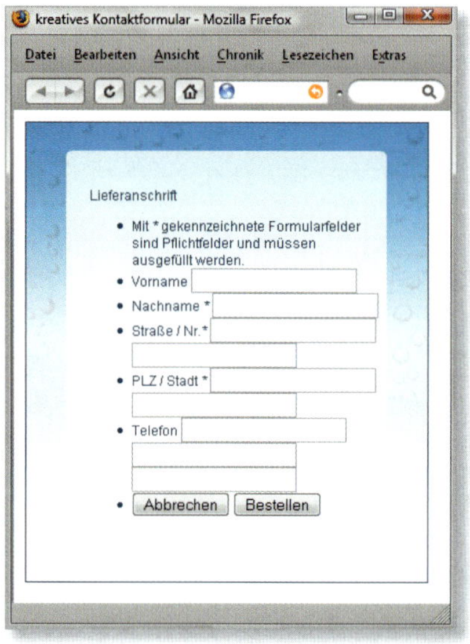

Abbildung 4 ▶
Integration einer Hintergrundgrafik und Ausrichtung des Formulars

Ausrichten der Formularinhalte 7

Als Nächstes verpassen Sie der eigentlichen Überschrift des Formulars, die durch den <legend>-Tag repräsentiert wird, eine dominantere Schrifteigenschaft. Somit sollte den Usern allein durch Betrachten der Legende offensichtlich sein, welche Daten in diesem Formular abgefragt werden.

```
fieldset legend {
   font-weight:bold;
   font-size:142%;
   padding:0;
   margin:0 0 10px 0;
   color:#004f6e;
}
```

Um die Aufzählungszeichen der Liste zu entfernen, geben Sie dieser Eigenschaft einfach den Wert none:

```
fieldset ul {
   margin:0;
   padding:0;
   list-style-type:none;
}
```

Als Nächstes bekommt dann jede Zeile der Liste <li> eine Breite, in deren Rahmen dann das label und das jeweilige Formularelement abgebildet werden:

```
li {
   float:left;
   margin:0 0 5px 0;
   padding:0;
   width:253px;
}
```

Schriftgröße berechnen
Da die Schriftgröße der Legende in absoluten Werten 17 px entsprechen soll, errechnet sie sich wie folgt:
12 px/100 % * 17 px/x = 142 % (gerundeter Wert)
Die im <body> festgelegte relative Schriftgröße von 75 % wird für alle in der Legende befindlichen (X)HTML-Elemente als Ausgangswert genommen. Ohne jegliche weitere Anpassungen wären nun alle Textinhalte 75 %, das heißt 12 px, groß. Daher wird dieser Wert nun für alle weiteren Berechnungen als Basis genommen, er entspricht also 100 %.

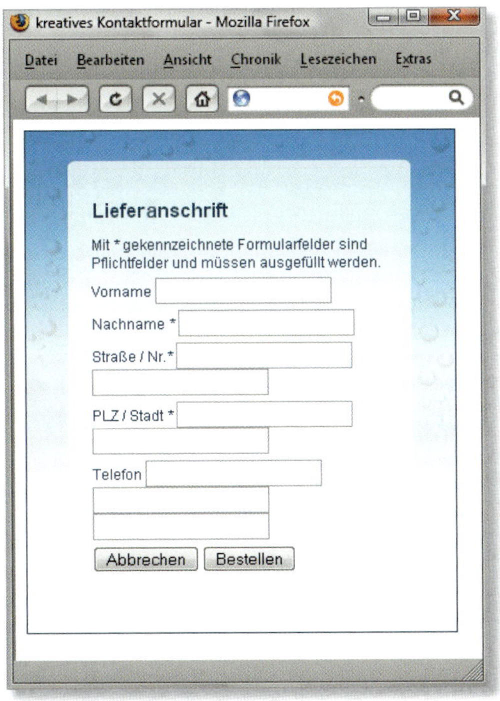

Die Festlegung der Breite sorgt dafür, dass diese nicht über den Rand des vorher festgelegten Bereiches hinausragt und somit erhalten bleibt. Damit die Eingabefelder nicht direkt aneinanderkleben, erhalten die Listen zudem einen Außenabstand nach unten von 5 px.

◂ **Abbildung 5**
Ausblenden der Aufzählungszeichen der Liste

Besonderheiten verifizieren und klassifizieren **8**

Da die Maße des Formulars mittlerweile erkennbar sind, die Darstellung der einzelnen Elemente aber noch nicht zufriedenstellend ist, werden in diesem Schritt die Elemente innerhalb der *kreativesFormular.html* mit eindeutigen Bezeichnungen versehen. Diese Klassen ermöglichen es Ihnen, den unterschiedlich breiten Eingabefeldern unterschiedliche Eigenschaften zuzuweisen. Da die Eingabefelder für den Vor- und Nachnamen über die gesamte Breite verlaufen, legen Sie für sie keine separaten Breiten fest.

```
<form action="/cgi-bin/order.pl" method="post">
<fieldset id="contactForm">
<legend>Lieferanschrift</legend>
<ul>
   <li>Mit * gekennzeichnete Formularfelder sind Pflichtfelder
   und m&uuml;ssen ausgef&uuml;llt werden.</li>
   <li>
      <label for="firstname">Vorname</label>
      <input name="firstname" id="firstname" type="text" />
   </li>
   <li>
      <label for="lastname">Nachname</label>
      <input name="lastname" id="lastname" type="text" />
   </li>
```

Um mittelbreite und kleine Eingabefelder mit unterschiedlichen Breiten versehen zu können, benötigen Sie verschiedene Klassen zur Definition dieser CSS-Eigenschaften. Die zusätzliche Klasse `inputSpace` hat lediglich die Aufgabe, dem Element einen Außenabstand von 4 px nach rechts zuzuweisen. Ohne diesen kleinen Zusatz würden die Felder *street* und *number*, sowie *zipCode* und *city* direkt aneinander-»kleben«.

```
   <li>
      <label for="street">Stra&szlig;e / Nr.</label>
      <input class="medium inputSpace" name="street" id="street"
      type="text" />
      <input class="small" name="number" id="number" type="text" />
   </li>
   <li>
      <label for="zipCode">PLZ / Stadt</label>
      <input class="small inputSpace" name="zipCode" id="zipCode"
      type="text" />
      <input class="medium" name="city" id="city" type="text" />
   </li>
```

Nachdem die Klassen für kleinere unterschiedliche Eingabefelder angelegt wurden, werden im Formularbereich für die Angabe der Telefonnummer zwei kleine Eingabefelder definiert sowie eines mit der Klasse `number`. Dieses enthält die eigentliche Nummer, wohingegen die anderen beiden die Länder- bzw. Städtevorwahl enthalten sollen. Für alle Eingabefelder mit einem nachfolgenden Feld geben wir zusätzlich zu dieser Bezeichnung die Klasse für den Außenabstand, `inputSpace`, an.

```
<li>
   <label for="mobileCountryCode">Telefon</label>
   <input class="small inputSpace" name="countryCode"
   id="mobileCountryCode " type="text" />
   <input class="small inputSpace" name="cityCode"
   id="cityCode" type="text" />
   <input class="number" name="telNumber" id="telNumber"
   type="text" />
</li>
```

Der letzte Listenpunkt des Formulars enthält die zwei Buttons, die für den Abbruch der Eingabe und das Versenden der Daten verantwortlich sind. Ausschlaggebend hierfür sind neben der Deklaration von `type` und `name` vor allem der `value`, der als Text innerhalb des jeweiligen Buttons ausgegeben wird.

```
<li>
   <input type="reset" name="cancel" value="Abbrechen" />
   <input type="submit" name="absenden" value="Bestellen" />
</li>
</ul>
</fieldset>
</form>
```

9 Anpassen der Formularelemente

Die nun unterschiedlich definierten Elemente des Formulars können jetzt via CSS individuell gestaltet werden. Das heißt, dass wir vor allem den Elementen eine unterschiedliche Breite zuweisen. Als Erstes richten Sie dafür die `<label>`-Elemente, also die Beschreibungen der Formularelemente, entsprechend der Zielsetzung links aus. Zudem definieren Sie eine Breite von 83 Pixeln und eine Zeilenhöhe von 167 % (entspricht 20 px). Diese Angaben sorgen dafür, dass das `<label>` vertikal mittig zum jeweiligen Formularelement ausgerichtet ist.

```
label {
   float:left;
   line-height:167%;
   width:83px;
   cursor:pointer;
}
```

Da die Formularelemente `<input>` und `<select>` optisch gesehen dieselben Rahmenbedingungen erhalten sollen, legen Sie deshalb für beide die CSS-Eigenschaften an, die für beide gelten. Das heißt, neben der Ausrichtung nach links legen Sie vor allem die Breite der Elemente und die Eigenschaften der Rahmen fest. Für alle kleineren Eingabefelder werden im weiteren Verlauf der *kreativesFormular.css* dann lediglich noch die entsprechenden Breiten definiert. Diese Aufteilung erleichtert Ihnen später eventuelle Anpassungen, denn so wird das gesamte Aussehen (Rahmenfarbe, Hintergrundfarbe, Höhe, Schriftart etc.) an einer Stelle zentral definiert.

```
input {
   float:left;
   height:20px;
   width:161px;
   border:1px solid #1795be;
   padding:0;
   background:#FFF;
   font-size:100%;
}
```

Die Eingabefelder, wie die für die Postleitzahl oder die Hausnummer, sollten entsprechend der maximalen Anzahl an Ziffern, die der User eingeben kann, definiert werden. Die dafür angelegte Klasse `small` bekommt daher einen wesentlich kleineren Wert von `38px`. Wenn diese Reihenfolge der CSS-Eigenschaften eingehalten wird, überschreibt dieser Wert den Wert von `161px`, da dieser innerhalb des CSS-Dokumentes nach dem Wert für die Klasse `small` folgt.

```
input.small {
   width:38px;
}
```

Da die drei Eingabefelder für die Telefonnummer bis jetzt noch nicht den tatsächlichen Maßen einer Telefonnummer entsprechen, müssen wir sie in ihrer Breite und Anordnung auf die gewünschten Maße anpassen. Dafür legen wir für dieses Element eine weitere separate Klasse `number` fest.

Cursor »pointer« oder »hand«
Dass `label` und Formularelement durch die Angabe von `for`- und `id`-Attributen miteinander verknüpft sind und ein Anklicken des Labels den User direkt in ein Formularelement führt, sollte dem User kommuniziert werden. Dies ist mit der Eigenschaft `cursor:pointer;` möglich. Das daraus resultierende Verhalten erzeugt beim Überfahren eines entsprechenden Elementes mit der Maus einen Mauszeiger in Form einer Hand, so wie bei Links. Damit gibt man dem User die Möglichkeit der Wahl. Vor allem bei Radiobuttons oder Checkboxen, die besonders für ältere Internetuser oft sehr klein erscheinen, ist dies ein angenehmes Feature und führt zu einer besseren Nutzbarkeit des Formulars. Diese Eigenschaft wird jedoch vom Internet Explorer nicht korrekt interpretiert, und daher benötigt dieser die Angabe `cursor:hand;`. Dies ist die einzige Möglichkeit, in allen Browsern einem Objekt eine Link-Optik zu verleihen.

Damit die Eingabefelder auch rechtsbündig zueinander abschließen, ist für dieses Formularfeld die Angabe einer Breite von 73 Pixeln nötig. Das Gleiche gilt auch für die Eingabefelder für den Straßennamen und die Stadt, mit dem Unterschied, dass der Wert für die Breite in diesem Fall 117 Pixel beträgt.

Beim Betrachten von Webseiten teilen sich User diese in bestimmte Raster auf. So ist es für sie einfacher, die Informationen schnell aufzunehmen und zu verstehen. Um einen guten Lesefluss zu erreichen, werden die `<label>`-Elemente und die entsprechenden Eingabefelder so positioniert, dass sie für das Auge des Betrachters in direktem Bezug zueinander stehen.

```
input.number {
   width:73px;
}

input.medium {
   width:117px;
}
```

Dieses mit lediglich einer Eigenschaft (Außenabstand nach rechts von 4 px) versehene Element wird überall dort eingesetzt, wo einem Formularelement ein weiteres in derselben Zeile folgt. Wie im Fall der Postleitzahl, kann diese Klasse dem schmalen Eingabefeld `class="small"` folgendermaßen hinzugefügt werden: `class="small minputSpace"`. Würden Sie diesen Außenabstand jedem Eingabefeld hinzufügen, bekämen auch die Felder einen Abstand, die keinen benötigen.

```
.inputSpace {
   margin:0 4px 0 0;
}
```

◀ **Abbildung 6**
Optimierung der Breite aller Formularfeld-Elemente

Die unterschiedlich breiten Eingabefelder schließen nun bündig miteinander ab und ergeben somit ein übersichtlich erscheinendes Formular.

10 Position des Cursors angeben

Eine weitere Möglichkeit, die Nutzerführung ein wenig angenehmer zu gestalten, besteht darin, den Aktivitätsstatus eines Elementes hervorzuheben. Das heißt, beim Überfahren der Eingabefelder mit dem Cursor werden die Felder mit einer anderen Hintergrundfarbe anzuzeigen. Dieses Hervorheben der aktuellen Mausposition ermöglicht es unter anderem Usern, die mit der Tastatur arbeiten, zu verdeutlichen, an welcher Position im Formular sie sich gerade befinden.

```
input:active, input:hover, input:focus {
   background-color:#d9f0f9;
}
```

▲ **Abbildung 7**
Die wechselnde Hintergrundfarbe des Eingabefeldes gibt die Cursor-Position an.

Usability und Formulare
Neben der eigentlichen Abfrage der Formulardaten stehen in diesem Workshop-Beispiel vor allem die Nutzerfreundlichkeit und die gute Übersicht des Formulars an erster Stelle. Wir möchten kein Ausfüllen eines umfangreichen Formulars mit unnötigen Formulardaten, denn dies würde die User nur abschrecken und die Entscheidung erleichtern, das Formular nicht auszufüllen. Vielmehr ist unser Ziel ein zweigeteiltes Formular mit drei Pflichtfeldern, die am Anfang auch als solche angekündigt und im Formular sichtbar als Pflichtfelder ausgezeichnet werden.

11 Kennzeichnung von Pflichtfeldern und Fehlermeldungen

Alles in allem wäre mit dem aktuellen Stand ein bereits einigermaßen ansehnliches Formular geschaffen. Um dem User aber eine verbesserte Nutzerführung anbieten zu können, sollte er darauf hingewiesen werden, dass bestimmte Felder in diesem Formular ausgefüllt werden müssen. Denn ohne die Angabe dieser Daten wäre eine Bestellung unmöglich, wie beispielsweise beim Fehlen der Hausnummer. Das wiederum würde die Wahrscheinlichkeit deutlich erhöhen, dass der Users aufgrund von Unsicherheit über den Buchungsvorgang abbricht, und das dürfte nicht im Sinne des Webseitenbetreibers sein. Da der Online-Getränke-Lieferservice auf jeden Fall eine Adresse zur Lieferung benötigt, sollten die entsprechenden Felder daher auch als Pflichtfelder gekennzeichnet werden. Der Vorname ist eher weniger wichtig, weil meistens der Nachname an der Haustür steht, und darum muss dieses Eingabefeld nicht als Pflichtfeld gekennzeichnet werden. Unverzichtbar sind hingegen die Daten für Nachname, Straße, Hausnummer, Postleitzahl und Stadt. Um den Kunden auch bei fehlerhaften Formulareingaben oder bei geringen Ortskenntnissen des Lieferanten kontaktieren zu können, ist die Abfrage einer Telefonnummer durchaus von Vorteil.

```
<fieldset id="contactForm">
<legend>Lieferanschrift</legend>
<ul>
   <li>
      Mit <em title="Pflichtfeld">*</em> gekennzeichnete Formu-
      larfelder sind Pflichtfelder und m&uuml;ssen ausgef&uuml;llt
      werden.
   </li>
   <li>
      <label for="firstname">Vorname</label>
      <input name="firstname" id="firstname" type="text" />
   </li>
   <li>
      <label for="lastname">Nachname <em title="Pflichtfeld">*
      </em></label>
      <input class="error" name="lastname" id="lastname"
      type="text" />
   </li>
   <li>
      <label for="street">Stra&szlig;e / Nr.
      <em title="Pflichtfeld">*</em></label>
      <input class="medium inputSpace" name="street" id="street"
      type="text" />
      <input class="small" name="number" id="number"
      type="text" />
   </li>
   <li>
      <label for="zipCode">PLZ / Stadt
      <em title="Pflichtfeld">*</em></label>
      <input class="small inputSpace" name="zipCode" id="zipCode"
      type="text" />
      <input class="medium" name="city" id="city" type="text" />
```

Wichtig bei der Auszeichnung von Pflichtfeldern ist, dass diese als solche wahrgenommen und verstanden werden. Das heißt, die visuelle Gestaltung mittels CSS soll dazu führen, dass der User diese Felder ausfüllt, ohne dabei mehrfach überlegen zu müssen, ob es richtig ist, was er tut. Um eben diesem Szenario entgegenzuwirken, sollte am Anfang eines Formulars, das Pflichtfelder enthält, auf deren Auszeichnung und Bedeutung hingewiesen werden. Dazu positionieren Sie, wie in der Zielsetzung zu erkennen, in den ersten Listenpunkt einen Satz zur Beschreibung der Pflichtfelder.

```
    </li>
    <li>
    ...
```

Um dem bei den Usern bekannten hochgestellten Sternchen *, das von dem (X)HTML-Tag <em> eingeschlossen wird, ein wenig mehr Bedeutung zu verleihen, versehen wir es mit der Signalfarbe Rot und einer größeren Schrift:

```
em {
    font-weight:bold;
    font-size:142%;
    color:#E00;
}
```

Die Eingabefelder, die falsch oder gar nicht ausgefüllt worden sind, erhalten nach dem Betätigen des Bestellen-Buttons folgende CSS-Eigenschaften: einen rosa wirkenden Hintergrund, eine rote Schrift sowie einen roten Rahmen um die jeweiligen Eingabefelder. Da in der allgemeinen Klasse für Eingabefelder die Rahmenstärke und der Stil des Feldes bereits definiert sind, überschreiben Sie an dieser Stelle lediglich den bisherigen Wert der Rahmenfarbe:

Ein falsch ausgefülltes Formularelement wird auf diese Art für den Nutzer sofort sichtbar. Der Unterschied zwischen einem korrekt ausgefüllten Feld und dem mit einer Fehlermeldung sollte idealerweise durch die Signalfarbe Rot kenntlich gemacht werden, denn Grün oder Blau würden an dieser Stelle eher für Irritationen beim User sorgen und sollten daher vermieden werden.

```
input.error {
    color:#E00;
    border-color:#E00;
    background-color:#FFDCE5;
}
```

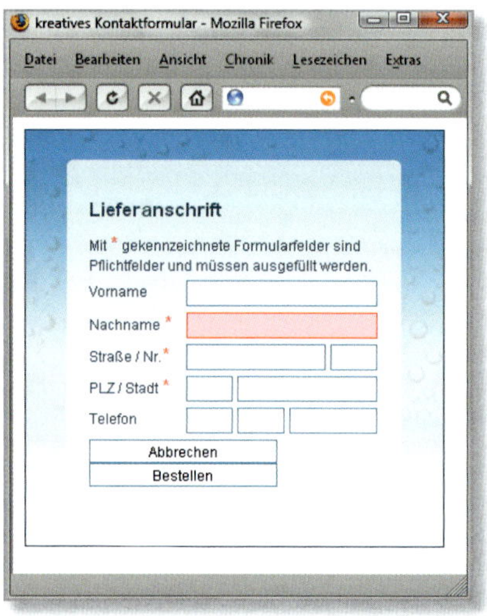

Abbildung 8 ▸
Integration einer Fehlermeldung

12 Formular-Buttons gestalten

Im nächsten Schritt widmen Sie sich nun der Darstellung bzw. Auszeichnung der Buttons durch CSS. Dazu sollten Sie sich trotz der eindeutigen Beschriftung überlegen, in welcher Form die beiden Buttons präsentiert werden sollen. Da Sie möchten, dass die User des Formulars dieses nach dem Ausfüllen auch abschicken und nicht aus Versehen den Abbrechen-Button drücken, werden die beiden Knöpfe visuell unterschiedlich dargestellt. Das bedeutet für diesen Fall, dass Sie den Bestellen-Button optisch mehr hervorheben als den Abbrechen-Button, der somit dezenter aussieht.

```
<li>
   <input class="btnCancel" type="reset" name="cancel"
   value="Abbrechen" />
   <input class="btnSend" type="submit" name="absenden"
   value="Bestellen" />
</li>
```

Um beide Buttons differenziert stylen zu können, geben Sie dem bisherigen (X)HTML-Code mit `btnCancel` und `btnSend` zwei unterschiedliche, aber eindeutige Klassennamen als Bezeichnung.

Der entsprechende CSS-Code vergibt für beide Buttons eine Breite von 85 px und eine Höhe von 22 px. Besonderes Augenmerk dürfte hierbei allerdings auf die beiden letzten Zeilen CSS fallen, die den Ecken der Buttons einen Radius von 3 px zuweisen:

```
input.btnCancel, input.btnSend {
   margin:15px 0 0 0;
   float:left;
   width:85px;
   height:22px;
   font-weight:normal;
   color:#004f6e;
   text-align:center;
   padding:0;
   border:1px solid #0B6487;
   cursor:pointer;
   background-color:#FFF;
   -moz-border-radius:3px;
   -webkit-border-radius:3px;
}
```

border-radius
Die proprietäre CSS-Regel `border-radius` gilt für Mozilla-Browser (Firefox, Mozilla, Flock, Netscape etc.) und auf Webkit basierende Browser (Safari, Shiira und Omniweb). Bei der Angabe größerer Radien stellen die Browser diese sehr pixelig und damit doch recht unsauber dar, weshalb der Wert 3 vollkommen ausreichend ist. Diese Angaben führen allerdings dazu, dass die CSS-Datei nicht mehr valide ist.

Da sich die Abbrechen- und Bestellen-Buttons optisch unterscheiden, werden dem Button zum Versenden der Formulardaten separate Eigenschaften zugewiesen. Neben der Ausrichtung nach rechts und einer anderen Schriftfarbe ist dies in erster Linie die Angabe einer Hintergrundgrafik *bg_btnSend.tif*:

Die Hintergrundgrafiken der Buttons besitzen einen dezenten Farbverlauf und sind 1 px breit. Sie wiederholen sich so oft in horizontaler Ausrichtung, wie die Breite des Inhaltes des Buttons es benötigt. Zu guter Letzt überschreiben Sie am Ende dieses CSS-Blocks die Hintergrundgrafik des Bestellen-Buttons mit der Grafik *bg_btnSendActive.tif*. Diese wird in dem Moment angezeigt, in dem der User den Button mit dem Mauszeiger überfährt oder mit der Tastatur ansteuert.

```
input.btnSend  {
   float:right;
   font-weight:bold;
   color:#FFF;
   margin:15px 7px 0 0;
   background:#1795be url(../images/bg_btnSend.tif) 0px 0px re-
   peat-x;
}

input.btnSend:hover,
input.btnSend:active,
input.btnSend:focus {
   background-image:url(../images/bg_btnSendActive.tif);
}
```

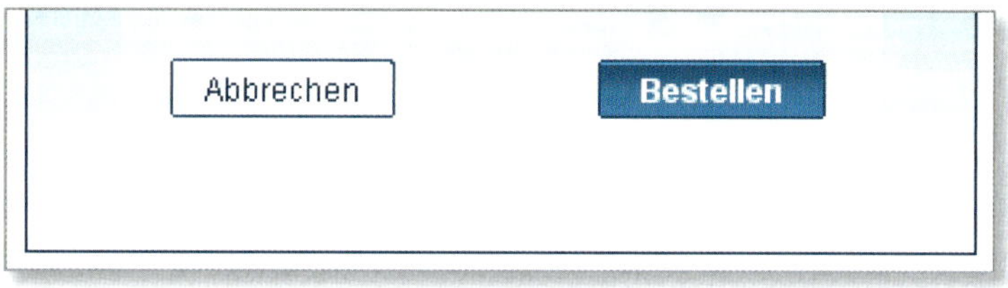

▲ **Abbildung 9**
Gestylte und ausgerichtete Buttons zum Versenden bzw. Abbrechen des Bestellvorganges.

Wer jetzt aber denkt »hey, super, fertig!«, der irrt! Zumindest dann, wenn er diese Darstellung auch den Nutzern des Internet Explorers anbieten will. Hierfür ist es nötig, bestimmte CSS-Eigenschaften anzupassen. Dafür integrieren Sie in den Dokumenten-Kopf `<head>` der (X)HTML-Datei via Conditional Comments eine separate CSS-Datei für den IE kleiner gleich der Version 7, wie folgt:

```
...
<head>
<meta http-equiv="Content-Type" content="text/
html;charset=iso-8859-1" />
<title>kreatives Kontaktformular</title>
<link rel="stylesheet" href="css/kreativesFormular.css"
type="text/css" media="all" />
<!--[if lte IE 7]>
<link rel="stylesheet" href="css/kreativesFormularIE.css"
type="text/css" media="all" />
<![endif]-->
</head>
...
```

Die für diese IE-Versionen spezifische CSS-Datei bekommt mit *kreativesFormularIE.css* eine eindeutige Bezeichnung und wird in den CSS-Ordner gelegt. Eines der Elemente, das im IE-Browser im Gegensatz zu allen anderen Browsern unterschiedlich ausgerichtet wird, ist die Legende. Dieses Element wird im IE immer leicht eingerückt. Da die Legende mit den `<label>`-Elementen auf der linken Seite bündig abschließen soll, muss sie an dieser Stelle um 7 Pixel nach links verschoben werden. Dazu muss diese Angabe mit einem negativen Wert versehen werden. Da die im März neu erschienene erste Beta-Version des IE8 diese Fehlinterpretation nicht mehr aufweist, spricht dieser Conditional Comment lediglich alle Version unter 8 an.

Conditional Comments ermöglichen es, Inhalte für (X)HTML-Dateien ausschließlich dem Internet Explorer zur Verfügung zu stellen bzw. via CSS separat für diese Browserversionen gestalten.

```
fieldset legend {
   margin:0 0 5px -7px;
}
```

Der nun tatsächlich letzte Handschlag ist die Definition für den Augenblick, in dem der Cursor sich über den `<label>`-Elementen bzw. über den beiden Buttons befindet. Da, wie in Schritt 9 dieses Workshops bereits angesprochen, der IE den Wert `pointer` für die Eigenschaft `cursor` nicht versteht, muss für diesen der Wert `hand` angegeben werden:

```
label, input.btnCancel, input.btnSend {
   cursor:hand;
}
```

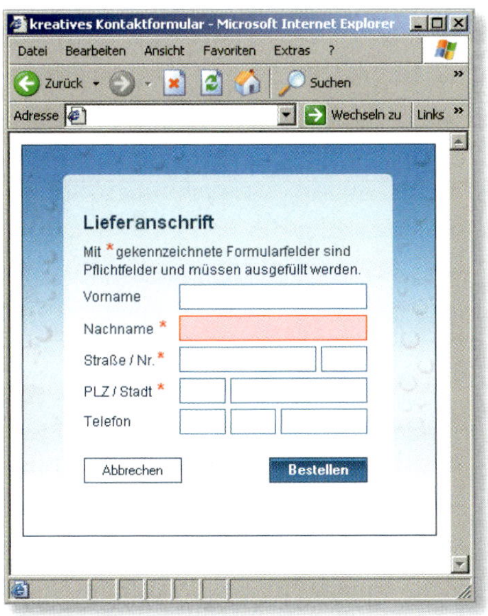

◂ **Abbildung 10**
Dass sich diese kleinen Anpassungen lohnen, zeigt die Abbildung des IE6 nach dem Abspeichern der *kreativesFormularIE.css*.

Die Darstellung des Formulars hinterlässt nun einen sehr übersichtlichen und vor allem nutzerfreundlichen Eindruck. Da dieses Formular keine Registrierung, sondern ein Bestellformular zur Auslieferung von Getränken ist, haben wir beispielsweise auf die Angabe bzw. Abfrage von Geburtsdatum, E-Mail-Adresse etc. verzichtet, da diese Daten für diesen Schritt nicht ausschlaggebend sind.

Wie bei genauem Betrachten der folgenden Abbildung des Firefox zu erkennen ist, weisen die Buttons zum Abbrechen und Bestellen im Vergleich zur IE-Abbildung die in Schritt 12 angelegten »runden Ecken« auf.

Abbildung 11 ▸
Übersichtliches Formular mit Hinweisen zu Pflichtfeldern sowie entsprechenden Fehlermeldungen

Zusammenfassung

Dieser zweite Workshop in Sachen Formulare hat gezeigt, dass es mit relativ wenig zusätzlichem (X) HTML und mit wenigen CSS-Anpassungen möglich ist, ein benutzerfreundliches Formular zu schaffen, das es den Usern ermöglicht, schnell und unkompliziert Daten einzugeben und zu versenden. Ein umfangreiches und unübersichtliches Formular wird immer zu mehr Abbrüchen während des Vorganges führen und seltener abgesendet werden als ein übersichtlich und vor allem gut strukturiertes Formular. Deshalb ist es vor dem Einsatz von CSS enorm wichtig, die einzelnen Bereiche des Formulars zu strukturieren und zu gliedern, um somit die Grundlage für das CSS zu schaffen.

/* Code aus Step 1 bis 4 & 8, 11, 12 */

```
<!DOCTYPE html PUBLIC "-//W3C//DTD XHTML 1.0 Strict//EN" "http://www.w3.org/TR/xhtml1/DTD/
xhtml1-strict.dtd">
<html xmlns="http://www.w3.org/1999/xhtml" xml:lang="de" dir="ltr">
<head>
<meta http-equiv="Content-Type" content="text/html;charset=iso-8859-1" />
<title>kreatives Kontaktformular</title>
<link rel="stylesheet" href="css/kreativesFormular.css" type="text/css" media="all" />
```

```html
<!--[if lte IE 7 ]>
<link rel="stylesheet" href="css/kreativesFormularIE.css" type="text/css" media="all" />
<![endif]-->
</head>
<body>
<form action="/cgi-bin/order.pl" method="post">
<fieldset id="contactForm">
<legend>Lieferanschrift</legend>
   <ul>
      <li>Mit <em title="Pflichtfeld">*</em> gekennzeichnete Formularfelder sind Pflicht-
      felder und m&uuml;ssen ausgef&uuml;llt werden.</li>
      <li>
         <label for="firstname">Vorname</label>
         <input name="firstname" id="firstname" type="text" />
      </li>
      <li>
         <label for="lastname">Nachname <em title="Pflichtfeld">*</em></label>
         <input class="error" name="lastname" id="lastname" type="text" />
      </li>
      <li>
         <label for="street">Stra&szlig;e / Nr.<em title="Pflichtfeld">*</em></label>
         <input class="medium inputSpace" name="street" id="street" type="text" />
         <input class="small" name="number" id="number" type="text" />
      </li>
      <li>
         <label for="zipCode">PLZ / Stadt <em title="Pflichtfeld">*</em></label>
         <input class="small inputSpace" name="zipCode" id="zipCode" type="text" />
         <input class="medium" name="city" id="city" type="text" />
      </li>
      <li>
         <label for="mobileCountryCode">Telefon</label>
         <input class="small inputSpace" name="countryCode" id="mobileCountryCode"
         type="text" />
         <input class="small inputSpace" name="cityCode" id="cityCode" type="text" />
         <input class="number" name="telNumber" id="telNumber" type="text" />
      </li>
      <li>
         <input class="btnCancel" type="reset" name="cancel" value="Abbrechen" />
         <input class="btnSend" type="submit" name="absenden" value="Bestellen" />
      </li>
   </ul>
</fieldset>
</form>
</body>
</html>
```

/* Code aus Step 5 bis 12 * /

```
body {
   font:normal 75% Arial, Verdana;
   color:#004f6e;
   margin:10px;
}

form {
   border:1px solid #004f6e;
   background:transparent url(../images/
   bg_form.jpg) left top no-repeat;
   width:356px;
   margin:0;
   padding:57px 0 10px 0;
}

fieldset {
   padding:0 40px 35px 52px;
   border:0px solid transparent;
}
fieldset legend {
   font-weight:bold;
   font-size:142%;
   padding:0;
   margin:0 0 10px 0;
   color:#004f6e;
}

fieldset ul {
   margin:0;
   padding:0;
   list-style-type:none;
}

li {
   float:left;
   margin:0 0 5px 0;
   padding:0;
   width:253px;
   font-size:12px;
}
label {
   float:left;
   line-height:167%;
   width:83px;
   cursor:pointer;
}

input {
   float:left;
   height:20px;
   width:161px;
   border:1px solid #1795be;
   padding:0;
   background:#FFF;
   font-size:100%;
}

input.small {
   width:38px;
}

input.number {
    width:73px;
}

input.medium {
   width:117px;
}

.inputSpace {
   margin:0 4px 0 0;
}

input:active, input:hover, input:focus {
   background-color:#d9f0f9;
}

em {
   font-weight:bold;
   font-size:142%;
   color:#E00;
}

input.error {
   color:#E00;
   border-color:#E00;
   background-color:#FFDCE5;
}
```

```
input.btnCancel, input.btnSend {
   margin:15px 0 0 0;
   float:left;
   width:85px;
   height:22px;
   font-weight:normal;
   color:#004f6e;
   text-align:center;
   padding:0;
   border:1px solid #0B6487;
   cursor:pointer;
   background-color:#FFF;
   -moz-border-radius:3px;
   -webkit-border-radius:3px;
}

input.btnSend  {
   float:right;
   font-weight:bold;
   color:#FFF;
   margin:15px 7px 0 0;
   background:#1795be url(../images/bg_btn-
   Send.tif) 0px 0px repeat-x;
}

input.btnSend:hover, input.btnSend:active,
input.btnSend:focus {
   background-image:url(../images/bg_btn-
   SendActive.tif);
}
```

/* Code aus kreativesFormularIE.css */

```
fieldset legend {
   margin:0 0 5px -7px;
}

label, input.btnCancel, input.btnSend {
   cursor:hand;
}
```

Tabellen

Nutzerfreundlichkeit durch barrierefreie und übersichtliche Datentabellen

Oder: Wie stellt man Daten mittels Tabellen dar, damit sie schnell und einfach verglichen werden können?

Zur Präsentation und insbesondere zum Vergleich von Daten sind Tabellen ein probates Mittel. Dieser erste Workshop in Sachen Tabellen soll hierbei neben dem allgemeinen Aufbau einer Tabelle auch auf die Struktur und Verbindung der Daten zueinander eingehen. Wie hierbei CSS für eine verbesserte Nutzerführung sorgen kann, wird in den folgenden dreizehn Arbeitsschritten deutlich.

Damit Besucher von Webseiten Beziehungen zwischen Daten einer Tabelle herstellen können, müssen die Daten (siehe Abbildung) in Spalten und Zeilen aufgeteilt werden, das heißt, sie werden gruppiert. Diese Art der Strukturierung ermöglicht es dem User, selbst umfangreiche Daten schnell miteinander vergleichen zu können.

Ziel

Ausrichtung und Positionierung von Texten und Bildern

- Anlegen der Tabellenstruktur
- Einfügen der Tabelleninformationen
- Daten strukturell und technisch miteinander verbinden
- Stylen der Tabelleninformationen mit CSS

Ausgaben für eine Tennisausrüstung

Produktname	Herstellerfirma	Preis
Tennisbälle	Dunlop	9,99 EUR
Tennisschläger	Head	199,99 EUR
Polo-Shirt	Nike	49,00 EUR
Tennis-Shorts	Nike	39,00 EUR
Tennisschuhe	Nike	149,99 EUR
	Gesamtkosten der Ausrüstung:	447,97 EUR

1 Struktur festlegen

Für diesen ersten Tabellen-Workshop legen Sie einen Ordner mit dem Namen EINSTEIGERTABELLE an. Darin definieren Sie dann eine gleichnamige (X)HTML-Datei sowie einen Ordner für die Style Sheets (css). Die Datei *einsteigerTabelle.html* erhält folgendes (X)HTML-Grundgerüst:

```
<!DOCTYPE html PUBLIC "-//W3C//DTD XHTML 1.0 Strict//EN" "http://
www.w3.org/TR/xhtml1/DTD/xhtml1-strict.dtd">
<html xmlns="http://www.w3.org/1999/xhtml" xml:lang="de"
dir="ltr">
<head>
<meta http-equiv="Content-Type" content="text/
html;charset=iso-8859-1" />
<title>Tabellenlayout für Einsteiger</title>
</head>
<body>
<!-- hier wird der weitere (X)HTML-Code integriert -->
</body>
</html>
```

2 Anlegen des Tabellengrundgerüstes

(X)HTML bietet zur Definition und Strukturierung von Tabellen bzw. der enthaltenen Daten zahlreiche Elemente an. Die häufigsten Elemente, die bei der Realisierung von Tabellen zum Einsatz kommen, sind, neben dem <table>-Tag: <tr> für die Tabellenzeilen und <td> für die Tabellenzellen. Weitere Elemente, die zur optimalen Auszeichnung einer Tabelle beitragen, sind <th> für den Kopf einer Tabelle, <tbody> für die Hauptinhalte einer Tabelle und <tfoot> für den Fußbereich. Die Elemente <thead> und <tfoot> dürfen hierbei pro Tabelle nur einmal angegeben werden, das Element <tbody> hingegen einmalig oder beliebig oft.

```
<table>
<thead>
   <tr> ... Kopfinformationen ... </tr>
</thead>
<tfoot>
   <tr> ... Fussinformationen ... </tr>
</tfoot>
<tbody>
   <tr> ... Bodyinformationen ... </tr>
</tbody>
</table>
```

Warum wird <tfoot> vor <tbody> definiert?
Der Tabellenfuß <tfoot> muss innerhalb einer Tabelle vor <tbody> definiert werden, denn nur so kann der Browser, den Fuß darstellen, bevor es die manchmal doch recht umfangreichen Datenzeilen empfängt und

3 Anlegen der Tabelleninhalte

Genug der grauen Theorie. Um die Tabellenelemente auch in Aktion sehen zu können, erstellen Sie zu Beginn dieses Kapitels eine kleine, übersichtliche Tabelle. Darin sollen, um auch einen praktischen Bezug zu haben, einzelne Gegenstände einer Tennisausrüstung, die Hersteller dieser Produkte und die dazugehörigen Preise abgebildet werden. Diese drei Rubriken werden innerhalb der Tabelle durch eine »gemeinsame Spalte« nicht nur optisch, sondern auch technisch zueinander in Bezug in Bezug gesetzt.

»colspan« und »rowspan«
Mit colspan und rowspan können zusätzlich einzelne Zellen entweder in Zeilen oder Spalten zusammengefasst werden. Da die Zelle mit dem Gesamtpreis aller Erzeugnisse im Vergleich zu allen anderen Tabellenzellen anders dargestellt werden soll, bekommt diese Zelle die eindeutige Kennzeichnung id="amount" (»amount« = »Betrag«).

```
<table>
  <thead>
  <tr>
    <th>Produktname</th>
    <th>Herstellerfirma</th>
    <th>Preis</th>
  </tr>
  </thead>
  <tfoot>
  <tr>
    <td colspan="2">Gesamtkosten der Ausrüstung:</td>
    <td id="amount">447,97 EUR</td>
  </tr>
  </tfoot>
  <tbody>
  <tr>
    <td>Tennisbälle</td>
    <td>Dunlop</td>
    <td>9,99 EUR</td>
  </tr>
  <tr>
    <td>Tennisschläger</td>
    <td>Head</td>
    <td>199,99 EUR</td>
  </tr>
  <tr>
    <td>Polo-Shirt</td>
    <td>Nike</td>
    <td>49,00 EUR</td>
  </tr>
  <tr>
    <td>Tennis-Shorts</td>
    <td>Nike</td>
    <td>39,00 EUR</td>
  </tr>
```

```
    <tr>
       <td>Tennisschuhe</td>
       <td>Nike</td>
       <td>149,99 EUR</td>
    </tr>
</tbody>
</table>
```

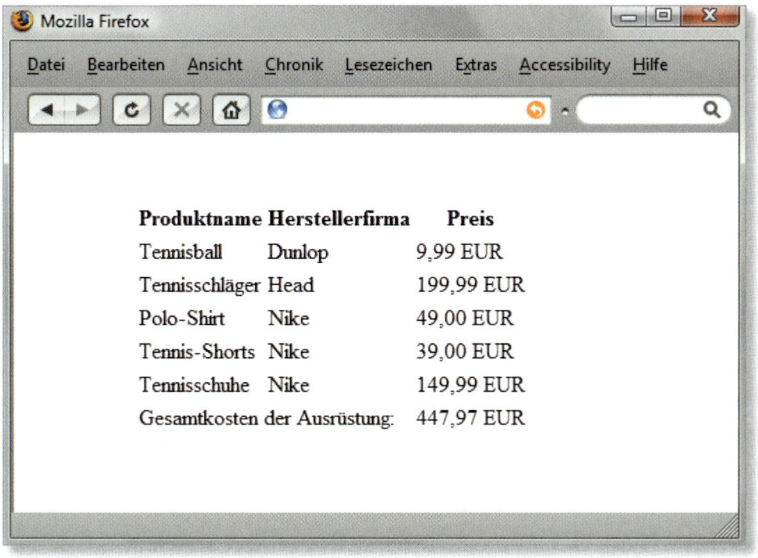

◂ **Abbildung 1**
Überblick über die Ausgaben für eine Tennisausrüstung

Die jeweils erste Spalte einer Tabellenzeile beinhaltet das Produkt, die zweite Spalte den Namen der Herstellerfirma und die dritte den Preis des Produktes.

4 CAPTION – Zuweisen einer Überschrift für die Tabelle

Auch wenn der ein oder andere Leser erst begonnen hat, sich in die Themen CSS oder (X)HTML einzuarbeiten, sollte auch an dieser Stelle darauf hingewiesen werden, dass es auch Webseitenbesucher mit körperlichen Einschränkungen gibt, die die Inhalte der Datentabellen erhalten möchten. Die bisher verwendeten Elemente sind dafür allerdings noch nicht ausreichend. Um diese Barrieren für Menschen mit körperlichen Beeinträchtigungen oder unzureichender Computerausstattung abbauen zu können, wird die Gestaltung der Tabelle via CSS an dieser Stelle um einen weiteren Arbeitsschritt verschoben. Das Element `caption` liefert eine Beschreibung des Tabelleninhaltes. Es ist damit optisch und semantisch eine Art Überschrift der Tabelle.

```
<table>
<caption>Ausgaben für eine Tennisausrüstung</caption>
...
</table>
```

»caption«
Im Browser wird die `caption` über der Tabelle abgebildet, im Quellcode wird sie allerdings direkt nach dem öffnenden `<table>`-Tag angegeben.

Summary – eine Zusammenfassung für nichtvisuelle Medien 5

Wie der Begriff summary vermuten lässt, bietet dieses Element eine Zusammenfassung der Inhalte einer Tabelle. Innerhalb des (X)HTML-Codes wird es direkt im öffnenden <table>-Tag definiert. Da diese Information von den grafischen Browsern nicht dargestellt wird, könnte man sich fragen, wozu diese Information vonnöten ist. Ganz einfach: Einem sehenden User erschließt sich der Inhalt der Tabelle durch ihren Aufbau. Einem Blinden ist dies nicht möglich. Da er aber ebenso wie ein Sehender im Netz schnell und unkompliziert an seine Informationen kommen will, beschreibt dieses Tag mittels einer Zusammenfassung die Inhalte der Tabelle, so dass diese beispielsweise mittels assistiver Technologien wie einem Screenreader und der Braille-Zeile ausgegeben werden können.

```
<table summary="Übersicht der Ausgaben für eine Tennisausrüs-
tung">
<caption>Ausgaben für eine Tennisausrüstung</caption>
...
</table>
```

Strukturieren und Gliedern mit <COLGROUP> 6

Ein weiteres Element, das noch seltener zum Einsatz kommt und ein bescheidenes Dasein fristet, ist <colgroup>. Seit HTML 4.0 wird diese Syntax angeboten, die es ermöglicht, dem Browser gleich zu Beginn der Tabellendefinition die Anzahl der Spalten mitzuteilen. Dies geschieht mit den Attributen span und width.

»summary«: Zusammenfassung
Dank dieser kann der User z. B. im Screenreader die Tabelle überspringen.

```
<table summary="Übersicht der Ausgaben für eine Tennisausrüs-
tung">
<colgroup>
<col width="37%" span="2" />
<col width="26%" />
</colgroup>
<caption>Ausgaben für eine Tennisausrüstung</caption>
...
</table>
```

SCOPE – Tabelleninhalte strukturell und inhaltlich verbinden 7

Mit dem Attribut scope ist es möglich, bestimmte Bereiche zu Gruppen zusammenzufassen. Diese Angaben sind für nichtvisuelle Medien ausgelegt. Das bedeutet, dass beispielsweise sehbehinderte User, die auf die Sprachausgabe der Tabelleninhalte angewiesen sind, zwischen Datenzellen und Kopfzellen einen Bezug (Nike = Herstellerfirma, 39,00 EUR = Preis etc.) herstellen können, da die jeweilige Überschrift den einzelnen Tabellenzellen vorangestellt wird. Denn ohne akustische Wiederholung ist es vor allem bei umfangreichen Datentabellen fast unmöglich, den Beginn und das Ende einer Zelle oder Spalte zu erkennen.

```
...
<thead>
<tr>
   <th scope="col">Produktname</th>
   <th scope="col">Herstellerfirma</th>
   <th scope="col">Preis</th>
</tr>
</thead>
...
```

Durch die Angabe `col` in einer Tabellenkopfzelle erhalten die Spalten dieser Tabelle einen strukturellen und inhaltlichen Bezug zueinander.

<colgroup>
Bevor ein Webbrowser eine Tabelle darstellen kann, muss er diese normalerweise vollständig einlesen und analysieren. Je nach Umfang und Komplexität der Tabelle kann dies die Arbeitsgeschwindigkeit des Clientrechners entsprechend herabsetzen und dazu führen, dass während des Aufbaus leere Bildschirminhalte im Browser abgebildet werden. Insbesondere der Aufbau von umfangreichen Tabellen kann so beschleunigt werden. Zusätzlich stellt dies eine Referenz aller Datenzellen einer Spalte auf die entsprechende Zelle im Header der Tabelle her.

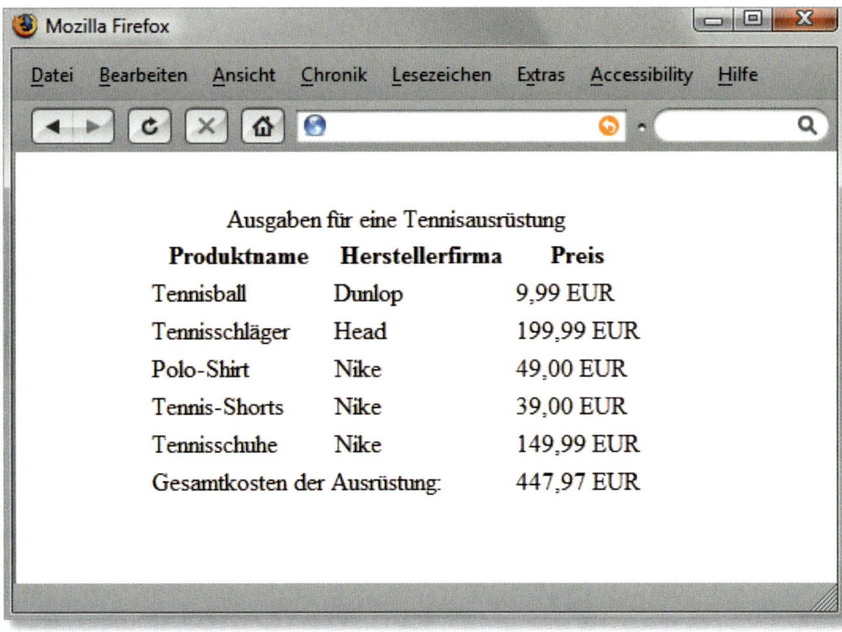

◂ **Abbildung 2**
Tabellendaten inklusive Tabellenüberschrift

8 CSS-Datei in (X)HTML-Seite integrieren

Bevor Sie nun mit der Gestaltung der Tabelle loslegen können, definieren Sie eine CSS-Datei. Analog zur Bezeichnung des Workshop-Ordners und der (X)HTML-Datei heißt diese Datei *einsteigerTabelle.css*. Auf sie wird nun innerhalb des Kopfbereiches `<head>` der *einsteigerTabelle.html* referenziert.

```
...
<head>
...
<title>Tabellenlayout für Einsteiger</title>
<link rel="stylesheet" title="Default" href="css/einsteigerTa-
belle.css" type="text/css" media="screen" />
</head>
...
```

Tabellenaufbau sichtbar machen 9

Da dies kein (X)HTML-, sondern ein CSS-Workshop ist, dieses Verständnis zur Gestaltung einer Tabelle aber vonnöten ist, sei an dieser Stelle kurz auf den Aufbau der Tabelle hingewiesen. Um dies visualisieren zu können, vergeben Sie für die einzelnen Tabellenelemente in der *einsteigerTabelle.css* unterschiedliche Rahmenfarben. Damit die Tabelle sich zudem nicht bis ins Uferlose ausbreitet, sei an dieser Stelle eine Breitenangabe von 500 px gestattet.

Wie in der Abbildung zu erkennen, muss ein Rahmen einer Tabelle nicht auf die Tabelle (roter Rahmen) selbst oder die einzelnen Zellen (<td>) begrenzt sein, denn auch Gruppierunueng für Header (blauer Rahmen), Body (grüner Rahmen) und Footer (brauner Rahmen) einer Tabelle können eigene Werte erhalten. Vor allem für grafische Raffinessen gibt es somit wesentlich mehr Möglichkeiten zur Gestaltung, ohne dafür zusätzliche Klassen oder IDs für Tabellenspalten oder -zeilen definieren zu müssen.

```
table {
   border:1px solid red;
   width:500px;
}

thead th {
   border:1px solid blue;
}

tbody td {
   border:1px solid green;
}

tfoot td {
   border:1px solid maroon;
}
```

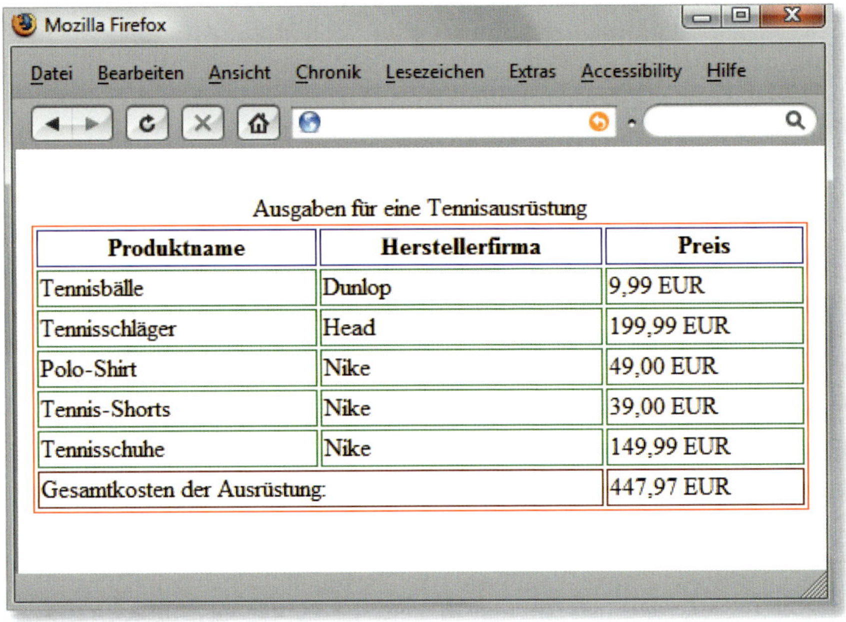

▲ **Abbildung 3**
Aufteilung der Tabelle in ihre einzelnen Bereiche

Wie in diesen Abbildungen gut zu erkennen ist, besitzen die Zellen `<tbody>` und `<tfoot>` im Vergleich zu `<thead>` eine andere Voreinstellung der Textausrichtung sowie eine unterschiedliche Gewichtung von `font-weight`. Wesentlich folgenschwerer ist die Voreinstellung für die Rahmenabstände. Um diese voreingestellten Text- und Rahmeneigenschaften zu vermeiden, bedarf es weniger zusätzlicher Zeilen zum bisherigen CSS-Code. Der Tabelle geben wir die Eigenschaft `border-collapse` mit dem Wert `collapse`:

```
table {
   border:1px solid red;
   width:500px;
   border-collapse:collapse;
}
```

Allen Kopf- und Tabellenzellen geben wir einen Innenabstand von 0 Pixel. Wenn dies nicht geschieht, weisen diese Zellen immer einen Abstand vom Zelleninhalt zum Zellenrand auf. Diese Abstände werden je nach Browser unterschiedlich groß angezeigt.

border-collapse
Um auch die Abstände zwischen den einzelnen Rahmen entfernen zu können, bedarf einer weiteren kleinen Erweiterung des CSS-Codes. Die zusätzliche Integration von `border-collapse` beeinflusst die Art, wie die Einzelrahmen der Tabellenbereiche benachbarter Zellen formatiert und dargestellt werden. Die Eigenschaft `border-collapse` kann folgende Werte beinhalten:

- `separate` = Die Rahmen der Tabellenzellen weisen zu den jeweils benachbarten Zellen einen Abstand auf.
- `collapse` = Die Rahmen der Tabellenzellen fallen zusammen und besitzen keinen Abstand zu den jeweils benachbarten

```
th, td {
   padding:0;
}
```

Diese kleinen CSS-Anpassungen führen dazu, dass die Abstände der Tabellenbereiche »zusammenfallen« und damit verschwinden.

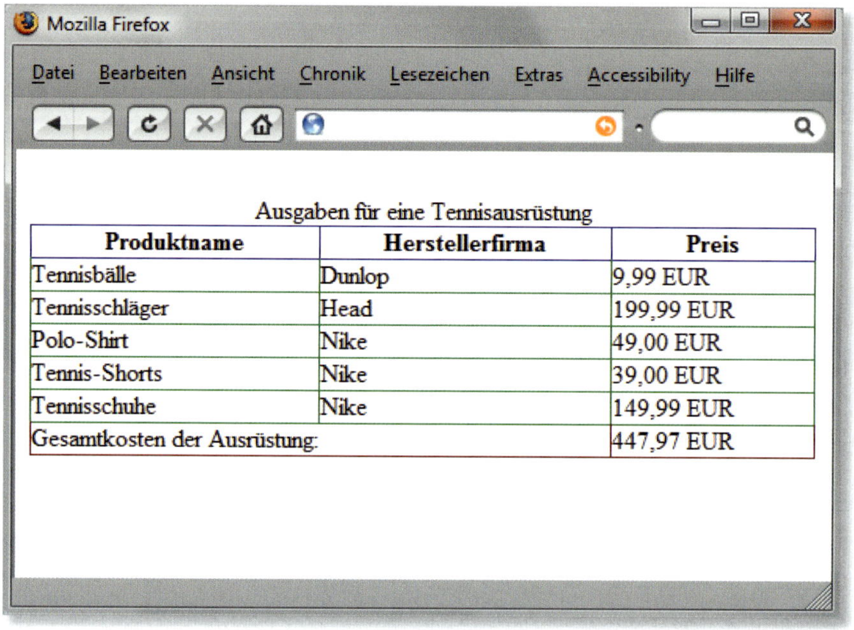

Abbildung 4 ▸
Da die Abstände der Bereiche aufgehoben wurden, ist im Firefox nicht der äußere Rahmen der Tabelle sichtbar, sondern er zeigt die Rahmen der Tabellenbereiche an.

Tabellenausmaße festlegen 10

Schriftgröße berechnen
Da die Schriftgröße der Tabelleninhalte in absoluten Werten 13 px entsprechen soll, errechnet sich dieser Wert wie folgt:
16 px/100 % * 13 px/x = 81 % (gerundeter Wert)

Da nun für die gängigen Browser gleiche Voraussetzungen für die Gestaltung der Tabelle geschaffen wurden, wird es Zeit, die Zielsetzung dieses Workshops in Angriff zu nehmen. Um zumindest farblich ein wenig beim Thema des Tabelleninhaltes zu bleiben, werden Sie sich bei der Definition der CSS-Eigenschaften ein wenig am Grün von Wimbledon anlehnen und alle bisherigen zur Verdeutlichung des Aufbaus verwendeten Eigenschaften innerhalb der *einsteigerTabelle.css* entfernen. Dann vergeben Sie für die gesamte Tabelle und damit für alle in ihr befindlichen Elemente neben der Auszeichnung für die Schriften auch die entsprechenden Rahmeneigenschaften (Rahmenstärke, -stil und -farbe).

```
table {
   width:500px;
   border-collapse:collapse;
```

```
  border:1px solid #79D127;
  font:normal 81% "Trebuchet MS", Verdana, sans-serif;
  color:#444;
}
```

Die Auswirkungen dieser doch recht übersichtlich erscheinenden Eigenschaften und ihrer jeweiligen Werte sehen wie folgt aus:

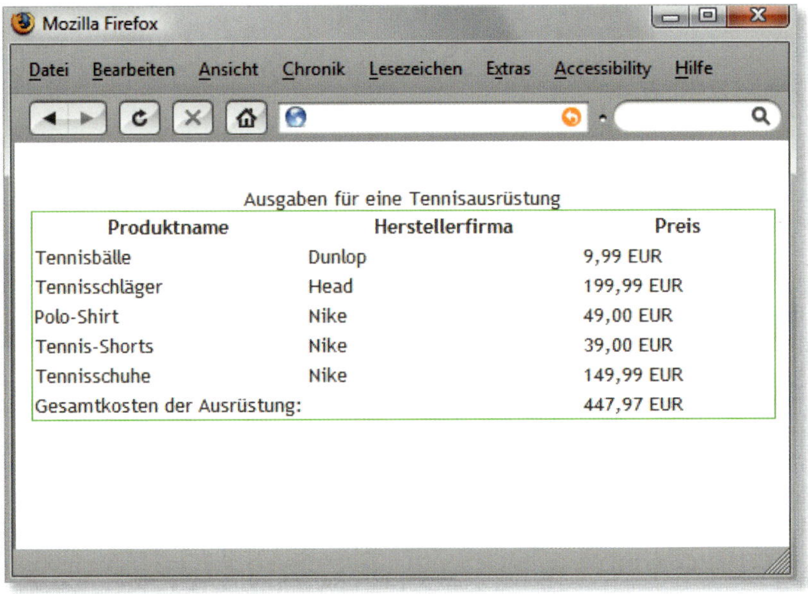

▲ **Abbildung 5**
Tabelle mit Tabellenrahmen

Schriftgröße und Zeilenhöhe berechnen
Die Schriftgröße der Tabellenüberschrift soll in absoluten Werten 15 px und die Zeilenhöhe 30 px entsprechen und errechnet sich wie folgt:
13 px/100 % * 15 px/x = 142 % (gerundeter Wert)
Die im body festgelegte relative Schriftgröße von 81 % wird für alle in ihm befindlichen (X)HTML-Elemente als Ausgangswert genommen. Ohne jegliche weitere Anpassungen wären nun alle Textinhalte 81 %, dass heißt 13 px, groß. Daher wird dieser Wert nun für alle weiteren Berechnungen als Basis, das heißt als 100 %, genommen. Da die Zeilenhöhe doppelt so hoch ist, bekommt sie den Wert 2, der 200 % bzw. 2 em entspricht.

11 Überschrifteneigenschaften optimieren

Im nächsten Schritt weisen wir der Tabellenüberschrift <caption> eine andere Schriftart und -größe zu sowie eine wesentlich höhere Zeilenhöhe und Schriftgewichtung als den Tabelleninhalten:

```
table caption {
  font:bold 115%/2 Arial, Helvetica;
}
```

Um den Tabellenkopf <thead> und die in ihm befindlichen Kopfzellen <th> farblich von den restlichen Tabelleninhalten abzusetzen, bekommt dieser Bereich eine andere Hintergrund- und Schriftfarbe:

```
thead th {
    background:#79D1273;
    color:#FFF;
}
```

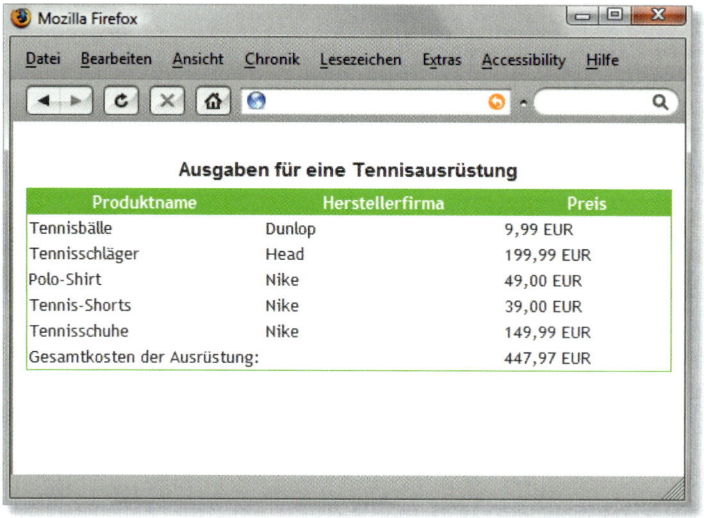

▲ **Abbildung 6**
Veränderte Hintergrund- und Schriftfarbe des Tabellenkopfes

Shorthand-Properties
Um eine saubere Struktur innerhalb der CSS-Datei beibehalten zu können, ist es wichtig, bestimmte Werte zusammenzufassen. Dieses Vorgehen ist auch unter dem Begriff »Shorthand-Properties« (»Kurzschrift-Eigenschaften«) bekannt.

```
table caption {
font:bold 115%/2 Arial,
Helvetica;
}
table caption {
font-family:Arial, Helve-
tica;
font-weight:bold;
font-size:115%;
line-height:2em;
}
```

12 Inhalte der Tabellenzellen ausrichten

Im dritten Schritt der Tabellengestaltung durch CSS richten Sie die Zelleninhalte aus. Als Erstes werden allen Zellen im Bodybereich <tbody> der Tabelle oben und unten Rahmen zugewiesen, wodurch die einzelnen Produkte voneinander separiert werden und somit für den Betrachter unabhängiger von den restlichen Daten erscheinen.

```
tbody tr td {
    border-width:1px 0;
    border-style:solid;
    border-color:#79D1273;
}
```

Sämtliche Zellen innerhalb der Tabelle erhalten dann eine innere Abstandszuweisung, damit sie nicht direkt an den Rahmen »kleben«. Außerdem werden alle Zellen <td> inklusive der Zellen im Kopfbereich <th>, die von der Voreinstellung der Browser her mittig ausgerichtet sind, mit einer linksgerichteten Textausrichtung versehen.

Da die Innenabstände sowie die Textausrichtungen in den normalen Tabellenzellen und in den Kopfzellen identisch sein sollen, können diese Eigenschaften für diese Elemente zusammengefasst werden. Einfach durch ein Komma getrennt, sorgt diese Schreibweise dafür, dass <td> wie auch <th> die darauffolgenden Eigenschaften erhalten.

```
td, th {
   padding:3px 5px;
   text-align:left;
}
```

◂ **Abbildung 7**
Die Trennung der Tabellenzeilen verschafft einen besseren Überblick über die Daten und deren Bezug zueinander.

13 Footer-Inhalte hervorheben

Als vierten und letzten Schritt der Einführung in die Gestaltung von Tabellen sollen Sie den Fußbereich `<tfoot>` separat gestalten, um so die Wirkung des Gesamtpreises auf den User zu erhöhen. Deshalb heben Sie diese Zelle farblich hervor und verpassen ihr wegen der Hintergrundfarbe, analog zum Kopfbereich der Tabelle, die Schriftfarbe Weiß. Um diese separate Eigenschaft zuweisen zu können, vergeben Sie für diese Zelle eine `id` mit der Bezeichnung `amount`. Die Zelle daneben, die noch einmal zusätzlich auf den Bereich der Gesamtkosten hinweist, setzen wir zur besseren Übersicht rechtsbündig.

```
tfoot td {
   text-align:right;
}

tfoot td#amount {
   background:#79D127;
   color:#FFF;
   text-align:left;
}
```

Da die Zelle mit dem Gesamtpreis für die Tennisausrüstung nicht rechts ausgerichtet sein soll, muss sie zusätzlich links ausgerichtet werden.

Abbildung 8 ▸
Ausgaben für eine Tennisausrüstung tabellarisch aufbereitet

Zusammenfassung

Dieser Workshop soll neben dem allgemeinen Aufbau und der Struktur einer Tabelle durch (X)HTML auch eine barrierefreie Umsetzung und insbesondere die Gestaltungsmöglichkeiten durch CSS erläutern. Denn bei der Verwendung der angegebenen Tabellenbereiche sind selbst bei raffinierten und aufwendigen Designs für Datentabellen kaum weitere Elemente zur Gestaltung nötig. Dies führt zu schlankem (X)HTML- und CSS-Code. Und dies wiederum sorgt, gerade bei umfangreichen Tabellen, für schnellere Ladezeiten – und so für zufriedenere Webseitenbesucher.

/* Code aus Step 1 bis 8 */

```
<!DOCTYPE html PUBLIC "-//W3C//DTD XHTML 1.0 Strict//EN" "http://www.w3.org/TR/xhtml1/DTD/
xhtml1-strict.dtd">
<html xmlns="http://www.w3.org/1999/xhtml" xml:lang="de" dir="ltr">
<head>
<meta http-equiv="Content-Type" content="text/html;charset=iso-8859-1" />
<title>Tabellenlayout für Einsteiger</title>
<link rel="stylesheet" title="Default" href="css/einsteigerTabelle.css" type="text/css"
media="screen" />
</head>
<body>
<table summary="Übersicht der Ausgaben für eine Tennisausrüstung">
<colgroup>
<col width="37%" span="2" />
<col width="26%" />
```

```
</colgroup>
   <caption>
      Ausgaben für eine Tennisausrüstung
   </caption>
   <thead>
   <tr>
      <th scope="col">Produktname</th>
      <th scope="col">Herstellerfirma</th>
      <th scope="colv>Preis</th>
   </tr>
   </thead>
   <tfoot>
   <tr>
      <td colspan="2">Gesamtkosten der Ausrüstung:</td>
      <td id="amount">447,97 EUR</td>
   </tr>
   </tfoot>
   <tbody>
   <tr>
      <td>Tennisbälle</td>
      <td>Dunlop</td>
      <td>9,99 EUR</td>
   </tr>
   <tr>
      <td>Tennisschläger</td>
      <td>Head</td>
      <td>199,99 EUR</td>
   </tr>
   <tr>
      <td>Polo-Shirt</td>
      <td>Nike</td>
      <td>49,00 EUR</td>
   </tr>
   <tr>
      <td>Tennis-Shorts</td>
      <td>Nike</td>
      <td>39,00 EUR</td>
   </tr>
   <tr>
      <td>Tennisschuhe</td>
      <td>Nike</td>
      <td>149,99 EUR</td>
   </tr>
   </tbody>
</table>
```

```
</body>
</html>
```

/* Code aus Step 9 bis 13 */

```
table {
   width:400px;
   border:1px solid #79d127;
   border-collapse:collapse;
   font:normal 81% "Trebuchet MS", Verdana,
   sans-serif;
   color:#444;
}

table caption {
   font:bold 115%/2 Arial, Helvetica;
}

thead th {
   background:#79d127;
   color:#FFF;
}

tbody tr td {
   border-width:1px 0;
   border-style:solid;
   border-color:#79d127;
}

td, th {
   padding:3px 5px;
   text-align:left;
}

tfoot td  {
   text-align:right;
}

tfoot td#amount {
   background:#79d127;
   color:#FFF;
   text-align:left;
}
```

Die Gestaltung von Datentabellen geht über einen Rahmen hinaus

Oder: Wie bringt man, bei korrekter Strukturierung der Tabelle, Farbe in den tristen Tabellenalltag?

Dem Einsteiger-Workshop zur korrekten Strukturierung einer Datentabelle soll nun eine nutzerfreundlichere und etwas aufwendigere Gestaltung derselben Tabelle via CSS folgen. Das Wesentliche einer Tabelle ist nahezu immer das schnelle Auffinden der gewünschten Information. In großen Produkttabellen ist dies neben dem Produktnamen meistens der Preis, denn dieser ist oft ausschlaggebend für einen eventuellen Kauf des Produktes. Um Tabellen und hierbei insbesondere deren Inhalte auch ein wenig detaillierter als im vorherigen Workshop zu präsentieren, wird dieser Workshop lediglich auf Basis einer neuen CSS-Datei für entsprechende Veränderungen sorgen. Dass auch dies mit ein wenig Raffinesse ohne großen Aufwand vonstatten gehen kann, wird in den nächsten lediglich sieben Arbeitsschritten deutlich. In der Abbildung sehen Sie, dass lediglich ein kleines Icon, eine Hintergrundgrafik von 1 px Breite und die Abbildung eines Tennisballs für eine visuell angenehmere Darstellung der identischen Datentabelle sorgen. Vor allem der Bezug zum Thema ist für den Nutzer somit wesentlich einfacher herzustellen.

Ausrichtung und Positionierung von Texten und Bildern

- Übernahme des HTML-Gerüstes des ersten Workshops, Punkt 1.1
- Erstellen grafischer Elemente
- Gestalten der Tabellenbereiche

Ziel

Struktur festlegen 1

Zuerst legen Sie für diesen Workshop bitte einen Ordner mit der Bezeichnung fortgeschrittenenTabelle an. Da die *einsteigerTabelle.html* aus dem vorherigen Workshop Grundlage dieses Workshops sein wird, kann sie in den soeben angelegten Ordner kopiert werden. Dann benennen Sie die Datei in *fortgeschrittenenTabelle.html* um. An selber Stelle legen Sie wiederum einen Bilder-Ordner (IMAGES) und einen Ordner für CSS (CSS) an. In dem CSS-Ordner erstellen Sie dann die Datei *fortgeschrittenenTabelle.css*.

In der nun vorliegenden Datei *fortgeschrittenenTabelle.html* müssen lediglich noch Seitentitel sowie die Referenzierung auf die noch leere CSS-Datei angepasst werden:

```
<!DOCTYPE html PUBLIC "-//W3C//DTD XHTML 1.0 Strict//EN" "http://
www.w3.org/TR/xhtml1/DTD/xhtml1-strict.dtd">
<html xmlns="http://www.w3.org/1999/xhtml" xml:lang="de"
dir="ltr">
<head>
<meta http-equiv="Content-Type" content="text/
html;charset=iso-8859-1" />
<title>Tabellen für Fortgeschrittene</title>
<link rel="stylesheet" title="Default" href="css/fortgeschritten-
enTabelle.css" type="text/css" media="screen" />
</head>
<body>
<table summary="Übersicht der Ausgaben für eine Tennisausrüs-
tung">
<!-- siehe (X)HTML-Quellcode des vorherigen Workshops -->
</table>
</body>
</html>
```

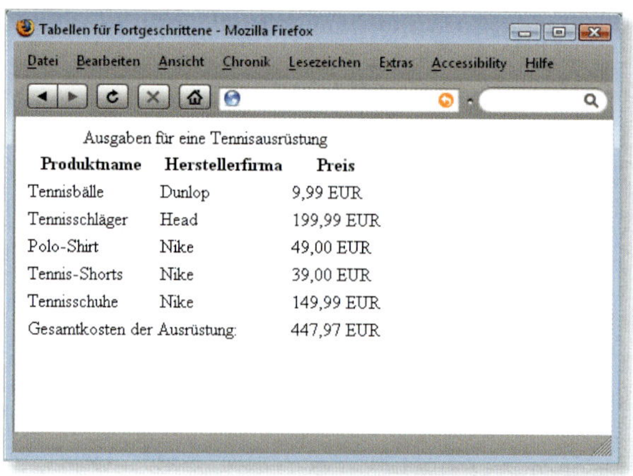

Abbildung 1 ►
Tabelle mit neuem Seitentitel

Um die Tabelle zuerst in ihre Schranken zu weisen, geben wir ihr auch diesmal eine Gesamtbreite von 500 px. Außerdem definieren Sie sämtliche Schrifteigenschaften. Damit die Rahmen der einzelnen Tabellenbereiche nicht die in den Browsern üblichen Standardabstände aufweisen, lassen Sie sie mit der Eigenschaft `border-collapse` und dem Wert `collapse` »zusammenfallen«, so dass sie nahtlos ineinander übergehen.

```
table {
   width:500px;
   padding:0;
   margin:0;
   font:normal 81% "Trebuchet MS", Verdana, sans-serif;
   border-collapse:collapse;
}
```

Die Überschrift der Tabelle, die sich von der Darstellung her außerhalb der Tabelle befindet, erhält eine grüne, kursive, rechts ausgerichtete Schrift, zudem eine Zeilenhöhe von 1.85 em, um ein wenig Abstand zur Tabelle zu bekommen:

```
caption {
   font-style:italic;
   line-height:1.85em;
   text-align:right;
   color:#79D127;
   padding:0;
   margin:0;
}
```

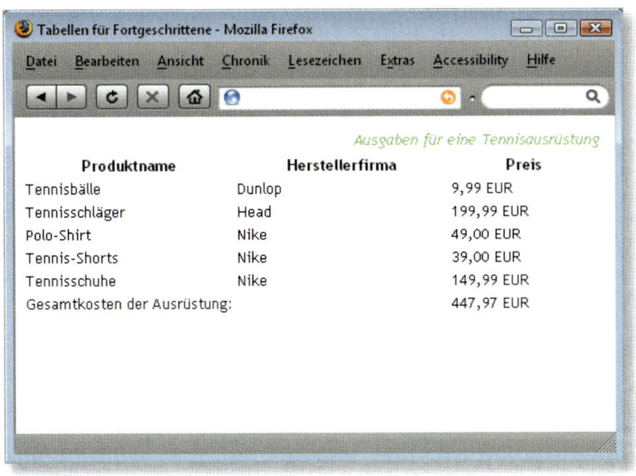

◂ **Abbildung 2**
Tabelle mit veränderter Überschrift

2 Tabelle und Überschrift definieren

Schriftgröße berechnen
Da die Schriftgröße der Tabelleninhalte in absoluten Werten 13 px betragen soll und die Standardschriftgröße von 16 px umgerechnet 100 % entspricht, errechnet sich der Wert für die Tabelleninhalte wie folgt:
16 px/100 % * 13 px/x = 81 % (gerundeter Wert)

Schriftgröße und Zeilenhöhe berechnen
Da sich die Zeilenhöhe der Tabellenüberschrift an den 13 px in absoluten Werten orientiert und selbst 24 px entsprechen soll, errechnet sich dieser Wert wie folgt:
13 px/100 % * 24 px/x = 185 % (gerundeter Wert)
Da die Zeilenhöhe auch in em angegeben werden kann und 100 % hierbei 1 em entsprechen, erhält die Zeilenhöhe den Wert 1,85 em.

Tabellenzellen ausrichten 3

Bevor Sie nun die Tabellenzellen bzw. deren Inhalte ausrichten, legen Sie eine 1 Pixel breite Grafik *bg_th.gif* mit einem Farbverlauf an. Diese wird dann mittels CSS in x-Richtung (horizontal) so oft wiederholt, wie die Tabelle bzw. die Zellen des Tabellenkopfes `<th>` die Möglichkeit dazu geben.

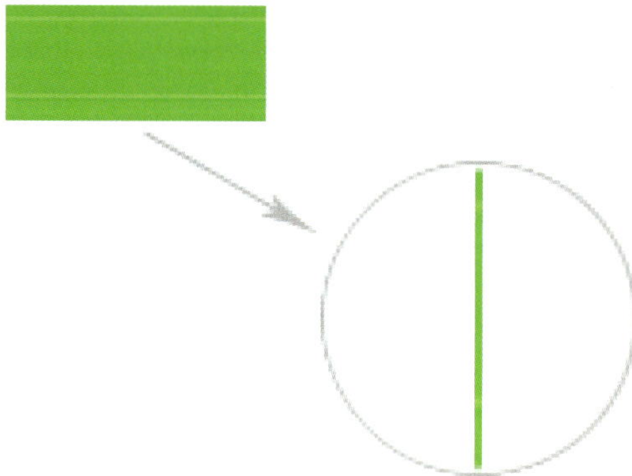

Abbildung 3 ▸
1 Pixel breite Hintergrundgrafik für den Tabellenkopf

Um bei der Anlehnung an den grünen Rasen und die weißen Linien der Tennisplätze aus Wimbledon zu bleiben, versehen wir neben der grünen Farbe durch die Grafik auch die Schrift des Tabellenkopfes mit weißer Farbe und einem Zeichen- und Zellenabstand. Den Kopfzellen und den übrigen Datenzellen der Tabelle geben wir einen Rahmen mit grüner Farbe, entsprechend der Hintergrundgrafik des Kopfbereiches.

Tabellenkopf
In den Zellen <th> des Tabellenkopfes <thead> ist die Default-Einstellung zentriert und nicht wie bei den restlichen Tabellenzellen <td> im Tabellenkörper <tbody> bzw. -fuß <tfoot> linksgerichtet.

```
thead th {
   letter-spacing:1px;
   text-align:left;
   color:#FFF;
   padding:4px 5px 6px 10px;
   border:1px solid #79D127;
   background:#7ed026 url(../images/bg_th.gif) repeat-x;
}
```

An dieser Stelle definieren Sie für die Zellen (entspricht allen Zellen des Tabellenkörpers <tbody> und Tabellenfußes <tfoot>) eine dunkelgrüne Schrift und Zellenrahmen und sorgen für ausreichend Abstand der Zelleninhalte:

```
td {
   padding:5px 5px 5px 10px;
   border:1px solid #79D127;
   color:#060;
}
```

Produktname	Herstellerfirma	Preis
Tennisbälle	Dunlop	9,99 EUR
Tennisschläger	Head	199,99 EUR
Polo-Shirt	Nike	49,00 EUR
Tennis-Shorts	Nike	39,00 EUR
Tennisschuhe	Nike	149,99 EUR
Gesamtkosten der Ausrüstung:		447,97 EUR

◂ **Abbildung 4**
Tabelle mit Hintergrundgrafik und Zellenrahmen

Der Vorteil einer 1 Pixel breiten Grafik ist ihre relativ kleine Dateigröße. Außerdem kann sie sich in der Breite oder Höhe beliebig oft wiederholen und damit dynamisch den Inhalten anpassen. Eine große Grafik wäre in dieser Hinsicht wesentlich unflexibler.

4 Tabelleninhalte visuell strukturieren

Da in der Zielvorgabe die Tabellenzeilen unterschiedliche Farbeigenschaften aufweisen, um beim Betrachter auch die nötige Aufmerksamkeit in Bezug auf die Inhalte der Tabelle erreichen zu können, müssen Sie den bestehenden (X)HTML-Quellcode, wie am Anfang bereits erwähnt, etwas modifizieren. Zur Verdeutlichung der Änderungen werden diese im Quellcode eingefärbt. Um eine wechselnde Zeilenfarbe zu erreichen, gibt es unzählige Möglichkeiten. Sie sollten sich hierbei ausschließlich auf das (X)HTML-Gerüst und die Gestaltungsmöglichkeiten von CSS beschränken. Um den farbigen Zeilen die entsprechende Eigenschaft zuzuweisen, ist es eine Möglichkeit, für die Tabellenzeilen unterschiedliche Klassen und damit andere CSS-Eigenschaften als für die Klasse `.evenCol` (gleichbedeutend mit allen geraden Tabellenzeilen wie beispielsweise Zeile 2, 4 usw.) zu vergeben. Wie in der Zielsetzung für diesen Workshop zu erkennen ist, wird außerdem jeder ersten Zelle einer jeden Zeile ein Icon abverlangt. Hierfür legen Sie in der *fortgeschrittenenTabelle.css* eine weitere Klasse an. In Bezug auf ihre Position bezeichnen Sie sie als `.product`. Diese Klasse wird jeder ersten Zelle hinzugefügt. In den geraden Zeilen befindet sich bereits die Bezeichnung `.evenCol`, dieser kann der Klassenname `.product` hinzugefügt werden.

```
<table>
...
  <tbody>
  <tr>
    <td class="product">Tennisbälle</td>
```

Damit die zwei unterschiedlichen Klassen, die einem einzigen Element zugewiesen werden, von diesem auch richtig interpretiert werden können, muss zwischen ihnen ein Leerzeichen stehen. Der ersten werden die Eigenschaften der zweiten Klasse hinzugefügt. Sie sind aber auch separat voneinander einsetzbar.

```
      <td>Dunlop</td>
      <td>9,99 EUR</td>
   </tr>
   <tr>
      <td class="evenCol product">Tennisschläger</td>
      <td class="evenCol">Head</td>
      <td class="evenCol">199,99 EUR</td>
   </tr>
   <tr>
      <td class="product">Polo-Shirt</td>
      <td>Nike</td>
      <td>49,00 EUR</td>
   </tr>
   <tr>
      <td class="evenCol product">Tennis-Shorts</td>
      <td class="evenCol">Nike</td>
      <td class="evenCol">39,00 EUR</td>
   </tr>
   <tr>
      <td class="product">Tennisschuhe</td>
      <td>Nike</td>
      <td>149,99 EUR</td>
   </tr>
   </tbody>
</table>
```

Da alle anderen Zellen aufgrund der Browser-Standardeinstellungen für Hintergrundfarben von Tabellenzellen einen weißen Hintergrund aufweisen, ist eine weitere Klassifizierung für alle ungeraden Zeilen in diesem Fall nicht vonnöten.

Die Prozentangaben für die Ausrichtung bzw. die Position des Icons sorgen mit 6% (es schließt somit linksbündig mit der Kopfzelle für den Produktnamen ab) für eine Einrückung von links, und der Wert 50% führt zur vertikal zentrierten Ausrichtung des Icons. So ist es egal, wie hoch die Tabellenzelle durch Innenabstände oder Zeilenhöhe wird, die Grafik bleibt in der Tabellenzelle immer mittig.

```
td.evenCol {
   background-color:#F2FFC2;
}
```

Damit aber auch das bereits angesprochene Icon *ic_arrow.gif* die richtige Position innerhalb der Tabellenzelle erhält und nicht vom Text überlagert wird, wird als Erstes hierfür die Ausrichtung der Textinhalte dieser Zelle definiert. Um ausreichend Platz für das Icon zu schaffen, muss der Textinhalt um 28 Pixel von links eingerückt werden. Dies schafft genügend Platz für das Pfeil-Icon.

```
.product {
   padding:7px 5px 7px 28px;
   background:transparent url(../images/ic_arrow.gif) 6% 50%
   no-repeat;
}
```

◀ **Abbildung 5**
Hervorheben ungerader Tabellenzellen durch Hintergrundfarbe sowie Betonung der Produkte durch das Pfeil-Icon

5 Gesamtkosten hervorheben

Da die erste Zelle des Tabellenfußes <tfoot>, die sich mit `colspan="2"` über zwei Zellen erstreckt, auf den Gesamtpreis hinweisen und keinen Rahmen erhalten soll, richten Sie den Text rechtsbündig aus und geben der Zelle eine Rahmenstärke von null:

```
tfoot td {
   border:0px;
   background:none;
   text-align:right;
}
```

Im zweiten Schritt dieser Tabellenfußanpassung weisen Sie der mit der `id="amount"` bezeichneten Zelle eine Hintergrundfarbe zu, eine Textausrichtung von links, einen kursiven Schriftstil sowie eine Unterstreichung des Wertes, wie für ein Gesamtergebnis üblich. Damit die Zelle nicht rahmenlos bleibt, erhält sie die für einen Rahmen üblichen Eigenschaften.

```
tfoot td#amount {
   text-align:left;
   font-style:italic;
   text-decoration:underline;
   color:#060;
   border:1px solid #79d127;
   background:#F2FFC2;
}
```

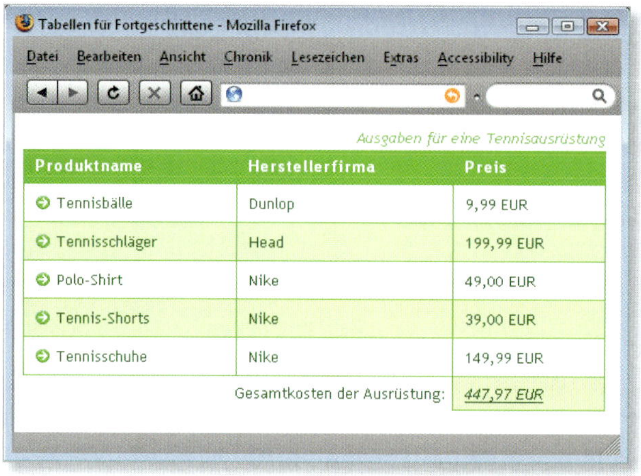

Abbildung 6 ▶
Tabelle mit deutlich besser erkennbarem Tabellenfuß

Einfügen einer transparenten PNG-Grafik 6

Um der ursprünglichen Vorgabe zu entsprechen und beim Tabellendesign auch einen Bezug zum Inhalt der Beispieltabelle herstellen zu können, erstellen wir noch eine kleine transparente Tennisballgrafik im PNG-Format inklusive Schatten. Diese wird mit absoluten Werten innerhalb des Tabellenkopfes positioniert.

Abbildung 7 ▶
Tennisball-Icon mit vergrößerter Darstellung

Um diese Position innerhalb des Layouts erreichen zu können, setzen wir die Grafik im HTML-Code direkt vor die Tabelle, in einen dafür angelegten übergeordneten `<div>`-Container:

```
<div>
   <img src="images/ic_ball.tif" alt="Tennisball" />
   <table summary="Übersicht der Ausgaben für eine Tennisausrüs-
   tung">
   <!-- die Tabelleninhalte bleiben unverändert -->
   </table>
</div>
```

Als alternativ beschreibenden Text für den Tennisball wählen wir eine entsprechend eindeutige Bezeichnung. Somit ist der Zugriff auf das Bild auch für einen User-Agent in Form eines Browsers wie Firefox gewährleistet.

Seine Position erhält der Tennisball durch die Angabe einer absoluten Position. Der Ausgangspunkt ist in diesem Fall der linke obere Rand des Browserfensters. Mit der Eigenschaft `left` und dem Wert `125px` wird der Tennisball um 125 px von links ans Ende der ersten Kopfzelle geschoben. Durch die Eigenschaft `top` und den Wert `10px` erhält der Ball einen Abstand von oben um genau diesen Wert.

```
div img {
   border:0;
   position:absolute;
   left:125px;
   top:10px;
   width:42px;
   height:42px;
}
```

Absolute Positionierung
Dieses `absolut` positionierte Element wird aus dem normalen Elementfluss entfernt und hat damit keinen Einfluss auf nachfolgende Elemente der Tabelle.

Im IE kleiner Version 7 würde dann das Tennisball-Icon nicht transparent dargestellt werden.

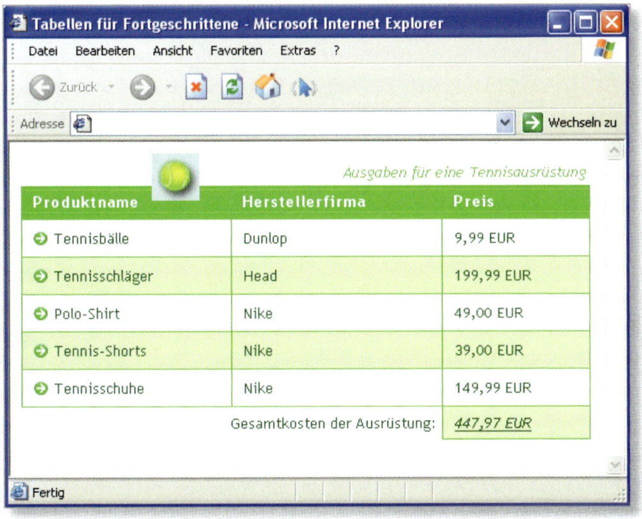

◂ **Abbildung 8**
IE6 mit fehlerhaft dargestellter PNG-Grafik

Underscore-Hack
Da der IE7 auf diesen Hack nicht reagiert, blenden lediglich die IE-Versionen die Tennisballgrafik aus, die die Grafik wie in der Abbildung fehlerhaft darstellen. Allerdings wird ein solcher Hack dazu führen, dass ein CSS-Code nicht mehr valide ist.

Da die Tennisballgrafik mit dem Schatten und dem darin enthaltenen Transparenz-Effekt die Darstellung von Alpha-Transparenz benötigt und alle Internet Explorer kleiner der Version 7 dies mittels CSS nicht unterstützen, blenden wir diese Grafik mit dem Underscore-Hack (Unterstrich vor der CSS-Eigenschaft) für eben genau diese Versionen aus.

```
div img {
   border:0;
   position:absolute;
   left:125px;
   top:10px;
   width:42px;
   height:42px;
   _display:none;
}
```

Hover-Effekt für bessere Lesbarkeit 7

Da wir diesen Effekt nicht im Fuß- oder Kopfbereich erzielen wollen, integrieren wir die Pseudo-Klasse `:hover` ausschließlich innerhalb des Bodys der Tabelle. Vor allem bei großen, umfangreichen Produkttabellen kann man mit diesem kleinen Effekt die Aufmerksamkeit des Users gezielt auf einen Bereich lenken und somit auch für etwas mehr Übersicht sorgen.

```
tbody tr:hover td {
   cursor:default;
   background-color:#B4F470;
}
```

Hover-Effekt
Die Pseudo-Klasse `:hover` wird vom Opera-Browser und dem Internet Explorer bis zur Version 6, außer für <a>-Tags, nicht unterstützt. Bei allen anderen Browsern hingegen verändert sich die Farbe der Tabellenzeile beim Überfahren dieser Zeile mit dem Mauszeiger.

Abbildung 9 ▶
Die fertige Tabelle

Zusammenfassung

Die wichtigsten Überlegungen in Bezug auf die Umsetzung von Datentabellen müssen vor den (X)HTML- (Aufbau und Struktur) und CSS-Arbeiten (Layout) angestellt werden. In welcher Beziehung die Inhalte zueinander stehen, kann somit relativ einfach in die entsprechende Struktur gebracht werden. Wenn die Inhalte dann noch für die Webseitenbesucher zugänglich umgesetzt werden, ist der restliche Arbeitsaufwand nur noch von der Zielsetzung abhängig (beispielsweise Designentwurf). Wie dieser Workshop gezeigt hat, sind der Gestaltung von Tabellen, auch wenn sie eingerahmt sind, optisch kaum Grenzen gesetzt. Voraussetzung dafür ist, dass man weiß, welche Möglichkeiten CSS einem bietet. Rufen Sie sich die ersten beiden Workshops dieses Kapitels noch einmal ins Gedächtnis, denn im dritten und letzten werden Sie sie benötigen.

/* Code aus Step 1 & 5 */

```
<!DOCTYPE html PUBLIC "-//W3C//DTD XHTML 1.0 Strict//EN" "http://www.w3.org/TR/xhtml1/DTD/
xhtml1-strict.dtd">
<html xmlns="http://www.w3.org/1999/xhtml" xml:lang="de" dir="ltr">
<head>
<meta http-equiv="Content-Type" content="text/html;charset=iso-8859-1" />
<title>Tabellen für Fortgeschrittene</title>
<link rel="stylesheet" href="css/advancedTable.css" type="text/css" media="all" />
</head>
<body>
<div>
   <img src="images/ic_ball.tif" alt="" />
   <table summary=" Übersicht der Ausgaben für eine Tennisausrüstung">
   <colgroup>
   <col width="37%" span="2" />
   <col width="26%" />
   </colgroup>
   <caption>Ausgaben für eine Tennisausrüstung</caption>
   <thead>
   <tr>
      <th scope="col">Produktname</th>
      <th scope="col">Herstellerfirma</th>
      <th scope="col">Preis</th>
   </tr>
   </thead>
      <tfoot>
      <tr>
         <td colspan="2">Gesamtkosten der Ausrüstung:</td>
         <td id="amount">447,97 EUR</td>
      </tr>
      </tfoot>
      <tbody>
```

```
    <tr>
      <td class="product">Tennisbälle</td>
      <td>Dunlop</td>
      <td>9,99 EUR</td>
    </tr>
    <tr>
      <td class="evenCol product">Tennisschläger</td>
      <td class="evenCol">Head</td>
      <td class="evenCol">199,99 EUR</td>
    </tr>
    <tr>
      <td class="product">Polo-Shirt</td>
      <td>Nike</td>
      <td>49,00 EUR</td>
    </tr>
    <tr>
      <td class="evenCol product">Tennis-Shorts</td>
      <td class="evenCol">Nike</td>
      <td class="evenCol">39,00 EUR</td>
    </tr>
    <tr>
      <td class="product">Tennisschuhe</td>
      <td>Nike</td>
      <td>149,99 EUR</td>
    </tr>
    </tbody>
    </table>
</div>
</body>
</html>
```

/* Code aus Step 2 bis 7 */

```
table {
   width:500px;
   padding:0;
   margin:0;
   font:normal 81% "Trebuchet MS", Verdana,
   sans-serif;
   border-collapse:collapse;
}

caption {
   font-style:italic;
   line-height:1.85em;
   text-align:right;
   color:#79D127;
   padding:0;
   margin:0;
}

thead th {
   letter-spacing:1px;
   text-align:left;
   color:#FFF;
   padding:4px 5px 6px 10px;
   border:1px solid #79D127;
```

```
   background:#7ed026 url(../images/bg_
   th.gif) repeat-x;
}

td {
   padding:5px 5px 5px 10px;
   border:1px solid #79D127;
   color:#060;
}

td.evenCol {
   background-color:#F2FFC2;
}

.product {
   padding:7px 5px 7px 28px;
   background:transparent url(../images/
   ic_arrow.gif) 6% 50% no-repeat;
}

tfoot td {
   border:0px;
   background:none;
   text-align:right;
}

tfoot td#amount {
   text-align:left;
   font-style:italic;
   text-decoration:underline;
   color:#060;
   border:1px solid #79d127;
   background:#F2FFC2;
}

tbody tr:hover td {
   cursor:default;
   background-color:#B4F470;
}

div img {
   border:0;
   position:absolute;
   left:125px;
   top:10px;
   width:42px;
   height:42px;
   _display:none;
}
```

Tabelleninhalte für einen Vergleich der Spalten optimal präsentieren

Oder: Wie erstellt man innerhalb von Tabellen einen Datenvergleich von einzelnen Tabellenspalten?

Datentabellenbringen Daten in eine Struktur. Das heißt aber nicht, dass ihr Layout eindimensional daherkommen muss. Ein wenig Gestaltung kann jede Datentabelle vertragen, und es muss dabei nicht lediglich bei der Zuweisung eines Rahmens bleiben. Damit können Sie bei entsprechender Gestaltung durch CSS und mit der einen oder anderen Hintergrundgrafik auch einen schnell ersichtlichen und vor allem übersichtlichen Vergleich einzelner Tabellenspalten ermöglichen. Wie ein solcher Vergleich zwischen einzelnen Tabellenspalten mit relativ geringen Mitteln zu realisieren ist, ohne dabei nur auf die Veränderung der Farbe der Spalten zurückzugreifen, ist Thema dieses letzten Workshops im Kapitels »Tabellen«. Damit Sie, wie bei den bisherigen Workshops dieses Kapitels, beim Thema Tennis bleiben, wird in diesem Fall ein Direktvergleich der Spiele ehemaliger Top-10-Spieler gegeneinander, deren Namen dem einen oder anderen vielleicht noch bekannt sein dürften, mittels einer herkömmlichen Datentabelle angestrebt. Besonderes Augenmerk liegt neben der Gestaltung durch CSS auch in diesem Workshop auf der Nutzbarkeit für nichtvisuelle Medien.

Ziel

Ausrichtung und Positionierung von Texten und Bildern

- Anlegen des Tabellengerüstes
- Strukturieren des Tabellengerüstes für nichtvisuelle Medien
- Gestalten der Tabelle mit CSS und Hintergrundgrafiken

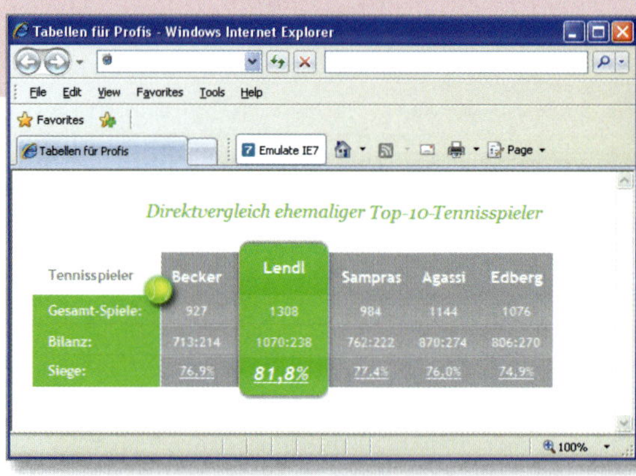

1 Struktur festlegen

Zuerst legen Sie für diesen Workshop einen Ordner mit der Bezeichnung PROFESSIONELLETABELLE an. Darin erstellen Sie wiederum eine gleichnamige (X)HTML-Datei, einen Bilder-Ordner (IMAGES) und einen Ordner für CSS (CSS).

Die soeben angelegte Datei *professionelleTabelle.html* erhält folgendes (X)HTML-Grundgerüst:

```
<!DOCTYPE html PUBLIC "-//W3C//DTD XHTML 1.0 Strict//EN" "http://
www.w3.org/TR/xhtml1/DTD/xhtml1-strict.dtd">
<html xmlns="http://www.w3.org/1999/xhtml" xml:lang="de"
dir="ltr">
<head>
<meta http-equiv="Content-Type" content="text/
html;charset=iso-8859-1" />
<title>Tabellen für Profis</title>
</head>
<body>
<!-- hier wird der weitere (X)HTML-Code integriert -->
</body>
</html>
```

Beim Anlegen eines Tabellengerüstes gibt es mehrere Möglichkeiten, den (X)HTML-Code aufzubauen. Sie beginnen das Grundgerüst der Tabelle mit dem Bereich des Tabellenkopfes `<thead>`, dessen Kopfzellen `<th>` die Spielernamen enthalten werden.

```
<table>
   <thead>
   <tr>
      <td>Tennis-Spieler</td>
      <th>Becker</th>
      <th>Lendl</th>
      <th>Sampras</th>
      <th>Agassi</th>
      <th>Edberg</th>
   </tr>
   </thead>
```

Als Nächstes folgt der Tabellenfuß `<tfoot>`. Er enthält trotz seiner optischen Position eine Kopfzelle. Diese enthält den Begriff »Siege«.

```
   <tfoot>
   <tr>
```

Kopfzellen <th>
Kopfzellen `<th>` können nicht nur im Tabellenkopf `<thead>` enthalten sein, sondern auch im Tabellenkörper `<tbody>` oder Tabellenfuß `<tfoot>`. Sie sind eine Art Überschrift für die in ihrer Tabellenzeile enthaltenen Tabellenzellen `<td>`.

```
    <th>Siege:</th>
    <td>76,9%</td>
    <td>81,8%</td>
    <td>77,4%</td>
    <td>76,0%</td>
    <td>74,9%</td>
  </tr>
  </tfoot>
```

Diese Kopfzelle <th> gibt es ebenfalls im Tabellenkörper <tbody>. Auch hier beschreibt sie die in ihrer Tabellenzeile folgenden Tabellenzellen <td> näher.

```
  <tbody>
  <tr>
    <th>Gesamt-Spiele:</th>
    <td>927</td>
    <td>1308</td>
    <td>984</td>
    <td>1144</td>
    <td>1076</td>
  </tr>
  <tr>
    <th>Bilanz:</th>
    <td>713:214</td>
    <td>1070:238</td>
    <td>762:222</td>
    <td>870:274</td>
    <td>806:270</td>
  </tr>
  </tbody>
</table>
```

Browser heben Kopfzellen defaultmäßig in der Schriftstärke besonders hervor. Zudem richten sie sämtliche Inhalte dieser Zellen ohne CSS immer mittig aus. Wer dieses Verhalten nicht wünscht, muss es später mit den entsprechenden CSS-Eigenschaften aufheben.

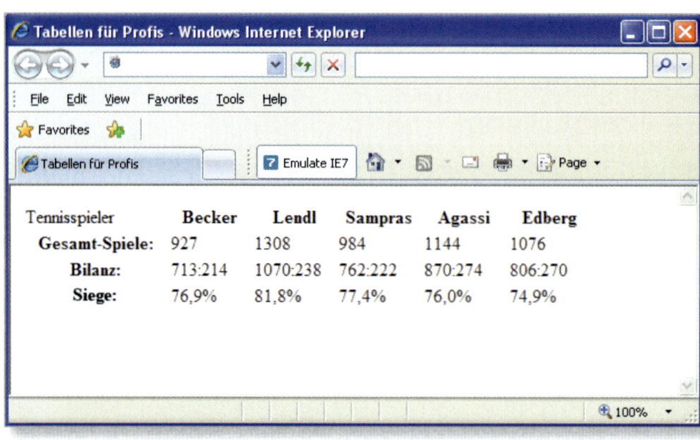

Abbildung 1 ▶
Ehemalige Top-10-Tennisspieler im direkten Vergleich

Wie in den vorangegangenen Workshops gelernt, gibt es beim Umsetzen einer Datentabelle einiges mehr als nur die Festlegung der Zellen und das Anlegen der in ihr befindlichen Inhalte. Deshalb definieren Sie wieder in Zeile 1 des (X)HMTL-Codes eine Zusammenfassung `summary` der Tabelle, die es *assistiven Technologien wie einem* Screenreader ermöglicht, den Inhalt der Tabelle an der Beschreibung zu erkennen, ohne die Daten durchgegangen zu sein. Nach dem Öffnen der Tabelle fügen Sie eine Überschrift `<caption>` ein, die kurz und knapp den Inhalt der Tabelle beschreibt. Außerdem definieren Sie mit `<colgroup>` die Tabellenspalten unseres Beispiels. Die Anzahl der Spalten wird durch das `<span>`-Attribut und den entsprechenden Wert angegeben. Das `width`-Attribut legt die Breite der Spalten dieser Gruppe absolut in Pixeln fest, in unserem Fall eine erste Spalte mit 125 px und fünf weitere mit je 70 px.

```
<table summary="Direktvergleich ehemaliger Top-10-Tennisspieler">
<caption>Direktvergleich ehemaliger Top-10-Tennisspieler
</caption>
<colgroup>
   <col width="125px"/>
   <col width="70px" span="5" />
</colgroup>
...
</table>
```

2 Tabelleninhalte besser strukturieren

Diese Art einer Tabellenstrukturierung mittels `<col>` ermöglicht es dem Browser, gleich zu Beginn einer Tabelle zu erfahren, wie viele Spalten diese Datentabelle besitzt. Dadurch kann der Browser die Tabelle schneller laden und aufbauen. Dies wiederum führt dazu, dass vor allem bei umfangreichen Tabellen mit riesigen Datenbeständen eine Anzeige von Teilen einer Tabelle möglich ist, bevor die gesamte Tabelle geladen wurde.

Eine optimale »Vernetzung« der Tabellenstruktur ist vor allem für Nutzer mit körperlichen Einschränkungen oder mit unzureichender Computerausstattung enorm wichtig. Aber auch diejenigen, die diese Einstellungen gegenüber den »üblichen« bevorzugen, sind auf die »Vernetzung« der einzelnen Tabellenzellen mit deren Inhalten angewiesen. Für sehende Webseitennutzer sind die Inhalte schnell aufzufinden, ein blinder User hingegen muss hierfür auf entsprechend mittels (X)HTML-Tags ausgezeichnete Kopfzellen, Spalten etc. zurückgreifen. Damit in unserer Tabelle auch verständlich wird, was dem Leser in der vierten Tabellenzeile und der dritten Tabellenspalte an Informationen angeboten wird, können Sie mit dem `scope`-Attribut den Zellen in einer Spalte eine Überschrift zuweisen und somit einen eindeutigen Bezug zwischen den jeweiligen Spalten `col` oder Zeilen `row` herstellen. Die zwei Kopfzellen `th` geben somit der Datenzelle mit dem ansonsten bedeutungslosen Wert 81,8 % eine eindeutige Auszeichnung.

3 Beziehungen zwischen den Zellen herstellen

Um später mit CSS der »Gewinnerspalte« von Ivan Lendl (besitzt das beste Sieg-Verhältnis) separate Eigenschaften geben zu können, definieren Sie für jede Zelle seiner Spalte eine zusätzliche Klasse `.best`.

```
...
<thead>
<tr>
<td>Tennis-Spieler</td>
   <th scope="col">Becker</th>
   <th scope="col" class="best">Lendl</th>
   <th scope="col">Sampras</th>
   <th scope="col">Agassi</th>
   <th scope="col">Edberg</th>
</tr>
</thead>
<tfoot>
<tr>
   <th scope="row">Siege:</th>
   <td>76,9%</td>
   <td class="best">81,8%</td>
   <td>77,4%</td>
   <td>76,0%</td>
   <td>74,9%</td>
</tr>
</tfoot>
<tbody>
<tr>
   <th scope="row">Gesamt-Spiele:</th>
   <td>927</td>
   <td class="best">1308</td>
   <td>984</td>
   <td>1144</td>
   <td>1076</td>
</tr>
<tr>
   <th scope="row">Bilanz:</th>
   <td>713:214</td>
   <td class="best">1070:238</td>
   <td>762:222</td>
   <td>870:274</td>
   <td>806:270</td>
</tr>
</tbody>
</table>
```

In welcher Reihenfolge liest ein Screenreader die Daten? Die aus dem jetzigen Quellcode entstandene Tabellenstruktur führt zu folgender Reihenfolge beim Vorlesen durch einen Screenreader. Als Beispiel dient die dritte Tabellenspalte in der vierten Tabellenzeile:
»Lendl – Siege – 81,8 %.«

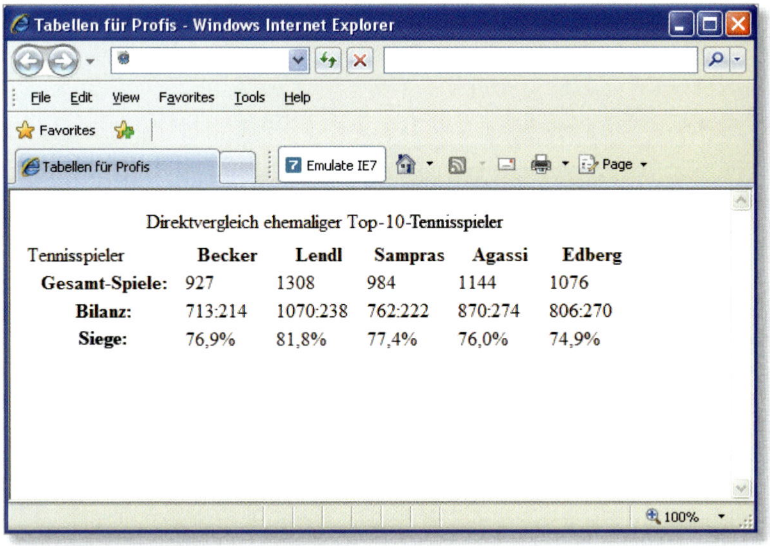

◂ **Abbildung 2**
Tabelle mit Tabellenüberschrift

Schriftgröße berechnen
Da die Schriftgröße der Tabelleninhalte in absoluten Werten 13 px betragen soll und die Standardschriftgröße von 16 px umgerechnet 100 % entspricht, errechnet sich dieser Wert für die Tabelleninhalte wie folgt:
16 px / 100 % * 13 px / x = 81 %
(gerundeter Wert)

4 CSS-Datei in (X)HTML-Seite integrieren

Nun definieren Sie in dem am Anfang angelegten CSS-Ordner eine CSS-Datei mit dem Namen *professionelleTabelle.css*. Auf diese Datei wird innerhalb des Kopfbereiches der (X)HTML-Datei folgendermaßen referenziert:

```
...
<head>
...
<title>Tabellen für Profis</title>
<link rel="stylesheet" title="Default" href="css/professionelle-
Tabelle.css" type="text/css" media="screen" />
</head>
...
```

5 Schrifteigenschaften festlegen

Als Erstes sollten Sie die Schriftauszeichnung der Inhalte und der Tabellenüberschrift festlegen und im selben Schritt die Voreinstellung für die Rahmenabstände mit `border-collapse` »zusammenfallen« lassen. Denn nur so ist es möglich, dass die Zellen später ohne Abstände zueinander abgebildet werden und damit nahtlos ineinander übergehen.

```
table {
   margin:10px;
   padding:0;
```

```
    border:0;
    border-collapse:collapse;
    font:normal 81% "Trebuchet MS", Verdana, sans-serif;
}

caption {
    font:italic normal 139%/1.44em Georgia, serif;
    text-align:right;
    color:#87C81C;
    padding:0;
    margin:0 15px 0px 0;
    caption-side:top;
}
```

Schriftgröße und Zeilenhöhe berechnen
Da sich die Zeilenhöhe der Überschrift der Tabelle an den 13 px in absoluten Werten orientiert und selbst 18 px entsprechen soll, errechnet sich dieser Wert wie folgt:
13 px/100 % * 18 px/x = 139 % (gerundeter Wert)
Da die Zeilenhöhe auch in em angegeben werden kann und 100 % hierbei 1 em entsprechen, erhält die Zeilenhöhe mit einem absoluten Wert von 26 px den Wert 1,44 em:
18 px/100 % * 26 px/x = 1,44 em
Bei der Angabe der Zeilenhöhe kann die Maßeinheit em auch weggelassen werden. Beide Varianten führen zur korrekten Darstellung innerhalb der Browser.

Die Tabellenüberschrift erhält aufgrund ihrer Sonderstellung eine differenzierte Gestaltung der Schrifteigenschaften. Hierzu wird sie in kursiven Schriftstil in grüner Schriftfarbe rechts oberhalb der Tabelle ausgerichtet.

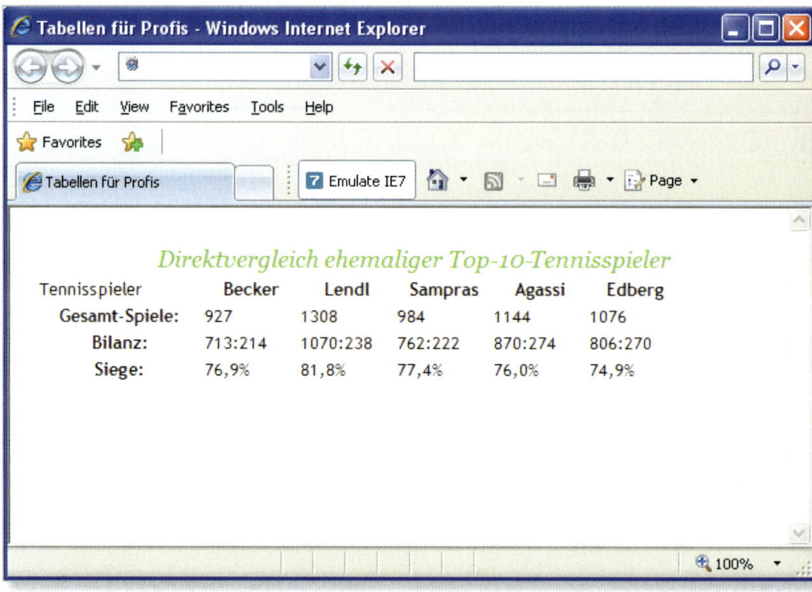

Abbildung 3 ▸
Veränderte Schrifteigenschaften und ausgerichtete Tabellenüberschrift

6 Tabellenbereiche und -inhalte ausrichten

Um den Gewinner dieses Direktvergleichs entsprechend küren zu können, müssen Sie als Erstes überlegen, wie Sie die Hervorhebung der »Spalte Lendl« umsetzen. Dafür teilen Sie die Abbildung der Aufgabenstellung am besten in Tabellenspalten und -zeilen auf.

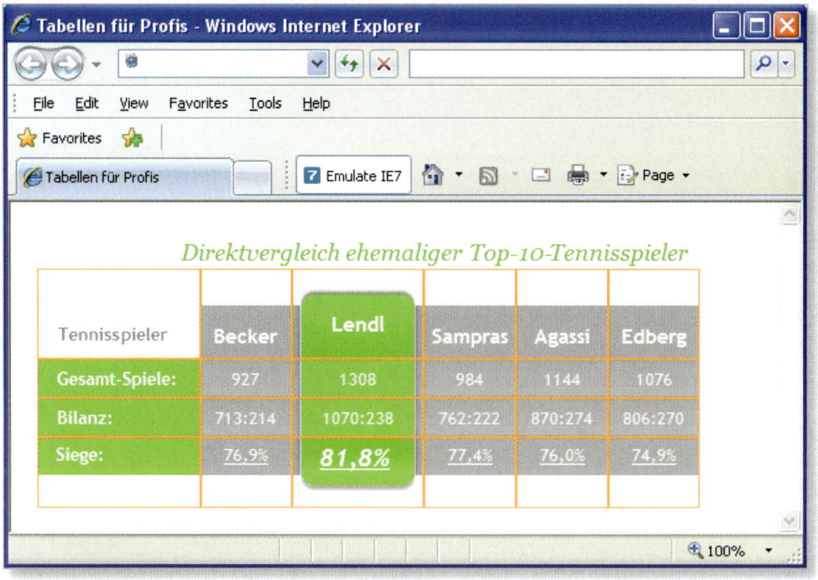

▲ **Abbildung 4**
Aufteilung der Tabelle in Spalten und Zeilen

Wie die oberste und unterste Tabellenzeile in der durch den Rahmen aufgeteilten Tabelle erahnen lässt, ist dieses Beispiel einer Tabelle ohne Hintergrundgrafiken, die in den Hintergrund der einzelnen Tabellenzellen gesetzt werden, nicht zu realisieren. Für die »runden Ecken« und den leicht angedeuteten Schatten im oberen und unteren Bereich der »Gewinnerspalte« benötigen Sie acht Hintergrundgrafiken. Diese werden in den nächsten Arbeitsschritten dem jeweiligen Bereich der Tabelle in den Hintergrund hinzugefügt. Um einen nahtlosen Übergang der Hintergrundgrafiken zwischen den einzelnen Tabellenzellen zu gewährleisten, setzen Sie die Außen- und Innenabstände aller Tabellenzellen `<td>` und `<th>` auf null und positionieren die jeweiligen Zelleninhalte mittig:

```
td, th {
   padding:0;
   margin:0;
   text-align:center;
}
```

7 Gestalten des Tabellenkopfes

Grundlage des Tabellenkopfes ist die vergrößerte Hintergrundgrafik *bg_head.gif* der Kopfzellen.

Abbildung 5 ▸
Hintergrundgrafik für den Tabellenkopf

Die 1 px breite Hintergrundgrafik wird in die x-Richtung (horizontal) so oft wiederholt, wie es durch den Inhalt der Tabellenzellen nötig wird.

Die Überschriften dieser Spalten werden innerhalb der Zelle unten positioniert und bekommen eine Schriftgröße von 115 %. Die Schriftfamilie ist die in Schritt 5 für die Gesamttabelle festgelegte »Trebuchet MS«. Um diese Spaltenüberschriften mittig innerhalb des grauen Farbverlaufes zu positionieren, vergeben Sie dann noch eine Zeilenhöhe von 285 %.

Schriftgröße und Zeilenhöhe berechnen
Da sich die Zeilenhöhe und Schriftgröße der Kopfzellen der Tabelle an den 13 px in absoluten Werten orientiert und selbst 37 px bzw. 15 px entsprechen, errechnen sich diese Werte wie folgt:
13 px/100 % * 15 px/x = 115 %
13 px/100 % * 37 px/x = 285 % (gerundeter Wert)
Da die Zeilenhöhe auch in em angegeben werden kann und 100 % hierbei 1 em entsprechen, können Sie der Zeilenhöhe auch den Wert 2,85 em zuweisen.

```
thead th {
   height:60px;
   vertical-align:bottom;
   font-size:115%;
   line-height:285%;
   background:transparent url(images/bg_head.gif) repeat-x bottom
   left;
}
```

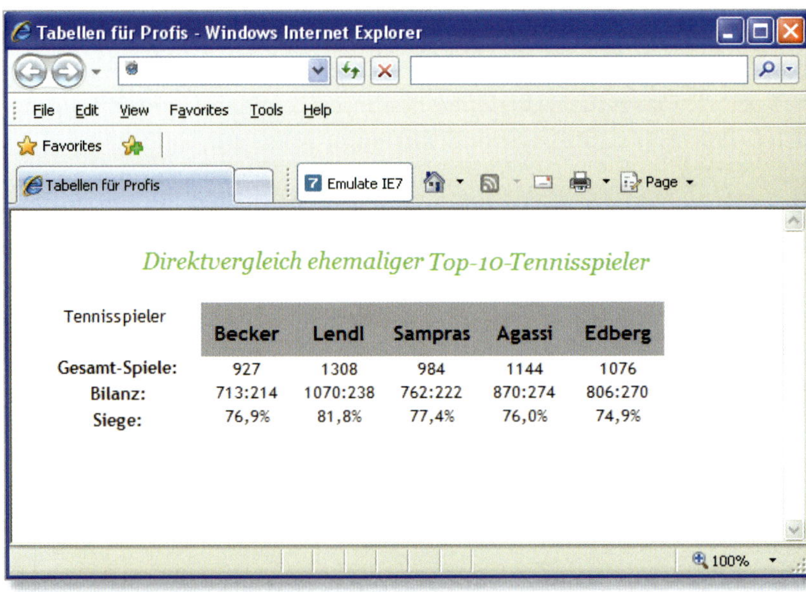

Abbildung 6 ▸
Darstellung des Tabellenkopfes inklusive Hintergrundgrafik

Da Sie die erste Tabellenzelle mit der Bezeichnung TENNIS-SPIELER mit anderen Schrifteigenschaften versehen, richten Sie hierfür den Text linksbündig aus und rücken ihn dann um 15 px ein. Damit sich der Inhalt dieser Zelle auch auf einer Höhe mit dem Inhalt der Kopfzellen `<th>` (enthalten die Namen der Tennisspieler) befindet, wird hierfür eine Zeilenhöhe von `305%` gewählt, im Vergleich zur Kopfzelle `<th>` mit einer Zeilenhöhe von `285%` also ein wenig größer. Da die Bezeichnung TENNIS-SPIELER und die dazugehörigen Nachnamen der ehemaligen Top-10-Spieler in einer Zeile abgebildet werden sollen, diese Spaltenüberschriften aber unterschiedliche Schriftgrößen besitzen, regelt die unterschiedliche Zeilenhöhe dieser Zellen innerhalb der Tabellenzeile `<tr>` des Tabellenkopfes `<thead>` diese vertikale Ausrichtung. Zu guter Letzt vergeben Sie für diese Zelle noch eine graue Schriftfarbe, denn sie wird als Kontrast zu den Kopfzellen mit den Spielernamen keine Hintergrundgrafik oder -farbe erhalten und bleibt daher weiß. Da sich weiße Schrift auf weißen Grund schlecht erkennen lässt, fällt die Wahl der Schriftfarbe in Anlehnung an die Hintergrundfarbe der Hintergrundgrafik in den Kopfzellen auf Grau.

Zeilenhöhe berechnen
Da sich die Zeilenhöhe der »normalen« Zellen des Tabellenkopfes an den 13 px in absoluten Werten orientiert und selbst absoluten 41 px entsprechen soll, errechnet sich dieser Wert wie folgt: 13 px/100 % * 41 px/x = 305 % (gerundeter Wert)

```
thead td {
    font-weight:bold;
    vertical-align:bottom;
    text-indent:15px;
    line-height:305%;
    text-align:left;
    color:#999;
}
```

Nach der Gestaltung des Tabellenkopfes gibt es nun lediglich noch die Kopfzelle zu gestalten, die dem »Gewinner« zugeordnet wird. Vom Aufbau her unterscheidet sich diese Spalte nicht von den anderen. Durch das Hinzufügen der Klasse `.best` haben Sie nun aber die Möglichkeit, diese u. a. mittels Hintergrundgrafiken besonders hervorzuheben.

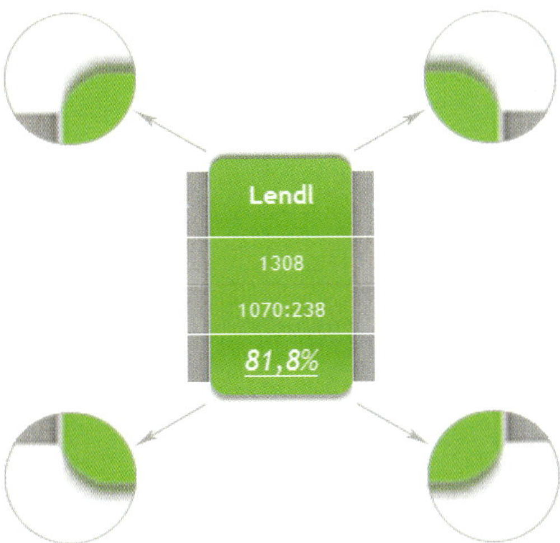

◂ **Abbildung 7**
Aufbau der »Gewinnerspalte«

Um nun die Kopfzelle der »Gewinnerspalte« umzusetzen, definieren Sie für diese Spalte eine größere Breite als die bisher im (X)HTML-Code mit 70 px angegebene. Um die bereits angesprochene besondere Wertigkeit dieser Spalte deutlich hervorzuheben und somit für den User einfach erkenntlich zu machen, definieren Sie neben einer größeren Schrift auch die Hintergrundgrafik für die Kopfzelle mit `.best`. Den Anschluss an die darunterliegende Zelle gewährleisten Sie, indem Sie die Grafik am Boden der Zelle ausrichten. Damit der Name des effektivsten Spielers auch noch etwas hervorgehoben wird, versehen Sie ihn noch mit einem zusätzlichen Innenabstand nach unten.

Schriftgröße berechnen
Da sich die Zeilenhöhe der »normalen« Zellen des Tabellenkopfes an den 13 px in absoluten Werten orientiert und selbst absoluten 16 px entsprechen soll, errechnet sich dieser Wert wie folgt: 13 px/100 % * 16 px/x = 123 % (gerundeter Wert)

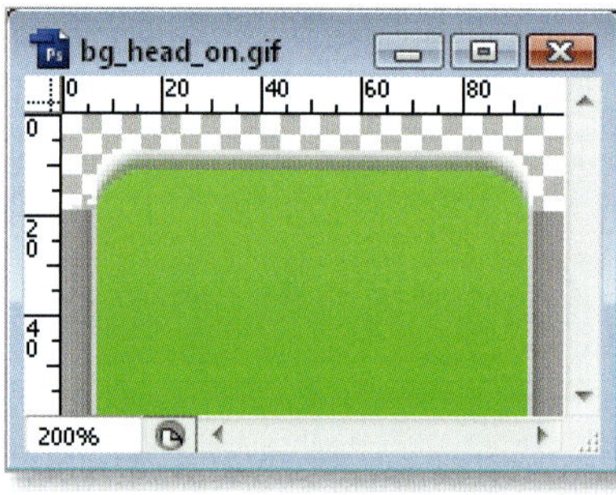

Abbildung 8 ▸
Hintergrundgrafik für die »Gewinnerspalte« des Tabellenkopfes

```
thead th.best {
   width:100px;
   padding-bottom:5px;
   font-size:123%;
   background:#FFF url(images/bg_head_best.gif) no-repeat bottom
   left;
}
```

Die Darstellung des Tabellenkopfes ist mit diesen Schritten bis auf die Änderung der Schriftfarbe (da sich weiße Schrift auf weißem Hintergrund sehr schlecht machen würde, wird die Schriftfarbe erst am Schluss auf Weiß gesetzt, damit die Zelleninhalte noch zu lesen sind) abgeschlossen.

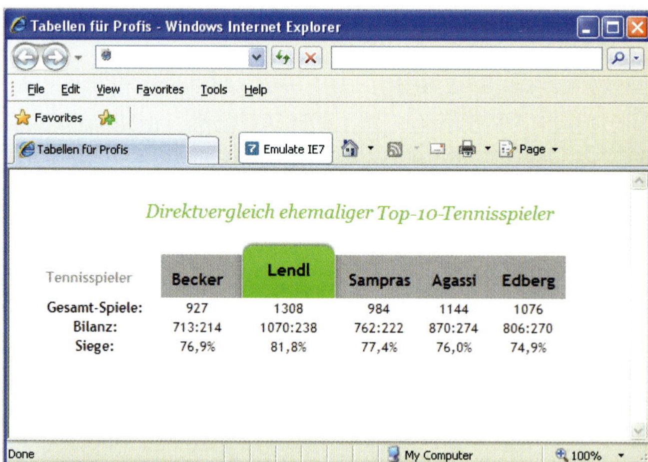

Abbildung 9 ▸
Ausrichtung der Hintergrundgrafiken im Tabellenkopf

8 Gestalten des Tabellenfußes

Der Tabellenfuß ist aufgrund seiner Aufteilung ebenso wie der Tabellenkopf dreigeteilt zu betrachten. Als Erstes versehen Sie daher die Zelle mit dem Inhalt SIEG-QUOTIENT mit der dafür vorgesehenen transparenten Hintergrundgrafik. Diese besitzt am rechten Rand einen 1 px breiten weißen Rahmen, damit diese Zelle optisch von der neben ihr befindlichen Zelle getrennt ist.

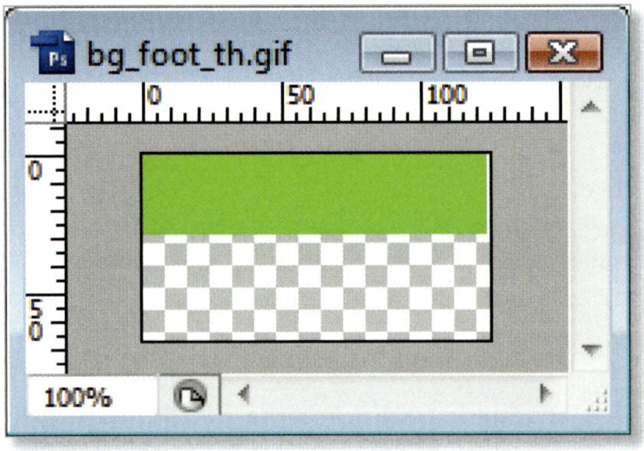

◄ **Abbildung 10**
Hintergrundgrafik für die Kopfzelle des Tabellenfußes

Der in dieser Zelle befindliche Text wird im Gegensatz zu den Kopfzellen nicht nach unten, sondern nach oben hin ausgerichtet. Damit befindet sich der Text später mittig auf dem grünen Bereich der Hintergrundgrafik.

```
tfoot th {
   background:#FFF url(images/bg_foot_th.gif) no-repeat top
   right;
   vertical-align:top;
   padding-top:4px;
}
```

Die Fußzellen werden analog zum Tabellenkopf definiert, mit dem Unterschied, dass die Hintergrundgrafiken und Textinhalte diesmal im oberen Bereich der Zellen ausgerichtet werden. Für den unteren Bereich definieren Sie dann die Hintergrundfarbe Weiß.

```
tfoot td {
   background:#FFF url(images/bg_foot_td.gif) repeat-x top left;
   height:50px;
   padding-top:4px;
   vertical-align:top;
   text-decoration:underline;
}
```

Mit der CSS-Eigenschaft `text-decoration` können Sie für Textinhalte zusätzliche Formatierungen wie ein Unter- (`underline`) oder Durchstreichen (`line-trough`) erzeugen. Bei Hyperlinks, die standardmäßig von den Browsern unterstrichen werden, können Sie diese Darstellung mit dem Wert `none` entfernen.

Um den höchsten Sieg-Quotienten auch entsprechend hervorzuheben, versehen Sie diese Zelle zusätzlich mit einer Schriftgröße von 123 %:

```
tfoot td.best {
   background:transparent url(images/bg_foot_best.gif) no-repeat
   top left;
   width:100px;
   font-weight:bold;
   font-style:italic;
   font-size:123%;
}
```

Die besondere Stellung der »Gewinnerspalte« wird durch die Hintergrundgrafiken immer deutlicher.

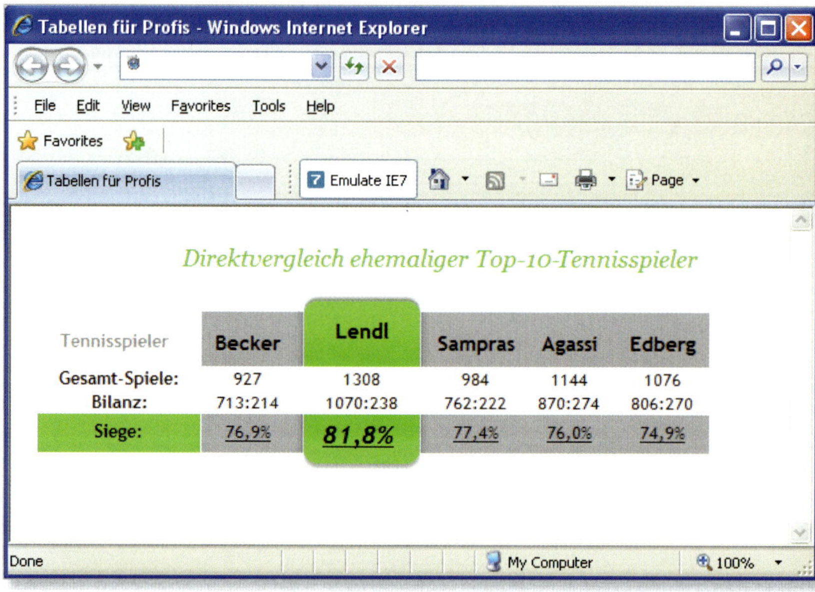

▲ **Abbildung 11**
Hintergrundgrafiken für den Fuß der »Gewinnerspalte«

Gestalten des Tabellenkörpers 9

Der Tabellenkörper bildet in Sachen Hintergrundgrafiken nun den Abschluss der Tabelle. Allen Datenzellen fügen Sie die in der Abbildung nebenan dargestellte oberste 1 px breite Grafik hinzu, die sich in x-Richtung so weit ausbreitet, wie der Zelleninhalt es für nötig erachtet. Die unterste Hintergrundgrafik der Tabellenzellen im linken Bereich der Datentabelle ist ebenfalls 67 px hoch und 125 px breit. Zudem wird der Inhalt dieser Zellen links ausgerichtet und 15 px eingerückt.

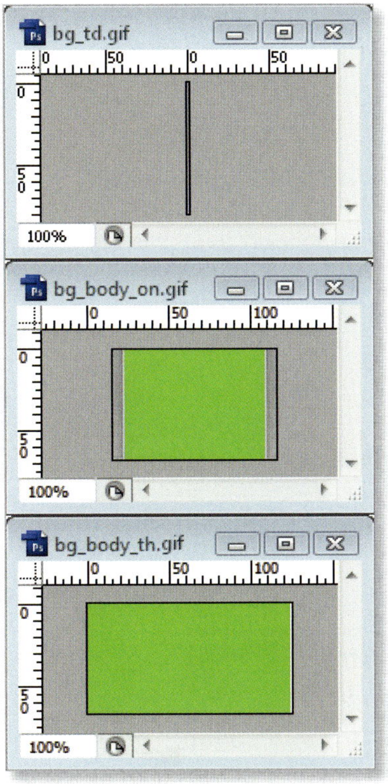

◂ **Abbildung 12**
Hintergrundgrafiken für das visuelle Hervorheben der »Gewinnerspalte«

Bis auf die »Gewinnerspalte« weisen Sie allen anderen Zellen eine Höhe `height` von `30px` und eine graue Hintergrundgrafik *bg_body_td.gif* zu, die sich entsprechend der Breite der Zelle wiederholt.

```
tbody td {
   background:transparent url(images/bg_body_td.gif) repeat-x
   bottom left;
   height:30px;
}
```

Die Tabellenzellen der »Gewinnerspalte«, die sich im Tabellenkörper `<tbody>` befinden, erhalten eine Hintergrundgrafik (*bg_body_best.gif*), die links und rechts den gleichen grauen Farbverlauf enthält wie die »Verliererspalten«. Somit ist ein nahtloser Übergang der Tabellenspalten möglich.

```
tbody td.best{
   background:transparent url(images/bg_body_best.gif) no-repeat
   bottom left;
```

Warum ist die Grafik 67 px hoch, wenn die Zelle 30 px hoch ist?
Die drei Grafiken, die sich in den Zellen des Tabellenkörpers `<tbody>` wiederfinden, sind bewusst 67 px hoch gewählt worden. Aktuell sind die Zellen in diesem Bereich der Tabelle 30 px hoch. Wenn die Inhalte dieser Zellen in einem bestimmten Rahmen flexibel sein sollen, muss die Höhe vergrößert werden, denn so können auch drei Zeilen Text pro Zelle ohne Layoutfehler abgebildet werden.

```
    width:100px;
}
```

Den übrigen Kopfzellen im Tabellenkörper `<tbody>` und -fuß `<tfoot>` (erste Tabellenspalte) weisen Sie ebenfalls eine Hintergrundgrafik, *bg_body_th.gif*, zu. Damit die Textinhalte, wie bereits erwähnt, nicht mittig nicht ausgerichtet sind, werden sie links ausgerichtet und dann um 15 px von dieser Position eingerückt.

```
tbody th,
tfoot th {
    text-align:left;
    background:transparent url(images/bg_body_th.gif) no-repeat
    bottom right;
    font-weight:bold;
    text-indent:15px;
}
```

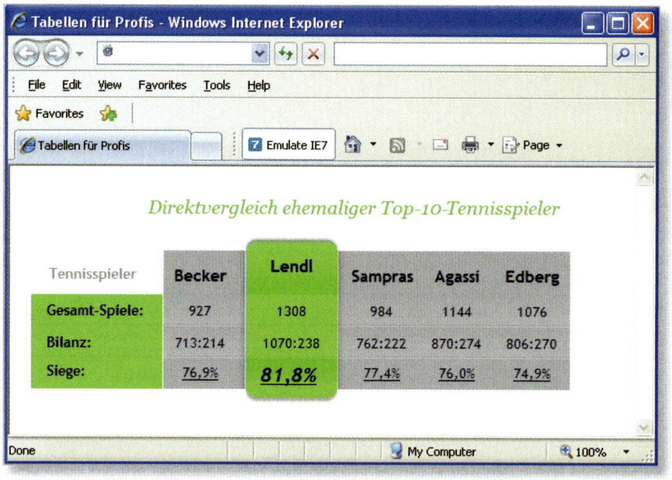

Abbildung 13 ▸
Tabelle mit Hintergrundgrafiken

10 Schriftfarbe dem Hintergrund anpassen

Um unserer gesamten Tabelle auch die geforderte Schriftfarbe zu verpassen, müssen Sie dem `<table>`-Tag nur den entsprechenden Hexadezimal-Wert zuweisen:

```
table {
    margin:10px;
    padding:0;
    border:0px;
    border-collapse:collapse;
```

```
   font:normal 81% "Trebuchet MS", Verdana, sans-serif;
   color:#FFF;
}
```

11 Tabellen mit Rahmen abgrenzen

Da Sie einzelne Bereiche der Tabelle, wie in der Aufgabenstellung festgelegt, mit einem Rahmen dezent abgrenzen wollen, weisen Sie den entsprechenden Tabellenbereichen in diesem Schritt die nötigen CSS-Eigenschaften zu. Dazu definieren Sie eine Rahmenstärke von einem Pixel mit einem durchgängigen Rahmen `border-style:solid` und einer weißen Rahmenfarbe. Wer testen möchte, welche Rahmen hier überhaupt angesprochen werden, kann den weißen (`#FFF`) Rahmen zu einem lilafarbenen (`#F0F`) Rahmen »umfunktionieren«.

```
thead, tfoot {
   border:1px solid #FFF;
}

thead {
   border-width:0 0 1px 0;
}

tfoot {
   border-width:1px 0 0 0;
}
```

Im ersten Schritt weisen Sie allen Tabellenbereichen einen 1px breiten, durchgehenden, weißen Rahmen zu. Dem Tabellenkörper `tbody` wird dann lediglich ein Rahmen auf der rechten Seite zugestanden. Der Wert null für die anderen drei Richtungen überschreibt den zuvor festgelegten 1 px breiten Rahmen. Das Gleiche gilt für den Tabellenfuß. Auf diese Weise kann an einer Stelle allen Tabellenbereichen der Rahmenstil und die Farbe zugewiesen werden. Lediglich die Rahmenstärke wird dann individuell festgelegt. So sparen Sie Code.

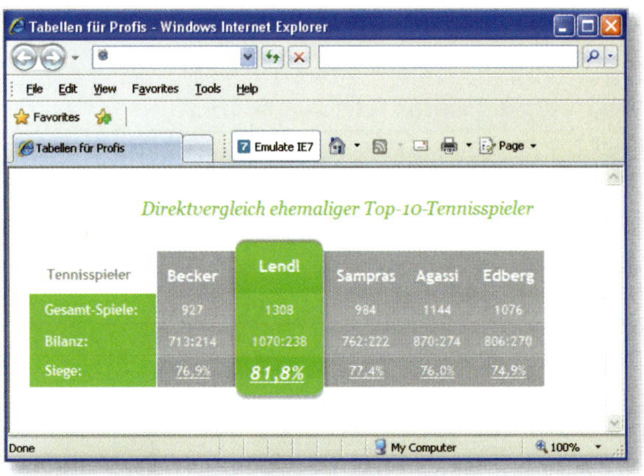

◂ **Abbildung 14**
Direktvergleich ehemaliger Top-10-Tennisspieler

12 Ein Tennisball als i-Tüpfelchen

Damit neben den Inhalten auch ein direkter Bezug zum Thema Tennis hergestellt werden kann, fügen Sie als i-Tüpfelchen und damit als letzten Schritt in diesem Workshop der Tabelle noch einen Tennisball-Icon hinzu.

```
<div>
   <img src="images/ic_ball.tif" class="icon" alt="Tennisball" />
   <table summary="Diese Tabelle vergleicht ...">
   ...
   </table>
</div>
```

Wer auf diesen CSS-Hack und damit auf das Ausblenden des Tennisballs für die älteren IE-Versionen verzichten möchte, erfährt im dritten Workshop im ersten Kapitel (»Kooperation von Text und Bild«), wie diese Grafik auch für den IE kleiner Version 7 transparent dargestellt werden kann.

Das kleine Bild *ic_ball.tif* wird dann mittels CSS vom oberen linken Browserfensterrand um 122 px nach links und um 95 px nach unten eingerückt. Somit findet sich die Grafik »innerhalb« unserer Tabelle wieder und verleiht der Tabelle den endgültigen »Tennis-Touch«. Für diejenigen, die den zweiten Workshop dieses Kapitels nicht gelesen haben, sei noch einmal erwähnt, dass der Transparenz-Effekt der Grafik die Unterstützung von Alpha-Transparenz für den Schattenverlauf innerhalb des Bildes benötigt und alle Internet Explorer kleiner der Version 7 dies nur mit CSS-Mitteln nicht unterstützen. Aus diesem Grund blenden Sie diese Grafik mit dem Underscore-Hack für genau diese Versionen aus:

```
img.icon {
   border:0px;
   position:absolute;
   left:122px;
   top:95px;
   width:42px;
   height:42px;
   _display:none;
}
```

Underscore-Hack
Dieser CSS-Hack für alle IE-Versionen kleiner Version 7 wird nur dadurch wirksam, dass nur diese Versionen den Unterstrich vor einer jeden CSS-Eigenschaft verstehen können. Wer allerdings auch den IE ausschließen möchte, ersetzt den Unterstrich (_) durch einen Slash (/).

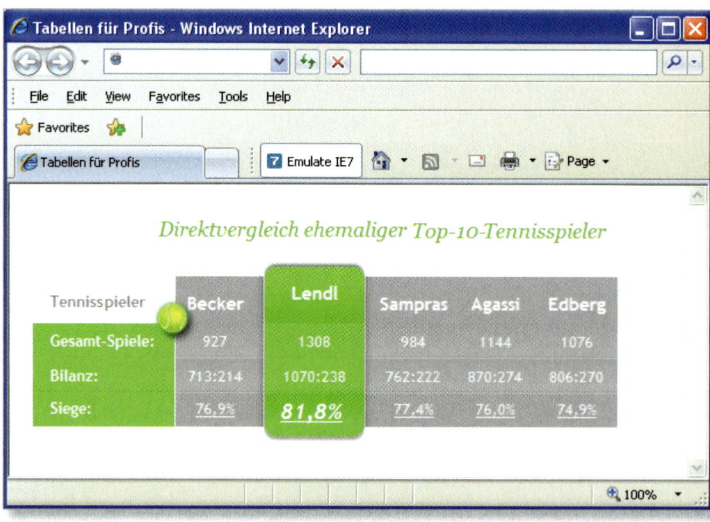

Abbildung 15 ▸
Direktvergleich ehemaliger Top-10-Tennisspieler inklusive absolut positionierter Tennisballgrafik

Zusammenfassung

Wie leicht es ist, einer Tabelle mit Grafikelementen ein etwas anderes Aussehen zu verpassen, war Ziel des letzten Workshops dieses Kapitels. Und es macht vor allem eins deutlich: Beim Einsatz aller zur Verfügung stehenden (X)HTML-Elemente für eine Tabelle besitzen Sie eine wesentlich größere Gestaltungsfreiheit, als wenn Sie nur auf einfache Zellen <td> zurückgreifen und dafür eine Menge Klassen benötigen, die die Gestaltung der Tabelle erst ermöglichen.

/* Code aus Step 1 bis 4, 13 */

```
<!DOCTYPE html PUBLIC "-//W3C//DTD XHTML 1.0 Strict//EN" "http://www.w3.org/TR/xhtml1/DTD/
xhtml1-strict.dtd">
<html xmlns="http://www.w3.org/1999/xhtml" xml:lang="de" dir="ltr">
<head>
<meta http-equiv="Content-Type" content="text/html;charset=iso-8859-1" />
<title>Tabellen für Profis</title>
<link rel="stylesheet" href="css/professionelleTabelle.css" type="text/css" media="all" />
</head>
<body>
<div><img src="images/ic_ball.tif" class="icon" alt="Tennisball" />
<table summary="Direktvergleiche ehemaliger Top-10-Tennisspieler">
<caption>
Direktvergleich ehemaliger Top-10-Tennisspieler
</caption>
<colgroup>
<col width="125px"/>
<col width="70px" span="5" />
</colgroup>
   <thead>
   <tr>
      <td>Tennis-Spieler</td>
      <th scope="col">Becker</th>
      <th scope="col" class="best">Lendl</th>
      <th scope="col">Sampras</th>
      <th scope="col">Agassi</th>
      <th scope="col">Edberg</th>
   </tr>
   </thead>
   <tfoot>
   <tr>
      <th scope="row">Sieg-Quotient:</th>
      <td>76,9%</td>
      <td class="best">81,8%</td>
      <td>77,4%</td>
      <td>76,0%</td>
      <td>74,9%</td>
```

```
      </tr>
      </tfoot>
      <tbody>
   <tr>
      <th scope="row">Gesamt-Spiele:</th>
      <td>927</td>
      <td class="best">1308</td>
      <td>984</td>
      <td>1144</td>
      <td>1076</td>
   </tr>
   <tr>
      <th scope="row">Bilanz:</th>
      <td>713:214</td>
      <td class="best">1070:238</td>
      <td>762:222</td>
      <td>870:274</td>
      <td>806:270</td>
   </tr>
   </tbody>
</table>
</div>
</body>
</html>
```

/* Code aus Step 6 bis 13 */

```
table {
   margin:10px;
   padding:0;
   border:0;
   border-collapse:collapse;
   font:normal 81% "Trebuchet MS", Verdana,
   sans-serif;
   color:#FFF;
}


caption {
   font:italic normal 139%/1.44 Georgia,
   serif;
   text-align:right;
   color:#87C81C;
   padding:0;
   margin:0 15px 0 0;
   caption-side:top;
}

td, th {
   padding:0;
   margin:0;
   text-align:center;
}

thead th {
   height:60px;
   vertical-align:bottom;
   font-size:115%;
   line-height:285%;
   background:transparent url(../images/
   bg_head.gif) repeat-x bottom left;
}
```

```
thead td {
   font-weight:bold;
   color:#999;
   vertical-align:bottom;
   line-height:292%;
   text-indent:15px;
   text-align:left;
}

tbody td {
   background:transparent url(../images/bg_
   body_td.gif) repeat-x bottom left;
   height:30px;
}

tbody th,
tfoot th {
   text-align:left;
   background:transparent url(../images/bg_
   body_th.gif) no-repeat bottom right;
   font-weight:bold;
   text-indent:15px;
}

tfoot td {
   background:#FFF url(../images/bg_foot_
   td.gif) repeat-x top left;
   height:50px;
   padding-top:4px;
   vertical-align:top;
   text-decoration:underline;
}

tbody td.best {
   background:transparent url(../images/bg_
   body_best.gif) no-repeat bottom left;
   width:100px;
}

thead th.best {
   background:#FFF url(../images/bg_head_
   best.gif) no-repeat bottom left;
   width:100px;
   padding-bottom:5px;
   font-size:123%;
}

tfoot td.best {
   background:transparent url(../images/bg_
   foot_best.gif) no-repeat top left;
   width:100px;
   font-weight:bold;
   font-style:italic;
   font-size:123%;
}

tfoot th {
   background:#FFF url(../images/bg_foot_
   th.gif) no-repeat top right;
   vertical-align:top;
   padding-top:4px;
}

thead, tfoot {
   border:1px solid #FFF;
}
thead {
   border-width:0 0 1px 0;
}

tfoot {
   border-width:1px 0 0 0;
}

img.icon {
   border:0;
   position:absolute;
   left:122px;
   top:95px;
   width:42px;
   height:42px;
   _display:none;
}
```

Hintergrundgrafiken

Nicht alles ist so, wie es scheint!

Oder: Wie setzt man Hintergrundgrafiken für eine verbesserte Leserführung ein?

Webseiten bestehen in den seltensten Fällen lediglich aus Text oder einer farblicher Gestaltung der Text enthaltenden Webseitenbereiche. Der Einsatz von Grafiken in Webseiten ist nicht nur eine Möglichkeit, Inhalten einen ansehnlichen Rahmen zu verschaffen, sondern auch, den Leser zu den wichtigen Informationen einer Webseite zu »führen«. Nicht nur aus Gründen einer guten Usability oder eines durchgehenden Corporate Designs einer Seite wird daher zur Gestaltung auf grafische Elemente zurückgegriffen. Auf den folgenden Seiten dieses Workshops geht es daher um die Lösung einer Aufgabenstellung, wie sie tagein, tagaus jedem Web-Entwickler über den Weg laufen kann. Eine solche Aufgabe ist beispielsweise die Umsetzung einer in der Höhe flexiblen Infobox mit Hintergrundgrafiken. Das heißt, dass die Hintergrundgrafiken bei wechselnden Inhalten immer an der richtigen Position bleiben und die Inhalte für die User weiterhin gut lesbar sind. Wie dies ohne großen Aufwand und mit gerade einmal 40 Zeilen CSS in wenigen Arbeitsschritten erledigt werden kann, ist Zielsetzung für diesen Workshop.

Ziel

Infobox mit »flexiblen« Hintergrundgrafiken im oberen und unteren Bereich

- Anlegen der Inhalte der Infobox
- Strukturieren der Inhalte für ein in der Höhe flexibles Layout
- Ausrichten der Hintergrundgrafiken unter Berücksichtigung der Skalierbarkeit des Layouts

1 Struktur aufbauen

Bevor Sie mit dem Workshop beginnen, definieren Sie einen Ordner für diesen Workshop. Diesen bezeichnen Sie mit EINFACHEINFOBOX. Darin wiederum legen Sie einen Ordner für die Hintergrundbilder (IMAGES) und einen Ordner für CSS (CSS) an. Die (X)HTML-Datei, die die zu erstellenden Inhalte des Workshops enthalten wird, benennen Sie analog zum Ordner *einfacheInfobox.html*.

Grundlage dieser Datei wird das folgende (X)HTML-Gerüst sein:

```
<!DOCTYPE html PUBLIC "-//W3C//DTD XHTML 1.0 Strict//EN" "http://
www.w3.org/TR/xhtml1/DTD/xhtml1-strict.dtd">
<html xmlns="http://www.w3.org/1999/xhtml" xml:lang="de"
dir="ltr">
<head>
<meta http-equiv="Content-Type" content="text/
html;charset=iso-8859-1" />
<title>einfache Infobox</title>
</head>
<body>
<!-- hier wird der weitere (X)HTML-Code integriert -->
</body>
</html>
```

2 Inhalte der Infobox anlegen

Die Umsetzung der Infobox beginnen wir, indem wir sämtliche Textinhalte innerhalb des `<body>`-Tags der *einfacheInfobox.html* anlegen. Diese strukturieren Sie dann Schritt für Schritt. Als Erstes fügen Sie daher die Inhalte der späteren Überschrift ein:

```
Einfache &amp; flexible Infobox
```

Im nächsten Schritt kopieren Sie das vom Lorem-ipsum-Generator zur Verfügung gestellte Zitat in die HTML-Datei:

```
Lorem ipsum dolor sit amet. Sanactus est mata.
```

Dann definieren Sie den Inhalt des Links, der sich in der Infobox befindet: diam voluptua

Und zu guter Letzt legen Sie den Textabsatz an:

```
At vero eos et accusam et justo duo dolores et ela rebum. Stet
clita kasd gub ergren, no sea takimatasa sanactus est Lorem ip-
sum dolor sit amet. Stet clita ka sd gubergren, no sea taki mata
sanctus est.
```

Anführungszeichen sollten immer analog zur Sprache des Zitates gewählt werden. Unser Beispiel bezieht sich unabhängig vom `Lorem ipsum`-Blindtext auf die deutsche Sprache. Die typografische Verwendung der Anführungsstriche für unser Zitat ist daher folgende: `„` (steht für: *bottom double quotation mark = doppeltes Anführungszeichen unten*) und `“` (steht für: *left double quotation mark = doppeltes Anführungszeichen links*).

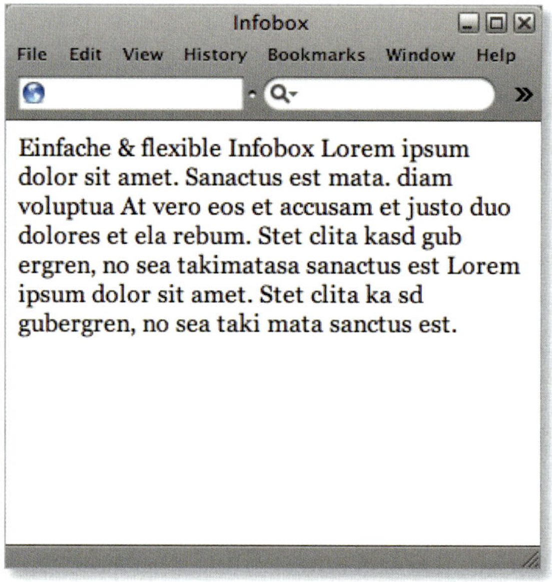

▲ **Abbildung 1**
Inhalte der Infobox ohne jegliche ihrer Bedeutung entsprechende Strukturierung

3 Bereich der Infobox anlegen

Um die Infobox bzw. deren Inhalte in Sachen Breite einschränken zu können, legen Sie als Erstes um die soeben angelegten Texte ein `<div>`-Element an. Die Bezeichnung dieses Elementes lautet der Bedeutung entsprechend `infoBox` und wird als `class` definiert:

```
<div class="infoBox">
...
</div>
```

Das Anlegen der Inhalte allein ergibt im Browser nur eine Aneinanderreihung der obigen Texte ohne Struktur.

4 Überschrift festlegen

Der nächste Schritt ist die Auszeichnung der eindeutigen Überschrift dieser Infobox. Da eine solche Infobox lediglich ein Element einer Webseite ist und ihre Überschrift nicht die höchste Wertigkeit besitzt, verwenden Sie hierfür `<h2>`, also eine Überschrift zweiter Ordnung. Das &-Zeichen, umgangssprachlich auch als »Kaufmanns-Und« bekannt, wird durch die Zeichenfolge `&` (engl. »ampersand«) ersetzt.

```
<div class="infoBox">
<h2>Einfache &amp; flexible Infobox</h2>
...
</div>
```

5 Zitat auszeichnen

Das nächste Element in unserer Reihe ist ein Textabsatz, der ein Zitat enthält. Dieses wird durch (X)HTML mittels des dafür vorgesehenen Tags <blockquote> (Blockzitat) umgesetzt. Zu guter Letzt legen Sie dann innerhalb des Zitats noch den darin befindlichen Hyperlink an.

```
<div class="infoBox">
<h2>Einfache &amp; flexible Infobox</h2>
<blockquote>
   <p>
      &ldquo;Lorem ipsum dolor sit amet. Sanactus est mata.&rdquo;
      <a href="http://loremipsum.de">diam voluptua</a>
   </p>
</blockquote>
</div>
```

Da man allein mit (X)HTML keinen Einfluss auf die Darstellung eines Zitates nehmen kann, müssen diese mit CSS angepasst werden.

6 Quelle des Zitates angeben

Wenn ein Zitat und damit die Quelle im Internet verfügbar ist, kann die entsprechende Internet-Adresse, wie im folgenden Beispiel, direkt im Zitat angegeben werden:

```
<blockquote cite="http://loremipsum.de">
   Lorem ipsum dolor ....
</blockquote>
```

7 Textabsatz der Infobox anlegen

Dem Textabsatz im unteren Bereich unserer Infobox wird eine Klasse .content zugewiesen. Dieser Schritt ist nötig, da das Zitat ebenfalls in einen Textabsatz integriert werden muss, um validen Code erzeugen zu können. Da die Eigenschaften dieser beiden Absätze vollkommen unterschiedlich sind, weisen wir dem unteren diese Klasse zu, damit wir für ihn eigene CSS-Eigenschaften festlegen sowie ihm die Hintergrundgrafik hinzufügen können.

```
<div class="infoBox">
<h2>Einfache &amp; flexible Infobox</h2>
   <blockquote cite="http://loremipsum.de">
      <p>
        &ldquo;Lorem ipsum dolor sit amet. Sanactus est mata.
        &rdquo; <a href="http://loremipsum.de">diam voluptua</a>
      </p>
   </blockquote>
<p class="content">At vero eos et accusam ...</p>
</div>
```

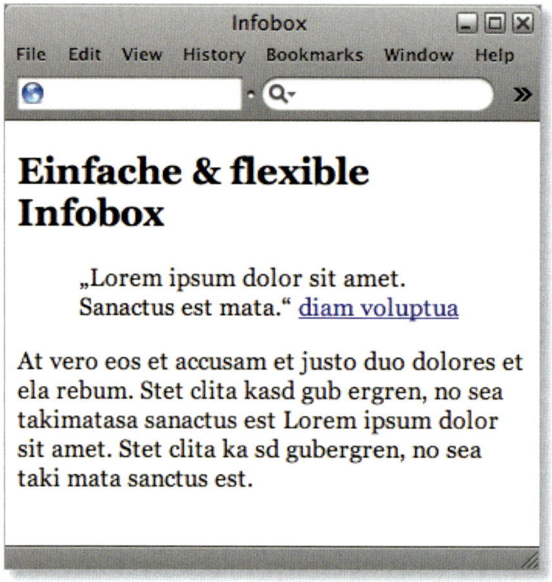

▲ **Abbildung 2**
Strukturierung sämtlicher Inhalte der Infobox durch entsprechende (X)HTML-Tags

8 CSS-Datei in (X)HTML-Seite integrieren

Um die bisherigen Inhalte ein wenig zu gestalten, legen Sie zuerst eine CSS-Datei *einfacheInfobox.css* an. Auf diese Datei wird dann innerhalb des Kopfbereiches `<head>` der (X)HTML-Seite folgendermaßen referenziert:

```
...
<head>
...
<title>Infobox</title>
<link rel="stylesheet" title="Default" href="css/einfacheInfobox.
css" type="text/css" media="screen" />
</head>
...
```

9 Schrifteigenschaften festlegen und Hintergrundbild positionieren

Für den Kontrast des oberen hellen Bereiches der Infobox definieren Sie in der CSS-Datei für den `<body>` eine Hintergrundgrafik. Diese wird, da sie lediglich 1 px breit ist, innerhalb des `<body>` so oft wiederholt, wie das Browserfenster dafür Platz zur Verfügung stellt.

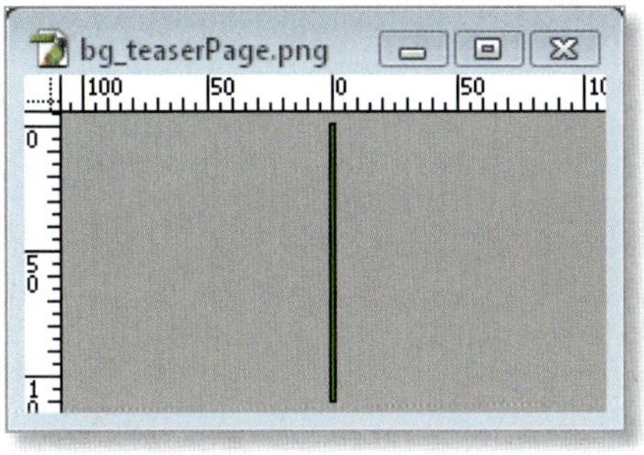

▲ **Abbildung 3**
Hintergrundgrafik (verläuft über die gesamte Breite des Browserfensters) für die Webseite

Diese 1 Pixel breite Grafik wird mit der Eigenschaft `background-repeat` in x-Richtung so lange wiederholt, wie für sie Platz zur Verfügung steht. Hier ist es die gesamte Breite.

Außerdem definieren Sie an dieser Stelle die Schrifteigenschaften und Abstände:

```
body {
   font:normal 69%/1.2 Arial, Verdana;
   margin:10px;
   padding:5px 65px 0 0;
   color:#063900;
   background:#FFF url(../images/bg_teaserPage.tif) top left
   repeat-x;
}
```

Wie die Abbildung innerhalb des Browsers zeigt, sind nun zwar die Schriftgrößen angepasst, die Positionen der Inhalte allerdings noch alles andere als perfekt. Also weiter im Stoff.

◂ **Abbildung 4**
Abbildung der Hintergrundgrafik und der Inhalten der Infobox

Schriftgröße und Zeilenhöhe berechnen

Die Standardschriftgröße entspricht in absoluten Zahlen dem Wert 16 px. Die Schriftgröße 11 px der Infobox, dazu ins Verhältnis gesetzt, ergibt den relativen Prozentwert für die im `<body>` definierte Schrift:

16 px/100 % * 11 px/x = 69 % (gerundeter Wert)

Da sich die Zeilenhöhe der Infobox an den 11 px der Schriftgröße orientiert und selbst 13 px entsprechen soll, errechnet sich dieser Wert wie folgt:

11 px/100 % * 13 px/x = 120 % (gerundeter Wert)

Da die Zeilenhöhe auch in em angegeben werden kann und 100 % hierbei 1 em entsprechen, bekommt die Zeilenhöhe den Wert `1.2em`, den Sie auch lediglich mit `1.2` angeben können.

10 Infobox und Hintergrundgrafik festlegen

Neben der Einschränkung der Infobox in Sachen Breite fehlt außerdem noch die Hintergrundgrafik.

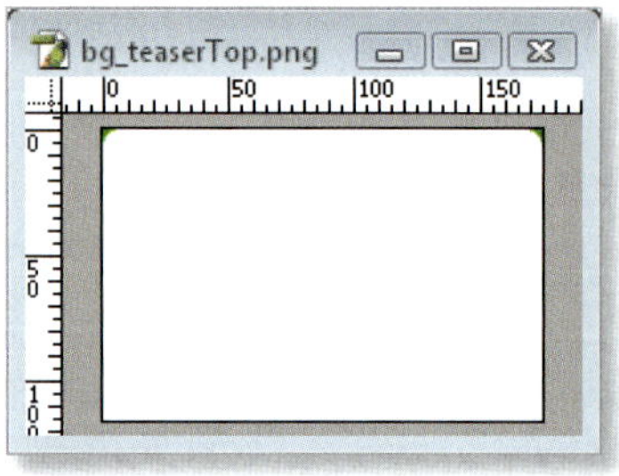

▲ **Abbildung 5**
Hintergrundgrafik für den oberen Bereich der Infobox

Um diese innerhalb der Infobox auszurichten, definieren Sie eine Breite von `175px`, was pixelgenau den Maßen der Hintergrundgrafik entspricht. An diesem Wert orientieren sich im Übrigen alle weiteren Elemente, so dass für sie keine Breitenangaben, sondern lediglich Abstandsangaben notwendig werden.

```
div.infoBox {
   padding:0;
   margin:0;
   width:175px;
   background:#FFF url(../images/bg_teaserTop.png) top left
   no-repeat;
}
```

Hintergrundverhalten
Da die Grafik innerhalb der Infobox nur einmal abgebildet werden soll, verhindern Sie mit der Eigenschaft `no-repeat` eine Wiederholung der Hintergrundgrafik. Für den Fall, dass der Text des oberen Bereiches wechselt und der Platz nicht mehr ausreichend ist, muss auch eine Hintergrundfarbe angegeben werden. In unserem Beispiel Weiß, damit der Eindruck entsteht, als ob der obere Bereich mitwächst.

Schriftgröße berechnen
Da die Schriftgröße der Überschrift der Infobox in absoluten Werten 17 px entsprechen soll und sich dieser Wert an dem im `<body>` errechneten Wert orientiert, der somit den Ausgangspunkt von 100 % darstellt, wird die Schriftgröße von `<h2>` wie folgt errechnet:
11 px/100 % * 17 px/x = 155 % (gerundeter Wert)

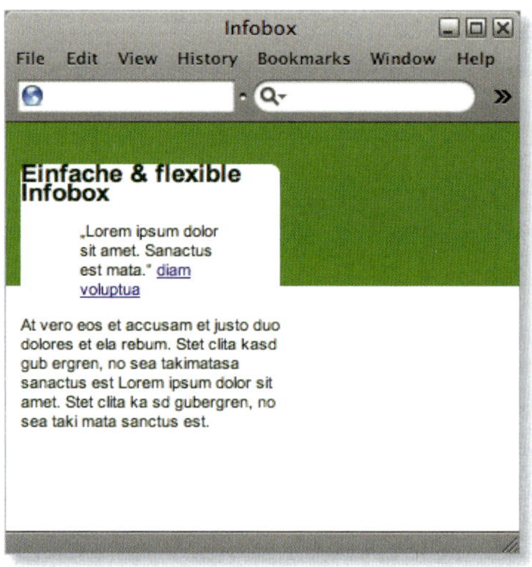

Abbildung 6 ▶
Infobox mit oberer Hintergrundgrafik

11 Überschrift definieren

Da sich die Überschrift vom restlichen Text ein wenig abheben soll, damit sie und damit auch die gesamte Infobox noch besser zur Geltung kommt, geben Sie ihr mit »Georgia« eine sehr ansehnliche Serifenschrift. Zudem bekommt die Überschrift eine andere Schriftart und mit 155 % eine wesentlich größere Schrift. Da sie innerhalb der Infobox einen Abstand zum restlichen Text aufweisen soll, wird sie von oben und links um jeweils 10 px eingerückt.

```
div.infoBox h2 {
   margin:0;
   padding:10px 0 10px 10px;
   font:normal 155% Georgia, "Times New Roman";
}
```

◂ **Abbildung 7**
Ausgerichtete Überschrift

Wie auf der Abbildung des Safari-Screenshots zu erkennen ist, hat der Browser den Bereich des Zitates bereits eingerückt. Diese Default-Formatierung muss behoben werden.

12 Zitat und Link korrekt auszeichnen

Da die Schrifteigenschaften bereits im `<body>` der (X)HTML-Datei dieses Workshops festgelegt worden sind, brauchen Sie in diesem Fall nur die Ausrichtung anzupassen, sprich die Abstände des Zitates zu den anderen Inhalten. Außerdem wird der Text analog zur Überschrift linksbündig um 10 px eingerückt. Das Gleiche gilt für den Abstand nach unten, da der darauffolgende Link nicht direkt am Text »kleben« soll.

```
div.infoBox blockquote {
   margin:0;
   padding:0 20px 10px 10px;
}
```

Damit der Absatz innerhalb des Zitates nicht die Eigenschaften des Absatzes mit der Klasse .content übernimmt, werden sämtliche Abstände dieses Absatzes auf null gesetzt:

```
div.infoBox blockquote p {
   margin:0;
   padding:0;
}
```

Dem Link, der sich innerhalb des Zitates befindet, weisen wir zur besseren Verdeutlichung ein Icon als Hintergrundgrafik zu. Dieses soll verdeutlichen, dass der Link zu einem Popup-Fenster mit weiteren Informationen zum Zitat führt.

```
div.infoBox blockquote a {
   display:block;
   background:transparent url(../images/ic_link.gif) center left
   no-repeat;
   color:#D24500;
   padding:0 0 0 10px;
   margin:8px 0 6px 0;
   text-decoration:none;
}
```

Abbildung 8 ▸
Linksbündige Position des Zitates durch »padding« mit anderen Elementen

Da diese Infobox so optisch schwer zu erkennen ist, bedarf es noch einiger weniger Zeilen CSS. Dazu gehört auch die Integration der Grafik, die sich im unteren Bereich der Box als Hintergrundgrafik wiederfinden wird. Damit dieser Abschlussbereich der Infobox immer sichtbar ist, weisen Sie im weiteren Verlauf dem Textabsatz in diesem Bereich, `p.content`, einen Innenabstand nach unten von 60 px zu.

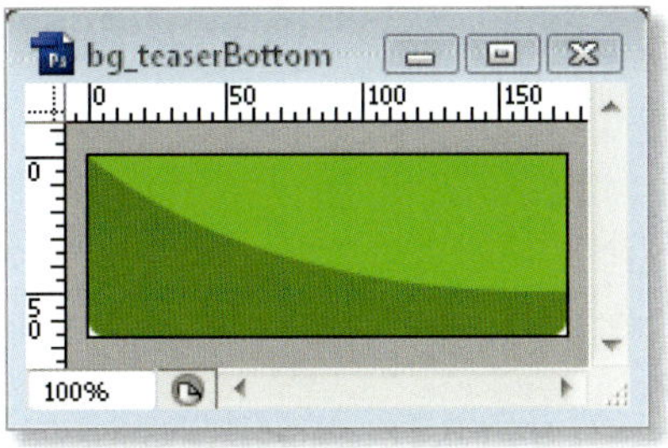

◂ **Abbildung 9**
Untere Hintergrundgrafik der Infobox

Da die Grafik den Abschluss der Informationsbox bilden soll, wird sie innerhalb des Hintergrundes mit der Eigenschaft `bottom` am unteren Rand ausgerichtet. Zu guter Letzt weisen Sie auch dem Absatz dieses unteren Bereiches einen Abstand zum Rand der Infobox zu, damit er die identischen Abstände vorweist wie die Überschrift und das Zitat. Zudem ändern Sie in diesem unteren Bereich die Schriftfarbe von Dunkelgrün auf Weiß.

Wie bereits im Intro des Workshops erwähnt, soll die Infobox in Sachen Content flexibel sein. Kaum jemand setzt heutzutage noch eine Webseite um und lässt die Inhalte dann ewig unverändert, denn nichts ist schlimmer als alte und bereits bekannte Inhalte. Daher soll das Layout der Infobox wechselnden Textinhalten standhalten können, und das unabhängig davon, ob der Text einen oder fünf Sätze lang ist.

```
div.infoBox p.content {
    color:#FFF;
    margin:0;
    padding:10px 5px 60px 10px;
    background:#87BD00 url(../images/bg_teaserBottom.tif) bottom
    left no-repeat;
}
```

Nähme der aktuelle Textinhalt innerhalb des Absatzes `p.content` den doppelten Umfang an, würde die Grafik, wie im linken Bereich der Abbildung zu erkennen, immer weiter nach unten rutschen. Das Problem ist, dass dann der Text mit weißer Schriftfarbe nicht vom Hintergrund (ebenfalls weiß) zu unterscheiden ist. Da dieser Bereich zum `div.infoBox` gehört und die hier bisher enthaltene Grafik *bg_teaserTop.tif* nur eine bestimmte Höhe aufweist, muss diesem Bereich zusätzlich noch eine Hintergrundfarbe zugewiesen werden. Damit dies auch in der Farbe der Hintergrundgrafik geschieht, ist es unerlässlich, der `infoBox` zusätzlich zur Hintergrundgrafik auch die identische Hintergrundfarbe zuzuweisen.

Abbildung 10 ►
Infobox mit in der Höhe flexiblem Layout

Zusammenfassung

Zielsetzung dieses Workshops war die Erstellung einer Infobox, die sich wechselnden Textinhalten anpassen kann und in visueller Hinsicht auf zwei Hintergrundgrafiken und deren unterschiedlicher Ausrichtung beruht. Dieser Workshop sollte aufzeigen, welche Möglichkeiten man bei der Gestaltung von Seitenelementen besitzt, wenn man Hintergrundgrafiken mittels CSS gekonnt einsetzt und auch den eigentlichen (X)HTML-Code zur Darstellung dieser Infobox mit wenigen Zeilen in die Schranken weist.

```
/* Code aus Step 1 bis 8 */
<!DOCTYPE html PUBLIC "-//W3C//DTD XHTML 1.0 Strict//EN" "http://www.w3.org/TR/xhtml1/DTD/
xhtml1-strict.dtd">
<html xmlns="http://www.w3.org/1999/xhtml" xml:lang="de" dir="ltr">
<head>
<meta http-equiv="Content-Type" content="text/html;charset=iso-8859-1" />
<title>Infobox</title>
<link rel="stylesheet" href="css/einfacheInfobox.css" type="text/css" media="all" />
</head>
<body>
<div class="infoBox">
   <h2>Einfache &amp; flexible Infobox</h2>
   <blockquote cite="http://loremipsum.de">
      <p>
```

```
      &bdquo;Lorem ipsum dolor sit amet. Sanactus est mata.&ldquo;<a href="http://lore-
      mipsum.de">diam voluptua</a>
    </p>
  </blockquote>
  <p class="content">
    At vero eos et accusam et justo duo dolores et ela rebum. Stet clita kasd gub erg-
    ren, no sea takimatasa sanactus est Lorem ipsum dolor sit amet. Stet clita ka sd gu-
    bergren, no sea taki mata sanctus est.
  </p>
</div>
</body>
</html>
```

/* Code aus Step 9 bis 13 */

```
body {
  font:normal 69%/1.2 Arial, Verdana;
  margin:10px;
  padding:5px 65px 0 0;
  color:#063900;
  background:#FFF url(../images/bg_teaser-
  Page.tif) top left repeat-x;
}

div.infoBox {
  padding:0;
  margin:0;
  width:175px;
  background:#FFF url(../images/bg_teaser-
  Top.tif) top left no-repeat;
}

div.infoBox h2 {
  margin:0;
  padding:10px 0 10px 10px;
  font:normal 155% Georgia, "Times New
  Roman";
}

div.infoBox blockquote {
  margin:0;
  padding:0 20px 10px 10px;
}

div.infoBox blockquote p {
  margin:0;
  padding:0;
}

div.infoBox blockquote a {
  display:block;
  background:transparent url(../images/
  ic_link.gif) center left no-repeat;
  color:#D24500;
  padding:0 0 0 10px;
  margin:8px 0 6px 0;
  text-decoration:none;
}

div.infoBox p.content {
  color:#FFF;
  margin:0;
  padding:10px 5px 60px 10px;
  background:#87BD00 url(../images/bg_tea-
  serBottom.tif) bottom left no-repeat;
}
```

Infoboxen in mehrspaltigem Layout

Oder: Wie realisiert man gleich hohe Infoboxen ohne Layouttabellen?

Denjenigen, die sich mit Webentwicklung beschäftigen, sind einer solchen Aufgabe mit hoher Wahrscheinlichkeit schon einmal über den Weg gelaufen: mindestens zwei Infoboxen nebeneinander abzubilden. Das Problem dieser Aufgabe ist, dass die Inhalte dieser Infoboxen variieren können, das heißt, die Infoboxen werden aufgrund der unterschiedlichen Inhalte unterschiedlich hoch sein. Dies führt zu einem eher weniger ansehnlichen Anblick und könnte auf einer Startseite für den Betrachter einen sehr unruhigen Eindruck hinterlassen, erst recht, wenn es mehr als zwei Infoboxen sind. Früher wurde eine solche Aufgabe von einer Layouttabelle übernommen. Dies sorgt allerdings nicht für eine Trennung von Content und Layout, was bei einer Positionsveränderung der Boxen zu Arbeiten im CSS- und (X)HTML-Code führt und damit wesentlich umfangreicher wird, als nötig wäre. Dass in diesem Fall Hintergrundgrafiken eine tragende Rolle spielen werden, dürfte in diesem Kapitel keine Überraschung sein.

Ziel

Mehrspaltiges Layout mit gleich hohen Infoboxen

- Anlegen des mehrspaltigen Layouts
- Anlegen der Inhalte von drei Infoboxen
- Strukturieren der Inhalte
- Ausrichten der Hintergrundgrafik für gleich hohen Infoboxen

1 Struktur aufbauen

Grundlage dieses Workshops ist ein Ordner, den Sie entsprechend dem Workshop-Inhalt mit GLEICHHOHEINFOBOXEN bezeichnen. Innerhalb dieses Ordners definieren Sie dann einen weiteren Ordner (IMAGES), der Bilder des Workshops enthält, und einen Ordner für CSS-Eigenschaften (CSS). Die entsprechende (X)HTML-Datei, die die zu erstellenden Inhalte des Workshops gliedert, benennen Sie analog zum Ordner *gleichhoheInfoboxen.html*. Grundlage dieser (X)HTML-Datei wird das folgende Grundgerüst:

```
<!DOCTYPE html PUBLIC "-//W3C//DTD XHTML 1.0 Strict//EN" "http://
www.w3.org/TR/xhtml1/DTD/xhtml1-strict.dtd">
<html xmlns="http://www.w3.org/1999/xhtml" xml:lang="de"
dir="ltr">
<head>
<meta http-equiv="Content-Type" content="text/
html;charset=iso-8859-1" />
<title>mehrspaltiges Infobox-Layout</title>
</head>
<body>
<!-- hier wird der weitere (X)HTML-Code integriert -->
</body>
</html>
```

Bei der Umsetzung dieses Layouts würden viele Wege zum Ziel führen, nur wie sinnvoll sind die einzelnen Varianten, wenn der (X)HTML-Code unnötig aufgeblasen wird? Da das Infoboxen-Layout an sich eine Auflistung eines Elementes, nämlich einer Infobox, darstellt, wird dieses Layout durch eine Liste und drei dazugehörige Listenpunkte umgesetzt.

2 Anlegen der Seitenstruktur

Bevor Sie sich an die Umsetzung der Aufgabenstellung machen, müssen Sie sich überlegen, in welches Grundgerüst Sie die Infoboxen überhaupt stecken wollen. Die Antwort auf diese Überlegung sollte bei der Betrachtung der Zielsetzung deutlich werden. Denn wie diese zeigt, ist die Darstellung nichts anderes als eine Auflistung von Infoboxen mit variierenden Inhalten. Öffnen Sie also die (X)HTML-Datei *gleichhoheInfoboxen.html*, und legen Sie folgendes Grundgerüst für die Seite an:

```
<ul>
   <li class="infoBox">...</li>
   <li class="infoBox">...</li>
   <li class="infoBox">...</li>
</ul>
```

3 Struktur der Infoboxen anlegen

Die Umsetzung der drei Infoboxen ist vom Aufbau her identisch, daher widmen Sie sich an dieser Stelle nur einer der drei Infoboxen. Der daraus entstehende (X)HTML-Code kann dann in die anderen beiden Listenpunkte kopiert und abgespeichert werden. Der Bedeutung der Inhalte

Eine gute und vor allem einfache Möglichkeit, gleich hohe Elemente abzubilden, ist das Erstellen und Einsetzen einer gemeinsamen Hintergrundgrafik für diese Bereiche. Da Browser wie der IE kleiner Version 7 CSS-Angaben wie Mindest- bzw. Maximumhöhen, die es bereits seit Version CSS2.1 gibt, nicht versteht, muss an dieser Stelle ein anderer Weg gefunden werden, die Boxen gleich hoch darzustellen.

entsprechend geben Sie der Überschrift die Bedeutung 2. Ordnung `<h2>`. Das Zitat fassen Sie in das speziell dafür vorgesehene (X)HTML-Tag `<blockquote>` ein. Diesem fügen Sie zudem doppelte öffnende und schließende An- und Abführungsstriche sowie den Link hinzu. Der Haupttext der Infobox wird von einem Absatz-Tag umschlossen. Damit in Sachen CSS später keine Quereffekte mit dem Absatz-Tag des Zitates entstehen, bezeichnen Sie den abschließenden Absatz mit der Klasse `.content`. Ohne diese zusätzlich Klasse und die damit verbundenen separaten CSS-Eigenschaften würden diese Absätze die CSS-Eigenschaften der Absätze innerhalb des Zitates überschreiben. Daher bekommen sie an dieser Stelle eine eindeutige Kennzeichnung durch diese Klasse.

```
<ul>
   <li class="infoBox">
      <h2>Obst &amp; Vitamine</h2>
      <blockquote>
         <p>&bdquo;Lorem ipsum dolor amet, consetetur sadipsci mata.
         &ldquo; <a href="http://loremipsum.de">diam voluptua</a>
         </p>
      </blockquote>
      <p class="content">
         At vero eos et accusam ...
      </p>
   </li>
   <li class="infoBox">...</li>
   <li class="infoBox">...</li>
</ul>
```

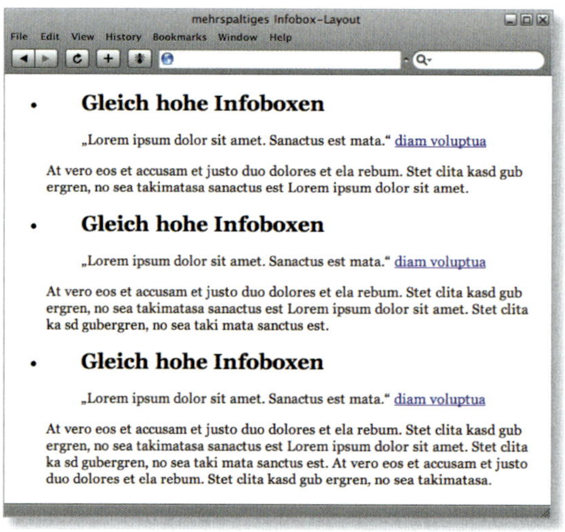

Abbildung 1 ▸
Die bisherige Abbildung ohne CSS zeigt die Infoboxen noch untereinander an und nicht, wie in der Zielsetzung festgelegt, nebeneinander.

4 CSS-Datei in (X)HTML-Seite integrieren

Um dem bisherigen reinen (X)HTML-Gerüst auch ein wenig Gestaltung via CSS zukommen zu lassen, legen Sie dafür eine CSS-Datei mit dem Namen *gleichhoheInfoboxen.css* an, und zwar im zu Beginn des Workshops angelegten CSS-Ordner. Damit die Eigenschaften und Werte dieser Datei auch von der (X)HTML-Datei verstanden werden können, muss innerhalb des Kopfbereiches <head> der (X)HTML-Seite auf die soeben angelegte CSS-Datei referenziert werden:

```
...
<head>
...
<title>mehrspaltiges Infobox-Layout</title>
<link rel="stylesheet" title="Default" href="css/gleichhoheInfo-
boxen.css" type="text/css" media="screen" />
</head>
...
```

5 Schrifteigenschaften anlegen

Nach dem Öffnen der noch leeren CSS-Datei legen Sie nun die Schrifteigenschaften für die Infoboxen an. Weiterhin können Sie dem <body> auch einen Abstand zum Browserfensterrand zuweisen. Zu guter Letzt vergeben Sie für die gesamte Webseite eine 110 px hohe, grüne Hintergrundgrafik *bg_teaserPage.png*, die lediglich 1 Pixel breit ist. Sie wiederholt sich horizontal so oft, wie die Breite des Browserfensters es zulässt.

```
body {
   font:normal 69%/1.2 Arial, Verdana;
   margin:10px;
   padding:5px 65px 0 0;
   color:#063900;
   background:#FFF url(../images/bg_teaserPage.png) top left
   repeat-x;
}
```

Neben den nun wesentlich kleineren Texten ist vor allem die Hintergrundgrafik, die den späteren Kontrast zum weißen, oberen Bereich der Infoboxen bilden wird, deutlich zu erkennen (siehe Abbildung 2). Die Darstellung der drei Links ist standardmäßig blau und unterstrichen.

Schriftgröße berechnen
Die Standardschriftgröße entspricht in absoluten Zahlen dem Wert 16 px. Die 11 px Schriftgröße der Infobox, dazu ins Verhältnis gesetzt, ergeben den relativen Prozentwert, der für die im <body> definierte Schrift gilt: 16 px/100 % * 11 px/x = 69 % (gerundeter Wert)
Da die Schriftgröße auch in em angegeben werden kann und 100 % hierbei 1 em entsprechen, könnte die Schriftgröße auch mit dem Wert 0.69em festgelegt werden.

Abbildung 2 ▶
Infoboxen mit Hintergrundgrafik der gesamten Seite und neuen Schrifteigenschaften

Infoboxen 6

Bevor Sie sich nun den einzelnen Infoboxen widmen, richten Sie die Liste mit der Eigenschaft `float` und dem Wert `left` links aus und beschränken zudem ihre Gesamtbreite auf 600px. Dieser Wert ist nötig, falls das Browserfenster kleiner als der angegebene Wert von 600px ist, wodurch die dritte, rechte Infobox im Layout umbräche und damit unter der ersten abgebildet würde.

```
ul {
   float:left;
   width:600px;
   padding:0;
   margin:0;
}
```

Damit nun aber auch die drei Infoboxen nebeneinander abgebildet werden, richten Sie die drei Listenpunkte mit der Eigenschaft `float` und dem Wert `left`, analog zur Liste `<ul>`, linksbündig aus. Zudem vergeben Sie für die Infoboxen einen Außenabstand nach rechts von `25px`. Damit wird vermieden, dass sie direkt »aneinanderkleben«. Der Zwischenraum muss später selbstverständlich auch in der Hintergrundgrafik für die gesamte Liste vorhanden sein. Weiterhin weisen Sie den Listenpunkten eine Mindesthöhe von `175px` zu, damit selbst mit wenig Inhalt eine gleichmäßige und übersichtliche Darstellung gewährleistet ist. Die Hintergrundgrafik sollte, wenn Sie nicht gerade weißen Hintergrund definieren, transparent sein. Damit hat die dahinterliegende Farbe oder Grafik die Möglichkeit, auch wirklich sichtbar zu werden.

min-height
Da die Eigenschaft `min-height` von den IE-Versionen kleiner IE7 nicht interpretiert werden können, müssen Sie an dieser Stelle diesen Browsern entweder mittels Conditional Comments und einer separaten CSS-Datei für den (nicht-validen) IE den Wert der Eigenschaft `height` übergeben oder, wie in unserem Fall, den Underscore-Hack verwenden.

```
li.infoBox {
   float:left;
   list-style-type:none;
   padding:0;
   margin:0 25px 0 0;
   width:175px;
   min-height:175px;
   _height:175px;
}
```

◂ **Abbildung 3**
Infoboxen horizontal nebeneinander ausgerichtet

7 Hintergrundgrafik für Infoboxen anlegen

Damit die dunkle Schrift des oberen Bereiches besser lesbar ist und dem Thema der Überschrift ein wenig Beachtung zukommt, legen Sie an dieser Stelle eine Hintergrundgrafik für diesen Bereich an. Diese enthält die Radien für die Ecken oben links und oben rechts.

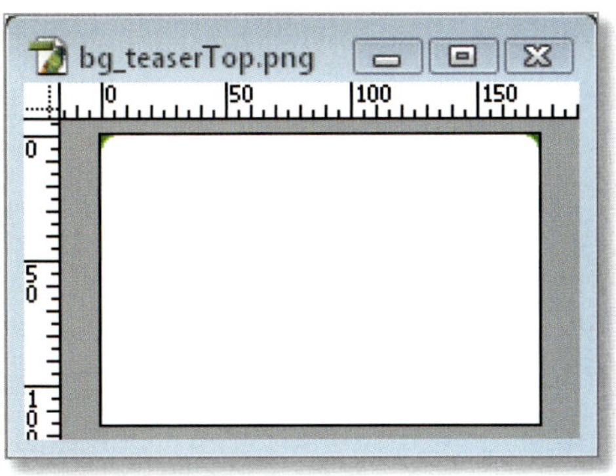

◂ **Abbildung 4**
Die Hintergrundgrafik wird den Listenpunkten ohne Wiederholung zugewiesen und oben links innerhalb des Listenpunktes ausgerichtet.

```
li.infoBox {
   float:left;
   list-style-type:none;
   padding:0;
   margin:0 25px 0 0;
   width:175px;
   min-height:175px;
   _height:175px;
   background:transparent url(../images/bg_teaserTop.png) top
   left no-repeat;
}
```

Abbildung 5 ▸
Dreispaltiges Infoboxen-Layout mit Hintergrundgrafiken für den oberen Bereich der Infoboxen

Die Hintergrundgrafiken sorgen neben allen bisherigen CSS-Eigenschaften am deutlichsten für eine klare visuelle Trennung zwischen den einzelnen Listenpunkten bzw. Infoboxen.

Oberen Bereich der Infoboxen optimieren 8

Da nicht nur die Überschrift, sondern vor allem auch das Zitat und der Hyperlink noch nicht der eigentlichen Zielsetzung entsprechen, weil sie aktuell lediglich auf den allgemeinen CSS-Eigenschaften des `<body>`-Tags beruhen, optimieren Sie sie nun wie folgt: Zuerst zeichnen Sie hierfür das Zitat semantisch korrekt aus, also seiner Bedeutung entsprechend. Da die Schrifteigenschaften bereits im `<body>` dieses Workshops festgelegt worden sind, brauchen Sie an dieser Stelle lediglich die Ausrichtung und Abstände zu den umliegenden Inhalten anzupassen. Die Angabe der Hintergrundfarbe ist für den Fall gedacht, dass der Zitattext umfangreicher sein sollte und mehr Platz als die 100 px für die Höhe in Anspruch nehmen sollte. Ohne diesen Wert hinterließe das Zitat optisch den Eindruck, als liefe es in den unteren Bereich mit der späteren grünen Hintergrundgrafik *bg_teasersBottom.gif* hinein.

```
li.infoBox blockquote {
   background-color:#FFF;
   margin:10px 0 0 0;
   padding:0 20px 10px 10px;
   min-height:100px;
   _height:100px;
}
```

Die Angabe der Mindesthöhe für den Bereich des Zitates ermöglicht es, auch weniger umfangreiche Infoboxen so abzubilden, dass sie die gleiche Höhe aufweisen. Da die Eigenschaft `min-height` vom IE kleiner Version 7 nicht interpretiert wird, geben wir für diese Versionen eine absolute Höhe an.

Damit der Absatz innerhalb des Zitates nicht die Eigenschaften des Absatzes `.content` übernimmt, setzen Sie sämtliche Abstände dieses Absatzes auf null:

```
li.infoBox blockquote p {
   color:#063900;
   padding:0;
   margin:0;
}
```

Als Nächstes definieren Sie die Überschrift 2. Ordnung. Damit sich diese insbesondere vom Zitat optisch abhebt, so dass ihre Bedeutung noch besser zur Geltung kommt, vergeben Sie an dieser Stelle neben einer anderen Schriftart auch mit 155 % eine größere Schrift als bisher:

```
li.infoBox blockquote h2 {
   margin:0;
   padding:0 0 10px 0;
   font:normal 155% Georgia, "Times New Roman";
}
```

Dem jetzt noch recht unansehnlich blau unterstrichenen Hyperlink unterhalb des Zitates weisen Sie, zur besseren Verdeutlichung der Verknüpfung zu einer anderen Webseite, ein Icon als Hintergrundgrafik zu:

```
li.infoBox blockquote a {
   display:block;
   background:transparent url(../images/ic_link.gif) center left
   no-repeat;
   color:#D24500;
   padding:0 0 0 10px;
   margin:8px 0 6px 0;
   text-decoration:none;
}
```

Damit das Icon überhaupt sichtbar werden kann und sich nicht aufgrund seiner Eigenschaft als Hintergrundgrafik hinter dem Link »versteckt«, muss das Link-Tag `<a>` um 10 Pixel von links eingerückt werden. Hiermit wird für das Icon erst der nötige Platz geschaffen. Bei größeren Icons sollte dieser Wert entsprechend angepasst werden.

Das aus diesen Arbeitsschritten resultierende Ergebnis lässt mittlerweile deutlich erkennen, in welche Richtung es für das Drei-Spalten-Layout geht: Die oberen Inhalte der Infoboxen werden nun bei korrekter Umsetzung des (X)HTML in Zusammenarbeit mit den Hintergrundgrafiken perfekt ausgerichtet.

Abbildung 6 ▸
Ausgerichtete obere Infoboxenbereiche und via CSS gestaltete Schrifteigenschaften

9 Erstellen und Integrieren der Hintergrundgrafik

Um dem Betrachter dieses dreispaltigen Infoboxen Layouts aber das Gefühl zu vermitteln, er sähe drei gleich hohe Elemente, müssen Sie der gesamten Liste eine Hintergrundgrafik mit einer Ausrichtung nach unten zuweisen. Der untere Bereich ist also immer zu sehen. Das heißt, je mehr Text die Listenpunkten enthalten, umso mehr schiebt sich die Grafik *bg_teasers-Bottom.gif* in den sichtbaren Bereich und vermittelt den Eindruck, die Grafiken säßen in den jeweiligen Boxen.

Abbildung 7 ▸
Hintergrundgrafik für die gesamte Liste

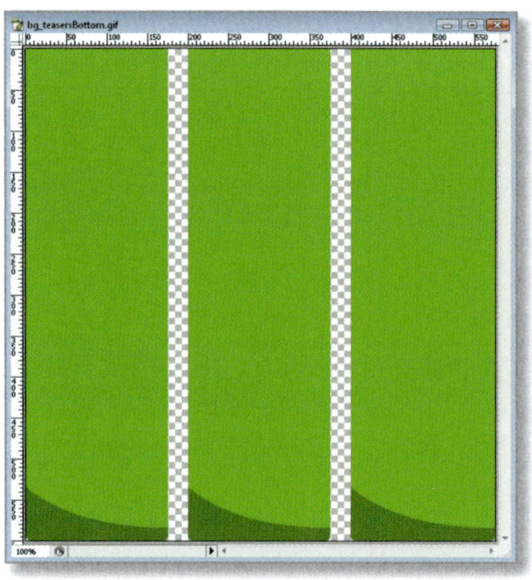

Wichtig bei der Umsetzung einer solchen Hintergrundgrafik sind, neben der Transparenz zwischen den Spalten, die Abstände zwischen den Hintergrundspalten. Denn diese sollen im Layout direkt unter den Inhalten der Infoboxen sichtbar sein und nicht etwa versetzt abgebildet werden.

```
ul {
   float:left;
   width:600px;
   padding:0;
   margin:0;
   background:transparent url(../images/bg_teasersBottom.gif)
   bottom left no-repeat;
}
```

10 Unteren Textabsatz ausrichten

Warum dieser letzte Schritt, das Ausrichten des Textes im unteren Bereich der Infoboxen, notwendig ist, zeigt ein kurzer Blick auf das Browserbild: Der Haupttext verläuft noch über die gesamte Breite der jeweiligen Infoboxen und weist keinerlei Abstände auf, die für eine bessere Lesbarkeit nötig sind. Zudem besitzt die Schriftfarbe `color` noch immer den Wert, der im `<body>` für alle Elemente definiert wurde.

▲ **Abbildung 8**
Flexibles dreispaltiges Infoboxen-Layout mit schlecht lesbarem und unschön ausgerichtetem Inhalt im unterem Bereich der Infobox

Bei Textabsätzen halten die verschiedenen Browser automatisch einen gewissen, oft aber recht variierenden Abstand ein. Dieser sollte zuerst mit `margin` und `padding` und dem Wert null aufgehoben werden. Dann können Sie mit den entsprechenden Werten den gewünschten Abstand erzeugen.

Damit analog zum vorhergehenden Workshop auch hier der Abschlussbereich der Infoboxen immer sichtbar ist, weisen Sie im weiteren Verlauf dem in diesem Bereich befindlichen Textabsatz `p.content` einen Innenabstand nach unten von `60px` zu. Neben den Angaben für die Innenabstände bestimmen Sie für diese Textabsätze im unteren Bereich der Infoboxen die Schriftfarbe Weiß.

```
li.infoBox p.content {
   color:#FFF;
   margin:0;
   padding:10px 5px 60px 10px;
}
```

Abbildung 9 ▸
Flexibles, dreispaltiges Infoboxen-Layout für den unteren Content-Bereich

Zusammenfassung

Dieser Workshop soll aufzeigen, wie schnell und unkompliziert es möglich ist, mit wenigen Zeilen CSS und einer Gesamthintergrundgrafik ein mehrspaltiges Layout für Infoboxen zu erstellen. Wie dieses Beispiel zeigt, bieten CSS und die richtige (X)HTML-Struktur für nahezu jede Herausforderung eine adäquate Lösung an.

/* Code aus Step 1 & 4 */

```
<!DOCTYPE html PUBLIC "-//W3C//DTD XHTML 1.0 Strict//EN" "http://www.w3.org/TR/xhtml1/DTD/
xhtml1-strict.dtd">
<html xmlns="http://www.w3.org/1999/xhtml" xml:lang="de" dir="ltr">
<head>
<meta http-equiv="Content-Type" content="text/html;charset=iso-8859-1" />
<title>mehrspaltiges Infobox-Layout</title>
<link rel="stylesheet" href="css/gleichhoheInfoboxen.css" type="text/css" media="all" />
</head>
<body>
```

```
<ul>
   <li class="infoBox">
      <blockquote cite="http://loremipsum.de">
      <h2>gleich hohe Infoboxen</h2>
      <p>
         &bdquo;Lorem ipsum dolor sit amet. Sanactus est mata.&ldquo;
         <a href="http://loremipsum.de">diam voluptua</a>
      </p>
      </blockquote>
      <p class="content">
         At vero eos et accusam et justo duo dolores et ela rebum. Stet clita kasd gub
         ergren, no sea takimatasa sanactus est Lorem ipsum dolor sit amet.
      </p>
   </li>
   <li class="infoBox">
       <blockquote cite="http://loremipsum.de">
      <h2>gleich hohe Infoboxen</h2>
      <p>
         &bdquo;Lorem ipsum dolor sit amet. Sanactus est mata.&ldquo;
         <a href="http://loremipsum.de">diam voluptua</a></p>
      </blockquote>
      <p class="content">
         At vero eos et accusam et justo duo dolores et ela rebum. Stet clita kasd gub er-
         gren, no sea takimatasa sanactus est Lorem ipsum dolor sit amet. Stet clita ka sd
         gubergren, no sea taki mata sanctus est.
      </p>
   </li>
   <li class="infoBox">
      <blockquote cite="http://loremipsum.de">
      <h2>gleich hohe Infoboxen</h2>
      <p>
         &bdquo;Lorem ipsum dolor sit amet. Sanactus est mata.&ldquo;
         <a href="http://loremipsum.de">diam voluptua</a>
      </p>
      </blockquote>
      <p class="content">
         At vero eos et accusam et justo duo dolores et ela rebum. Stet clita kasd gub er-
         gren, no sea takimatasa sanactus est Lorem ipsum dolor sit amet. Stet clita ka sd
         gubergren, no sea taki mata sanctus est. At vero eos et accusam et justo duo do-
         lores et ela rebum. Stet clita kasd gub ergren, no sea takimatasa.
       </p>
   </li>
</ul>
</body>
</html>
```

/* Code aus Step 5 & 10 */

```
body {
   font:normal 69%/1.2 Arial, Verdana;
   margin:10px;
   padding:5px 65px 0 0;
   color:#063900;
   background:#FFF url(../images/bg_teaser-
   Page.png) top left repeat-x;
}

ul {
   float:left;
   width:600px;
   padding:0;
   margin:0;
   background:transparent url(../images/bg_
   teasersBottom.gif) bottom left no-repeat;
}

li.infoBox {
   float:left;
   list-style-type:none;
   padding:0;
   margin:0 25px 0 0;
   background:transparent url(../images/
   bg_teaserTop.png) top left no-repeat;
   width:175px;
   min-height:175px;
   _height:175px;
}

li.infoBox blockquote {
   background-color:#FFF;
   margin:10px 0 0 0;
   padding:0 20px 10px 10px;
   min-height:100px;
   _height:100px;
}

li.infoBox blockquote p {
   color:#063900;
   padding:0;
   margin:0;
}

li.infoBox blockquote h2 {
   margin:0;
   padding:0 0 10px 0;
   font:normal 155% Georgia, "Times New
   Roman";
}

li.infoBox blockquote a {
   display:block;
   background:transparent url(../images/
   ic_link.gif) center left no-repeat;
   color:#D24500;
   padding:0 0 0 10px;
   margin:8px 0 6px 0;
   text-decoration:none;
}

li.infoBox p.content {
   color:#FFF;
   margin:10px 5px 60px 10px;
}
```

Kleine Bilder, große Wirkung!

Oder: Wie erzeugt man mit einer kleinen Grafik eine großflächige Hintergrundgrafik?

Dass die Grafiken einer Webseite je nach Dateigröße unterschiedlich lange zum Laden benötigen, ist kein Geheimnis. Nicht immer muss eine Grafik daraufhin verkleinert oder in der Qualität gemindert werden. Denn es gibt auch andere Möglichkeiten, eine große Fläche einer Webseite mit einer Grafik auszustatten. Im Bereich der Hintergrundgrafiken beispielsweise können Sie eine kleine Grafik mit einer Größe von zum Beispiel 30 x 30 px erstellen und sie durch einfaches Wiederholen in x- und y-Richtung kacheln. Durch diesen Wiederholungseffekt in x- und y-Richtung entsteht eine Art Muster, das allerdings nicht zu auffällig sein sollte, damit der User nicht zu sehr vom Vordergrund, dem eigentlichen Inhalt der Seite, abgelenkt wird. Dieser Workshop beschäftigt sich daher mit der Erstellung, Positionierung und Ausrichtung von Grafiken, die im Hintergrund eines Webseitenbereiches integriert werden und trotz ihrer oft kleinen Maße den Eindruck hinterlassen, ein großes Hintergrundbild zu sein.

Ziel

Wiederholung einer kleinen Hintergrundgrafik innerhalb einer Überschrift

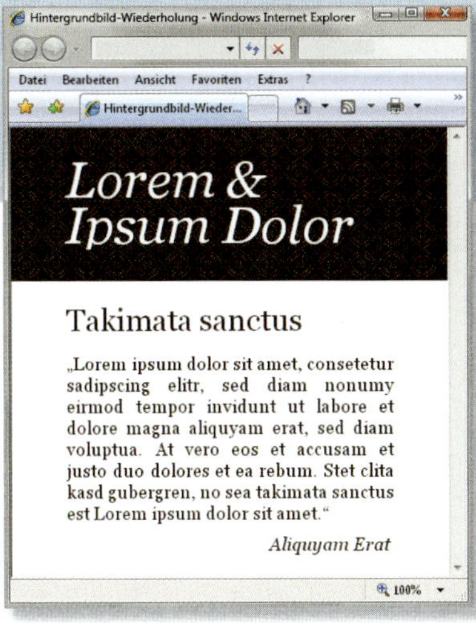

- Anlegen der Inhalte des Zitates
- Strukturieren der Inhalte
- Ausrichten der Hintergrundgrafik

Struktur aufbauen 1

Die Grundlage dieses Workshops ist ein Ordner, den Sie entsprechend dem Workshop-Inhalt mit HINTERGRUNDWIEDERHOLUNG bezeichnen. Innerhalb dieses Ordners definieren Sie dann einen weiteren Ordner (IMAGES), der die Bilder des Workshops enthält, und einen Ordner für CSS-Eigenschaften (CSS). Die entsprechende (X)HTML-Datei, die die zu erstellenden Inhalte des Workshops gliedert, benennen Sie analog zum Ordner *hintergrundWiederholung.html*. Grundlage dieser (X)HTML-Datei wird das folgende Grundgerüst.

```
<!DOCTYPE html PUBLIC "-//W3C//DTD XHTML 1.0 Strict//EN" "http://
www.w3.org/TR/xhtml1/DTD/xhtml1-strict.dtd">
<html xmlns="http://www.w3.org/1999/xhtml" xml:lang="de"
dir="ltr">
<head>
<meta http-equiv="Content-Type" content="text/
html;charset=iso-8859-1" />
<title>Hintergrundbild-Wiederholung</title>
</head>
<body>
<!-- hier wird der weitere (X)HTML-Code integriert -->
</body>
</html>
```

Strukturieren des Seitenlayouts 2

Der Aufbau dieses Workshops ist so gewählt, dass sich die Inhalte der Breite des Browserfensters anpassen. Das heißt, das Layout besitzt fließende Eigenschaften. Da sich die für diesen Workshop signifikante Eigenschaft, also das Wiederholen der Hintergrundgrafik, nur in einem bestimmten Bereich abspielt, muss hierfür mit dem Kopfbereich `#head` ein separater Bereich erstellt werden:

```
<div id="head">...</div>
```

Der Bereich mit dem Zitat erhält die Bezeichnung `#content` und kann somit im Sinne einer besseren Lesbarkeit von der sich in sämtliche Richtungen ausbreitenden Hintergrundgrafik »verschont« werden:

```
<div id="content">...</div>
```

Der Kopfbereich #head enthält die Überschrift 1. Ordnung <h1>, der Sie später wegen der dunklen Hintergrundgrafik die Schriftfarbe Weiß zuweisen:

```
<div id="head">
   <h1>Lorem &amp; Ipsum Dolor</h1>
</div>
```

Des Weiteren legen Sie einen Content-Bereich fest, der eine Überschrift 2. Ordnung <h2> beinhaltet sowie die für das Zitat notwendigen (X)HTML-Tags:

```
<div id="content">
   <h2>Takimata sanctus</h2>
   <blockquote>
      <p>&bdquo;Lorem ipsum dolor sit amet.&ldquo;</p>
      <p id="author"><cite>Aliquyam Erat</cite></p>
   </blockquote>
</div>
```

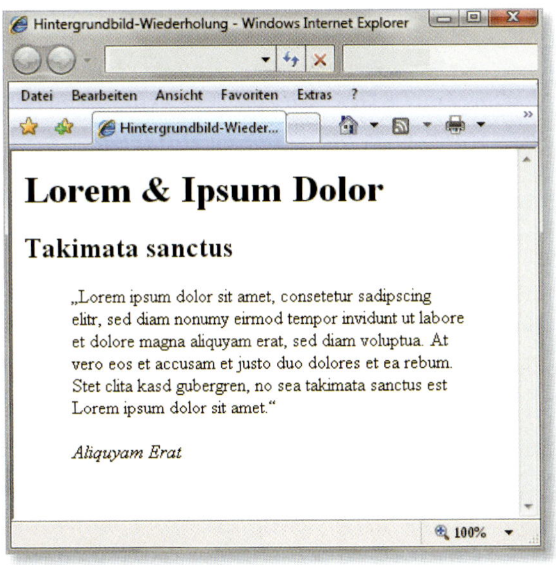

◂ **Abbildung 1**
Alle Inhalte ohne CSS

3 Anlegen und Strukturieren der Inhalte

Validität eines Zitates
Damit der Quellcode auch den Test des W3C-Validators besteht, weisen Sie dem Zitat <blockquote> zusätzlich ein Absatz-Tag <p> zu, das für das Bestehen des Tests nötig ist. Die Darstellung innerhalb des Browsers ist mit oder ohne dieses Tag identisch. Das Gleiche gilt für den Absatz mit dem Verweis auf den Autor <cite> des Zitates <blockquote>. Dieser erhält zusätzlich eine eindeutige id, damit er im Vergleich zum eigentlichen Zitat anders ausgerichtet werden kann.

4 CSS-Datei in (X)HTML-Seite integrieren

Um dem bisherigen reinen (X)HTML-Gerüst auch ein wenig Gestaltung via CSS zukommen zu lassen, legen Sie bitte dafür eine CSS-Datei *hintergrundWiederholung.css* an, und zwar im zu Beginn des Workshops erstell-

Berechnung der Schriftgröße
Die Standardschriftgröße entspricht in absoluten Zahlen dem Wert 16 px. Die Schriftgröße von 18 px, dazu ins Verhältnis gesetzt, ergibt folgendes Ergebnis:
16 px / 100 % * 18 px / x = 112,5 %

ten CSS-Ordner. Damit die Eigenschaften und Werte dieser Datei auch von der (X)HTML-Datei verstanden werden können, muss innerhalb des Kopfbereiches `<head>` der (X)HTML-Seite auf die soeben angelegte CSS-Datei referenziert werden:

```
...
<head>
...
<title>Hintergrundbild-Wiederholung</title>
<link rel="stylesheet" title="Default" href="css/hintergrundWie-
derholung.css" type="text/css" media="screen" />
</head>
...
```

Anlegen der Schrift- und Hintergrundeigenschaften 5

Um die Wirkung der Hintergrundgrafik besser erkennen und einschätzen zu können, definieren Sie zunächst neben einer dunklen Schriftfarbe die Schriftfamilie »Georgia« zur Präsentation der Textinhalte des Workshop-Beispiels:

```
body {
   font:normal 112.5% Georgia, "Times New Roman";
   margin:0;
   padding:0;
   color#301A06;
}
```

Kopfbereich definieren 6

Damit der Bereich, in dem sich später die Grafik wiederholen soll, nicht endlos groß wird, vergeben Sie für diesen Bereich `#head`, in dem sich die Überschrift `<h1>` des Zitates befindet, eine absolute Höhe von 150 px. Außerdem ziehen Sie für einen sauberen Abschluss zwischen diesem Bereich und dem darunter befindlichen Content-Bereich einen Rahmen von 1 px Breite.

```
#head {
   height:150px;
   border-width:0 0 1px 0;
   border-style:solid;
   border-color:#301A06;
   background-color:#301A06;
}
```

Berechnung der Höhe
Warum 150 px? Ganz einfach: Sie wollen keine abgeschnittenen Hintergrundgrafiken! Die daraus resultierende Rechnung ist einfach:
Höhe 150 px (`#header` – Kopfbereich) / Höhe 30 px (*bg_pattern.png*)
150 px / 30 px = 5
(= 5 Reihen Hintergrundgrafik in y-Richtung)

Der Überschrift 1. Ordnung `<h1>` weisen Sie mit 300 px einen festen Wert zu. Damit erreichen Sie einen Umbruch und eine Verteilung der Überschrift über zwei Zeilen.

```
#head h1 {
   width:300px;
   margin:0 0 0 12.5%;
   padding:30px 0 0 0;
   font:italic normal 278%/.9 Georgia, "Times New Roman";
   color:#FFF;
}
```

Schriftgröße und Zeilenhöhe berechnen
Die Standardschriftgröße entspricht in absoluten Zahlen dem Wert 16 px. Die im `<body>` definierte Schriftgröße von 18 px als Grundlagenwert genommen, ergibt für die 50 px von `<h1>` folgende Rechnung: 18 px / 100 % * 50 px / x = 278 % (gerundeter Wert) Da die Zeilenhöhe von `<h1>` 90 % entsprechen soll und 100 % genau 1 em entsprechen, ist die Rechnung hierfür einfach: Die Zeilenhöhe erhält den Wert `0.9em`. Dieser kann auch folgendermaßen angegeben werden: `0.9` oder `.9em` oder auch `.9`. Alle vier Schreibweisen für die Angabe der Zeilenhöhe der Überschrift führen zu demselben Ergebnis.

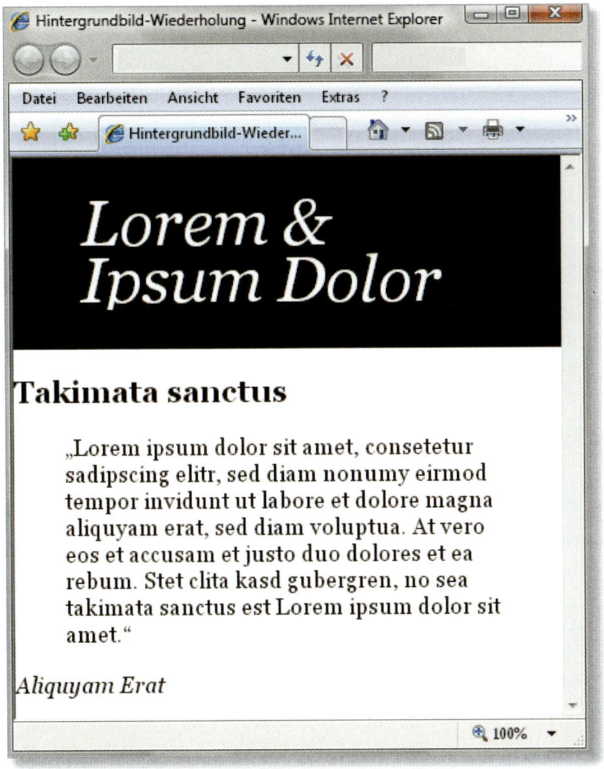

◂ **Abbildung 2**
In Überschrift- und Inhaltsbereich untergliederte Bereiche des Zitates

7 Content-Bereich ausrichten

Das Zitat soll sich über 75 % der Browserfensterbreite erstrecken und dabei einen horizontalen Abstand zum Browserfensterrand von 12,5 % besitzen. Da das Zitat aber auch einen vertikalen Abstand zum `#head` aufweisen soll, geben Sie hierfür einen absoluten Wert von `25px` an. Zu guter Letzt weisen Sie diesem Bereich Weiß als Hintergrundfarbe zu.

```
#content {
   width:75%;
   margin:25px 12.5%;
   background-color:#FFF;
}
```

Kann man absolute und relative Maßangaben miteinander verbinden?
Ja. Bei der Angabe von Abständen ist es beispielsweise möglich, absolute Abstandsangaben in px mit relativen Angaben in % zu vermischen. In diesem Fall ist der Außenabstand nach oben und unten, egal bei welchem Viewport (Größe des Browserfensters), immer 25px. Die 12,5% nach links und rechts orientieren sich dagegen immer an dem Viewport, wodurch dieser Wert sehr klein oder auch sehr groß sein kann.

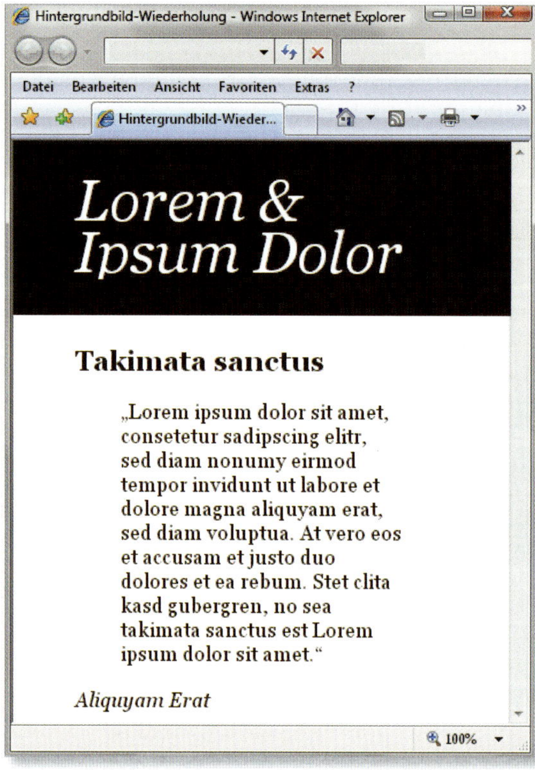

Abbildung 3 ▶
Mittig ausgerichtetes Zitat im Content-Bereich

8 Zitatinhalte ausrichten (BLOCKQUOTE und CITE)

Damit die Formatierung des Zitates nicht mehr der standardmäßigen Darstellung der Browser unterliegt, werden sämtliche Abstände auf null gesetzt und der Textbereich für das Zitat und den Autor nach rechts ausgerichtet.

Im nun angelegten Content-Bereich geben Sie der Überschrift 2. Ordnung, aufgrund der geringeren Gewichtung, eine kleinere Schrift sowie die Schriftfarbe, die für den Kopfbereich im Hintergrund verwendet wurde:

```
#content h2 {
   font:normal 167%/.9 Georgia, "Times New Roman";
   color:#301A06;
}

#content blockquote,
#content p#author {
   margin:0;
```

```
    padding:0;
    text-align:right;
}
```

Zum Schluss wird erhält das Zitat die Eigenschaft eines Block-Elementes und einen kleinen Abstand nach unten, womit der Abstand zwischen der letzten Zeile des Zitates und der Position des Autors reguliert werden kann:

```
#content blockquote p {
    text-align:justify;
    margin:0;
    padding:0 0 10px 0;
}
```

Blocksatz
Dieses Gestaltungsmittel aus der Typografie erzeugt in einem Element Textzeilen mit gleicher Länge. Möglich wird das durch die CSS-Eigenschaft `text-align` und dem dazugehörigen Wert `justify`.

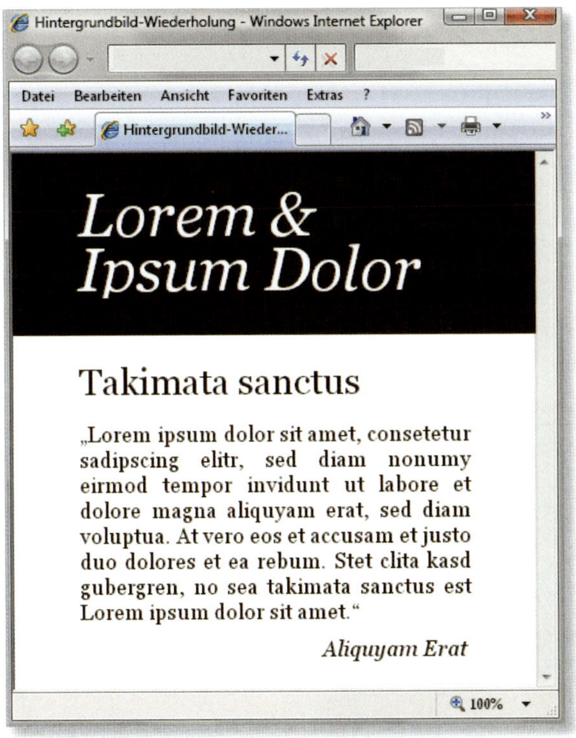

◂ **Abbildung 4**
Als Block-Element formatiertes Zitat mit rechtsausgerichteter Erwähnung des Autors

9 Erstellen und Ausrichten der Hintergrundgrafik

Eine Grafik, die sich im Hintergrund sowohl in horizontaler als auch in vertikaler Richtung wiederholt, hinterlässt den Eindruck eines großen Bildes. Aus diesem Grund muss sie so gestaltet werden, dass sich die Grafiken in horizontaler wie auch vertikaler Ausrichtung direkt aneinanderfügen.

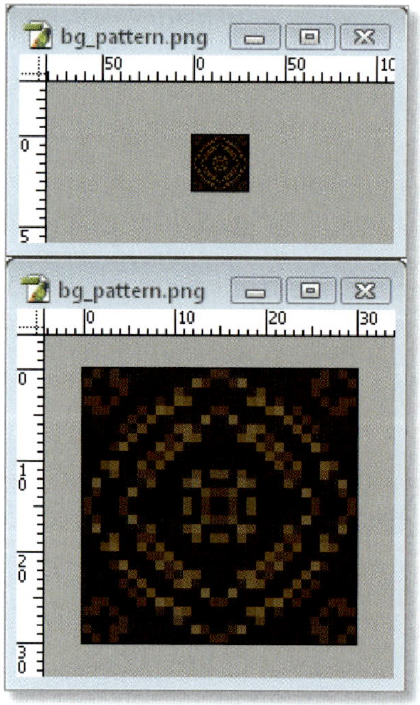

Abbildung 5 ▸ Hintergrundgrafik in Originalgröße (oben) und in 5-facher Vergrößerung (unten)

Die Grafik *bg_pattern.png* ermöglicht nun diesen direkten nahtlosen Übergang von Bild zu Bild und kann damit den Eindruck eines großen Gesamtbildes innerhalb des Kopfbereiches `#head` hinterlassen. Die folgende Abbildung der Hintergrundgrafik soll diese Naht- bzw. Kontaktstellen (sind kreisförmig farblich hervorgehoben) in horizontaler und vertikaler Richtung verdeutlichen:

Abbildung 6 ▸ Kontaktstellen der Hintergrundgrafik

Nach der Erstellung der Grafik ist nun ihre Ausrichtung der letzte Schritt in diesem Workshop. Wie bereits erwähnt, wird dies in zweierlei Richtung geschehen.

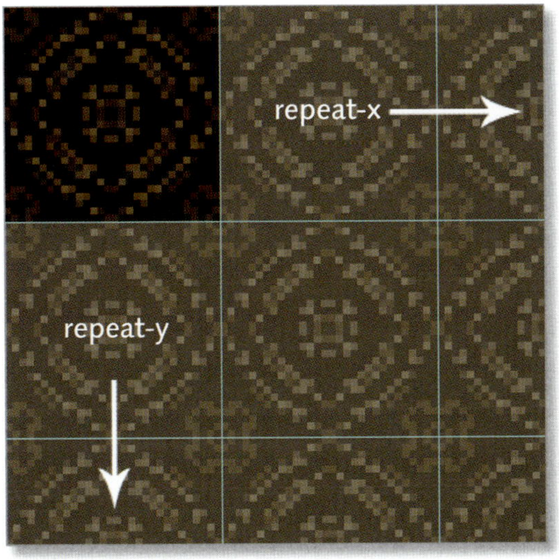

◂ **Abbildung 7**
Ausrichtung der Hintergrundgrafik

> **Hintergrundbilder**
> Da Browser Hintergrundbilder über die Hintergrundfarbe legen, sollte diese immer mit angegeben werden. So kann man verhindern, dass beim Deaktivieren von Grafiken durch den User ein zu geringer Kontrast zwischen Schrift- und Hintergrundfarbe vorliegt.

Die Ausrichtung einer Hintergrundgrafik in diesem Stil in nur jeweils eine der möglichen zwei Richtungen hätte folgende Darstellung innerhalb des Kopfbereiches zur Folge:

◂ **Abbildung 8**
Ausrichtung der Hintergrundgrafik in x-Richtung (oben) und y-Richtung (unten)

In diesem letzten Schritt wird zuerst die Hintergrundfarbe, dann der Pfad zum Hintergrundbild, dessen Positionsausrichtung und die Art der Wiederholung angegeben:

Eine 1 KB große Grafik mit 30 x 30 Pixeln kann auf diese Art und Weise eine gleichwertige Wirkung beim User hinterlassen wie eine 20–30 Mal so große Grafik. Der Vorteil der kleinen Grafik ist, dass sie aufgrund der geringeren Dateigröße wesentlich schneller vom Browser geladen werden kann und somit dem Webseitenbesucher schneller zur Verfügung steht.

```
#head {
   height:150px;
   border-width:0 0 1px 0;
   border-style:solid;
   border-color:#301A06;
   background:#301A06 url(../images/bg_pattern.png) top left
   repeat;
}
```

Die Ausrichtung der Grafik innerhalb des dafür vorgesehenen Bereiches ergibt den gewünschten Kontrast zum darunterliegenden Bereich. Ein Erhöhen des Wertes der Höhe für den Kopfbereich (#head) würde dazu führen, dass eine weitere Reihe der Hintergrundgrafiken sichtbar würde; bei einer Verringerung wären es dementsprechend weniger.

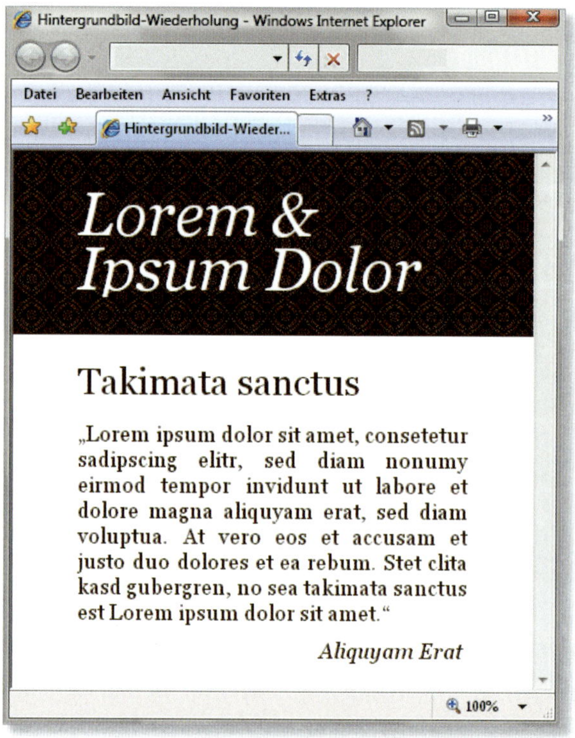

Abbildung 9 ▸
Ein in einen Überschrifts- und einen Inhaltsbereich untergliedertes Zitat

Zusammenfassung

Dieser Workshop sollte aufzeigen, welche Wirkung mit einer 1 KB großen Hintergrundgrafik, ihrer Ausrichtung und ein paar Zeilen CSS erzielt werden kann. Wer sich bei der Implementierung dieses Effektes nicht auf einen bestimmten Bereich beschränken möchte, kann dieses Verhalten auch auf den gesamten Hintergrund einer Seite anwenden. Nur sollte in diesem Fall die Grafik nicht zu dominant sein, da Sie ansonsten die Gefahr eingehen, dass sie aufgrund ihrer Dominanz zu sehr vom Inhalt einer Seite ablenkt. Mit Bedacht gewählt, kann das Wiederholen einer kleinen Hintergrundgrafik in sämtliche Richtungen durchaus zu einem nützlichen gestalterischen Mittel werden.

/* Code aus Step 1 bis 4 */

```
<!DOCTYPE html PUBLIC "-//W3C//DTD XHTML 1.0 Strict//EN" "http://www.w3.org/TR/xhtml1/DTD/
xhtml1-strict.dtd">
<html xmlns="http://www.w3.org/1999/xhtml" xml:lang="de" dir="ltr">
<head>
<meta http-equiv="Content-Type" content="text/html;charset=iso-8859-1" />
<title>Hintergrundbild-Wiederholung</title>
<link rel="stylesheet" href="css/hintergrundWiederholung.css" type="text/css" media="all" />
</head>
<body>
<div id="head">
   <h1>Lorem &amp; Ipsum Dolor</h1>
</div>
<div id="content">
   <h2>Takimata sanctus</h2>
   <blockquote>
      <p>&bdquo;Lorem ipsum dolor ... &ldquo;</p>
      <p id="author"><cite>Aliquyam Erat</cite></p>
   </blockquote>
</div>
</body>
</html>
```

/* Code aus Step 5 bis 9 */

```
body {
   font:normal 112.5% Georgia, "Times New
   Roman";
   margin:0;
   padding:0;
   color:#301A06;
}

#head {
   height:150px;
   border-width:0 0 1px 0;
   border-style:solid;
   border-color:#301A06;

   background:#301A06 url(../images/bg_pat-
   tern.png) top left repeat;
}

#content {
   width:75%;
   margin:25px 12.5%;
   background-color:#FFF;
}
```

```
#head h1 {
   width:300px;
   margin:0 0 0 12.5%;
   padding:30px 0 0 0;
   font:italic normal 278%/.9 Georgia,
   "Times New Roman";
   color:#FFF;
}

#content h2 {
   font:normal 167%/.9 Georgia, "Times New
   Roman";
   color:#301A06;
}

#content blockquote {
   margin:0;
   padding:0;
   text-align:right;
}

#content blockquote p {
   text-align:justify;
   margin:0;
   padding:0 0 10px 0;
}
```

Zukünftige CSS3-Module

Oder: Wie weist man einem Element mehrere Hintergrundgrafiken zu?

Die Möglichkeit, einem Element mehrere Grafiken im Hintergrund zuzuweisen, würde dazu führen, dass der HTML-Code übersichtlicher und »schlanker« wäre. Das heißt, mehrfache div- oder span-Konstrukte für ein Element wären nicht mehr vonnöten, so dass statt beispielsweise drei div-Elementen (jedes beinhaltet eine Grafik) nur noch ein div-Element (enthält alle drei Hintergrundgrafiken) übrig bliebe. Dieser schlankere HTML-Code würde schnellere Ladezeiten ermöglichen, da auch der CSS-Code weniger umfangreich wäre.

Info- oder Teaserboxen sind auf vielen Seiten ein gern eingesetztes Gestaltungselement zur visuellen Gliederung von Inhalten. Oftmals werden hierbei allerdings nicht nur einfache Boxen, lediglich mit einem Rahmen ausgestattet, abgebildet, sondern zum Beispiel Boxen mit sogenannten »rounded corners« (»runde Ecken«) oder gar mit verschiedenen Hintergrundgrafiken. Das Problem hierbei ist, dass dafür oftmals eine umfangreichere (X)HTML-Struktur, als für den Inhalt eigentlich nötig wäre, notwendig wird. Denn der in den meisten Browsern unterstützte CSS-Webstandard ist die Version 2.1. Dieser Workshop soll deshalb vor allem Hunger auf mehr machen. Ein kleiner Ausblick sozusagen auf das, was uns mit CSS3 erwarten kann, wenn sich die Browserhersteller an dieser Spezifikation orientieren.

Ziel

Infobox, in der einem Element mehrere Hintergrundgrafiken zugewiesen werden

- Anlegen der Inhalte der Infobox
- Strukturieren der Inhalte
- Anlegen der Hintergrundgrafiken
- Zuweisen und Ausrichten der Hintergrundgrafiken

Struktur aufbauen 1

Grundlage dieses Workshops ist ein Ordner, den Sie mit HINTERGRUNDCSS3 bezeichnen. Innerhalb dieses Ordners definieren Sie dann einen weiteren Ordner (IMAGES) für die Hintergrundgrafiken sowie einen Ordner für CSS-Eigenschaften (CSS). Die entsprechende (X)HTML-Datei, die die zu erstellenden Inhalte des Workshops gliedert, benennen Sie analog zum Ordner *hintergrundCSS3.html*. Grundlage dieser (X)HTML-Datei wird das folgende Grundgerüst:

```
<!DOCTYPE html PUBLIC "-//W3C//DTD XHTML 1.0 Strict//EN" "http://
www.w3.org/TR/xhtml1/DTD/xhtml1-strict.dtd">
<html xmlns="http://www.w3.org/1999/xhtml" xml:lang="de"
dir="ltr">
<head>
<meta http-equiv="Content-Type" content="text/
html;charset=iso-8859-1" />
<title>Mehrfachhintergrundgrafik in einem Element </title>
</head>
<body>
<!-- hier wird der weitere (X)HTML-Code integriert -->
</body>
</html>
```

<title>-Tag
Dieses Tag innerhalb des Kopfbereiches einer Webseite verleiht dem (X)HTML-Dokument einen Namen bzw. Titel. Es darf allerdings keine anderen (X)HTML-Tags enthalten! Dieser Titel wird in der Kopfleiste des Browsers angezeigt oder als Titel eines Bookmarks übernommen.

Inhalte der Infobox anlegen 2

Bevor die in der Zielsetzung festgelegten Inhalte strukturiert werden können, müssen sie angelegt werden. Hierzu fügen Sie innerhalb des `<body>`-Tags der *hintergrundCSS3.html* Schritt für Schritt die Inhalte ein (eine Überschrift, zwei Textabsätze und einen Hyperlink). Damit die spätere Hintergrundgrafik und die Überschrift miteinander korrespondieren, erhält die spätere Überschrift folgenden Inhalt:

```
Zum Anbeißen
```

Der Absatz enthält folgenden Text:

```
Lorem ipsum dolor amet, consetetur sadipsci mata.
```

Dem Link weisen Sie folgenden Inhalt zu:

```
diam voluptua
```

Und der zweite, inhaltlich umfangreichere Absatz besteht aus diesem Text:

```
At vero eos et accusam et justo duo dolores et ela rebum. Stet
clita kasd gub ergren, no sea takimatasa sanactus est Lorem ip-
sum dolor sit amet. Stet clita ka sd gubergren, no sea taki mata
sanctus est.
```

3 Bereich der Infobox anlegen

Wie erwähnt, werden Sie in diesem Workshop einem einzigen Element sämtliche Hintergrundgrafiken via CSS zuweisen. Aus diesem Grund definieren Sie um die soeben angelegten Inhalte ein `<div>`-Element. Die Bezeichnung dieses Elementes lautet der Bedeutung entsprechend `.infoBox`:

```
<div class="infoBox">
<!-- an dieser Stelle werden die Inhalte der Infobox mittels HTML
strukturiert -->
</div>
```

4 Überschrift festlegen

Der nächste Schritt ist die Auszeichnung der eindeutigen Überschrift. Da eine solche Infobox lediglich ein Element einer Webseite ist und ihre Überschrift nicht die höchste Wertigkeit besitzen wird (die Seitenüberschrift sollte die höchste Wertigkeit haben), verwenden Sie hierfür eine Überschrift `<h2>`:

```
<div class="infoBox">
   <h2>Zum Anbei&szlig;en</h2>
   ...
</div>
```

Der Buchstabe ß wird durch das (X)HTML-Sonderzeichen `ß` dargestellt.

5 Textabsatz definieren

Das nächste Element in der Reihe ist ein kurzer erster Textabsatz. Diesen setzen Sie seitens HTML durch das dafür vorgesehene Tag `<p>` um:

```
<div class="infoBox">
   <h2>Zum Anbei&szlig;en</h2>
   <p>
      Lorem ipsum dolor amet, consetetur sadipsci mata.
   </p>
</div>
```

Linkverweis anlegen 6

Mehr zu Hyperlinks und Icons finden Sie im Kapitel »Text und Bild«, vierter Workshop.

Der Verweis zwischen den zwei Textabsätzen wird als Hyperlink durch das Anker-Tag `<a>` präsentiert. Zudem wird mit dem Attribut `href=""`, die Art der Verknüpfung und mit `http://www.galileodesign.de` das Ziel des Hyperlinks angeben:

```
<a href="http://www.galileodesign.de/">diam voluptua</a>
```

Textabsatz anlegen 7

Der letzte (X)HTML-Schritt in diesem Workshop ist die Auszeichnung des Absatzes im unteren Bereich unserer Infobox. Dies geschieht wie beim oberen Absatz mit dem dafür vorgesehenen Absatz-Tag `<p>` und der Klasse:

```
<div class="infoBox">
   <h2>Zum Anbei&szlig;en</h2>
   <p>
      Lorem ipsum dolor amet, consetetur sadipsci mata.
   </p>
   <a href="http://www.galileodesign.de">diam voluptua</a>
   <p>
      At vero eos et accusam et justo duo dolores et ela rebum.
      Stet clita kasd gub ergren, no sea takimatasa sanactus est
      Lorem ipsum dolor sit amet. Stet clita ka sd gubergren, no
      sea taki mata sanctus est.
   </p>
</div>
```

Schriftgröße und Zeilenhöhe berechnen
Die Standardschriftgröße entspricht dem Wert 16 px. Wenn man die Größe der Schrift in der Infobox (11 px) dazu ins Verhältnis setzt, ergibt sich daraus der relative Prozentwert, der die Schrift im `<body>` definiert:
16 px/100 % * 11 px/x = 69 % (gerundeter Wert)
Da sich die Zeilenhöhe der Infobox an den 11 px der Schriftgröße orientiert und selbst 13 px entsprechen soll, errechnet sich dieser Wert wie folgt:
11 px/100 % * 13 px/x = 120 % (gerundeter Wert)

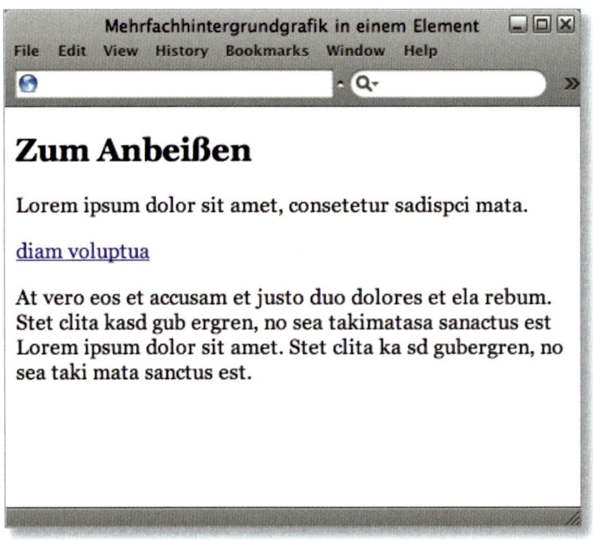

Abbildung 1 ▸
Strukturierte Inhalte der Infobox ohne CSS

Um der Infobox die gewünschten Gestaltungsmerkmale zuzuweisen, legen Sie die dafür nötige CSS-Datei *hintergrundCSS3.css* an und legen sie im dafür vorgesehenen CSS-Ordner ab. Auf diese Datei wird dann innerhalb des Kopfbereiches <head> der (X)HTML-Datei *hintergrundCSS3.html* wie folgt referenziert:

8 CSS-Datei in (X)HTML-Seite integrieren

```
...
<head>
...
<title>Mehrfachhintergrundgrafik in einem Element </title>
<link rel="stylesheet" title="Default" href="css/hintergrundCSS3.
css" type="text/css" media="screen" />
</head>
...
```

Damit sich die späteren Hintergrundgrafiken der Infobox vom Seitenhintergrund abheben, definieren Sie in der CSS-Datei für den <body> eine kontrastreiche Hintergrundfarbe. Des Weiteren legen Sie an dieser Stelle die Schrifteigenschaften fest und definieren die Abstände der Infobox vom Browserfensterrand mit absoluten Werten.

9 Hintergrundfarbe und Schrifteigenschaften festlegen

```
body {
   background-color:#a99d65;
   font:normal 69%/1.2 Arial, Verdana;
   margin:10px 120px;
   padding:5px 65px 0 0;
   color:#000;
}
```

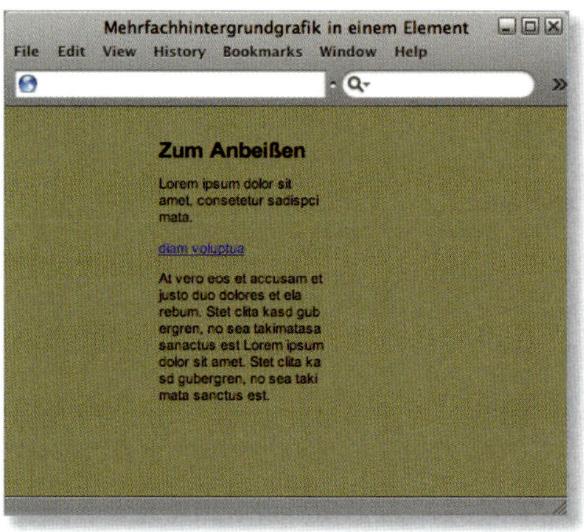

◀ **Abbildung 2**
Da die Infobox und damit die abgebildeten Inhalte noch keinerlei Weitenbeschränkung erfahren haben, verändert sich die Laufweite (Breite der Textinhalte) je nach Breite des Browserfensters.

Maße der Infobox definieren 10

Ein Kontrast bei Schriftfarbe,-größe und -art kann die Infobox im Vergleich zum restlichen Text hervorheben und so für bessere Lesbarkeit sorgen.

Neben der Einschränkung der Infobox auf eine Breite von 185 px und der Zuweisung von entsprechenden Außen- und Innenabständen definieren wir in diesem Schritt die Schrifteigenschaften der Überschrift.

```
div.infoBox {
   padding:0 0 40px 0;
   margin:0;
   width:185px;
}
```

Gestalten der Überschrift 11

Um zwischen den zwei Wörtern innerhalb der Überschrift <h2> einen Umbruch zu erhalten, vergeben Sie für dieses Element eine Breite von 75 px. Zudem rücken Sie dieses Element um 10 Pixel von links ein. Durch diesen Wert wird der Abstand zwischen dem linken Rand der Infobox und den Textinhalten erzeugt. Damit die Überschrift auf der späteren Hintergrundgrafik des oberen Bereichs gut zur Geltung kommt, greifen Sie an dieser Stelle außerdem auf die Schriftfarbe Weiß zurück.

```
div.infoBox h2 {
   width:75px;
   padding:10px 0 0 10px;
   font:normal 164%/.9 Georgia, "Times New Roman";
   color:#FFF;
}
```

Ausrichten des ersten Textabsatzes 12

Für die beiden Textabsätze, die den Hyperlink umschließen, vergeben Sie lediglich die nötigen Abstände, damit folgende oder vorhergehende Elemente nicht zu dicht am Text »kleben«. Wer an dieser Stelle gleichmäßig linksbündig ausgerichtete Inhalte erhalten möchte, sollte diesem Element (ebenso wie <h2>) einen Abstand vom linken Rand von 10 Pixeln zugestehen.

```
div.infoBox p {
   margin:0;
   padding:10px 20px 10px 10px;
}
```

Positionieren und Gestalten des Linkverweises 13

Als letztes Textelement definieren Sie die Eigenschaften des Hyperlinks. Diese ebenfalls links ausgerichtete Verknüpfung bekommt für den Hintergrund das Icon *ic_link.gif* und rote Schriftfarbe. Damit der Link nicht, wie standardmäßig in den Browsern üblich, unterstrichen wird, heben Sie dies mit `text-decoration:none` auf.

```
div.infoBox a {
   display:block;
   background:transparent url(../images/ic_link.gif) center left
   no-repeat;
   color:#D24500;
   padding:0 0 0 10px;
   margin:0 0 0 10px;
   text-decoration:none;
}
```

Damit an dieser Stelle der Linktext, so wie der gesamte Link mit Icon, analog zum restlichen Textinhalt der Infobox von der linken Seite eingerückt wird, ist ein Innen- und Außenabstand von 10 Pixeln notwendig.

▲ **Abbildung 3**
Hervorheben der Überschrift und des Hyperlinks im Vergleich zum restlichen Text der Infobox

Das Ergebnis dieses Schrittes sind gleichmäßig ausgerichtete Inhalte, deren Bedeutung durch separate Schrifteigenschaften zusätzlich hervorgehoben wird. Genau so stellen im Übrigen alle Browser, die nicht dazu in der Lage sind, einem Element gleichzeitig mehrere Hintergrundgrafiken zuzuweisen, die bisherige (X)HTML-Datei dar.

14 Erstellen und Ausrichten der Hintergrundgrafiken

Der wichtigste Schritt in diesem Workshop ist die Erstellung und Zuweisung der Grafiken der Infobox. Die folgende Abbildung soll neben der Aufteilung vor allem auch die Position und das Verhalten der jeweiligen Grafiken aufzeigen.

Abbildung 4 ▸
Aufteilung der Positionen der Grafiken

Man könnte wie gewohnt den einzelnen Elementen separat die einzelnen Grafiken zuweisen. Da wir aber etwas Neues probieren wollen, verzichten wir auf diese antiquierte Umsetzung. Vielmehr weisen wir einzig unserer Infobox sämtliche Hintergrundgrafiken zu, um somit letzten Endes folgende Abbildung und das aus den Änderungen erzeugte dynamische Verhalten zu erreichen.

Deutlich wird bei dieser Betrachtung, dass die obere Grafik *bg_teaserTop.tif* und untere *bg_teaserBottom.tif*-Grafik eine feste Höhe aufweisen. Da die Infobox sich in der Höhe entsprechend der Menge der Inhalte dynamisch anpassen soll, wird die mittlere Hintergrundgrafik *bg_teaserCenter.tif* lediglich einen Pixel hoch sein und sich in y-Richtung beliebig oft wiederholen.

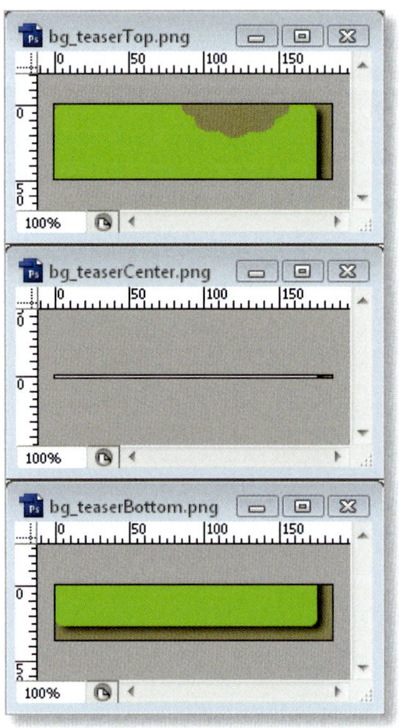

Abbildung 5 ▸
Verwendete Hintergrundgrafiken

```
div.infoBox {
    padding:0 0 40px 0;
    margin:0;
    width:185px;
    background:url(../images/bg_teaserTop.tif) top left no-repeat,
    url(../images/bg_teaserBottom.tif) bottom left no-repeat,
    url(../images/bg_teaserCenter.tif) center repeat-y;
}
```

Wie sich der mittlere Teil mit der weißen Hintergrundfarbe innerhalb der Grafik verhält, wenn sich der Textinhalt ändert, zeigt die Abbildung mit den zwei unterschiedlich hohen Infoboxen.

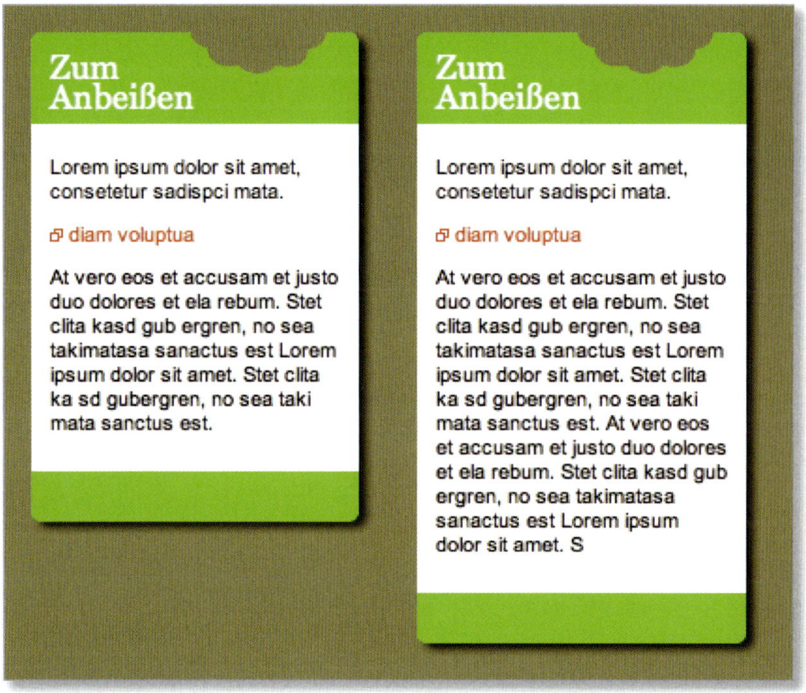

▲ **Abbildung 6**
Aus der Erstellung und Ausrichtung der Grafiken resultierende Flexibilität der Infobox

Vor allem bei Seitenelementen mit sich häufig ändernden Textinhalten (beispielsweise durch ein CMS) bietet sich eine solche Lösung zur Abbildung von Infoboxen an.

Hintergrund- und Rahmen-Modul
Die drei erstellten Grafiken können dem Hintergrund der Infobox nacheinander zugewiesen werden. Dies geschieht allerdings nicht in der abgebildeten Reihenfolge, sondern es werden zuerst die beiden Grafiken mit fester Höhe und der jeweiligen Position und Ausrichtung integriert und zum Schluss die schmale Grafik für den Content-Bereich. Diese Reihenfolge muss deshalb eingehalten werden, da ansonsten die Verlaufsgrafik mit dem weißen Hintergrund die jeweils nach ihr im CSS deklarierte Grafik überlagern würde, denn diese bekommt die Wiederholungseigenschaft `repeat-y`, füllt die Infobox bis zum Ende aus und würde deswegen natürlich auch die am unteren Ende der Box befindliche Grafik überlagern.

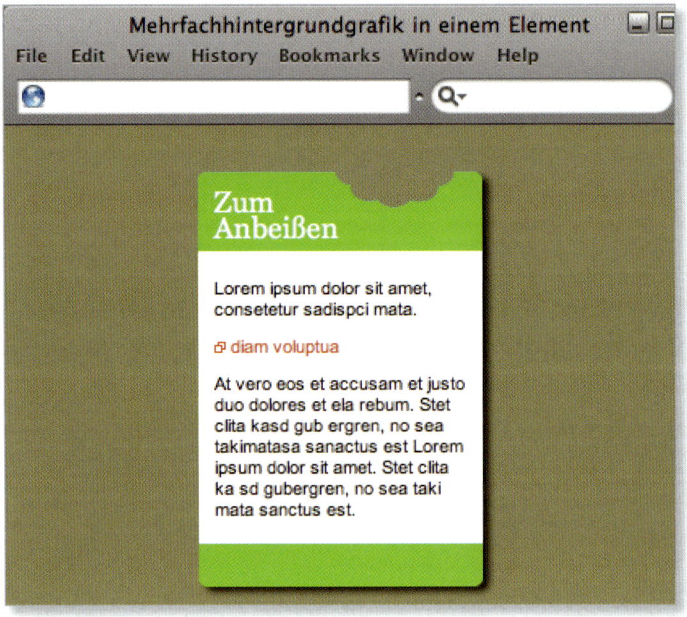

Abbildung 7 ▸
Infobox mit flexiblem Layout in Sachen Höhe

Zusammenfassung

Dieser Workshop soll die Auswirkungen der Weiterentwicklung des CSS-Standards innerhalb des (X) HTML-Codes aufzeigen. Da beim aktuellen Browser-Stand (Juni 2008) unter den weiter verbreiteten Browsern lediglich der Safari diese CSS-Eigenschaften korrekt interpretiert, ist dieser Workshop, wie bereits anfangs erwähnt, lediglich ein Ausblick auf das, was möglich sein kann. Ein Ausblick, der Hoffnung darauf macht, dass unnötiger Ballast an Quellcode innerhalb der (X)HTML- und CSS-Dateien irgendwann einmal der Vergangenheit angehören kann.

/* Code aus Step 1 bis 8 */

```
<!DOCTYPE html PUBLIC "-//W3C//DTD XHTML 1.0 Strict//EN" "http://www.w3.org/TR/xhtml1/DTD/
xhtml1-strict.dtd">
<html xmlns="http://www.w3.org/1999/xhtml" xml:lang="de" dir="ltr">
<head>
<meta http-equiv="Content-Type" content="text/html;charset=iso-8859-1" />
<title>Hintergrundbild-Wiederholung</title>
<link rel="stylesheet" href="css/hintergrundWiederholung.css" type="text/css" media="all" />
</head>
<body>
<div id="head">
   <h1>Lorem &amp; Ipsum Dolor</h1>
</div>
<div id="content">
```

```
    <h2>Takimata sanctus</h2>
    <blockquote>
      <p>
        &bdquo;Lorem ipsum dolor sit amet, consetetur sadipscing elitr, sed diam nonumy
        eirmod tempor invidunt ut labore et dolore magna aliquyam erat, sed diam volup-
        tua. At vero eos et accusam et justo duo dolores et ea rebum. Stet clita kasd gu-
        bergren, no sea takimata sanctus est Lorem ipsum dolor sit  amet.&ldquo;
      </p>
    </blockquote>
    <p id="author"><cite>Aliquyam Erat</cite></p>
</div>
</body>
</html>
```

/* Code aus Step 9 bis 14 */

```
body {
   font:normal 69%/1.2 Arial, Verdana;
   margin:10px 120px;
   padding:5px 65px 0 0;
   color:#000;
   background-color:#a99d65;
}

div.infoBox {
   padding:0 0 40px 0;
   margin:0;
   width:185px;
   background:url(../images/bg_teaserTop.
   tif) top left no-repeat, url(../images/
   bg_teaserBottom.tif) bottom left no-re-
   peat, url(../images/bg_teaserCenter.tif)
   center repeat-y;
}

div.infoBox h2 {
   width:75px;
   padding:10px 0 0 10px;
   font:normal 164%/.9 Georgia, "Times New
   Roman";
   color:#FFF;
}

div.infoBox p {
   margin:0;
   padding:10px 20px 10px 10px;
}

div.infoBox a {
   display:block;
   background:transparent url(../images/
   ic_link.gif) center left no-repeat;
   color:#D24500;
   padding:0 0 0 10px;
   margin:0 0 0 10px;
   text-decoration:none;
}
```

Wie und warum strukturiert man CSS-Dateien?

Da CSS-Dateien aufgrund der ständig steigenden Anforderungen an ein Webseitenlayout immer umfangreicher und größer werden und immer öfter mehrere Hundert Zeilen CSS-Code enthalten, ist es nötig, diese Inhalte zu strukturieren und einer gewissen Ordnung zu unterwerfen. Auch wenn die einzelnen CSS-Dateien der Workshop-Beispiele eher übersichtlich sind, bekommt gerade bei aufwendigen Webprojekten in Zusammenarbeit mit mehreren Kollegen die Strukturierung einen immer höheren Stellenwert. Ziel dieser Strukturierung soll es sein, dem jeweiligen Benutzer einer CSS-Datei ein schnelles Auffinden der gesuchten Elemente zu ermöglichen.

Datei-Informationen anlegen (Autor, Datum ...)

Im oberen Bereich einer CSS-Datei können beispielsweise der Autor, das Datum der Erstellung und der Zeitpunkt der letzten Änderung vermerkt werden. Somit können Sie schnell den richtigen Ansprechpartner finden, ohne vorher rätseln zu müssen, wer wann und wo die letzte Änderung durchgeführt hat. Bei Einsteigern ist diese Dokumentation vielleicht nicht unbedingt vonnöten. Bei Profis dagegen kann das Einhalten dieser Regel den Kollegen einiges an Zeit ersparen. Und Zeit ist bekanntlich Geld.

CSS-Kommentare werden generell mit `/*` geöffnet, können dann zahlreiche weitere für die Beschreibung nötigen Zeichen enthalten und werden dann mit `*/` wieder geschlossen. Für den angesprochen Kommentarblock in Sachen Autor, Bearbeitungsdatum etc. würde dies zu folgender Darstellung innerhalb der Beispieldatei *styles.css* führen:

```
/* Datei:styles.css
--------------------------------------------------
initial author:       Heiko S.
last editor:          Frank T.
firstVersion:         05.10.2007
lastUpdatedVersion:   02.06.2008
--------------------------------------------------*/
```

Nach dem Anlegen solcher allgemeinen Dateiinformationen folgt das Anlegen einer Struktur für die jeweilige CSS-Datei. Diese kann auf verschiedene Arten definiert werden, mit einer inhaltlich-funktionellen oder einer layoutorientierten Struktur. Erstere richtet sich eher nach den jeweiligen Funktionen, die die einzelnen HTML-Elemente – wie beispielsweise sämtliche Überschriften, alle Links einer Seite, alle Formulare-Elemente oder Tabellen – zu erfüllen haben.

Struktur-Informationen anlegen (Seitenaufbau)

Die inhaltlich-funktionelle Struktur einer CSS-Datei gliedert die CSS-Angaben anhand dessen, was sie darstellen, wie beispielsweise Text, Überschriften und Links. Das heißt, der Text einer Infobox, der sich in einer Marginalspalte neben dem Hauptinhalt befindet, wird nicht nach seiner Position, sondern entsprechend seiner Bedeutung innerhalb der Struktur abgelegt. Die einzelnen Hauptbereiche werden der visuellen Wahrnehmung entsprechend festgelegt und gegebenenfalls mit dazugehörenden Untergruppen dokumentiert. Die CSS-Eigenschaften für den Bereich, in dem eine Marke beworben wird, bilden zum Beispiel die Gruppe »Branding«. Der Vorteil dieser Art der Strukturierung ist, dass sich die Positionen der HTML-Elemente innerhalb dieser Bereiche beliebig ändern können. Das heißt, die »Branding«-Elemente können je nach Wunsch links, rechts oder wie auch immer ausgerichtet werden. Umso mehr Bedeutung liegt hierbei auf zutreffender Bezeichnung der HTML-Elemente. Diese erfolgt nicht nach der Position im Layout (denn die kann sich im Laufe des Bestehens einer Webseite häufig ändern), sondern nach Bedeutung der Elemente.

Diese Art der Namenskonvention ist nicht nur bei umfangreichen Projekten vor allem für diejenigen, die daran arbeiten, sehr vorteilhaft, weil ein Name sofort einem Element zuweisbar ist. Denn der Sinn und Zweck eines Elementes erschließt sich so dem Betrachter umgehend, ohne erst im Code danach suchen oder einen eventuell vorhandenen Style-Guide danach durchforsten zu müssen.

Inhaltlich-funktionelle Dateistruktur

```
/* styles.css
-------------------------------------------------
1.0 Branding (bspw. Markenpräsentation)
1.1 Logos
1.2 Links
1.3 Werbebilder
...
2.0 additional Advertising (weitere Produktwerbung)
2.1 Logos
2.2 Links
2.3 Werbebilder
...
3.0 Navigation
3.1 Hauptnavigation
3.2 Subnavigation
3.3 Metanavigation
3.4 Footernavigation
...
```

```
4.0 Kontaktbereich
4.1 Formular
4.2 Text
4.3 Links
...
...
-------------------------------------------------*/
```

`@import` muss vor allen anderen Regeln eines Stylesheets stehen und kann auf folgende Arten angelegt werden:

`@import "fonts.css";`
`@import url("fonts.css");`

Eine weitere Variante zur Strukturierung von CSS-Dateien ist es, die Elemente mit Eigenschaften bezüglich der Schriftart, -farbe und -größe (sowie beispielsweise *typo.css*) zu separieren. Es könnte auch eine CSS-Datei für Formularelemente und deren Eigenschaften (zum Beispiel *forms.css*) oder eine ausschließlich für Navigationen (beispielsweise *navi.css*) angelegt werden. In der bisherigen Datei *styles.css* wird in den ersten Zeilen, bevor unsere CSS-Strukturierung folgt, ein `@import` durchgeführt. Mit dieser Methode können externe CSS-Dateien in unsere bestehende inkludiert werden:

```
@import url("typo.css");
@import url("forms.css");
@import url("navi.css");
/* Datei:styles.css
-------------------------------------------------
initial author:      Heiko S.
last editor:         Frank T.
firstVersion:        05.10.2007
lastUpdatedVersion:  02.06.2008
-------------------------------------------------*/
...
```

Nach diesen Import-Regeln können die Strukturierung und die darauffolgenden CSS-Eigenschaften definiert werden.

Beispiel einer layoutorientierten CSS-Struktur

Eine am Layout orientierte Strukturierung einer CSS-Datei verbindet Elemente und deren Gruppierungen nach ihrer Position innerhalb einer Webseite. Hierbei werden einzelne Bereiche dem Layout entsprechend festgelegt und gegebenenfalls mit entsprechenden Untergruppierungen versehen.

Layoutorientierte Dateistruktur für styles.css

```
/* styles.css
-----------------------------------------------
1.0 Header-Bereich
1.1 Branding
1.2 Hauptnavigation
1.3 Subnavigation
...
2.0 Content-Bereich
2.1 Kontaktbereich
...
3.0 Sidebar / Marginalspalte
3.1 additional Advertising
...
4.0 Footer-Bereich
4.1 Copyright-Informationen
...
-----------------------------------------------*/
```

Die optische Trennung des Strukturierungsbereiches durch CSS-Kommentare und deren Gestaltung sorgt für eine bessere Übersicht und Abgrenzung der einzelnen Bereiche innerhalb der CSS-Datei.

Wenn sich allerdings die Position einer dieser Inhalte verändert, muss dieses Element eventuell in einem anderen Bereich abgelegt werden. Das daraus entstehende Chaos ist damit vorprogrammiert. Bei kleinen CSS-Dateien mit eher unveränderlichem Layout oder wenig Dynamik innerhalb der Darstellung der Seite ist diese Variante sicherlich nutzbar. Eine wirkliche Alternative zur ersten Variante stellt sie aber nicht dar.

Fazit

Ob für Ein- oder Umsteiger, erfahrene CSS-Anwender oder gar Profis, es gilt Folgendes: Strukturieren Sie Ihre CSS-Dateien! Man findet sich, egal ob mit der Dateistruktur in HTML vertraut oder nicht, in der CSS-Datei schell zurecht und kann somit die gewünschten Änderungen ohne langes Suchen vornehmen. Neben einer idealen Namenskonvention für die einzelnen Elemente ist vor allem eine gut gegliederte und aufgeräumte Struktur einer CSS-Datei die ideale Voraussetzung für die Arbeit an den CSS-Dateien.

Fix? Fließend? Elastisch?

760 px und keinen mehr!

Oder: Wie realisiert man ein fixes Layout?

Als fixes Layout bezeichnet man eine Variante der Layoutgestaltung, die auf festen Breiten basiert. Die Maße für Höhen, Größen und insbesondere Breiten werden in absoluten Pixelwerten angegeben. Damit ist diese Layoutdarstellung unabhängig von den jeweiligen Einstellungen des Webseitenbesuchers. Das bedeutet, die festgelegte Layoutbreite von beispielsweise 760 Pixeln wird auf einem Viewport (Größe des Browserfensters) von 800 Pixeln ebenso wie bei einem Viewport von 1.400 Pixeln mittig und 760 px breit dargestellt.

Zielsetzung für diesen Workshop ist es, aus dem vorliegenden Designentwurf ein fixes Layout mit absoluten Pixelwerten zu machen. Wichtig ist bei einem solchen Lösungsansatz, dass das Layout auch bei eventueller Skalierung den veränderten Schriftgrößen standhält und nicht gänzlich »zerschossen« wird, so dass es für den Webseitenbesucher, der auf diese Schriftgrößenveränderung angewiesen ist, weiterhin nutzbar ist. Denn sich für ein Layout mit absoluten Angaben zu entscheiden, heißt nicht, dass man nicht vorausschauend arbeiten muss.

Ziel

Webseite mit absoluten Abstands-, Größen- und Breitenangaben

- Erstellen des Seitengerüstes mit Berücksichtigung der Layoutvariante
- Anlegen und Strukturieren der Seiteninhalte
- Stylen und Ausrichten der Seiteninhalte

1 Struktur festlegen

Für dieses 8. Kapitel legen Sie einen Ordner LAYOUT an. Darin definieren Sie einen weiteren Ordner mit der Bezeichnung ABSOLUTESLAYOUT, in dem Sie eine gleichnamige (X)HTML-Datei erstellen. Außerdem wird in diesem Ordner ein Bilder-Ordner (IMAGES) und einer für CSS (css) angelegt.

Die soeben erzeugte (X)HTML-Datei *absolutesLayout.html* enthält, vor dem Einfügen der Inhalte und der damit zusammenhängenden Strukturierung, das folgende (X)HTML-Grundgerüst:

```
<!DOCTYPE html PUBLIC "-//W3C//DTD XHTML 1.0 Strict//EN" "http://
www.w3.org/TR/xhtml1/DTD/xhtml1-strict.dtd">
<html xmlns="http://www.w3.org/1999/xhtml" xml:lang="de"
dir="ltr">
<head>
<meta http-equiv="Content-Type" content="text/
html;charset=iso-8859-1" />
<title>fixes Layout mit absoluten Maßangaben</title>
</head>
<body>
<!-- hier wird der weitere (X)HTML-Code integriert -->
</body>
</html>
```

2 Erstellen des Seitengerüstes

Als Nächstes fügen Sie dieser (X)HTML-Datei die Text- und Bildinhalte hinzu. Diese werden dann im weiteren Verlauf durch den Einsatz entsprechender (X)HTML-Elemente strukturiert. Beginnen Sie mit einem `<div>`-Element namens `id="wrapper"`, das das gesamte Layout umschließt:

```
<div id="wrapper">
<!-- umschließt die gesamte Webseite -->
</div>
```

Durch das Element `wrapper` ist es möglich, mit lediglich einer Angabe der Breite und der entsprechenden horizontalen Zentrierung den gesamten Auftritt auszurichten. Mehr dazu in Schritt 7.

Der Entwurf zeigt eine klare Vorgabe für die Strukturierung. Daher legen Sie als Nächstes mit `#header`, `#content` und `#footer` die drei offensichtlichen Bereiche entsprechend ihrer Reihenfolge fest:

```
<div id="wrapper">
   <div id="header"><!-- Seitenkopf mit Navigation --></div>
   <div id="content"><!-- Contentbereich der Seite --></div>
   <div id="footer"><!-- Seitenfuß mit Navigation --></div>
</div>
```

Anlegen und Strukturieren des Webseitenkopfes 3

Nach dem Anlegen dieser drei Layoutbereiche widmen Sie sich der Integration und Strukturierung der Navigation im Webseitenkopf. Damit Sie nach der Fertigstellung der drei Workshops in diesem Kapitel zwischen den einzelnen Layoutvarianten hin- und herschalten können, um deren signifikante Eigenschaften zu verstehen, legen Sie eine Navigation mit drei Navigationspunkten an. Wie im 2. Kapitel zu erfahren ist, werden Navigationen innerhalb des (X)HTML-Markups durch Listen repräsentiert und strukturiert. Da Sie aktuell die Seite *absolutesLayout.html* erstellen, ist ein Verlinken dieses Navigationspunktes unnötig, da Sie sich bereits auf dieser Seite befinden. Die anderen beiden Navigationspunkte mit den Bezeichnungen FLIESSEND und ELASTISCH stehen hierbei für die beiden noch folgenden Layoutvarianten. Nach Fertigstellung der gesamten Workshops dieses Kapitels fügen Sie entsprechend der Ordnerstruktur das jeweilige Verweisziel ein.

```
...
<div id="header">
   <ul class="navi">
      <li>fix (px)</li>
      <li><a href="#">fließend (%)</a></li>
      <li><a href="#">elastisch (em)</a></li>
   </ul>
</div>
...
```

Anlegen und Strukturieren des Hauptbereiches 4

Das Hauptaugenmerk des Layouts liegt aber, wie nicht anders zu erwarten war, auf dem Content-Bereich. Dieser enthält auf den ersten Blick drei untereinander ausgerichtete Infoboxen mit kurzen Informationen zu den jeweiligen Layoutvarianten. Zudem befindet sich im rechten Bereich ein Zitat mit einer darunter ausgerichteten Illustration. Um auch diesem Layout die korrekte Struktur zu geben, definieren Sie als Erstes die beiden Überschriften <h1> und <h2>. Im Anschluss legen Sie eine Liste <ul> mit der id="teaser" an. Diese markiert den Bereich der drei nun folgenden Infoboxen.

Um auch innerhalb der Listenpunkte <li> die begonnene Strukturierung fortzuführen, werden die darin enthaltenen Überschriften mit <h3> (der dritthöchsten Wertigkeit) angelegt. Die durch die jeweiligen Überschriften beschriebenen Textabsätze werden von jeweils einem Absatz-Tag <p> umschlossen.

```
...
<div id="content">
   <h1>CSS-Design</h1>
   <h2>CSS-Layout-Varianten</h2>
   <ul id="teaser">
      <li>
         <h3>fix (px)</h3>
         <p>
```

```
            Das fixe Layout basiert auf Breitenangaben mit abso-
            luten Werten und ist unabhängig von den Benutzerein-
            stellungen der Browser. Eine Breite von 760 Pixeln
            wird auf kleinen und großen Ausgabegeräten mit einer
            Breite von 760 px dargestellt.
         </p>
      </li>
      <li>
         <h3>Fließend (%)</h3>
         <p>
            Die Breiten der Seitenelemente werden in Prozent an-
            gegeben. Daher passen sich fließende CSS-Layouts der
            Bildschirmgröße bzw. dem Viewport des Browserfensters
            an.
         </p>
      </li>
      <li>
         <h3>Elastisch (em)</h3>
         <p>
            Sämtliche Breiten- und Höhenangaben werden mit der
            Einheit em versehen. Bei relativer Auszeichnung sämt-
            licher Längen-, Höhen- und Abstandangaben skaliert
            beim Verändern der Schriftgröße das gesamte Layout.
          </p>
       </li>
   </ul>
```

Der nun noch übrige rechte Bereich des Layouts umfasst, wie bereits erwähnt, ein Zitat und eine Illustration. Das Zitat wird vom dafür vom W3C vorgegebenen (X)HTML-Tag <blockquote> eingeschlossen. Da es in deutscher Sprache verfasst ist, wird ihm das entsprechende Attribut hinzugefügt. Der Textabsatz des Zitates steht innerhalb des dafür vorgesehenen <p>-Tags, unter dem sich die erstellte und im Bilder-Ordner gespeicherte Grafik *el_dogIllustration.gif* im GIF-Format befindet. Man hätte an dieser Stelle auch auf das PNG-Format mit entsprechender Transparenz zurückgreifen können, dieses hätten die Versionen 6 und abwärts des Internet Explorers allerdings nicht korrekt. Somit wurde die Grafik entsprechend der Hintergrundfarbe des Bereiches id="content" freigestellt. Um dem Zitat auch die nötige Quelle hinzuzufügen, in dem Fall den Autor <cite> des Zitates, folgt zum Schluss die Angabe meines Namens.

Die Integration dieser Illustration soll vor allem im dritten Workshop dieses Kapitels die Wirkung von relativen Höhen- und Breitenangaben verdeutlichen. Denn um eine Grafik skalieren zu können, wie es im elastischen Layout vonnöten ist, muss sie sich im (X)HTML-Code befinden.

```
   <blockquote lang="de">
      <p>
```

```
            Fix, fließend oder elastisch? Keine dieser Layoutvari-
            anten ist besser als die andere, denn die Entscheidung,
            welche Form des Layouts gewählt wird, sollte stets von
            der jeweiligen Zielgruppe und Ausrichtung einer Webseite
            abhängen.
            <cite>Heiko Stiegert</cite>
        </p>
        <img src="images/el_dogIllustration.gif" alt="Illustration" />
    </blockquote>
</div>
...
```

Weitere Informationen zur Strukturierung von Zitaten gibt es in Kapitel »Text und Bild«, dritter Workshop.

Anlegen und Strukturieren des Webseitenfußes 5

Der letzte Bereich in der Reihenfolge des (X)HTML-Codes ist der #footer mit seiner Navigation. Diese wird analog zu der im Header-Bereich angelegt. Wer hierbei Zeit sparen möchte, kopiert einfach die gesamte Liste <ul>.

```
...
<div id="footer">
    <ul class="navi">
        <li>statisch</li>
        <li><a href="#">fließend</a></li>
        <li><a href="#">elastisch</a></li>
    </ul>
</div>
...
```

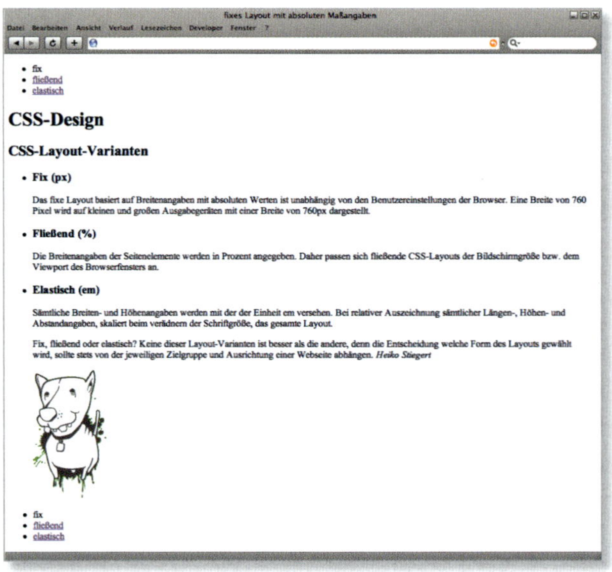

Abbildung 1 ▸
Inhalte der Webseite, strukturiert durch (X)HTML

Die Gliederung der Webseiteninhalte erstreckt sich vom Header-Bereich mit der oberen Navigation über den Content-Bereich – von <h1> bis zur Illustration innerhalb des Zitates auf der rechten Seite – bis hin zum Footer-Bereich mit der darin enthaltenen Footer-Navigation.

Um der Strukturierung, die im Übrigen beim elastischen und beim fließenden Layout dieselbe sein wird, in Sachen Gestaltung ein wenig auf die Beine zu helfen, müssen allerdings erst die Voraussetzungen dafür geschaffen werden. Dazu legen Sie in dem anfangs erstellten CSS-Ordner eine für diesen Workshop nötige CSS-Datei namens *absolut.css* an. Auf diese wird dann wie folgt innerhalb des Kopfbereiches `<head>` der *absolutesLayout.html* referenziert:

6 CSS-Datei in (X)HTML-Seite integrieren

```
...
<head>
...
<title>fixes Layout mit absoluten Maßangaben</title>
<link rel="stylesheet" href="css/absolut.css" type="text/css"
media="all" />
</head>
...
```

7 Ausrichten des Webseiten-Layouts

Wie in der Abbildung der Zielsetzung am Anfang des Workshops zu sehen und wie bereits in Schritt 2 angesprochen, soll das Layout horizontal mittig ausgerichtet werden. Hierfür sind beim bisherigen (X)HTML-Code folgende zwei Schritte unvermeidbar: Als Erstes setzen Sie die standardmäßigen Abstände innerhalb des `<body>`-Tags auf null, vergeben die Schrifteigenschaften und, ganz wichtig, mit `text-align:center` eine zentrale Ausrichtung. Mit dieser Ausrichtung erreichen Sie eine Darstellung aller Inhalte in der Mitte des Browserfensters, unabhängig vom Viewport des Besuchers.

```
body {
   margin:0;
   padding:0;
   text-align:center;
   font:normal 81% Georgia,"Times New Roman";
}
```

Schriftgröße berechnen
16 px/100 % * 13 px/x = 81 %
(gerundeter Wert)

Um nicht allen drei Bereichen – `#header`, `#content` und `#footer` – jeweils eine Breite zuweisen zu müssen, kann dies innerhalb des `wrapper`-Elementes erfolgen. Damit dieses Element die zuvor angelegte Zentrierung nutzen kann, müssen Sie ihm für die Außenabstände `margin` bei der horizontalen Ausrichtung den Wert `auto` hinzufügen. Dadurch wird das Layout, egal, welche Auflösung bzw. welcher Viewport gewählt wurde, immer horizon-

Ohne die Eigenschaft `auto` wäre das Layout zwar 760 px breit, würde sich aber am linken Browserfensterrand wiederfinden und nicht die gewünschte horizontale Ausrichtung aufweisen.

tal mittig positioniert sein. Da vertikal kein Abstand vorhanden sein soll, wird hierfür der Wert null eingetragen.

```
#wrapper {
   width:760px;
   margin:0 auto;
}
```

Abbildung 2 ▶
Da die Inhalte der einzelnen Bereiche noch nicht ausgerichtet wurden, interpretieren sie zu diesem Zeitpunkt noch die für das `<body>`-Tag definierte horizontale Ausrichtung. Weil diese Eigenschaft nicht für die Aufzählungszeichen, sondern lediglich für die Inhalte der Listenpunkte in den beiden Navigationen gilt, werden die Anführungszeichen am äußersten linken Rand und der Text mittig abgebildet.

8 Einfärben der drei Bereiche des Layouts

Um nun auch die Maße der Bereiche besser erkennen zu können, legen Sie an dieser Stelle die Eigenschaften für die Hintergrundfarben fest. Da diese für `#header` und `#footer`, abgesehen von der Ausrichtung der Navigation, identisch sind, erhalten beide die gleichen Eigenschaften. Statt den beiden Bereichen eine feste Höhe zu geben, die eine Einschränkung dieser Bereiche bei einer eventuellen Skalierung der Texte mit sich bringen würde, nehmen Sie beide mit der CSS-Eigenschaft `float` aus dem Dokumentenfluss und müssen ihnen aus diesem Grund die Breite von 760 px zuweisen. Der Innenabstand von 30 px nach oben und unten sorgt für das Erreichen der Gesamthöhe dieser beiden Bereiche.

```
#header,
#footer {
   background-color:#515151;
   padding:30px 0;
```

```
    margin:0;
    width:760px;
    float:left;
}
```

Dem Bereich `#content` geben Sie an dieser Stelle lediglich die Eigenschaft der Hintergrundfarbe:

```
#content {
    background-color:#7CDB04;
}
```

Damit die Textinhalte die gewünschte Schriftfarbe aufweisen, fügen Sie an dieser Stelle dem bereits im vorherigen Schritt angelegten `<body>` die Schriftfarbe `color` Weiß `#FFF` (Kurzfassung für `#FFFFFF`) hinzu.

```
body {
    ...
    color:#FFF;
}
```

Shorthand Hex Colors
Shorthand Hex Colors sind die verkürzte Darstellung der üblicherweise 6-stelligen Schreibweise von Hexadezimal-Werten für Farben. Diese Verkürzung ist immer dann möglich, wenn die RGB-Anteile des Farbwertes jeweils aus zwei identischen Paaren bestehen. Zwei Beispiele:
`Normal:#FFFFFF / #EE00EE`
`Shorthand:#FFF / #E0E`

Die Inhalte der einzelnen Bereiche werden zwar immer noch zentriert abgebildet, allerdings sind nun die Maße der einzelnen Bereiche besser zu erkennen.

◂ **Abbildung 3**
Da die Navigation in Form einer unsortierten Liste im Header und Footer eingesetzt wird, ist eine Vergabe einer id an dieses Element nicht möglich, da sie eine eindeutige Identifikation darstellt und diese eben nur einmal und nicht mehrfach möglich ist.

9 Positionieren und Ausrichten der Navigationen

Die beiden Navigationen im `#header` und `#footer` werden bis zu diesem Zeitpunkt entsprechend der standardmäßigen Interpretation von Listen durch die Browser dargestellt. Das heißt, mit Auflistungszeichen und untereinander anstatt wie gewünscht nebeneinander. Da sie nun aber nicht vertikal, sondern horizontal ausgerichtet sein sollen und auch die Anführungszeichen der einzelnen Listenpunkte ausgeblendet werden sollen, sind folgende CSS-Anweisungen unumgänglich: Zuerst richten Sie die Navigation `ul.navi` linksbündig aus und vergeben entsprechend der Zielsetzung Außenabstände. Bei der Eigenschaft `list-style` (auch die Bezeichnung `list-stlye-type` ist möglich) verhindern Sie mit dem Attribut `none` die Anzeige von Anführungszeichen. Da die CSS-Eigenschaften für beide Navigationen gelten und sich ihre Außenabstände in den jeweiligen Bereichen unterscheiden, ist der Abstand im Header vom linken Rand des Layouts mit 85 px größer als der Abstand im Footer mit 50 px.

```
ul.navi {
   float:left;
   margin:0 50px 0 85px;
   padding:0;
   list-style:none;
   display:inline;
}
```

Doubled Float-Margin Bug
Bei der Positionierung von Elementen mit der CSS-Eigenschaft `float` und seitlich ausgerichteten Außenabständen (`margin`) verdoppelt (engl. »double«) der Internet Explorer kleiner Version 7 die Werte dieser Margins. Da dieser Bug für gelegentliche Layoutprobleme sorgt, kann er auf verschiedene Weisen aufgehoben werden: Eine Möglichkeit ist der Einsatz von Conditional Comments und einer separaten CSS-Datei für diese IE-Versionen mit den entsprechend angepassten Werten. Oder Sie weisen den Elementen die Eigenschaft `display:inline` zu. Diese Eigenschaft wird bei `float`-Objekten von allen modernen Browsern ignoriert und bietet Ihnen damit eine weitere Möglichkeit der Problemlösung für diesen Layout-Bug.

Um die drei Navigationspunkte horizontal auszurichten, bedarf es der erneuten Linksausrichtung dieser Punkte durch die Eigenschaft `float` und den Wert `left`. Damit sie auch einen Abstand zueinander aufweisen und nicht nahtlos ineinander übergehen, vergeben Sie hierfür auf der rechten Seite einen Abstand von 10 px. Damit sich aktiver (nicht verlinkt) und inaktiver (verlinkbar) Link voneinander unterscheiden und der Besucher somit auch anhand der Navigation erkennen kann, in welchem Bereich er sich befindet, geben Sie den aktiven Navigationspunkten die Schriftfarbe, die im Content-Bereich als Hintergrundfarbe festgelegt wurde.

```
ul.navi li {
   float:left;
   margin:0 10px 0 0;
   padding:0;
   color:#7CDB04;
}

ul.navi li a {
```

```
    color:#FFF;
    text-decoration:none;
}
```

Da die bisher definierten Eigenschaften auch für die Navigation des `#footer` gelten, dieser aber rechtsbündig ausgerichtet werden soll, muss er explizit angesprochen werden. Um dies zu ermöglichen, wird der Navigation `ul.navi` die `id` für die Bezeichnung des Fußbereiches des Layouts, `#footer`, vorangestellt. Das bedeutet, dass Listen mit der Klasse `navi` im Bereich `#footer` rechtsbündig ausgerichtet werden. Da sich die Header-Navigation im Bereich `#header` befindet, kann sie diese Eigenschaft nicht interpretieren.

text-decoration:none
Um den inaktiven und damit verlinkten Navigationspunkten das standardmäßige Unterstreichen zu ersparen, wird ihnen mit der Eigenschaft `text-decoration` und dem Wert `none` diese Formatierung genommen.

```
#footer ul.navi {
    float:right;
}
```

Weil die Ausrichtung an dieser Stelle entgegengesetzt zu der im Header ist, weisen Sie den Listenpunkten Abstände von links zu:

```
#footer ul.navi li {
    margin:0 0 0 10px;
}
```

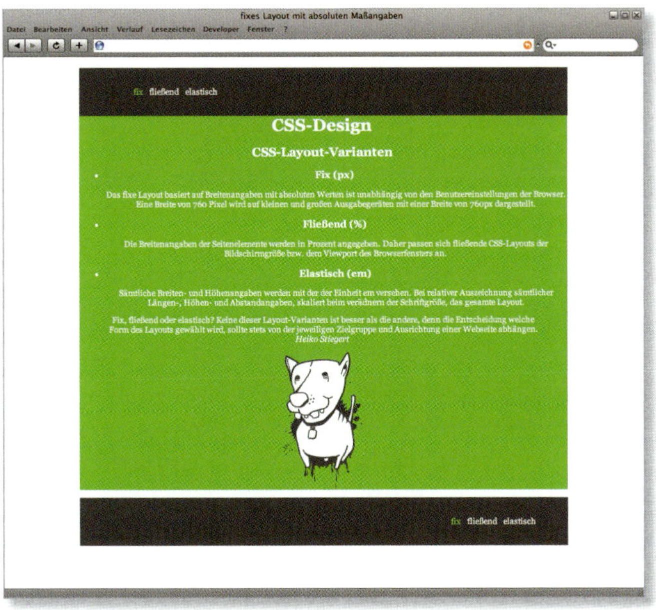

◂ **Abbildung 4**
Ausgerichtete Navigationen im Seitenkopf (links) und -fuß (rechts)

10 Ausrichten der Inhalte im Content-Bereich

Um auch die Inhalte im Hauptbereich der Webseite linksbündig auszurichten, bedarf es neben der bereits angegebenen Hintergrundfarbe zusätzlich einer linksgerichteten Textausrichtung `text-align:left`. Damit der sich Content-Bereich `#content` an den Header- und Footer-Bereich anschmiegt, müssen Sie diesem Bereich ebenfalls die Eigenschaft `float` und den Wert `left` zuweisen. Die Padding-Angaben von je 35 px sorgen für den Innenabstand von links und rechts und ergeben addiert zur Breitenangabe von 690 px die Gesamtbreite von 760 px.

```
#content {
   background-color:#7CDB04;
   text-align:left;
   float:left;
   width:690px;
   padding:0 35px 10px 35px;
   margin:0;
}
```

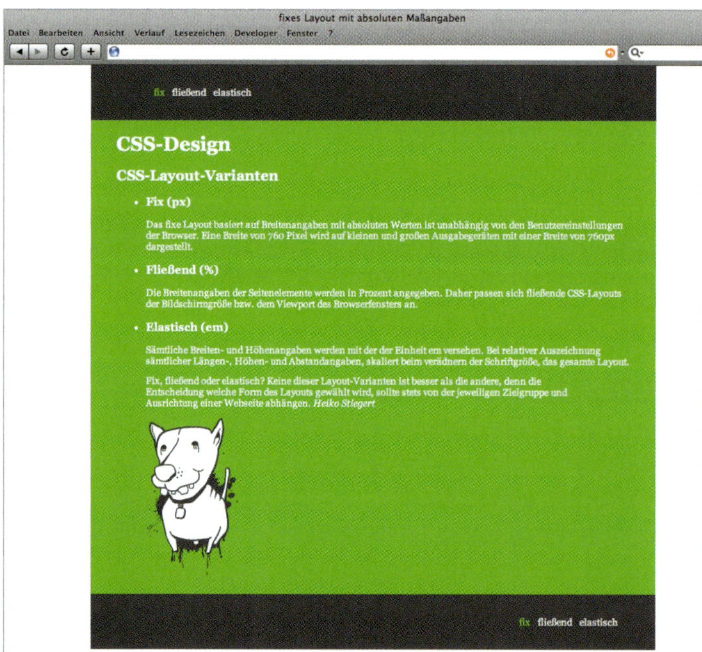

▲ **Abbildung 5**
Das Aufheben der standardmäßigen Abstände zwischen den Seitenbereichen führt zu einem nahtlosen Übergang – ebenfalls geändert wurde die Ausrichtung der Inhalte des Content-Bereiches.

Box Model Bug
Das Box-Modell definiert die Berechnung der Breite und Höhe von Elementen. Seit der CSS1-Spezifikation errechnet sich die Gesamtbreite eines Elements aus einer Addition der Werte für Breite (`width`), Innenabstände (`padding`), Außenabstände (`margin`) und Rahmenstärke (`border`) des Elementes. Wird ein Element mit einer Breite von 100 Pixeln und einem Innenabstand und Rahmen von je 10 Pixel Stärke auf allen Seiten definiert, ist der Wert der tatsächlichen Breite 140 Pixel (10 für `border-left`, 10 für `padding-left`, 100 für `width`, 10 für `padding-right` und 10 für `border-right`). Der Internet Explorer kleiner Version 6 rechnet allerdings anders. Dies führt dazu, dass dieser Layout-Bug auch hier einen separaten Wert für diese Versionen benötigt, denn der IE addiert lediglich den Außenabstand zur Breite, und das Element der obigen Beispielsrechnung ist damit lediglich 100 px anstatt 140 px breit.

Das rechtsbündige Ausrichten der Überschrift <h1> wird von der CSS-Eigenschaft float und dem entsprechenden Wert right übernommen. Mit der Schriftgröße von 277%, basierend auf der im <body> festgelegten Größe, verdeutlichen Sie zudem die Bedeutung dieser Überschrift. An der nun folgenden Stelle werden Sie ein »Zeichen« setzen – ein »Zeichen« dafür, was möglich ist, wenn ein Browser die Möglichkeiten von CSS nutzt, die zur Verfügung gestellt werden. Dieses »Zeichen« beinhaltet den Einsatz der CSS-Eigenschaft border-radius. Diese Eigenschaft wird von auf Mozilla basierten Browsern (Firefox, Flock, Netscape & Co.) sowie von auf der Webkit-Engine basierten Browsern (Safari & Co.) nach Hinzufügen der Attribute -moz- und -webkit- korrekt interpretiert und öffnet damit der Gestaltung von Elementen innerhalb von Webseiten ganz neue Möglichkeiten. Um die visuelle Trennung von Content und den darüber- bzw. darunterliegenden Bereichen innerhalb der Navigation fortzuführen, vergeben Sie einen entsprechenden Farbwert für die Farbe Grün.

```
h1 {
   float:right;
   font-weight:normal;
   font-size:277%;
   background:#515151;
   -moz-border-radius-bottomleft:5px;
   -moz-border-radius-bottomright:5px;
   -webkit-border-bottom-left-radius:5px;
   -webkit-border-bottom-right-radius:5px;
   padding:5px 15px;
   margin:0;
}
```

Die Eigenschaften der Überschrift <h2> fallen dagegen dürftig aus. Sie wird lediglich um 50 px von links und 30 px von oben eingerückt und bekommt mit 261 % eine etwas kleinere Schriftgröße als <h1>.

```
h2 {
   padding:30px 0 0 50px;
   font-weight:normal;
   font-size:261%;
}
```

11 Ausrichten und Gestalten der Überschriften

Der Internet Explorer interpretiert diese Eigenschaft und damit diesen Radius nicht und stellt daher die Überschrift »eckig« dar.

Rahmen-Radius (border-radius)
Wer nicht alle Ecken eines Rahmens abrunden möchte – sogenannte »runde Ecken« –, muss bei der Deklaration einiges beachten: Die Eigenschaften -moz-border-radius und -webkit-border-radius gelten für alle Radien, -moz-border-radius-bottomleft gilt ausschließlich für den Radius unten links. Im Vergleich zu den auf Mozilla basierten Browsern bedarf es bei den mit einer Webkit-Engine betriebenen Browsern einer leicht differenzierten Schreibweise. Hier wird bottom und left wie gewohnt durch einen Bindestrich getrennt und der Begriff radius am Ende wie folgt eingefügt: -webkit-border-bottom-left-radius.

Berechnung der Schriftgröße
Da die Schriftgröße der Überschrift in absoluten Werten 36 px entsprechen soll und sich dieser Wert an dem im `<body>` errechneten Wert orientiert, der nun den Ausgangspunkt von 100 % darstellt, wird die Schriftgröße von `<h1>` wie folgt errechnet:
13 px/100 % * 36 px/x =
277 % (gerundeter Wert)

▲ **Abbildung 6**
Optimierte Darstellung und Ausrichtung der Überschriften <h1> und <h2>

12 Strukturieren und Ausrichten der Infoboxen

Die Elemente, die wie kaum ein anderes die unterschiedlichen Eigenschaften der verschiedenen Layoutvarianten abbilden werden, sind die drei Infoboxen im Bereich `#content` der Webseite. Die Aufgabenstellung sieht für sie eine Ausrichtung nach links und eine Breite von 420 px vor.

```
ul#teaser {
   margin:0;
   padding:0;
   width:420px;
   float:left;
}
```

Berechnung der Schriftgröße
Da die Schriftgröße der Überschrift `<h2>` in absoluten Werten 34 px entsprechen soll und sich dieser Wert an dem im `<body>` errechneten Wert orientiert, der nun den Ausgangspunkt von 100 % darstellt, wird die Schriftgröße von `<h2>` wie folgt errechnet.
13 px/100 % * 34 px/x =
261 % (gerundeter Wert)

Um auch diesen Listenpunkten die Anführungszeichen zu nehmen, legen Sie die Eigenschaft `list-style` mit dem Wert `none` an. Damit der Text in den Listenelementen genug Platz hat, werden die der Zielsetzung zu entnehmenden Werte genommen. Um dem Gestaltungselement Radius der Überschrift `<h1>` ein Pendant anzubieten, weisen Sie den Listenpunkten `<li>` einen Radius von 5 px zu.

```
ul#teaser li {
   list-style:none;
   margin:0 0 30px 20px;
```

```
    padding:10px 30px;
    -moz-border-radius:5px;
    -webkit-border-radius:5px;
    background:#FFF;
    color:#515151;
}
```

Da weiße Schrift auf weißem Hintergrund für niemanden gut lesbar ist, weisen Sie zudem allen in dem Listenpunkt befindlichen Elementen die Schriftfarbe zugewiesen, die bereits im `#header` und `#footer` als Hintergrundfarbe verwendet wurde.

Den Überschriften innerhalb der Infoboxen wurde entsprechend der bisherigen Reihenfolge der Wertigkeit die Wertigkeit <h3> zugewiesen. Sie erhalten eine im Vergleich zu <h1> und <h2> kleinere Schrift:

```
h3 {
    padding:0;
    margin:0;
    font-weight:normal;
    font-size:154%;
}
```

Schriftgröße berechnen
Da die Schriftgröße der Überschrift von <h3> in absoluten Werten 20 px entsprechen soll und sich dieser Wert an dem im <body> errechneten Wert orientiert, der nun den Ausgangspunkt von 100 % darstellt, wird die Schriftgröße von <h3> wie folgt errechnet.
13 px/100 % * 20 px/x = 154 % (gerundeter Wert)

Dem in dem Listenpunkt befindlichen Absatz <p> wird die Eigenschaft Blocksatz sowie ein Innenabstand von 5 px in vertikaler Richtung zugewiesen.

```
ul#teaser li p {
    text-align:justify;
    padding:5px 0;
    margin:0;
}
```

◂ **Abbildung 7**
Hervorgehobene Listenpunkte mit Beschreibungen der drei verschiedenen Layoutvarianten

Ausrichtung des Zitatbereiches 13

Der bisher noch unberührte Bereich des Zitates bekommt zuerst eine Breite von 185 px und eine Textausrichtung nach rechts. Diese ist in der folgenden Abbildung zwar für den Text sichtbar, soll allerdings lediglich für die Ausrichtung der unter dem Absatz befindlichen Illustration gelten. Neben leichten Innenabständen wird dieser Bereich durch den Außenabstand von 485 px von links auf der gewünschten Position gehalten.

Ohne diese Angabe von 485 px würde sich der Bereich des Zitates dem Dokumentenfluss fügen und direkt unter den Listenpunkten abg ebildet werden.

```
#content blockquote {
   width:185px;
   text-align:right;
   padding:10px 0 10px 2px;
   margin:0 0 0 485px;
   background:transparent url(../images/bg_quoteOpen.gif) 0px
   15px no-repeat;
}
```

Die Hintergrundgrafik in Form von öffnenden Anführungsstrichen kennzeichnet den Beginn des Zitates. Im folgenden Schritt werden die Anführungszeichen selbstverständlich auch wieder geschlossen.

▲ **Abbildung 8**
Ausrichtung des Zitates (Text und Illustration)

14 Zitat schließen und Grafik ausrichten

Damit das Zitat wie in der Zielsetzungsabbildung am Anfang des Workshops als Blocksatz dargestellt wird, geben Sie dem in `<blockquote>` befindlichen Absatz `<p>` die dafür nötigen CSS-Eigenschaften und Werte. Das Einrücken `text-indent` des Absatzes um 20 px wird lediglich von der ersten Zeile interpretiert und ermöglicht somit erst die ideale Position der öffnenden Anführungszeichen. Die schließenden Anführungszeichen werden zum Schluss innerhalb des Absatzes ganz rechts und in einem Abstand nach oben von 100 % abgebildet.

```
#content blockquote p {
    padding:0;
    margin:0;
    text-align:justify;
    font-size:139%;
    text-indent:20px;
    background:transparent url(../images/bg_quoteClose.gif) right
    100% no-repeat;
}
```

Die Angabe des Autors muss immer innerhalb des `<blockquote>`-Tags erfolgen, wodurch der Name meiner Wenigkeit allerdings links- statt rechts ausgerichtet wäre. Damit die schließenden Anführungsstriche auch an der gewünschten Position erscheinen, wird das `<cite>`-Tag, das vom W3C für die Kennzeichnung des Autors vorgesehen wurde, mit `float:right` aus dem Dokumentenfluss genommen. Zudem wird ihm eine kleinere Schriftgröße als dem eigentlichen Zitat zugewiesen. Damit der Name den gewünschten Abstand zum Zitat einhält, teilen Sie ihm eine zweieinhalbfache Zeilenhöhe zu.

```
#content blockquote p cite {
    float:right;
    font-size:93%;
    line-height:250%;
}
```

Die Illustration unterhalb des Zitatblocks soll nicht direkt am Text »kleben« und für ein wenig mehr Freiraum sorgen, darum geben Sie ihr einen Außenabstand `margin` von 20 px zum Zitat. Um der Grafik via CSS im (X)HTML die korrekten Maße zu übergeben, geben Sie an dieser Stelle noch die Höhe und Breite des Bildes in absoluten Pixelwerten an.

Schriftgröße berechnen
Da die Schriftgröße des Zitats in absoluten Werten 18 px entsprechen soll und sich dieser Wert an dem im `<body>` errechneten Wert orientiert, der nun den Ausgangspunkt von 100 % darstellt, wird die Schriftgröße von `h1` wie folgt errechnet:
13 px/100 % * 18 px/x = 139 % (gerundeter Wert)

```
#content blockquote img {
   margin:20px 0 0 0;
   padding:0;
   border:0;
   width:125px;
   height:213px;
}
```

Abbildung 9 ▶
Das Zitat wird als Blocksatz definiert.

Da die »Doggy«-Illustration im elastischen Layout mitskalieren soll, dürfen für sie im (X)HTML-Code keine Angaben zu Höhe und Breite enthalten sein, denn der (X)HTML-Code soll sich in den drei verschiedenen Layoutvarianten, bis auf die Navigationspunkte, nicht unterscheiden.

15 Hervorheben der aktuellen Infobox

Der finale Schritt in Sachen CSS in diesem Workshop ist die differenzierte farbliche Gestaltung der Infobox der jeweils aktuellen Layoutvariante. Dazu fügen Sie dem jeweiligen Listenpunkt `<li>`, der die Beschreibung zur Layoutvariante (fix, fließend oder elastisch) enthält, die Klasse `active` hinzu.

```
<li class="active">
   <h3>Fix (px)</h3>
   <p>Das fixe Layout ...</p>
</li>
```

Somit haben Sie nun die Möglichkeit, dieser Infobox eine andere Hintergrundfarbe zuzuweisen und ihr somit im Vergleich zu den beiden anderen

Boxen etwas mehr »Gewichtung« zu verpassen. Denn so weiß der Webseitenbesucher sofort, welches Layout er im wahrsten Sinne des Wortes vor Augen hat.

```
ul#teaser li.active {
   background-color:#DDFEB2;
}
```

Viewport
Wenn man das Layout einer Seite für eine Bildschirmauflösung wie 800 × 600 px erstellen möchte, ist es nicht ausreichend, die Bildschirmauflösung als Grundlage dafür zu nehmen. Denn je nach Browser und installierten Erweiterungen muss dieser Bereich vom sichtbaren abgezogen werden. Nicht zu vergessen ist auch: Nicht jeder Besucher hat beim Surfen den Browser auf die maximale Größe eingestellt, die ihm die Auflösung ermöglicht. All diese Punkte sorgen dafür, dass der Viewport, also der sichtbare Bereich, wesentlich kleiner ist als die Auflösung des Monitors.

◂ **Abbildung 10**
Die jeweils aktive Layoutvariante wird innerhalb der Liste farblich hervorgehoben.

Zusammenfassung

Wer nach der Fertigstellung dieses Workshops und damit der fixen bzw. absoluten Layoutvariante die Größe des Browserfensters bzw. Viewports ändert, wird keinerlei Veränderungen am Layout feststellen. Skalieren Sie nun aber die Schrift, verändern Sie die Text-Elemente. Die Gesamtbreite von 760 px, die Breite der Infoboxen und die Größe der Illustration bleiben unverändert. Sie haben somit ein fixes Layout mit absoluten Werten erstellt, das trotzdem der Vergrößerung der Schriftgröße standhält.

/* Code aus Step 1 bis 6, 15 */

```
<!DOCTYPE html PUBLIC "-//W3C//DTD XHTML 1.0 Strict//EN" "http://www.w3.org/TR/xhtml1/DTD/xhtml1-strict.dtd">
<html xmlns="http://www.w3.org/1999/xhtml" xml:lang="de" dir="ltr">
<head>
```

```
<meta http-equiv="Content-Type" content="text/html;charset=iso-8859-1" />
<title>fixes Layout mit absoluten Maßangaben</title>
<link rel="stylesheet" href="css/absolut.css" type="text/css" media="all" />
</head>
<body>
<div id="wrapper">
<div id="header">
   <ul class="navi">
      <li>fix</li>
      <li><a href="#">fließend</a></li>
      <li><a href="#">elastisch</a></li>
   </ul>
</div>
<div id="content">
   <h1>CSS-Design</h1>
   <h2>CSS-Layout-Varianten</h2>
   <ul id="teaser">
      <li class="active">
         <h3>Fix (px)</h3>
         <p>
            Das fixe Layout basiert auf Breitenangaben mit absoluten Werten und ist unabhän-
            gig von den Benutzereinstellungen der Browser. Eine Breite von 760 Pixeln wird
            auf kleinen und großen Ausgabegeräten mit einer Breite von 760 px dargestellt.
         </p>
      </li>
      <li>
         <h3>Fließend (%)</h3>
         <p>
            Die Breiten der Seitenelemente werden in Prozent angegeben. Daher passen sich
            fließende CSS-Layouts der Bildschirmgröße bzw. dem Viewport des Browserfensters an.
         </p>
      </li>
      <li>
         <h3>Elastisch (em)</h3>
         <p>
            Sämtliche Breiten- und Höhenangaben werden mit der Einheit em versehen. Bei
            relativer Auszeichnung sämtlicher Längen-, Höhen- und Abstandangaben skaliert
            beim Verändern der Schriftgröße das gesamte Layout.
         </p>
      </li>
   </ul>
   <blockquote lang="de">
      <p>
         Fix, fließend oder elastisch? Keine dieser Layoutvarianten ist besser als die an-
         dere, denn die Entscheidung, welche Form des Layouts gewählt wird, sollte stets
```

```
        von der jeweiligen Zielgruppe und Ausrichtung einer Webseite abhängen.
<cite>Heiko Stiegert</cite>
      </p>
      <img src="images/el_dogIllustration.gif" alt="Illustration" />
   </blockquote>
</div>
<div id="footer">
   <ul class="navi">
      <li>fix</li>
      <li><a href="#">fließend</a></li>
      <li><a href="#">elastisch</a></li>
   </ul>
</div>
</div>
</body>
</html>
```

/* Code aus Step 7 bis 15 */

```
body {
   margin:0;
   padding:0;
   text-align:center;
   font:normal 81% Georgia, "Times New
   Roman";
   color:#FFF;
}

#wrapper {
   width:760px;
   margin:0 auto;
}
#header,
#footer {
   background-color:#515151;
   padding:30px 0;
   margin:0;
   width:760px;
   float:left;
}

ul.navi {
   margin:0 50px 0 85px;
   display:inline;
   padding:0;
   float:left;
   list-style:none;
}

ul.navi li {
   float:left;
   margin:0 10px 0 0;
   padding:0;
   color:#7CDB04;
}

ul.navi li a {
   color:#FFF;
   text-decoration:none;
}

#footer ul.navi {
   float:right;
}

#footer ul.navi li {
   margin:0 0 0 10px;
}

#content {
   width:690px;
   float:left;
   background-color:#7CDB04;
```

```
    text-align:left;
    padding:0 35px 10px 35px;
    margin:0;
}

h1 {
    float:right;
    margin:0;
    font-weight:normal;
    font-size:277%;
    padding:5px 15px;
    background:#515151;
    -moz-border-radius-bottomleft:5px;
    -moz-border-radius-bottomright:5px;
    -webkit-border-bottom-left-radius:5px;
    -webkit-border-bottom-right-radius:5px;
}

h2 {
    padding:30px 0 0 50px;
    font-weight:normal;
    font-size:261%;
}

ul#teaser {
    margin:0;
    padding:0;
    width:420px;
    float:left;
}

ul#teaser li {
    list-style:none;
    margin:0 0 30px 20px;
    padding:10px 30px;
    -moz-border-radius:5px;
    -webkit-border-radius:5px;
    background:#FFF;
    color:#515151;
}

ul#teaser li p {
    text-align:justify;
    padding:5px 0;
    margin:0;
}

h3 {
    padding:0;
    margin:0;
    font-weight:normal;
    font-size:154%;
}

ul#teaser li.active {
    background-color:#DDFEB2;
}

#content blockquote {
    width:185px;
    text-align:right;
    padding:10px 16px 10px 0;
    margin:0 0 0 485px;
    background:transparent url(../images/bg_
    quoteOpen.gif) 0px 15px no-repeat;
}

#content blockquote p {
    padding:0;
    margin:0;
    text-align:justify;
    font-size:139%;
    text-indent:20px;
    background:transparent url(../images/bg_
    quoteClose.gif) right 100% no-repeat;
}

#content blockquote p cite {
    float:right;
    font-size:93%;
    line-height:250%;
}

#content blockquote img {
    margin:20px 0 0 0;
    padding:0;
    border:0;
    width:125px;
    height:213px;
}
```

Anpassung des Layouts an die Größe des Browserfensters

Oder: Wie macht man aus einem absoluten Layout mit Pixelangaben ein fließendes Layout, das auf relativen Prozentwerten basiert?

Webseitenlayouts müssen nicht immer auf absoluten Maßangaben beruhen, sondern können auch mittels relativer Angaben eine gewisse Flexibilität aufweisen. Die Aufgabenstellung für diesen Workshop ist daher, den vorliegenden Entwurf des im vorherigen Workshop angelegten Designs so zu ändern, dass aus einem Layout mit absoluten Pixelangaben nun ein fließendes Layout mit relativen Prozentangaben wird. Ausschlaggebend für ein solches Verhalten sind nicht alle Maßangaben, sondern lediglich die für die Breiten des Layouts bzw. der einzelnen Elemente innerhalb des Layouts. Diese kleinen, aber wirksamen Änderungen innerhalb der CSS-Datei führt dann dazu, dass bei der Größenänderung des Browserfensters die mit Prozentangaben ausgestatteten Bereiche des Layouts sich dieser Veränderung dynamisch anpassen. Dieser Workshop wird zeigen, dass diese Aufgabenstellung in lediglich sechs Arbeitsschritten zu absolvieren ist. Bei etwas Übung und Verständnis bezüglich dieser Layoutvariante können Sie nahezu jedes Layout mit entsprechenden Eigenschaften versehen.

Ziel

Darstellung der Webseite mit relativen Prozentangaben bei einer Browserfensterbreite von ca. 1.200 px

- Ändern der absoluten in relative Breitenangaben

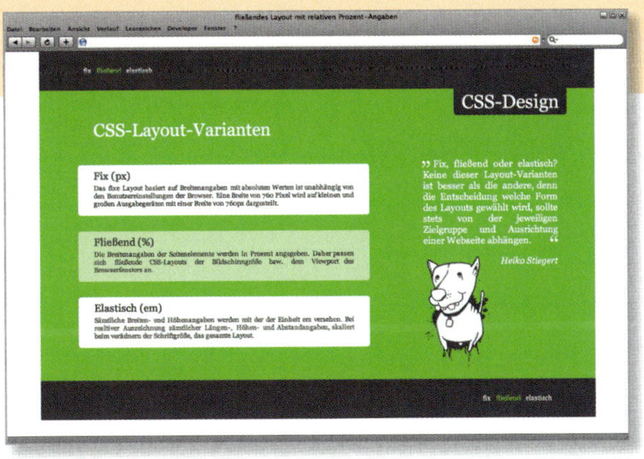

Struktur festlegen **1**

Die Vorgehensweise beim Anlegen dieses Workshops unterscheidet sich vom vorhergehenden Workshop dadurch, dass Sie den Ordner ABSOLUTESLAYOUT kopieren und die Kopie im übergeordneten Ordner LAYOUT ablegen. Dann benennen Sie diese Ordnerkopie in FLIESSENDESLAYOUT um. Das Gleiche gilt für die (X)HTML-Datei (von *absolutesLayout.html* in *fliessendesLayout.html*) und die CSS-Datei (von *absolut.css* in *fliessend.css*). Dann müssen Sie in den nun folgenden zwei Arbeitsschritten lediglich einige Änderungen bzw. Anpassungen bei der Bezeichnung von Dateinamen vornehmen.

Die umbenannte (X)HTML-Datei *fliessendesLayout.html* erhält entsprechend der Bedeutung einen neuen Titel im Tag `<title>`:

```
<!DOCTYPE html PUBLIC "-//W3C//DTD XHTML 1.0 Strict//EN" "http://
www.w3.org/TR/xhtml1/DTD/xhtml1-strict.dtd">
<html xmlns="http://www.w3.org/1999/xhtml" xml:lang="de"
dir="ltr">
<head>
<meta http-equiv="Content-Type" content="text/
html;charset=iso-8859-1" />
<title>fließendes Layout mit relativen Prozent-Angaben</title>
</head>
<body>
<!-- hier befindet sich der im ersten Workshop dieses Kapitels
angelegte (X)HTML-Code -->
</body>
</html>
```

Anpassen der Navigationen **2**

Entsprechend dem Themenbereich, in dem Sie sich befinden, deklarieren Sie in den beiden Navigationen (`#header` und `#footer`) den Listenpunkt mit dem Inhalt `fließend` als aktiven und damit nicht verlinkten Navigationspunkt. Der bisher nicht verlinkte Navigationspunkt mit dem Inhalt `fix` wird hingegen verlinkt.

```
<ul class="navi">
   <li><a href="#">fix</a></li>
   <li>fließend</li>
   <li><a href="#">elastisch</a></li>
</ul>
```

◄ Abbildung 1
Veränderte Reihenfolge des aktiven Navigationspunktes

3 Anpassen der Infoboxen

Analog zur veränderten Datei wird der Infobox mit dem Thema »fix« die Klasse `.active` entnommen und dem Thema FLIESSEND hinzugefügt. Damit sind die Änderungen im (X)HTML-Code bereits abgeschlossen.

```
<ul id="teaser">
   <li>
      <h3>Fix (px)</h3>
      <p>
         Das fixe Layout basiert auf Breitenangaben mit absoluten
         Werten und ist unabhängig von den Benutzereinstellungen
         der Browser. Eine Breite von 760 Pixeln wird auf kleinen
         und großen Ausgabegeräten mit einer Breite von 760 px
         dargestellt.
      </p>
   </li>
   <li class="active">
      <h3>Fließend (%)</h3>
      <p>
         Die Breiten der Seitenelemente werden in Prozent angege-
         ben. Daher passen sich fließende CSS-Layouts der Bild-
         schirmgröße bzw. dem Viewport des Browserfensters an.
      </p>
   </li>
   <li>
      <h3>Elastisch (em)</h3>
      <p>
         Sämtliche Breiten- und Höhenangaben werden mit der Ein-
         heit em versehen. Bei relativer Auszeichnung sämtlicher
         Längen-, Höhen- und Abstandangaben skaliert beim Verän-
         dern der Schriftgröße das gesamte Layout.
      </p>
   </li>
</ul>
```

Wenn Sie nun die Webseite *fliessendesLayout.html* aufrufen, sollte sie immer noch dasselbe Verhalten wie die (X)HTML-Datei *absolutesLayout.html* aufweisen, mit dem feinen Unterschied, dass nun die Infobox zum Thema »fließend« farblich hervorgehoben ist. Das Gleiche gilt für die entsprechenden Navigationspunkte im `#header` und `#footer` der Seite.

Da der Fokus dieser Layoutvariante auf ihrer fließenden Eigenschaft beruht und diese aus den Prozentangaben für Breiten herrührt, wird auch die entsprechende Teaserbox farblich hervorgehoben.

Abbildung 2 ▸
Die Infobox »fließend« ist nun farblich hervorgehoben.

4 CSS-Datei in (X)HTML-Seite integrieren

Um der Strukturierung, die im Übrigen beim elastischen und fließenden Layout dieselbe sein wird, in Sachen Gestaltung ein wenig auf die Beine zu helfen, müssen Sie allerdings erst die Voraussetzungen dafür schaffen. Dazu öffnen Sie die bereits angelegte CSS-Datei *fliessend.css*, die aktuell noch die Inhalte des Vorgängerworkshops beheimatet. Auf sie wird dann wie folgt innerhalb des Kopfbereiches <head> der *fliessendesLayout.html* referenziert:

```
...
<head>
...
<title>fließendes Layout mit relativen Prozentangaben</title>
<link rel="stylesheet" href="css/fliessend.css" type="text/css"
media="all" />
</head>
...
```

Breite berechnen
Ein Überprüfen des relativen Wertes von 89 % ergibt bei einer Browserfensterbreite von 1.200 px einen absoluten Wert von 1.068 px. Dieser verändert sich selbstverständlich je nach Browserfensterbreite des Besuchers.
1.200 px / 100 % * x / 89 % = 1.068 px

5 Breite des Layouts dynamisieren

Die Angabe der Schriftgröße im <body> bleibt unverändert, daher fahren Sie nun mit der Auszeichnung der Breite des wrapper-Elementes fort. Damit nun das Layout, wie in der Abbildung am Anfang gezeigt, einen relativen Wert der jeweiligen Browserfenstergröße annimmt, muss der bisherige absolute Wert der Breite von 760 px in einen prozentualen Wert geändert werden. Um die daraus resultierende Änderung auch auf den ersten Blick zu erkennen, nehmen Sie beispielsweise den Wert 89 %. Es kann auch jeder x-beliebige Wert sein, aber je größer der Wert ist, umso deutlicher kommen die Eigenschaften der fließenden Layoutvariante zum Tragen.

```
#wrapper {
   width:89%;
   margin:0 auto;
}
```

Dieser alleinige Wert von 89 % Breite sorgt für die Ausdehnung des gesamten Layouts. Für alle anderen relativen Werte, wie etwa für die Überschrift 2. Ordnung und den Teaser-Bereich, ist dieser relative Wert die Grundlage ihres eigenen Wertes. Nach diesem Arbeitsschritt sollte die Breite des Webseitenlayouts bei einer Breite von 1.200 px in Ihrem Browser der des vorhergehenden Workshops entsprechen.

6 Breite der Inhaltsbereiche dynamisieren

Da die bisherigen absoluten Breitenangaben für den Kopf- und Fußbereich des Layouts irrelevant geworden sind, müssen diese Ausdehnungen ebenfalls fließende Eigenschaften erhalten. Das heißt, ihre Breitenangaben erhalten den relativen Wert 100 %. Dieser orientiert sich an dem Prozentwert, der zuvor für die Breite des `wrapper`-Elements festgelegt wurde.

```
#header,
#footer {
   background-color:#515151;
   padding:30px 0;
   margin:0;
   width:100%;
   float:left;
}
```

Analog zu den vorgehenden Anpassungen der Breite muss auch der Content-Bereich fließend gestaltet werden. Das heißt, ihm weisen Sie einen Prozentwert anstatt wie bisher einen absoluten Wert für die Breite zu. Da dieser Bereich neben der eigentlichen Breite auch einen Innenabstand erhalten soll und sich dieser, wie im Workshop zuvor gelernt (siehe »Box Model Bug« im neunten Arbeitsschritt des ersten Workshops dieses Kapitels) ausdehnen soll, muss dies bei der Festlegung der Breite berücksichtigt werden.

Breite berechnen
Der Wert setzt sich aus der Breite von 90 % und dem jeweiligen Innenabstand von links und rechts mit je 5 % der Gesamtbreite zusammen, die sich wiederum aus dem Wert des `wrapper`-Elementes ergibt.
90 % + 5 % + 5 % = 100 %

Breite berechnen
Dieser relative Wert orientiert sich an der Breitenangabe von 90 % der Gesamtbreite (100 %), was bei einer Browserfensterbreite von 1.200 px, einem absoluten Wert von 1.068 px entspricht:
961 px/100 % * 581 px/x = 60,5 % (gerundeter Wert)
Bei einer Breite des gesamten Layouts von 1.068 px würde die Breite dieser beiden Elemente ca. 60,5 % betragen.

```
#content {
   width:90%;
   float:left;
   text-align:left;
   background-color:#7CDB04;
   padding:0 5% 10px 5%;
   margin:0;
}
```

Da sich außer der Gesamtbreite des Layouts auch die Breite der Infoboxen `ul#teaser` und die Laufweite der Überschrift `<h2>` der Größe des Browserfensters anpassen sollen, geben Sie auch hier relative prozentuale Werte an. In diesem Fall setzen Sie den bisher 460 px breiten Teaser-Bereich und die Überschrift 2. Ordnung ins Verhältnis zur Gesamtbreite.

```
h2 {
   padding:0 0 0 50px;
   font-weight:normal;
   font-size:261%;
   width:60.5%;
}

ul#teaser {
   margin:0;
   padding:0;
   width:60.5%;
   float:left;
}
```

Die nun festgelegten relativen Breiten für den Teaser- und Zitat-Bereich verhalten sich bei Veränderungen der Breite proportional zueinander. Das heißt, sie behalten das gleiche Breitenverhältnis zueinander. Diese CSS-Codes führen allerdings dazu, dass die CSS-Datei nicht mehr valide ist.

Selbiges gilt auch für das Zitat im rechten Bereich mit allen in ihm befindlichen Inhalten. Für die Breite des Zitatbereiches vergeben Sie `27%`. Außerdem bedarf es auch eines prozentualen Abstandes vom linken Browserfensterrand mit einem neuen Wert von `71%`. Alle anderen CSS-Eigenschaften und Werte innerhalb des Zitates `<blockquote>` bleiben unverändert.

```
#content blockquote {
   width:27%;
   text-align:right;
   padding:10px 0 10px 2px;
   margin:0 0 0 71%;
   background:transparent url(../images/bg_quoteOpen.gif) 0px
   15px no-repeat;
}
```

Um letztendlich auch die Position des schließenden Anführungsstriches zu »dynamisieren«, damit dieses auch bei einer größeren Auflösung an der optimalen Stelle steht, verändern Sie hierfür den relativen Wert der Ausrichtung von oben, ursprünglich `100%`, auf `95.5%`. Zusammen mit der zusätzlichen Vergrößerung der Zeilenhöhe des `<cite>`-Tags vermeiden Sie so, dass sich bei größerer Auflösung die schließenden Anführungsstriche mit dem Namen des Autors überlagern.

```
#content blockquote p {
    padding:0;
    margin:0;
    text-align:justify;
    font-size:139%;
    text-indent:20px;
    background:transparent url(../images/bg_quoteClose.gif) right
    95.5% no-repeat;
}

#content blockquote p cite {
    float:right;
    font-size:93%;
    line-height:350%;
}
```

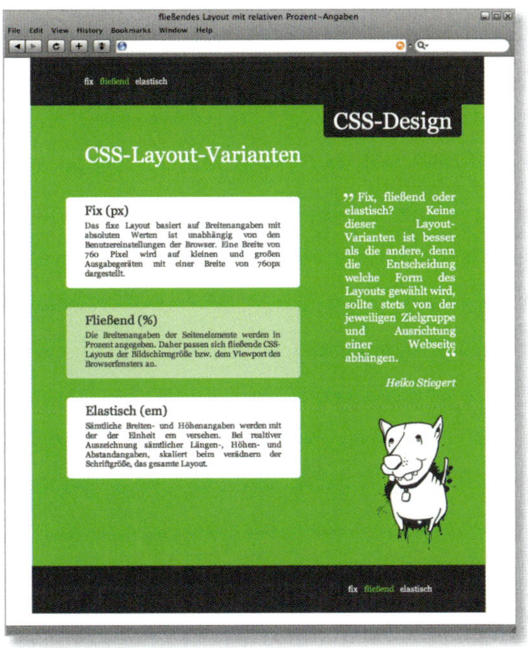

◀ **Abbildung 3**
Darstellung des Layouts bei weniger als 800 px Breite des Browserfensters

Diese fünf veränderten Werte für die Breite des Zitats und seinen Abstand von links ergeben ein fließendes Layout, das sich der Breite des Browserfensters dynamisch anpasst. Bei einem kleinen Browserfenster werden die Bereiche schmaler und damit höher, wie die Abbildung bei einer Auflösung von ca. 800 px Breite beweist.

Beim Vergrößern des Browserfensters hingegen wachsen die entsprechend mit Prozentwerten ausgestatteten Bereiche mit und werden optisch länger.

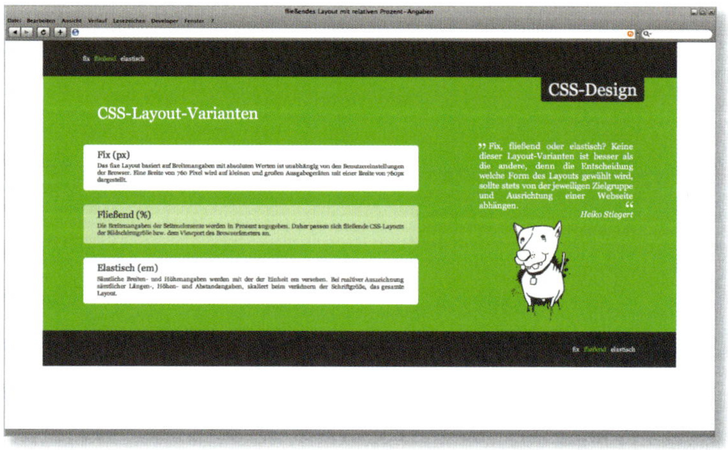

Abbildung 4 ▶
Bei der Prozentangabe von 89 % für das Layout ist diese Variante bei einer Browserfensterbreite von ca. 1.500 px fast doppelt so breit wie die vorhergehende Abbildung. Dies wird neben der Breite des Layouts vor allem durch die breiten Teaserboxen im Content-Bereich sichtbar.

Zusammenfassung

Der Schritt von einem absoluten zu einem fließenden Layout ist bei entsprechendem Markup nicht besonders aufwendig. Ein so gestaltetes Layout passt sich dynamisch der Breite des Browserfensters an. Die Laufweite von Texten kann, soweit nicht deklariert, überdimensional groß sein und damit zu einem nicht besonders angenehmen Lesefluss führen.

/* Code aus Step 1 bis 4 */

```
<!DOCTYPE html PUBLIC "-//W3C//DTD XHTML 1.0 Strict//EN" "http://www.w3.org/TR/xhtml1/DTD/
xhtml1-strict.dtd">
<html xmlns="http://www.w3.org/1999/xhtml" xml:lang="de" dir="ltr">
<head>
<meta http-equiv="Content-Type" content="text/html;charset=iso-8859-1" />
<title>fließendes Layout mit relativen Prozent-Angaben</title>
<link rel="stylesheet" href="css/fliessend.css" type="text/css" media="all" />
</head>
<body>
<div id="wrapper">
<div id="header">
```

```
    <ul class="navi">
      <li><a href="#">fix</a></li>
      <li>fließend</li>
      <li><a href="#">elastisch</a></li>
    </ul>
</div>
<div id="content" class="clearfix">
    <h1>CSS-Design</h1>
    <h2>CSS-Layout Varianten</h2>
    <ul id="teaser">
      <li>
        <h3>Fix (px)</h3>
        <p>
          Das fixe Layout basiert auf Breitenangaben mit abso-
          luten Werten und ist unabhängig von den Benutzerein-
          stellungen der Browser. Eine Breite von 760 Pixeln
          wird auf kleinen und großen Ausgabegeräten mit einer
          Breite von 760 px dargestellt.
        </p>
      </li>
      <li class="active">
        <h3>Fließend (%)</h3>
        <p>
          Die Breiten der Seitenelemente werden in Prozent ange-
          geben. Daher passen sich fließende CSS-Layouts der Bild-
          schirmgröße bzw. dem Viewport des Browserfensters an.
        </p>
      </li>
      <li>
        <h3>Elastisch (em)</h3>
        <p>
          Sämtliche Breiten- und Höhenangaben werden mit der
          Einheit em versehen. Bei relativer Auszeichnung sämt-
          licher Längen-, Höhen- und Abstandangaben skaliert
          beim Verändern der Schriftgröße das gesamte Layout.
        </p>
      </li>
    </ul>
    <blockquote lang="de">
      <p>
        Fix, fließend oder elastisch?  Keine dieser Layoutvari-
        anten ist besser als die andere, denn die Entscheidung,
        welche Form des Layouts gewählt wird, sollte stets von
        der jeweiligen Zielgruppe und Ausrichtung einer Webseite
        abhängen.
```

```
          <cite>Heiko Stiegert</cite>
        </p>
        <img src="images/el_dogIllustration.gif" alt="Illustration" />
    </blockquote>
</div>
<div id="footer">
    <ul class="navi">
        <li><a href="#">fix</a></li>
        <li>fließend</li>
        <li><a href="#">elastisch</a></li>
    </ul>
</div>
</div>
</body>
</html>
```

/* Code aus Step 5 & 6 */

```
body {
    margin:0;
    padding:0;
    text-align:center;
    font:normal 81% Georgia, "Times New
    Roman";
    color:#FFF;
}

#wrapper {
    width:89%;
    margin:0 auto;
}

#header,
#footer {
    background-color:#515151;
    padding:30px 0;
    margin:0;
    width:100%;
    float:left;
}

ul.navi {
    margin:0 85px;
    display:inline;
    padding:0;
    float:left;
    list-style:none;
}

ul.navi li {
    float:left;
    margin:0 10px 0 0;
    padding:0;
    color:#7CDB04;
}

ul.navi li a {
    color:#FFF;
    text-decoration:none;
}

#footer ul.navi {
    float:right;
}

#footer ul.navi li {
    margin:0 0 0 10px;
}

#content {
    width:90%;
    float:left;
    text-align:left;
    background-color:#7CDB04;
```

```
    padding:0 5% 10px 5%;
    margin:0;
}

h1 {
    float:right;
    margin:0;
    font-weight:normal;
    font-size:277%;
    padding:5px 15px;
    background:#515151;
    -moz-border-radius-bottomleft:5px;
    -moz-border-radius-bottomright:5px;
    -webkit-border-bottom-left-radius:5px;
    -webkit-border-bottom-right-radius:5px;
}

h2 {
    padding:30px 0 0 50px;
    font-weight:normal;
    font-size:261%;
    width:60.5%;
}

#content ul#teaser {
    margin:0;
    padding:0;
    width:60.5%;
    float:left;
}

ul#teaser li {
    list-style:none;
    margin:20px 0 30px 20px;
    padding:10px 30px;
    -moz-border-radius:5px;
    -webkit-border-radius:5px;
    background:#FFF;
    color:#515151;
}

ul#teaser li.active {
    background-color:#DDFEB2;
}

ul#teaser li p {
    text-align:justify;
    padding:5px 0;
    margin:0;
}


h3 {
    padding:0;
    margin:0;
    font-weight:normal;
    font-size:154%;
}

#content blockquote {
    width:27%;
    text-align:right;
    padding:10px 0 10px 2px;
    margin:0 0 0 71%;
    background:transparent url(../images/
    bg_quoteOpen.gif) 0px 15px no-repeat;
}

#content blockquote p {
    padding:0;
    margin:0;
    text-align:justify;
    font-size:139%;
    text-indent:20px;
    background:transparent url(../images/
    bg_quoteClose.gif) right 95.5% no-repeat;

}

#content blockquote p cite {
    float:right;
    font-size:93%;
    line-height:350%;
}

#content blockquote img {
    margin:20px 0 0 0;
    padding:0;
    border:0;
}
```

Von einem absoluten zu einem elastischen Layout

Oder: Wie gewährleistet man eine Skalierbarkeit der Seitenelemente und -inhalte eines Layouts?

In einem elastischen Layout werden alle Größenangaben für sämtliche Elemente mit der relativen Maßeinheit em ausgezeichnet. Diese verhalten sich proportional zu den in Prozenten angegebenen Schriftgrößen. Wird die in der Browsereinstellung festgelegte Schriftgröße verändert, skalieren sämtliche Seitenelemente analog zur Veränderung mit. Das heißt, die Größe der Elemente ändert sich, aber das Größenverhältnis, sprich die Proportionen, bleibt gleich.

Wie im vorhergehenden Workshop ist auch hier die Aufgabe, das im ersten Workshop dieses Kapitels angelegte, mit absoluten Maßangaben versehene Layout so umzusetzen, dass es mit relativen Größenangaben zu einem elastischen Layout wird. »Elastisch« heißt in diesem Fall, in Bezug auf Höhe, Breite und Abstände skalierbar zu sein.

Ziel

Webseite mit relativen Größenangaben für alle Seitenelemente

- Ändern der absoluten in relative Größenangaben

1 Struktur festlegen

Die Vorgehensweise beim Anlegen dieses Workshops ist identisch mit dem vorhergehenden Workshop. Kopieren Sie den Ordner ABSOLUTESLAYOUT in den übergeordneten Ordner LAYOUT, und benennen Sie die Kopie dann in FLIESSENDESLAYOUT um. Das Gleiche gilt für die (X)HTML-Datei (von *absolutesLayout.html* in *elatsischesLayout.html*) und die CSS-Datei (von *absolut.css* in *elastisch.css*). Dann müssen Sie in den nun folgenden zwei Arbeitsschritten lediglich einige Änderungen bzw. Anpassungen bei der Bezeichnung von Dateinamen vornehmen.

Die umbenannte (X)HTML-Datei *elastischesLayout.html* erhält entsprechend der Bedeutung einen neuen Inhalt im `<title>`-Tag:

```
<!DOCTYPE html PUBLIC "-//W3C//DTD XHTML 1.0 Strict//EN" "http://
www.w3.org/TR/xhtml1/DTD/xhtml1-strict.dtd">
<html xmlns="http://www.w3.org/1999/xhtml" xml:lang="de"
dir="ltr">
<head>
<meta http-equiv="Content-Type" content="text/
html;charset=iso-8859-1" />
<title>elastisches Layout mit relativen Maßangaben in em</title>
</head>
<body>
<!-- hier befindet sich der im ersten Workshop dieses Kapitels
angelegte (X)HTML-Code -->
</body>
</html>
```

2 Anpassen der Navigationen

Entsprechend dem Themenbereich, in dem Sie sich aktuell befinden, deklarieren Sie in den beiden Navigationen (`#header` und `#footer`) den Listenpunkt mit dem Inhalt `elastisch` als aktiven und damit nicht verlinkten Navigationspunkt. Den bisher nicht verlinkten Navigationspunkt mit dem Inhalt `fix` verlinken Sie hingegen.

```
<ul class="navi">
   <li><a href="#">fix</a></li>
   <li><a href="#">fließend</a></li>
   <li>elastisch</li>
</ul>
```

Abbildung 1 ▶
Veränderte Position des aktiven Navigationspunktes

Anpassen der Infoboxen 3

Analog zur veränderten Datei wird der Infobox mit dem Thema »fix« die Klasse `.active` entnommen und dem Thema ELASTISCH hinzugefügt, womit die Änderungen im (X)HTML-Code bereits abgeschlossen wären.

Wenn Sie nun die Webseite *elastischesLayout.html* aufrufen, sollte sie immer noch dasselbe Verhalten wie die (X)HTML-Datei *absolutesLayout.html* aufweisen, mit dem feinen Unterschied, dass nun die Infobox zum Thema ELASTISCH farblich hervorgehoben ist. Das Gleiche gilt für die entsprechenden Navigationspunkte im `#header` und `#footer` der Seite.

```
<ul id="teaser">
   <li>
      <h3>Fix (px)</h3>
      <p>
         Das fixe Layout basiert auf Breitenangaben mit absoluten
         Werten und ist unabhängig von den Benutzereinstellungen
         der Browser. Eine Breite von 760 Pixeln wird auf kleinen
         und großen Ausgabegeräten mit einer Breite von 760 px
         dargestellt.
      </p>
   </li>
   <li>
      <h3>Fließend (%)</h3>
      <p>
         Die Breiten der Seitenelemente werden in Prozent angege-
         ben. Daher passen sich fließende CSS-Layouts der Bild-
         schirmgröße bzw. dem Viewport des Browserfensters an.
      </p>
   </li>
   <li class="active">
      <h3>Elastisch (em)</h3>
      <p>
```

```
        Sämtliche Breiten- und Höhenangaben werden mit der Ein-
        heit em versehen. Bei relativer Auszeichnung sämtlicher
        Längen-, Höhen- und Abstandangaben skaliert beim Verän-
        dern der Schriftgröße das gesamte Layout.
      </p>
    </li>
  </ul>
```

◂ **Abbildung 2**
Wechsel der farblichen Aktivierung der Infoboxen von »statisch« auf »elastisch«

4 CSS-Datei in (X)HTML-Seite integrieren

Die anfangs kopierte und in *elastisch.css* umbenannte CSS-Datei wird nun wie folgt innerhalb des Kopfbereiches `<head>` der *elastischesLayout.html* referenziert:

```
...
<head>
...
<title>elastisches Layout mit relativen Maßangaben in em</title>
<link rel="stylesheet" href="css/elastisch.css" type="text/css"
media="all" />
</head>
...
```

Das Layout müsste nach dem Abspeichern dieser Änderungen 1:1 dem des ersten Workshops entsprechen. Für die Entwicklung hin zu einem vollkommen elastischen oder gesamtskalierenden Layout sind folgende Anpassungen nötig:

5 Die Grundlage für Skalierbarkeit schaffen

Da neben der Schrift auch die Seitenelemente skalierbar sein sollen, werden deren Maßangaben in diesem Fall in em angegeben. Um eine leichtere Umrechnung zu ermöglichen, wird der bisher in den anderen beiden Workshops dieses Kapitels verwendete Wert von 81 % (entspricht 13 px) der Ausgangsschriftgröße auf 100.01% gesetzt. Das führt dazu, dass die Größenangaben für Schriften zwar nominell kleiner sein werden als in beiden vorhergehenden Workshops, aber das Verhältnis und, was viel wichtiger ist, die daraus resultierende Schriftgröße bleiben gleich. Um letztendlich ein gesamtskalierendes Layout zu erreichen, werden die Größenangaben in em angegeben, wobei sich diese von dem Wert im <body> ableiten. Zur genauen Überprüfung wird die jeweilige Umrechnung in Infoboxen neben den jeweiligen Angaben erläutert.

Breite berechnen
760 px * 0,0625 = 47,5 em

```
body {
    ...
    font:normal 100.01% Georgia, "Times New Roman";
}
```

6 Webseiten-Layout elastisch gestalten

Für die Umstellung von einem absoluten auf ein elastisches Layout müssen neben den Schriftgrößen auch die Breiten-, Höhen- und Abstandsangaben mit relativen Maßeinheiten versehen werden. Hierbei müssen Sie berücksichtigen, dass die übliche Standardschriftgröße in Browsern 16px entspricht, was wiederum 1em, einer relativen Größeneinheit, entspricht. Aus diesen beiden Werten errechnet sich eine Art Umrechnungskoeffizient von der absoluten Maßeinheit px in die relative und skalierbare Maßeinheit em. Für die Breite des allumfassenden #wrapper-Elementes bedeutet dies eine Multiplikation des bisherigen absoluten Wertes von 760px mit 0,0625. Dies ergibt einen relativen Wert von 47.5em.

relativ/absolut
1 em/16 px = 0,0625
Auch die Breiten-, Höhen- und Abstandsangaben müssen mit relativen Maßeinheiten angegeben werden.

```
#wrapper {
    width:47.5em;
    margin:0 auto;
}
```

7 Höhen und Abstände der Navigationen elastisch machen

Die gleiche Vorgehensweise gilt für die nun folgenden Bereiche. Das heißt, dem Kopf- und dem Fußbereich des Layouts weisen Sie eine relative Breitenangabe in em zu. Dieser Wert zusammen mit den Innenabständen ergibt die Breite des zuvor festgelegten Wertes von 47.5 em. Wichtig bei der Angabe dieser Werte ist, dass Sie einen Dezimalpunkt anstelle eines Kommas setzen. Weil der IE kleiner Version 7 diese in einem gefloateten Element befindlichen Angaben anders berechnet (siehe »Double Float-Margin Bug« im neunten Arbeitsschritt des ersten Workshops dieses Kapitels), vergeben Sie via Underscore-Hack für diese Versionen des IE andere Werte. Aber auch hier ist zu beachten, dass der Gesamtwert `47.5em` betragen muss.

Breite berechnen
3 em + 0,75 em + 41,5 em = 45,25 em

```
#header,
#footer {
   background-color:#515151;
   margin:0;
   float:left;
   padding:1.875em 3em;
   _padding:1.875em 3em 1.875em .75em;
   width:41.5em;
   _width:43.75em;
}
```

Die weiteren Werte für die Abstände der Navigationspunkte im Header werden so gewählt, dass sie sich mit den Abständen im absoluten Layout in etwa decken.

```
ul.navi {
   margin:0 0 0 2.325em;
   padding:0;
   float:left;
   list-style:none;
}
```

Bei der Festlegung einer elastischen Schriftgröße mit einem anderen als im `<body>` festgelegten Wert von `100.01%` muss das Prinzip der Vererbung berücksichtigt werden. Da im absoluten Layout kein Wert für die Schriftgröße der Navigationspunkte angegeben werden musste, weil sich die Navigation des im `<body>` definierten Wertes von `81,25%` bediente, muss diese Größe nun an dieser Stelle angegeben werden:

Schriftgröße berechnen
13 px * 100 %/16 px = 81,25 %

```
ul.navi li {
   float:left;
   margin:0 .775em 0 0;
   padding:0;
   font-size:81.25%;
   color:#7CDB04;
}
```

Analog zu den Abständen der Listenpunkte im Header passen Sie nun die Werte für die Footer-Navigation entsprechend den gewünschten Abständen an:

```
#footer ul.navi li {
   margin:0 0 0 .775em;
}
```

8 Anlegen skalierbarer Abstände des Content-Bereiches

Um auch die Innenabstände des Content-Bereiches bei einer Schriftgrößenveränderung proportional zur Vergrößerung der Inhalte mitzuskalieren, sollten Sie sie an dieser Stelle ebenfalls berechnen und mit entsprechenden relativen Maßangaben versehen. Die Breite addiert zu den Innenabständen ergibt wieder die zuvor in Schritt 6 festgelegte Breite von 47.5 em. Erst wenn diese Angaben übereinstimmen, skalieren Header und Footer proportional zum Content-Bereich.

Breite berechnen
690 px * 0,0625 = 43,1 em (gerundeter Wert)
2,2 em + 2,2 em + 43,1 em = 47,5 em

```
#content {
   width:43.1em;
   float:left;
   text-align:left;
   background-color:#7CDB04;
   padding:0 2.2em .25em 2.2em;
   margin:0;
}
```

9 Überschriften elastisch gestalten

Ein wenig filigraner sind die Berechnungen der Werte für die Überschrift 1. Ordnung. Neben der Schriftgröße ist hier vor allem die Positionierung nach oben durch den negativen Außenabstand hervorzuheben. In anderen Workshops dieses Buches wurde bereits auf die Möglichkeit der Gestaltung durch »rounded corners« ausschließlich durch CSS hingewiesen. Diese seit Version 3 mögliche Gestaltung wird, wie im Workshop für das absolute Layout bereits erwähnt, allerdings nicht von allen Browsern korrekt interpretiert. Daher gibt es für Mozilla- und Webkit-Browser separate Eigenschaftszuweisungen. Die Attribute `-moz-border-radius` bzw. `-webkit-border-radius` dürften daher schon bekannt sein. Aber was, wenn nicht alle Ecken einen Radius erhalten sollen? Wie spricht man eine Ecke gezielt an? Auch hierfür gibt es unterschiedliche Vorgehensweisen. Für die Mozilla-Browser wird folgende Schreibweise vorgeschrieben:

`-moz-border-radius-bottomleft`. Bei Webkit-Browsern wie dem Safari dagegen ist die Reihenfolge der Attribute etwas anders: `-webkit-border-bottom-left-radius`.

```
h1 {
   float:right;
   font-weight:normal;
   font-size:225%;
   background:#515151;
   -moz-border-radius-bottomleft:.2em;
   -moz-border-radius-bottomright:.2em;
   -webkit-border-bottom-left-radius:.2em;
   -webkit-border-bottom-right-radius:.2em;
   border-width:0 1px 1px 1px;
   border-style:solid;
   border-color:#FFF;
   padding:.15em .425em;
   margin:-0.6em 0 0 0;
}
```

Schriftgröße berechnen
Damit die zu definierende relative Schriftgröße dem absoluten Schriftgrößenwert von 36 px entspricht, ist folgende Berechnung notwendig:
16 px/100 % * 36 px/x = 225 %
An dieser Stelle werden daher 16 px ins Verhältnis zu 100 % gesetzt, da die Schriftgröße im <body> nicht als 81,25 % definiert wurde, wie in den beiden Workshops zuvor, sondern als 100,01 %. Die gleiche Umrechnung gilt für alle Schriftgrößenangaben.

Die Berechnungen der Überschriften ergeben sich aus der Standardschriftgröße von 16 px, die als Ausgangspunkt (100 %) genommen wird. Damit <h2> wie gewünscht eingerückt wird, geben wir die relativen Innenabstände wie folgt an:

```
h2 {
   padding:.925em 0 0 1.475em;
   font-weight:normal;
   font-size:210%;
}
```

Schriftgröße berechnen
16 px/100 % * 34 px/x = 210 %

10 Skalierbarkeit der Infoboxen gewährleisten

Damit auch der Bereich der Infoboxen entsprechend einer Veränderung mitskaliert, rechnen wir den bisherigen absoluten Wert für die Breite von 420 px in eine relative Breite um.

```
ul#teaser {
   margin:0;
   padding:0;
   width:26.25em;
   float:left;
}
```

Breite berechnen
420 px * 0,0625 = 26,25 em

Weil sich auch die Radien der Infoboxen den elastischen Veränderungen anpassen sollen, müssen auch diese Angaben dementsprechend in relative Werte umgerechnet werden. Anderenfalls würden sie, egal bei welcher Größe, immer den alten Radius von 5 px aufweisen.

```
ul#teaser li {
   list-style:none;
   margin:0 0 1.8em 1.225em;
   padding:.65em 1.875em;
   -moz-border-radius:.35em;
   -webkit-border-radius:.35em;
   background:#FFF;
   color:#515151;
}
```

Schriftgröße berechnen
16 px/100 % * 13 px/x = 81,25 %

Da die Schriftgröße innerhalb der Infoboxen nicht dem Standardwert von 16 px und damit nicht 100 % entsprechen soll, sondern lediglich einer Größe von 13 px, ist auch hier eine Umrechnung der Schriftgröße unvermeidbar.

```
ul#teaser li p {
   text-align:justify;
   padding:.45em 0;
   margin:0;
   font-size:81.25%;
   line-height:1.225em;
}
```

Schriftgröße berechnen
16 px/100 % * 20 px/x = 125 %

Die Schrift der Überschrift 3. Ordnung soll größer sein, darum muss ihr Wert über `81.25%` liegen. Die bisherigen absoluten `20px` werden mit `100` multipliziert und durch `16` dividiert. Die daraus resultierenden `125%` entsprechen somit der vorausgesagten größeren Schrift.

```
h3 {
   padding:0;
   margin:0;
   font-weight:normal;
   font-size:125%;
   line-height:1.15em;
   text-decoration:underline;
}
```

Zu guter Letzt widmen Sie sich noch dem rechts neben den Infoboxen befindlichen Zitat. Bei der Umstellung von absolute auf relative Angaben müssen Sie hierbei insbesondere auf die Ausrichtung von links sowie auf die Breite achten. Bei kleinen Unregelmäßigkeiten bei Rundungen der Werte könnte dieser Bereich für den verbleibenden Platz neben den Infoboxen zu breit werden und umbrechen.

```
#content blockquote {
   width:11.56em;
   text-align:right;
   padding:.6em 0 1em .1em;
   margin:0 0 0 30.2em;
   background:transparent url(../images/bg_quoteOpen.gif) 0px
   15px no-repeat;
}

#content blockquote p {
   padding:0 0 .55em 0;
   margin:0;
   text-align:justify;
   font-size:115%;
   line-height:1.15em;
   text-indent:1.25em;
   background:transparent url(../images/bg_quoteClose.gif) right
   95% no-repeat;
}
```

11 Das elastische Zitat

Breite berechnen
180 px * 0,0625 = 11,56 em (gerundeter Wert)

Abstand berechnen
485 px * 0,0625 = 30,2 em (gerundeter Wert)

Schrift- und Zeilengröße berechnen
16 px/100 % * 18 px/x = 115 %
16 px/100 % * 20 px/x = 125 %
Da die Zeilenhöhe auch in `em` angegeben werden kann und 100 % genau 1 em entsprechen, bekommt die Zeilenhöhe den Wert 1,15 em.

Um die Position des Autors auch im IE kleiner Version 7 über die Zeilenhöhe auszurichten, wird dem `<cite>`-Tag per Underscore-Hack ein kleinerer Wert zugewiesen:

```
#content blockquote p cite {
   float:right;
   font-size:93%;
   line-height:250%;
   _line-height:150%;
}
```

Die Skalierbarkeit von Bildern hängt wie bei den anderen Elementen von den relativen Werten für Breite und Höhe ab. Die Berechnung dieser Werte sollte aufgrund der bekannten Maße von `125px` für die Breite und `213px` für die Höhe keine große Hürde mehr sein.

Bildgröße berechnen
Breite:
125 px * 0,0625 = 7,825 em
Höhe:
213 px * 0,0625 = 13,31 em
(gerundeter Wert)

```
#content blockquote img {
   margin:2.5em 0 0 0;
   padding:0;
   border:0;
   width:7.825em;
   height:13.31em;
}
```

Zugegeben, dieser Workshop erinnert – vor allem, wenn Sie die Marginalspalte betrachten – eher an eine Mathe-Klausur. Allerdings hat die Umstellung von absoluten Angaben für Breite, Höhe, Abstände und andere Größen ein skalierbares Layout ergeben. Die nun folgenden Abbildungen verdeutlichen noch einmal die Wirkung dieser Umstellung.

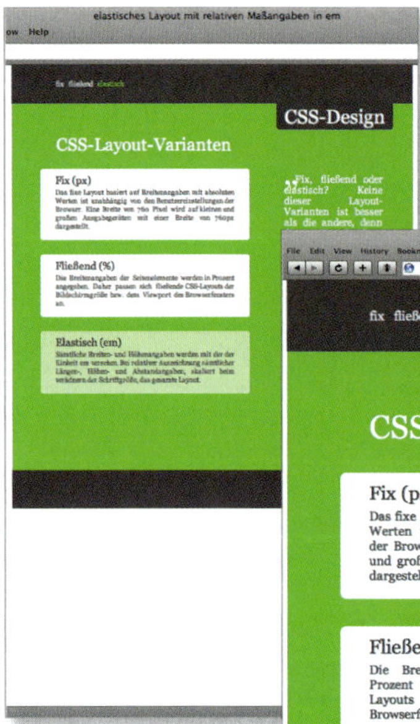

Abbildung 3 ▸
Eine zweifache Verkleinerung der Schriftgröße und die damit verbundene Skalierung des gesamten Layouts ergibt eine wesentlich kleinere, aber in den Proportionen immer noch identische Abbildung des Layouts.

Abbildung 4 ▸
zweifache Vergrößerung

Bei zweifacher Vergrößerung der Schriftgröße ist das »Mitwachsen« der Inhalte besonders deutlich zu erkennen. Nicht nur die Schriften und Seitenelemente, sondern auch die Illustration im Zitatbereich wächst analog zur Veränderung der Schriftgröße mit. Daher ist bei derselben Auflösung in diesem Fall auch nur noch der obere Bereich des gesamten Layouts zu erkennen. Trotzdem wird deutlich, dass die Proportionen der Elemente zueinander gleich bleiben.

Um die in Schritt 11 vorgenommene Anpassung der Größenangabe für die Illustration noch ein wenig zu verdeutlichen, hier eine Abbildung der Größenverhältnisse.

◂ **Abbildung 5**
Skalierungsunterschiede der Grafik (von links nach rechts: zweifach verkleinert, Originalgröße, zweifach vergrößert)

Die unterschiedlichen Größenverhältnisse der »Doggy«-Illustration machen deutlich, in welchem Maße sich das Gesamtlayout verändern kann, wenn es mit relativen Werten definiert wurde.

Zusammenfassung

Der Schritt von einem absoluten zu einem elastischen Layout ist, wie das Beispiel gezeigt hat, ein wenig aufwendiger als der Schritt zum fließenden Layout. Da hier wesentlich mehr als nur ein paar Breiten angepasst werden müssen, um die Skalierbarkeit aller Bereiche zu gewährleisten, ist dieser Arbeitsaufwand verständlich. Der große Vorteil dieser Layoutvariante ist, dass sich neben den Schriften auch die entsprechenden Elemente und deren Abstände und Größen proportional der Vergrößerung anpassen. Ein Aspekt, der vor allem bei älteren und sehbehinderten Webseitenbesuchern in Bezug auf die Darstellungsgröße dieser Elemente von großer Bedeutung ist.

/* Code aus Step 1 bis 4 */

```
<!DOCTYPE html PUBLIC "-//W3C//DTD XHTML 1.0 Strict//EN" "http://www.w3.org/TR/xhtml1/DTD/
xhtml1-strict.dtd">
<html xmlns="http://www.w3.org/1999/xhtml" xml:lang="de" dir="ltr">
<head>
<meta http-equiv="Content-Type" content="text/html;charset=iso-8859-1" />
<title>elastisches Layout mit relativen Maßangaben in em</title>
<link rel="stylesheet" href="css/elastisch.css" type="text/css" media="all" />
</head>
<body>
<div id="wrapper">
<div id="header">
```

```
    <ul class="navi">
       <li><a href="#">fix</a></li>
       <li><a href="#">fließend</a></li>
       <li>elastisch</li>
    </ul>
</div>
<div id="content" class="clearfix">
    <h1>CSS-Design</h1>
    <h2>CSS-Layout-Varianten</h2>
    <ul id="teaser">
       <li>
       <h3>Fix (px)</h3>
          <p>
             Das fixe Layout basiert auf Breitenangaben mit absoluten Werten und ist unab-
             hängig von den Benutzereinstellungen der Browser. Eine Breite von 760 Pixeln
             wird auf kleinen und großen Ausgabegeräten mit einer Breite von 760 px darge-
             stellt.
          </p>
       </li>
       <li>
          <h3>Fließend (%)</h3>
          <p>
             Die Breiten der Seitenelemente werden in Prozent angegeben. Daher passen sich
             fließende CSS-Layouts der Bildschirmgröße bzw. dem Viewport des Browserfens-
             ters an.
          </p>
       </li>
       <li class="active">
       <h3>Elastisch (em)</h3>
       <p>
          Sämtliche Breiten- und Höhenangaben werden mit der Einheit em versehen. Bei re-
          lativer Auszeichnung sämtlicher Längen-, Höhen- und Abstandangaben skaliert beim
          Verändern der Schriftgröße das gesamte Layout.
       </p>
       </li>
    </ul>
    <blockquote lang="de">
    <p>Fix, fließend oder elastisch?  Keine dieser Layoutvarianten ist besser als die an-
    dere, denn die Entscheidung, welche Form des Layouts gewählt wird, sollte stets von der
    jeweiligen Zielgruppe und Ausrichtung einer Webseite abhängen.<cite>Heiko Stiegert</
    cite></p>
    <img src="images/el_dogIllustration.gif" alt="Illustration" />
    </blockquote>
</div>
<div id="footer">
```

```
    <ul class="navi">
      <li><a href="#">fix</a></li>
      <li><a href="#">fließend</a></li>
      <li>elastisch</li>
    </ul>
</div>
</div>
</body>
</html>
```

/* Code aus Step 5 bis 10 */

```
body {
    margin:0;
    padding:0;
    text-align:center;


    font:normal 100.01% Georgia,
    "Times New Roman";
    color:#FFF;
}
#wrapper {
    width:47.5em;
    margin:0 auto;
}

#header,
#footer {
    background-color:#515151;
    margin:0;
    float:left;
    padding:1.875em 3em;
    _padding:1.875em 3em 1.875em
.75em;
    width:41.5em;
    _width:43.75em;
}

ul.navi {
    margin:0 0 0 2.325em;
    padding:0;
    float:left;
    list-style:none;
}
ul.navi li {
    float:left;
    margin:0 .775em 0 0;
    padding:0;
    font-size:81.25%;
    color:#7CDB04;
}

ul.navi li a {
    color:#FFF;
    text-decoration:none;
}

#footer ul.navi {
    float:right;
}

#footer ul.navi li {
    margin:0 0 0 .775em;
}


#content {
    width:43.1em;
    float:left;
    text-align:left;
    background-color:#7CDB04;
    padding:0 2.2em .25em 2.2em;
    margin:0;
}

h1 {
    float:right;
```

```
    margin:0;
    font-weight:normal;
    font-size:225%;
    padding:.15em .425em;
    background:#515151;
    -moz-border-radius-bottomleft:.2em;
    -moz-border-radius-bottomright:.2em;
    -webkit-border-bottom-left-radius:.2em;
    -webkit-border-bottom-right-radius:.2em;
}

h2 {
    padding:.925em 0 0 1.475em;
    font-weight:normal;
    font-size:210%;
}

ul#teaser {
    margin:0;
    padding:0;
    width:26.25em;
    float:left;
}

ul#teaser li {
    list-style:none;
    margin:0 0 1.8em 1.225em;
    padding:.65em 1.875em;
    -moz-border-radius:.35em;
    -webkit-border-radius:.35em;
    background:#FFF;
    color:#515151;
}

ul#teaser li p {
    text-align:justify;
    padding:.45em 0;
    margin:0;
    font-size:81.25%;
    line-height:1.225em;
}

h3 {
    padding:0;
    margin:0;
    font-weight:normal;
    font-size:125%;
    line-height:1.15em;
}

ul#teaser li.active {
    background-color:#DDFEB2;
}

#content blockquote {
    width:11.56em;
    text-align:right;
    padding:.6em 0 1em .1em;
    margin:0 0 0 30.2em;
    background:transparent url(../images/
    bg_quoteOpen.gif) 2px 15px no-repeat;
}


#content blockquote p {
    padding:0 0 .55em 0;
    margin:0;
    text-align:justify;
    font-size:115%;
    line-height:1.15em;
    text-indent:1.125em;
    background:transparent url(../images/
    bg_quoteClose.gif) right 95.5% no-repeat;

}
#content blockquote p cite {
    float:right;
    font-size:93%;
    line-height:250%;
    _line-height:150%;
}

#content blockquote img {
    margin:1.25em 0 0 0;
    padding:0;
    border:0;
    width:7.825em;
    height:13.31em;
}
```

Specials

Diagramme kreativ und barrierefrei umsetzen

Oder: Wie nutzt man eine Definitionsliste zur kreativen Präsentation von Daten in Form eines Diagramms?

Bei der Präsentation von Diagrammen als Grafik gehen Webseitenbesucher, die auf Textbrowser oder Screenreader angewiesen sind, in Sachen Information leer aus. Das heißt, die zu vermittelnden Inhalte der Grafik erreichen diese Besucher erst gar nicht. Daher sollten solche Daten immer »lesbar«, das heißt für jeden erreichbar und verständlich, abgebildet werden.
Dieser Workshop soll aufzeigen, dass es unnötig ist, Diagramme als Bilder mit oft viel zu schlechter Qualität in Webseiten zu integrieren. Wir werden daher ein Beispiel eines Balkendiagramms mit gut strukturiertem (X)HTML und wenigen Schritten CSS kreativ umsetzen. Präsentiert werden sollen jährliche Verkaufszahlen eines Produktes und die dazugehörigen prozentualen Zuwächse der Jahre 2004 bis 2007.

Ziel

Balkendiagramm zur Präsentation von Verkaufszahlen

- Anlegen einer Diagrammstruktur mittels einer Definitionsliste
- Ausrichten der zu vergleichenden Daten
- Gestalten der Diagrammbalken durch CSS und entsprechende Grafikelemente

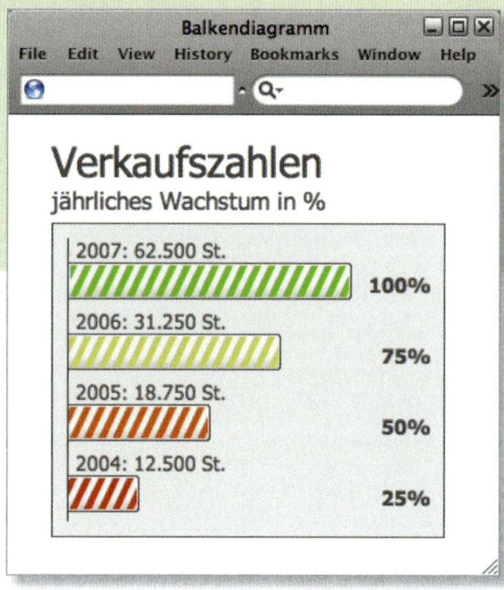

1 Struktur aufbauen

Dem Workshop-Aufbau liegt folgende Aufteilung zugrunde: Sie legen einen Ordner mit der Bezeichnung DIAGRAMM an. Darin erstellen Sie neben einer (X)HTML-Datei *chartDesign.html* einen Bilder-Ordner (IMAGES) und einen Ordner für CSS (CSS).

Das Grundgerüst dieser (X)HTML-Datei sieht folgendermaßen aus:

```
<!DOCTYPE html PUBLIC "-//W3C//DTD XHTML 1.0 Strict//EN" "http://
www.w3.org/TR/xhtml1/DTD/xhtml1-strict.dtd">
<html xmlns="http://www.w3.org/1999/xhtml" xml:lang="de"
dir="ltr">
<head>
<meta http-equiv="Content-Type" content="text/
html;charset=iso-8859-1" />
<title>Balkendiagramm</title>
</head>
<body>
<!-- hier wird der weitere (X)HTML-Code integriert -->
</body>
</html>
```

DOCTYPE-Definition (DTD)
Wenn eine (X)HTML-Seite standardkonform sein soll, muss sie eine DOCTYPE-Definition (DTD) enthalten, die sich vor dem `<html>`-Element befindet. Damit weiß jeder Browser, wo die Definition zu finden ist, und wird die entsprechende Seite im ausgewählten Standardmodus anzeigen. `XHTML-Strict` sieht die Benutzung der (X)HTML-Elemente innerhalb des Dokuments sehr streng.

2 Anlegen der Diagrammüberschrift

Zuerst definieren Sie innerhalb des öffnenden und schließenden `<body>`-Tags die im Beispiel enthaltene Überschrift 1. Ordnung. Diese sollte auf die Bedeutung und den Inhalt des Diagramms eingehen. Das Wort »Verkaufszahlen« ist prägnant und eindeutig und lässt für Missverständnisse keinen Raum.

```
<h1>Verkaufszahlen</h1>
```

Diese Überschrift soll auch einen Untertitel besitzen. Dieser wird als Überschrift `<h2>` deklariert und sorgt damit aufgrund seiner Eigenschaft als Block-Element, ebenso wie die Überschrift `<h1>`, für einen automatischen Umbruch.

```
<h2>j&auml;hrliches Wachstum in %</h2>
```

3 Diagrammstruktur mit einer Definitionsliste anlegen

Die Grundlage der (X)HTML-Struktur unseres Diagramms wird, wie im zweiten Workshop des 3. Kapitels, eine Definitionsliste `<dl>` sein. Dieser geben Sie eine eindeutige `id` mit der Bezeichnung `chartDesign`, analog zum Dateinamen. In diesem Fall enthält der zur definierende Bereich `<dt>`

Definitionsliste <dl>
Dieser Listentyp besteht aus den Elementen Definitions-Term `<dt>` (Verkaufsjahr und -zahlen) und der Beschreibung des Definitions-Terms `<dd>` (jährliches Wachstum).

die Information der verkauften Anzahl des Produktes in Stückzahlen, zugeordnet zum jeweiligen Verkaufsjahr. Diesen Wert stellen Sie dem jeweiligen prozentualen Zuwachs gegenüber

```
<dl id="chartDesign">
   <dt>2007:62.500 St.</dt>
   <dd>100%</dd>
   <dt>2006:31.250 St.</dt>
   <dd>75%</dd>
   <dt>2005:18.750 St.</dt>
   <dd>50%</dd>
   <dt>2004:12.500 St.</dt>
   <dd>25%</dd>
</dl>
```

Die daraus resultierende Abbildung macht nach dem Abspeichern der (X)HTML-Struktur einen nüchternen Eindruck. Die Überschrift `<h1>`, da noch nicht via CSS optimiert, erstreckt sich (wegen des Umbruchs) über mindestens zwei, in unserem Fall über drei Zeilen. Die Inhalte aus `<dt>` und `<dd>` werden untereinander abgebildet, wobei die prozentualen Zuwachszahlen leicht eingerückt sind.

▲ **Abbildung 1**
Strukturierte Inhalte des Workshop-Beispiels ohne CSS

4 CSS-Datei in (X)HTML-Seite integrieren

Da bereits jetzt sämtliche (X)HTML-Arbeiten abgeschlossen sind, legen Sie als Nächstes die für diesen Workshop nötige CSS-Datei *chartDesign.css* an und legen sie im vorher erstellen CSS-Ordner ab. Innerhalb des Kopfbereiches `<head>` der *chartDesign.html* referenzieren Sie diese Datei folgendermaßen:

```
...
<head>
...
<title>Balkendiagramm</title>
<link rel="stylesheet" title="Default" href="css/ chartDesign.
css" type="text/css" media="screen" />
</head>
...
```

5 Diagramm ausrichten und Überschrift gestalten

Wie bei der Gestaltung eines Layouts mit CSS üblich, definieren Sie am Anfang im <body> der *chartDesign.css* den Abstand vom Browserrand. Außerdem legen Sie eine Schriftfarbe (Grau), -art, und -größe für das Workshop-Beispiel fest.

```
body {
    font:normal 75% Tahoma, Arial;
    padding:0;
    margin:15px 30px;
    color:#626562;
}
```

Schriftgröße berechnen
16 px/100 % * 12 px/x = 75 %

Als Nächstes vergeben Sie für die Überschrift 1. Ordnung eine größere Schrift, als zuvor im <body> für alle anderen Inhalte festgelegt wurde:

```
h1 {
    font-size:200%;
    font-weight:normal;
    margin:0;
    padding:0;
}
```

Berechnung der Schriftgröße
Da die Schriftgröße der Überschrift in absoluten Werten 24 px entsprechen soll und sich dieser Wert an dem im <body> definierten Wert orientiert, der nun den Ausgangspunkt von 100 % darstellt, wird die Schriftgröße von <h1> wie folgt errechnet.
12 px/100 % * 24 px/x = 200 %

Damit die Aufmerksamkeit mehr auf der ersten als auf der zweiten Zeile liegt, legen Sie für die erste Zeile eine doppelt so hohe Schrift wie zuvor im <body> fest:

```
h2 {
    font-size:117%;
    font-weight:normal;
    margin:0 0 5px 0;
    padding:0;
}
```

Schriftgröße berechnen
12 px/100 % * 14 px/x = 117 %
(gerundeter Wert)

Die Bedeutung der Überschrift <h2> soll bereits allein aufgrund ihrer Größe sichtbar werden. Aus diesem Grund bekommt sie den relativen Wert 117%. Damit dieser Untertitel auch einen kleinen Abstand nach unten zu den Daten in der Definitionsliste aufweist, weisen Sie ihr noch einen kleinen Außenabstand von 5px zu.

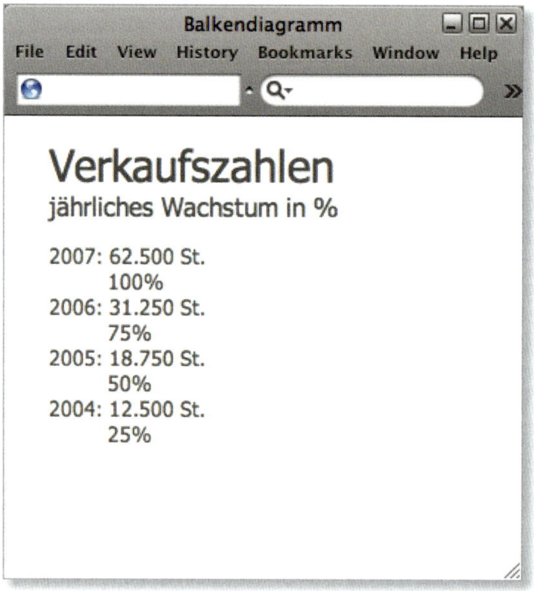

Abbildung 2 ▶ Schrifteigenschaften für Diagramminhalte

Maße der Definitionsliste festlegen 6

In diesem Schritt wird das Layout für die späteren horizontalen Chart-Grafiken in die Schranken gewiesen. Dazu vergeben Sie in diesem Fall der Breite width einen Wert von 256px. Um die »Umrandung« besser sichtbar zu gestalten, bekommt die Definitionsliste noch einen durchgehenden, 1px breiten Rahmen mit demselben Hexadezimal-Farbwert, den Sie der Schriftfarbe im <body> zugewiesen haben. Innerhalb der Liste erzeugen Sie einen Innenabstand in alle Richtungen von 10px. Die gesamte Liste erhält zudem eine hellgraue Hintergrundfarbe.

```
dl#chartDesign {
   border:1px solid #626562;
   width:256px;
   margin:0;
   padding:10px;
   background:#EEE;
}
```

Die Abbildung des Browsers auf dem momentanen Stand der CSS-Arbeiten verdeutlicht das Einrücken der Inhalte (Prozentangaben) innerhalb der Definitionsliste, das durch die defaultmäßige Interpretation des (X)HTML-Tags <dd> durch den Browser entsteht.

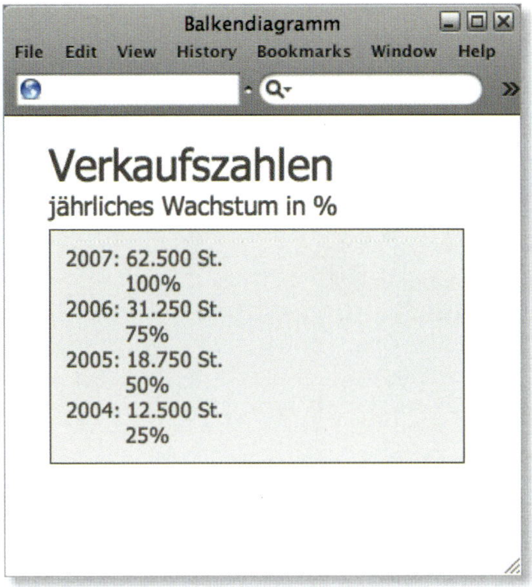

▲ **Abbildung 3**
Rahmen und Hintergrund für Definitionsliste mit Farben versehen

Rahmeneigenschaften (border)
Um einen Rahmen für ein (X)HTML-Element anzuzeigen, kann neben der Rahmenbreite und -farbe auch die Rahmenart (`border-style`) festgelegt werden. Mögliche Eigenschaften wären `solid` (durchgehender Rahmen), `dotted` (gepunkteter Rahmen) oder `dashed` (gestrichelter Rahmen). Beim IE6 und kleiner wird der Wert `dotted` wird wie `dashed` dargestellt, wenn die jeweilige Rahmenstärke `border-width` nur 1 Pixel beträgt.

7 Ausrichten der Diagramminhalte

Damit auch endlich die Default-Abbildung von Definitionslisten innerhalb der Browser verändert wird, formatieren Sie in diesem Schritt die Neuausrichtung der Liste. Dazu vergeben Sie für beide Bereiche der Definitionsliste `<dl>`, für den Definitions-Term `<dt>` und für die Beschreibung dieses Terms `<dd>` zuerst eine Breite von 100 %, aber keinerlei Außen- (`margin`) und Innenabstände (`padding`). Außerdem erhalten beide Bereiche einen durchgehenden, 1 px breiten Rahmen auf der linken Seite mit demselben Hexadezimal-Farbwert wie die Liste. Dieser zuletzt eingefügte Rahmen bildet im linken Bereich des Diagramms den Ausgangspunkt der späteren Chart-Grafiken.

```
dl#chartDesign dt,
dl#chartDesign dd {
   width:100%;
   padding:0;
   margin:0;
   border-left:1px solid #626562;
}
```

Da die verkaufte Stückzahl des Produktes links positioniert werden soll, wird dieser Text linksbündig ausgerichtet und um 5 px eingerückt.

```
dl#chartDesign dt {
   text-align:left;
   text-indent:5px;
}
```

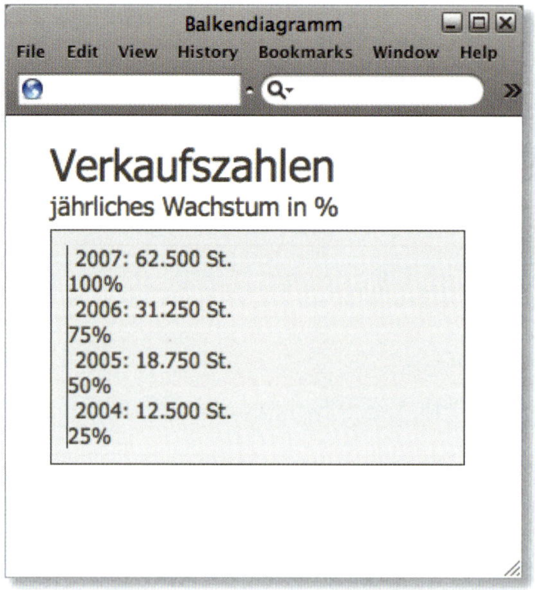

▲ **Abbildung 4**
Ausrichtung der Listeninhalte

8 Zuwachsraten der Verkaufszahlen ausrichten

Nach dem Anlegen der Grafik weisen Sie dem Bereich, der diese Grafik via CSS als Hintergrund enthalten soll, eine Höhe von ebenfalls 26 px zu. Damit wird gewährleistet, dass die Abbildung auch in der Höhe vollständig sichtbar ist. Um nun vor allem den Wert des prozentualen Anstiegs der Verkaufszahlen (25 %, 50 % ...) visuell besser präsentieren zu können, wird dieser Wert rechtsbündig ausgerichtet und mit einem gewichtigerem Schriftgewicht `font-weight` versehen. Damit dieser Zahlenwert auch auf einer Höhe mit dem dazugehörigen Chart steht, geben Sie ihm noch einen Abstand von 7 px von oben.

```
dl#chartDesign dd {
   text-align:right;
   font-weight:bold;
   height:26px;
   padding:7px 0 0 0;
}
```

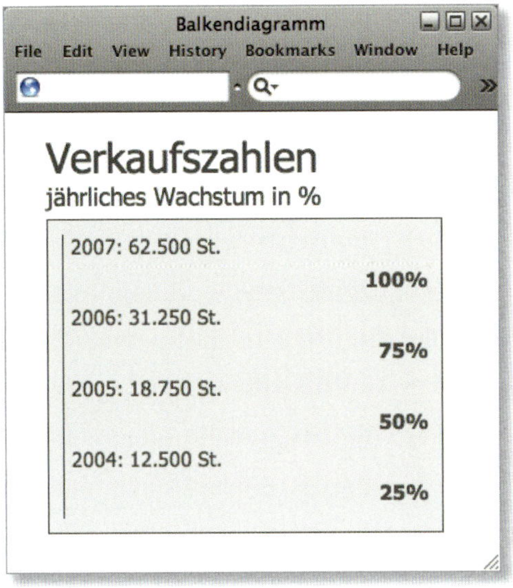

◂ **Abbildung 5**
Ausgerichtete Textinhalte ohne Chart-Abbildungen

Ein Speichern und Aktualisieren dieser Änderungen zeigt bereits optimal ausgerichtete Daten, allerdings fehlt die eindeutigste Unterstützung bezüglich der Zuwachsraten: die Grafiken.

9 Erstellen der Chart-Grafiken

Im nächsten Schritt sollten die Grafiken für die Chart-Abbildungen erstellt werden. Um die unterschiedliche Höhe der Wachstumsraten und deren Bedeutung besser visualisieren zu können, legen Sie für die unterschiedlichen Zahlen der letzten vier Jahre vier verschiedene Grafiken an. Diese integrieren Sie dann via CSS in den Hintergrund der Liste und erzeugen nach entsprechenden Ausrichtungen das gewünschte Bild.

Maße der Chart-Grafiken
Die Chart-Grafiken sollen 26 px hoch und 200 px breit sein. Bei 100 % Wachstum wird die gesamte Breite der Grafik abgebildet. Das bedeutet, 50 % Wachstum entsprechen einem sichtbaren Bereich der Grafik von 100 px.

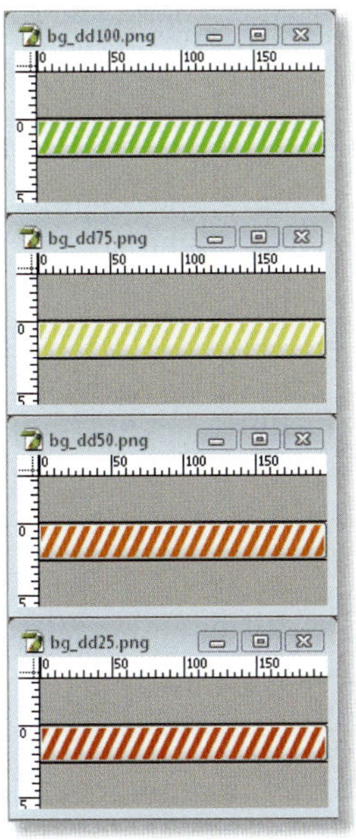

◂ **Abbildung 6**
Hintergrundgrafiken für die verschiedenen Wachstumsraten

Chart-Grafiken integrieren 10

Bevor Sie die unterschiedlichen Chart-Grafiken integrieren können, muss zunächst der (X)HTML-Code der *chartDesign.html* darauf abgestimmt werden. Denn woher soll CSS wissen, welche Grafik wo integriert werden soll? Einem besseren Verständnis Rechnung tragend, wird für jedes Element `<dd>` eine Klasse entsprechend der enthaltenen Daten vergeben. Die Spalte mit der Zuwachsrate von 100% des Jahres 2007 bekommt eine Klasse mit der Bezeichnung `dd100`. Die Spalte mit 75% Zuwachs des Jahres 2006 gehört zur Klasse `dd75` usw. Somit kann via CSS den jeweiligen Spalten eine separate Grafik zugewiesen werden.

```
<dl id="chartDesign">
   <dt>2007:62.500 St.</dt>
   <dd class="dd100">100%</dd>
   <dt>2006:31.250 St.</dt>
   <dd class="dd75">75%</dd>
   <dt>2005:18.750 St.</dt>
   <dd class="dd50">50%</dd>
   <dt>2004:12.500 St.</dt>
   <dd class="dd25">25%</dd>
</dl>
```

Dann speichern Sie diese Änderungen der (X)HTML-Datei und wenden sich wieder der *chartDesign.css* zu. Um die erstellten Grafiken im Browser optimal positionieren zu können, weisen Sie den vier zuvor im (X)HTML-Code angelegten Klassen eine Hintergrundgrafik zu. Diese benennen Sie den Klassen entsprechend.

Namenskonventionen
Die Klasse `dd100` bekommt die Grafik *bg_dd100.tif*. Der Zusatz »bg« innerhalb der Grafik sagt aus, dass es sich hierbei um eine Grafik für den Hintergrund (engl. »Background«, kurz »bg«) handelt.

```
dd.dd100 {
   background:url(../images/bg_dd100.tif) 0px top no-repeat;
}

dd.dd75 {
   background:url(../images/bg_dd75.tif) 0px top no-repeat;
}

dd.dd50 {
   background:url(../images/bg_dd50.tif) 0px top no-repeat;
}

dd.dd25 {
   background:url(../images/bg_dd25.tif) 0px top no-repeat;
}
```

◂ **Abbildung 7**
Das Aktualisieren des Browsers zeigt deutlich die zuvor angelegten und integrierten Chartgrafiken. Die unterschiedlichen Farbwerte des Diagramms stehen für unterschiedlich hohe Zuwachsraten stehen (grün: »sehr gut« …).

11 Chart-Grafiken nach Zuwachsraten ausrichten

Um nun auch endlich das gewünschte Verhalten der Chart-Grafiken zu erhalten, müssen ihre Positionen verändert werden. Da die Grafiken, wie in Schritt 8 erwähnt, 200 px breit sind, müssen die Balken mit Zuwachsraten von weniger als 100 % nach links verschoben werden. Für den Wert des Jahres 2007 bedeutet dies im Vergleich zum Schritt 10 dieses Workshops keinerlei Veränderungen.

```
dd.dd100 {
   background:url(../images/bg_dd100.tif) 0px top no-repeat;
}
```

Das Jahr 2006, das eine Zuwachsrate von 75 % aufwies, muss daher um 25 % nach links verschoben werden, denn es sollen nur noch 75 % der Grafik sichtbar sein. Eine Beispielrechnung zur Kontrolle der anderen beiden Werte (50 % und 25 %) bietet die Box in der Marginalspalte.

Wachstumsrate 75 %
200 px * 75 %/100 % = 150 px
Das bedeutet, die Grafik muss um 50 px (200 px – 150 px) nach links (negativer Wert zur Ausrichtung) verschoben werden.

```
dd.dd75 {
   background:url(../images/bg_dd75.tif) -50px top no-repeat;
}

dd.dd50 {
   background:url(../images/bg_dd50.tif) -100px top no-repeat;
}
dd.dd25 {
   background:url(../images/bg_dd25.tif) -150px top no-repeat;
}
```

Abbildung 8 ▶
Ausgerichtete Definitionsbereiche <dd> analog zum Prozentwert der Spalte

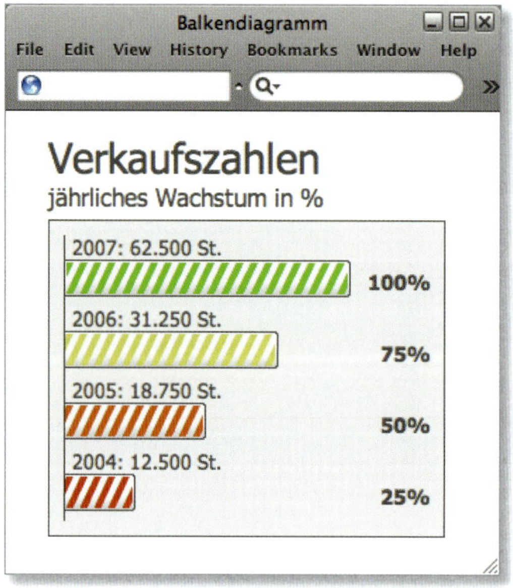

Dieser letzte Arbeitsschritt hat mit wirklich minimalen Änderungen entscheidende Auswirkungen und stellt die Chart-Grafiken entsprechend der prozentualen Werte korrekt dar, wodurch die unterschiedlichen jährlichen Zuwachsraten noch deutlicher werden.

Zusammenfassung

Dieser Workshop soll aufzeigen, dass es durchaus möglich ist, Daten eines Diagramms für jeden zugänglich in Webseiten zu integrieren und sie nicht wie allzu oft durch eine ganze Grafik abzubilden, deren Daten beispielsweise für blinde Besucher nicht auszulesen sind. Diejenigen, die bereits andere Workshops gelesen haben, werden festgestellt haben, dass zum wiederholten Male eine einfache Liste, in diesem Fall eine Definitionsliste, die Grundlage der gesamten Strukturierung des Quellcodes ist.

/* Code aus Step 1 bis 4, 10 */

```
<!DOCTYPE html PUBLIC "-//W3C//DTD XHTML 1.0 Strict//EN" "http://www.w3.org/TR/xhtml1/DTD/
xhtml1-strict.dtd">
<html xmlns="http://www.w3.org/1999/xhtml" xml:lang="de" dir="ltr">
<head>
<meta http-equiv="Content-Type" content="text/html;charset=iso-8859-1" />
<title>Balkendiagramm</title>
<link rel="stylesheet" title="Default" href="css/chartDesign.css" type="text/css"
media="screen" />
</head>
<body>
<h1>Verkaufszahlen</h1>
<h2>j&auml;hrliches Wachstum in %</h2>
<dl id="chartDesign">
   <dt>2007:62.500 St.</dt>
   <dd class="dd100">100%</dd>
```

```
    <dt>2006:31.250 St.</dt>
    <dd class="dd75">75%</dd>
    <dt>2005:18.750 St.</dt>
    <dd class="dd50">50%</dd>
    <dt>2004:12.500 St.</dt>
    <dd class="dd25">25%</dd>
</dl>
</body>
</html>
```

/* Code aus Step 5 bis 7, 9 bis 11 */

```
body {
    font:normal 75% Tahoma, Arial;
    padding:0;
    margin:15px 30px;
    color:#626562;
}

h1 {
    font-size:200%;
    font-weight:normal;
    margin:0;
    padding:0;
}

h2 {
    font-size:117%;
    font-weight:normal;
    margin:0 0 5px 0;
    padding:0;
}

dl#chartDesign {
    border:1px solid #626562;
    width:256px;
    margin:0;
    padding:10px;
    background:#EEE;
}
dl#chartDesign dt,
dl#chartDesign dd {
    width:100%;
    padding:0;
    margin:0;
    border-left:1px solid #626562;
}

dl#chartDesign dt {
    text-align:left;
    text-indent:5px;
}

dl#chartDesign dd {
    text-align:right;
    font-weight:bold;
    height:26px;
    padding:7px 0 0 0;
}

dd.dd100 {
    background:url(../images/bg_dd100.tif)
    0px top no-repeat;
}

dd.dd75 {
    background:url(../images/bg_dd75.tif)
    -50px top no-repeat;
}

dd.dd50 {
    background:url(../images/bg_dd50.tif)
    -100px top no-repeat;
}

dd.dd25 {
    background:url(../images/bg_dd25.tif)
    -150px top no-repeat;
}
```

Kontaktdaten effektiv einsetzen mit hCard

Oder: Wie formatiert man maschinenlesbare Visitenkarten mit CSS und (X)HTML?

Informationen einfach nur noch abzubilden, ist gerade bei Kontaktdaten keine besonders effektive Lösung. Okay, man könnte die Daten vielleicht kopieren und ausdrucken oder auch abschreiben. Aber wie wäre es, sie mit wenigen Klicks in den Outlook- oder Lotus-Notes-Kontakten abspeichern zu können? Oder sie gar via Bluetooth auf ein mobiles Endgerät zu übertragen, um somit direkt telefonischen Kontakt herstellen zu können? Die Daten müssen hierfür mittels Mikroformate im hCard Format ausgezeichnet werden, dessen Basis das vCard-Format (kurz für »visiting card«, zu Deutsch »Visitenkarte«) ist. So ausgezeichnete Markup-Bereiche besitzen die Dateiendung ».vcf«. Dieses Format ermöglicht dadurch das direkte Speichern von Adress- und Kontaktdaten in Anwenderprogrammen wie Outlook und Lotus Notes.

Das passende Restaurant kann somit selbst von Touristen, beispielsweise über Yahoo! Maps, schnell lokalisiert werden. Ein solches Mikroformat ist ein Markup-Format mit semantischer Annotation von (X)HTML. Dass diese Eigenschaft nicht zwangsläufig zu einem unansehnlichen Anblick führen muss, soll dieser Workshop anhand einer fiktiven Visitenkarte, der »Konditorei Max Mustermann«, aufzeigen. Am Ende des Workshops erfahren Sie zudem, wie Sie mit der Browser-Erweiterung Tails Export diese Daten auslesen können.

Ziel

Maschinenlesbare Kontaktdaten der »Konditorei Max Mustermann«

- Anlegen einer Visitenkarten-Struktur
- Anlegen der Kontaktdaten
- Stylen der Visitenkarte via CSS
- Auslesen und Abspeichern der Kontaktdaten

1 Struktur aufbauen

Um diese Möglichkeit der Datenspeicherung am Ende des Workshops testen zu können, benötigen Sie zuerst die dafür notwendige Ordner- und Dateistruktur. Daher erstellen Sie einen Ordner MIKROFORMATE, und in diesem wiederum einen Ordner HCARD mit gleichnamiger (X)HTML-Datei. In diesem HCARD-Ordner richten Sie außerdem einen Bilder-Ordner (IMAGES) sowie einen CSS-Ordner (CSS) ein. Die soeben erzeugte (X)HTML-Datei *hCard.html* der Konditorei Max Mustermann erhält das folgende Grundgerüst:

```
<!DOCTYPE html PUBLIC "-//W3C//DTD XHTML 1.0 Strict//EN" "http://
www.w3.org/TR/xhtml1/DTD/xhtml1-strict.dtd">
<html xmlns="http://www.w3.org/1999/xhtml" xml:lang="de"
dir="ltr">
<head>
<meta http-equiv="Content-Type" content="text/
html;charset=iso-8859-1" />
<title>hCard - Konditorei Max Mustermann</title>
</head>
<body>
<!-- hier wird der weitere (X)HTML-Code integriert -->
</body>
</html>
```

Mikroformate mit dem hCard Creator erstellen und verarbeiten
Die Auszeichnung von Mikroformaten mittels (X)HTML-Markup ist nicht sehr schwierig, aber dennoch gibt es hierfür Anwendungen wie den hCard Creator, die es ermöglichen, sich die Struktur dieses Formats durch Eintragen der jeweiligen Daten zusammenzustellen: *http://microformats.org/code/hcard/creator*

2 Anlegen der Struktur der Kontaktdaten

Kontaktdaten im hCard-Mikroformat können innerhalb des (X)HTML-Quelltextes überall platzieren werden. Damit die Struktur als vCard auch maschinell lesbar ist, muss sich das gesamte Markup innerhalb eines Elementes mit der Klasse `class="vcard"` befinden, und sämtliche Bereiche müssen als Klasse ausgezeichnet werden.

```
<div class="vcard">
   ...
</div>
```

Für den Bereich einer Adresse stellt das W3C ein eigens dafür vorgesehenes (X)HTML-Tag zur Verfügung: `<address>`. Man könnte die Klasse `.vcard` nun direkt in das `<address>`-Tag integrieren; für das spätere Layouten aber belassen Sie die Klasse innerhalb des Containers und legen darin das `<address>`-Tag an:

```
<div class="vcard">
   <address><!-- Kontaktdatenbereich --></address>
</div>
```

Festlegen des Namensbereiches 3

Das Hauptaugenmerk bei Kontaktdaten liegt beim Ansprechpartner und den Kontaktmöglichkeiten wie Telefonnummer oder E-Mail-Adresse. In dem Fall der fiktiven Konditorei muss, wie so oft, Max Mustermann herhalten. Die nun folgenden Namensbezeichnungen sind für die jeweiligen Mikroformate vorgegeben. Die Klasse `.org` beinhaltet hierbei den Verweis auf die entsprechende Bezeichnung der Firma bzw. der Organisation, in diesem Fall außerdem eine eindeutige Bezeichnung für den Beruf von Herrn Max Mustermann. Das Element `.fn` enthält den vollen Namen von Herrn Mustermann. Damit sich im späteren Layout die drei Wörter nicht in einer Zeile befinden, fügen Sie vor dem Namen mit `<br />` einen Umbruch ein.

```
<div class="vcard">
   <address>
      <span class="org">Konditorei</span><br />
      <span class="fn">Max Mustermann</span>
   </address>
</div>
```

Kennzeichnung von Kontaktdaten
Bei der Angabe von Kontaktdaten kann den bisherigen auch Elementen beispielsweise auch eine Klasse `.region` für die Region oder `.country-name` für das jeweilige Land des Kontaktes angegeben werden. Zudem können innerhalb einer Klasse `.geo` unter `.latitude` der Breitengrad und unter `.longitude` der Längengrad mit den entsprechenden Koordinaten angegeben werden. Somit können User beispielsweise die Geburtstagstorte online bestellen und sie sogar, dank einem Ausdruck von Google Maps oder Yahoo! Maps mit Lokalisierung der Konditorei, von einem Ortsunkundigen abholen lassen.

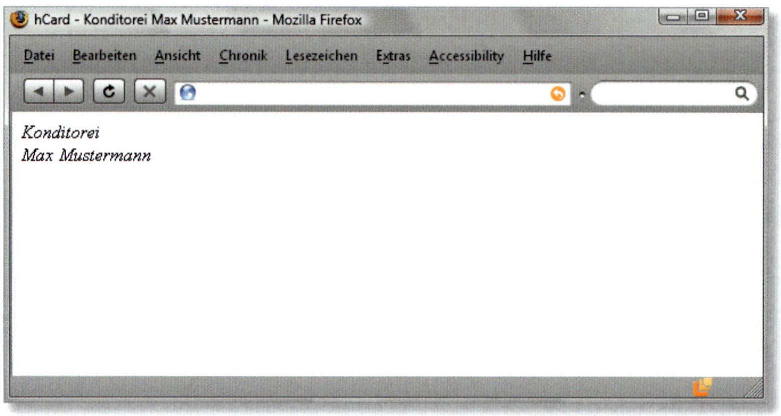

▲ **Abbildung 1**
Firmenbezeichnung und Name

Anlegen der Kontaktadresse 4

Da es sich bei dieser Visitenkarte der Konditorei um einen dienstlichen Kontakt handelt, wird dies mit den beiden Klassen `.adr` und `.work` entsprechend gekennzeichnet. Damit die einzelnen Elemente einer Adresse von Anwendungsprogrammen wie Outlook entsprechend ihrer Bedeutung abgespeichert werden können, ist auch hier eine differenzierte Kennzeichnung nötig. Dazu integrieren Sie innerhalb des Bereiches für die dienstliche Anschrift mit `.street-address` einen Bereich für die Straße, mit `.postal-code` einen Bereich für die Postleitzahl und mit `.locality` den Namen der Stadt. Diesen Klassen fügen Sie dann die entsprechenden Inhalte hinzu.

```
<div class="vcard">
<address>
   <span class="org">Konditorei</span><br />
   <span class="fn">Max Mustermann</span><br />
   <span class="adr work">
   <span class="street-address">Mustermannstr.1</span><br />
   <span class="postal-code">12345</span>
   <span class="locality">Berlin</span><br />
</span>
</address>
</div>
```

Alternative zur Kennzeichnung von Namen
Für die Kennzeichnung eines Namens eignet sich auch die folgende Struktur: Das Elternelement mit `class="n"` enthält Kind-Elemente mit `given-name (Vorname)` und `family-name (Familienname)`.

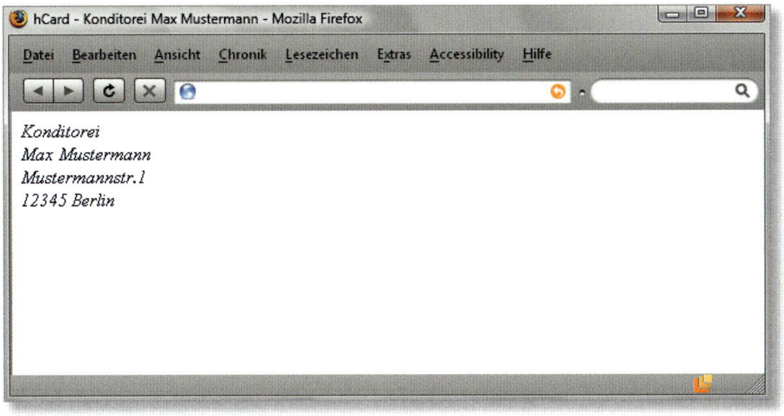

◀ **Abbildung 2**
Vollständige Adresse

5 Einfügen der Kontaktmöglichkeiten

Da eine bloße Adresse einer Konditorei keinen wirklichen Mehrwert besäße, bedarf es selbstverständlich entsprechender Kontaktmöglichkeiten, die aufgelistet werden müssen. Denn nur so weiß der User, wie er mögliche Bestellungen aufgeben kann. Besonders wichtig ist hierbei der Umgang mit den Bezeichnungen für die unterschiedlichen Eingabefelder der Telefonnummer. In diesem Fall fügen Sie außerhalb des Addressen-Bereiches `.adr .work`, aber innerhalb des `<address>`-Tags ein Element mit den Klassen `.tel` und `.cell` hinzu. Dieser Bereich kennzeichnet eine dienstliche Telefonnummer. Damit auch diese nicht mit der nun folgenden E-Mail-Adresse in einer Zeile steht, fügen Sie dazu auch an dieser Stelle im (X)HTML-Code einen Zeilenumbruch `<br />` ein.

Telefonnummern kennzeichnen
Bei Angaben zur Telefonnummer ist zu beachten, dass die Feldinhalte im internationalen Darstellungsformat ausgezeichnet werden.

```
<div class="vcard">
   <address>
      <span class="org">Konditorei</span><br />
      <span class="fn">Max Mustermann</span><br />
      <span class="adr work">
      <span class="street-address">Mustermannstr. 1</span><br />
      <span class="postal-code">12345</span>
      <span class="locality">Berlin</span><br />
      </span>
      <span class="tel cell">+49 160 12345678</span><br />
   </address>
</div>
```

@-Zeichen
Damit das @-Zeichen von den Browsern korrekt dargestellt wird, sollten Sie an dieser Stelle für dieses Zeichen den ASCII-Wert `@` eintragen.

▲ **Abbildung 3**
Adresse inklusive Telefonnummer

Damit Kunden etwaige Bestellungen nicht nur telefonisch, sondern auch per E-Mail durchgeben können, fügen Sie am Ende das dafür entsprechende Element mit der Klasse `.email`, dem Attribut `mailto` und der jeweiligen E-Mail-Adresse hinzu:

Da die Schriftgröße der Visitenkarte in absoluten Werten 16 px entsprechen soll, kann im `<body>` stattdessen der Wert `100.01%` bzw. `1em` definiert werden.

```
<div class="vcard">
   <address>
      <span class="org">Konditorei</span><br />
      <span class="fn">Max Mustermann</span><br />
      <span class="adr work">
         <span class="street-address">Mustermannstr. 1</span><br />
         <span class="postal-code">12345</span>
         <span class="locality">Berlin</span><br />
      </span>
      <span class="tel cell">+49 160 12345678</span><br />
```

```
      <a class="email" href="mailto:konditorei@mustermann.
      de">konditorei&#064;mustermann.de</a>
   </address>
</div>
```

▲ **Abbildung 4**
Kontaktdaten inklusive E-Mail-Adresse

Nach Abschluss der Strukturierung der Kontaktdaten bietet die Darstellung innerhalb des Browsers ein inhaltlich korrektes, allerdings nicht sehr ansehnliches Bild. Das bisher einzige gestalterische Merkmal – abgesehen von der blau unterstrichenen E-Mail-Adresse – ist die kursive Darstellung der gesamten Kontaktdaten der Konditorei. Dies entsteht durch die standardmäßige Formatierung des <address>-Tags durch den Browser.

6 CSS-Datei in (X)HTML-Seite integrieren

Damit die Bezeichnung der CSS-Datei eindeutig ist, wählen Sie am besten den Namen *hCard.css*. Diese Datei legen Sie dann in dem dafür vorgesehenen CSS-Ordner ab. Danach referenzieren Sie innerhalb des Kopfbereiches <head> der *hCard.html* folgendermaßen auf die CSS-Datei:

```
...
<head>
...
<title>hCard - Konditorei Max Mustermann</title>
<link rel="stylesheet" title="Default" href="css/hCard.css"
type="text/css" media="screen" />
</head>
...
```

7 Bereich der Visitenkarte farblich abgrenzen

Erste Aufgabe von CSS ist es, zwischen der Visitenkarte der Konditorei und dem Browserfensterrand einen kleinen Außenabstand von 25px herzustellen:

```
body {
   margin:25px;
```

```
    padding:0;
    font-size:1em;
}
```

Als Nächstes soll der entsprechende Bereich mit dem Hexadezimal-Wert `#58473F` farblich unterlegt werden. Damit der Kontaktbereich innerhalb der Breite in seine Schranken verwiesen wird, vergeben Sie für das Element eine Breite von `300px`. Damit die Visitenkarte nicht im üblichen eckigen Format daherkommt, geben Sie diesem Bereich noch einen Radius von `5px`.

»Runde Ecken«
Um die »runden Ecken« abbilden zu können, verwenden Sie die Deklarationen `-moz-border-radius` und `-webkit-border-radius`, die lediglich von Webkit-basierten Browsern wie Safari und Mozilla-basierten Browsern (u. a. Firefox, Netscape, Mozilla) interpretiert werden.

```
div.vcard {
    background:#58473F;
    width:300px;
    -moz-border-radius:5px;
    -webkit-border-radius:5px;
}
```

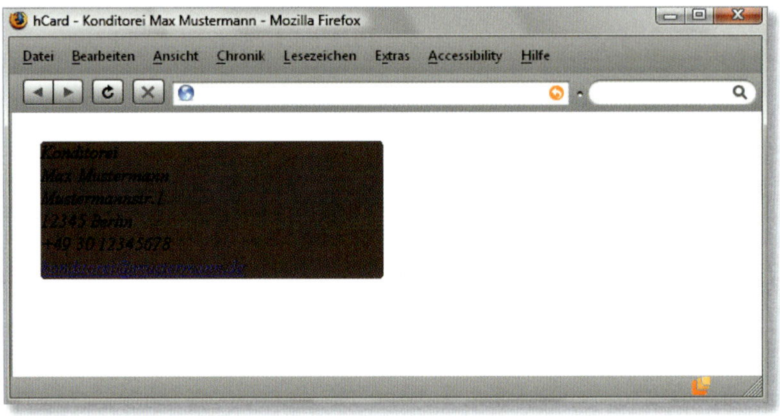

Abbildung 5 ▶
Farblich hervorgehobener Bereich der Visitenkarte

8 Schrifteigenschaften dem Hintergrund anpassen

Um den standardmäßig kursiven Schriftstil der Kontaktdaten aufzuheben, vergeben Sie eine Schriftgröße, die 12 px entspricht, einen normalen Schriftstil sowie die Schriftfamilie »Georgia«. Dem Kontrast zum Hintergrund Rechnung tragend, fällt die Wahl der Schriftfarbe auf Weiß. Damit die Kontaktdaten der Zielsetzung entsprechend ausgerichtet werden, fügen Sie Innenabstände hinzu. Diese sorgen für eine Einrückung von links um 75 px und von oben um 50 px. Für den Abstand nach unten weisen Sie einen Wert von `20px` und für den rechten Rand den Wert von `10px` zu, womit die Ausrichtung der Kontaktdaten abgeschlossen wäre.

```
div.vcard address  {
   color:#FFF;
   font:normal .75em Georgia, "MS Sans Serif";
   padding:50px 10px 20px 75px;
}
```

Schriftgröße berechnen
16 px/1 em * 12 px/x = 0,75 em

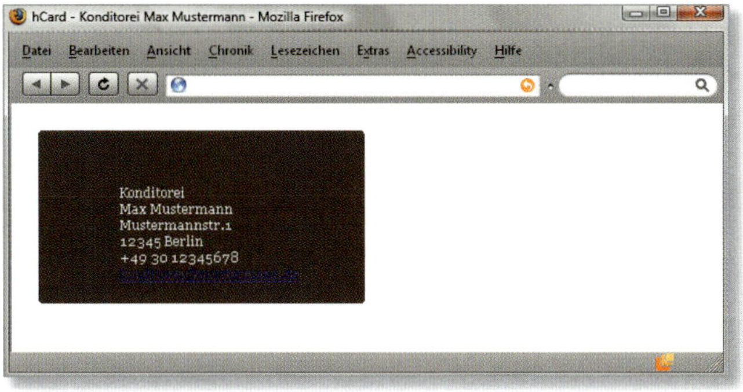

◀ **Abbildung 6**
Ausrichten und farbliche Anpassung der Kontaktdaten

9 Namen und E-Mail-Adresse hervorheben

Damit dem Besucher der Betreiber der Konditorei, ebenso wie bei einer normalen Visitenkarte, direkt ins Auge springt, vergeben Sie für die Klassen `.fn` und `.org` eine Schriftgröße von je `1.67em`. Der Wert für die Schriftgröße leitet sich hierbei nicht von der im `<body>` definierten Schriftgröße ab, sondern von der im `<address>`-Tag festgelegten Größe.

```
address .fn,
address .org {
   font-size:1.67em;
}
```

Damit der Name »Max Mustermann« und die angegebene E-Mail-Adresse sich von den übrigen Inhalten des Kontaktes abheben, setzen Sie hierfür mit pinkfarbener Schrift ein entsprechendes Zeichen. Der Link für die E-Mail-Adresse soll nicht weiterhin unterstrichen dargestellt werden, darum verhindern Sie mit der Eigenschaft `text-decoration` und dem Wert `none` die bisherige standardmäßige Formatierung durch die Browser.

```
address .fn,
address a {
   color:#E5439A;
   text-decoration:none;
}
```

Abbildung 7 ▸
Stärkere Visualisierung der Kontaktdaten

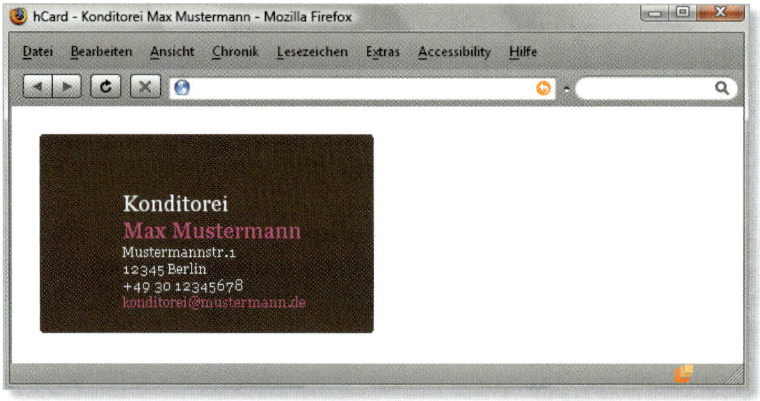

10 Content und Layout verknüpfen

Um der Bedeutung einer Visitenkarte einer Konditorei noch etwas mehr visuellen Ausdruck zu verleihen, weisen Sie dem oberen rechten Rand des obersten Elementes eine Hintergrundgrafik zu. Diese soll durch die Darstellung der abgebissenen Ecke der Visitenkarte einen emotionalen Bezug zu den leckeren Produkten der Konditorei herstellen.

Wer verkaufen will, muss die Emotionen der potentiellen Kunden ansprechen. Daher ist es sinnvoll, den Textinhalten, wie den Kontaktdaten der »Konditorei Max Mustermann« visuell mit einer Grafik oder einem Icon ein wenig mehr Bedeutung und emotionale Wirkung zu verschaffen. Denn die meisten Kaufentscheidungen finden auf der emotionalen Ebene statt.

```
div.vcard {
   background:#58473F url(../images/bg_hCard_bite.gif) right top
   no-repeat;
   -moz-border-radius:5px;
   -webkit-border-radius:5px;
   width:300px;
}
```

Abbildung 8 ▸
Einfügen einer Hintergrundgrafik, die einen »schmackhaften Bezug« zur Konditorei herstellt

Wie bereits in Schritt 7 beschrieben, stellt der Internet Explorer die CSS-Eigenschaften für einen Radius nicht korrekt dar. Daher sei an dieser Stelle nur kurz daraufhin gewiesen, dass der IE keine »runde«, sondern eine »eckige« Variante der Visitenkarte der Konditorei Mustermann abbildet.

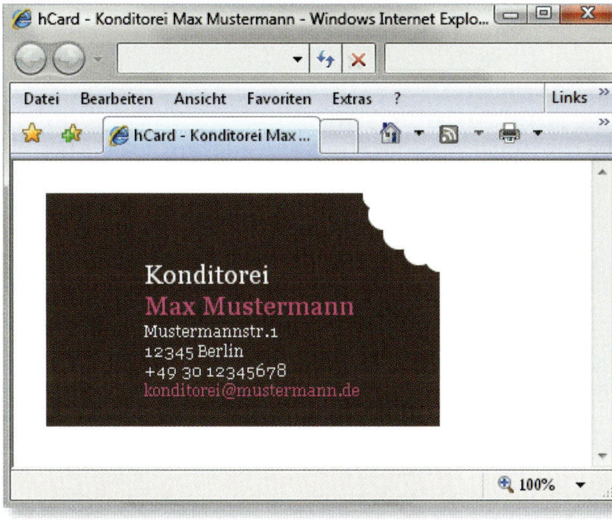

▲ **Abbildung 9**
Fehlende »rounded corners« beim IE aufgrund fehlender Interpretation der CSS-Eigenschaften

Tails Export
Tails Export, aktuell in Version 0.3.2 (Stand: Juni 2008) vorliegend, ermöglicht es, als Mikroformate ausgezeichnete Inhalte auf einer Seite zu erkennen. Dann sollte das vorher inaktive Tails-Export-Icon seine Farbe in Orange ändern. Klicken Sie dann auf das Icon, erscheinen in der Sidebar des Browsers die im (X)HTML-Quellcode ausgezeichneten Kontaktdaten. *https://addons.mozilla.org/de/firefox/addon/2240*

11 Auslesen und Speichern der Kontaktdaten

Wie Sie bis hierher erfahren haben, müssen maschinenlesbare Daten nicht zwangsweise langweilig dargestellt werden. Dass diese Art der Auszeichnung des Markups auch einen wirklichen Mehrwert für die Nutzer aufweist, wird erst durch die Installation entsprechender Erweiterungen für Browser wie den Firefox deutlich. Tails Export ist eine solche Browsererweiterung. Sie wird nach ihrer Installation durch das Mikroformate-Icon im unteren rechten Bereich der Statuszeile des Browsers sichtbar.

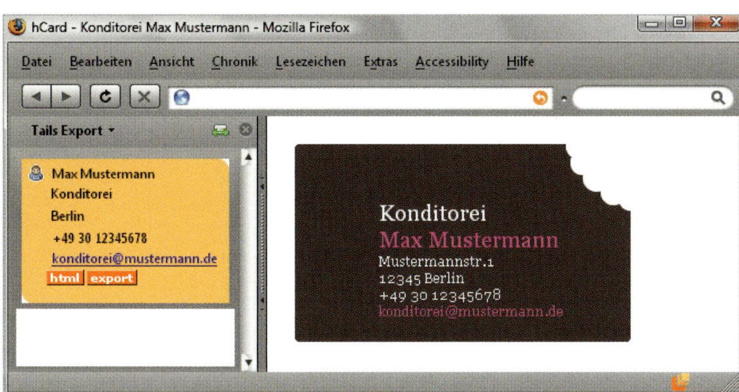

◂ **Abbildung 10**
Abbildung der Kontaktdaten in der Firefox-Erweiterung Tails Export

Ein Klick auf den EXPORT-Button dieser Erweiterung bringt folgende Abbildung. Diese Darstellung zeigt den Überblick sämtlicher in diesem Beispiel verwendeten Datenfelder.

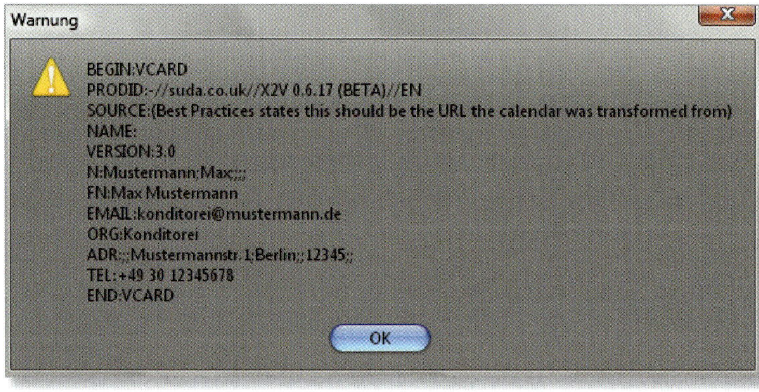

Abbildung 11 ▸
Jede Zeile dieser .vcf-Datei beschreibt ein Datenfeld. Zu Beginn einer jeden Zeile steht der Name des Datenfeldes in Großbuchstaben. Der Inhalt dieses Feldes wird dann, getrennt durch einen Doppelpunkt, aufgelistet. Die einzelnen Datenfelder wiederum werden durch ein Semikolon getrennt.

Wer dieses Informationsfenster des Browsers bestätigt, hat dann die Möglichkeit, die Kontaktdaten im .vcf-Format abzuspeichern. Sie können dann entweder auf der Festplatte abgelegt oder wie in der folgenden Abbildung mit Outlook geöffnet werden.

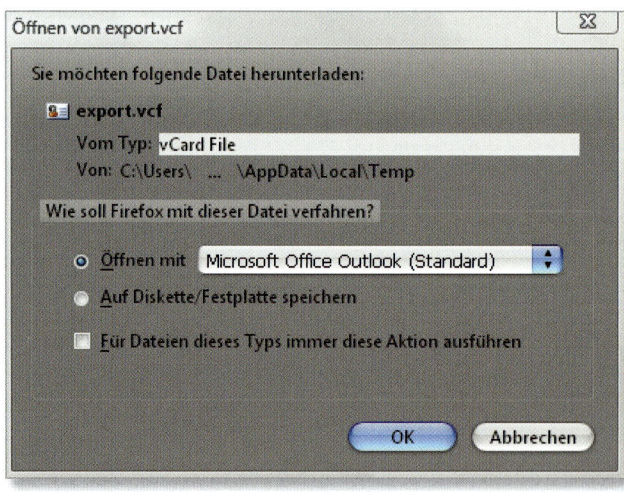

▴ **Abbildung 12**
Speichern der Kontaktdaten für Outlook im .vcf-Format

mikroformate.org und planet-mikroformate.de
Diese beiden Webseiten informieren die Leser über die Möglichkeiten im Umgang mit Mikroformaten. Ob Informationen zum neuesten Update eines Formates oder über eine neu entdeckte Möglichkeit der Auswertung bzw. der Übertragung solcher Daten, ob Tutorials oder hilfreiche Quellen, diese beiden deutschsprachigen Seiten bieten für Einsteiger und Fortgeschrittene alles, was das Herz in Sachen Mikroformate begehrt.

Beim Öffnen dieser Datei sähe der Outlook-Anwender den Kontakt mit allen enthalten Kontaktdaten.

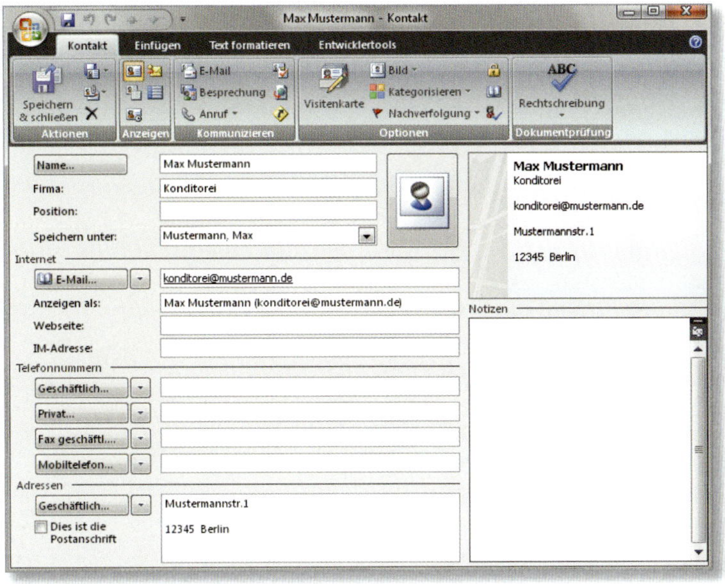

◂ **Abbildung 13**
Überblick über die abgespeicherten Daten im »Kontakt«-Bereich von Outlook

Zusammenfassung

Dieser Workshop sollte aufzeigen, dass die Auszeichnung von Kontaktdaten und damit die mögliche Speicherung dieser Daten als .vcf-Datei zahlreiche Vorteile für den User mit sich bringt und dass das Layout trotz der Maschinenlesbarkeit nicht unansehnlich sein muss, wobei sich die gesamte Gestaltung via CSS über weniger als 25 Zeilen erstreckt.

/* Code aus Step 1 bis 6 */

```
<!DOCTYPE html PUBLIC "-//W3C//DTD XHTML 1.0 Strict//EN" "http://www.w3.org/TR/xhtml1/DTD/
xhtml1-strict.dtd">
<html xmlns="http://www.w3.org/1999/xhtml" xml:lang="de" dir="ltr">
<head>
<meta http-equiv="Content-Type" content="text/html;charset=iso-8859-1" />
<title>hCard - Konditorei Max Mustermann</title>
<link rel="stylesheet" title="Default" href="css/hCard.css" type="text/css" media="screen"
/>
</head>
<body>
<div class="vcard">
   <address>
      <span class="org">Konditorei</span><br />
      <span class="fn">Max Mustermann</span><br />
      <span class="adr work">
      <span class="street-address">Mustermannstr. 1</span><br />
```

```
        <span class="postal-code">12345</span>
        <span class="locality">Berlin</span><br />
        </span>
        <span class="tel cell">+49 30 12345678</span><br />
        <a class="email" href="mailto:konditorei@mustermann.de">konditorei&#064;mustermann.de
        </a>
    </address>
</div>
</body>
</html>
```

/* Code aus Step 7 bis 10 */

```
body {
    margin:25px;
    padding:0;
    font-size:1em;
}

div.vcard {
    background:#58473F url(../images/bg_
    hCard_bite.gif) right top no-repeat;
    width:300px;
    -moz-border-radius:5px;
    -webkit-border-radius:5px;
}

div.vcard address  {
    color:#FFF;
    font:normal .75em Georgia, "MS Sans
    Serif";
    padding:50px 10px 20px 75px;
}

address .fn,
address .org {
    font-size:1.67em;
}

address .fn,
address a {
    color:#E5439A;
    text-decoration:none;
}
```

Übersicht mit hCalendar

Oder: Wie speichert man Veranstaltungsdaten aus Webseiten direkt mit Outlook, Lotus Notes oder Google Calendar ab?

Die Anforderungen an Webseiten sind hoch. Sie sollen gut aussehen, schnell laden, bei Google und anderen Suchmaschinen so weit oben wie möglich stehen und zudem oft nützliche Features enthalten. Eine weitere Eigenschaft mit solchem Mehrwert sind mittels Mikroformaten ausgezeichnete Inhalte. Hierzu dient das Format hCalendar. Die Basis für hCalendar sind das vCalendar- und das iCalendar-Format. So ausgezeichnete Markup-Bereiche besitzen die Dateiendung ».vcs« bzw. ».ics«, und nach dem Speichern können die Daten in Anwenderprogrammen wie Outlook, dem Google- oder dem Yahoo!-Kalender verarbeitet werden. Aufgabe bzw. Zielsetzung für diesen Workshop ist es daher, die Angaben einer Ausstellung zum Thema »Architektur« im Walter-Gropius-Bau in Berlin so zu formatieren, dass deren Daten in wenigen Schritten ausgewertet und abgespeichert werden können.

Ausstellungsplakat des Martin-Gropius-Bau zum Thema »Architektur«

- Strukturieren der Event- und Kontaktdaten
- Gestalten des Eventposters
- Auslesen und Abspeichern der Daten mit der Browser-Erweiterung Operator Toolbar
- Aufrufen der abgespeicherten Daten in Outlook

Ziel

Struktur aufbauen 1

Um die Daten dieser Veranstaltung aus dem Code auslesen und abspeichern zu können, bedarf es zuerst einer entsprechenden Ordner- und Dateistruktur. Dazu legen Sie im Ordner MIKROFORMATE einen Ordner HCALENDAR an, in dem Sie auch eine gleichnamige (X)HTML-Datei erstellen. In diesem HCALENDAR-Ordner richten Sie mit einem Bilder-Ordner (IMAGES) und einem CSS-Ordner (CSS) zwei weitere Ordner an.

Calendar Creator
Wie für fast alle Mikroformate gibt es auch für dieses Format die Möglichkeit, das Markup mit einem Editor wie dem Calendar Creator zu erstellen: *http://microformats.org/code/hcalendar/creator*

Die angelegte (X)HTML-Datei `hCalendar.html` erhält hierbei das folgende (X)HTML-Grundgerüst mit entsprechendem Titel:

```
<!DOCTYPE html PUBLIC "-//W3C//DTD XHTML 1.0 Strict//EN" "http://
www.w3.org/TR/xhtml1/DTD/xhtml1-strict.dtd">
<html xmlns="http://www.w3.org/1999/xhtml" xml:lang="de"
dir="ltr">
<head>
<meta http-equiv="Content-Type" content="text/
html;charset=iso-8859-1" />
<title>Anwendungsbeispiel - hCalendar</title>
</head>
<body>
<!-- hier wird der weitere (X)HTML-Code integriert -->
</body>
</html>
```

Definition der Art des Mikroformates 2

Die Daten einer Veranstaltung sollten innerhalb des (X)HTML-Codes immer in einem Element stehen, das weitere Elemente beinhalten kann. Dies sollte im Idealfall ein allumfassendes `<div>`-Tag sein, da Überschriften oder Angaben wie die Adresse in Form eines `<address>`-Elements folgen werden. Damit Anwendungen wie Outlook die in diesem Bereich angegebenen Informationen auch verarbeiten können, sollte dieses Element immer mit der Klasse `class="vevent"` angelegt werden. Eine Zusammenfassung, wie beispielsweise der Titel einer Veranstaltung, sollte mit der Klasse `class="summary"` versehen werden. Diese bildet später in den auszulesenden Anwendungen die Überschrift des Events. Zusätzliche Informationen, die ebenfalls angezeigt werden sollen, können die Klasse `class="subtitle"` enthalten, die auch mehrfach eingesetzt werden kann.

Wer zu einer Veranstaltung eine umfangreichere Beschreibung abgeben möchte oder muss, sollte hierfür ein Element mit der vorgegebenen Klasse `.description` nutzen.

```
<div class="vevent">
   ...
</div>
Lorem
<div class="vevent">
   <h2 class="subtitle">Großstadtschungel e.V.</h2>
   <h1 class="summary">Architektur
```

```
        <span class="subtitle">Ausstellung</span>
    </h1>
</div>
```

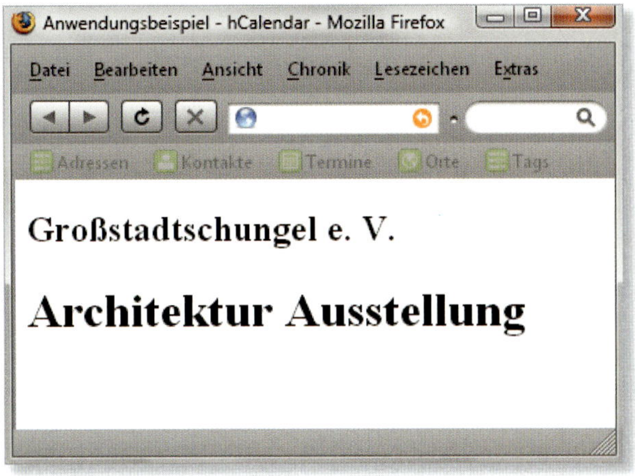

◂ **Abbildung 1**
Integration des Veranstalters und des Veranstaltungstitels

Die Abbildung der bisherigen Daten im Browser zeigt deutlich die unterschiedliche Gewichtung der beiden Überschriften durch die Verwendung von <h1> und <h2>.

3 Anlegen des Veranstaltungsortes

Wenn es für einen Termin einen Veranstaltungsort gibt, kann dieser durch mehrere Eigenschaften innerhalb der Klasse `.vevent` gekennzeichnet werden. Dies geschieht in diesem Fall durch das <address>-Tag, das sich förmlich aufdrängt. Allein durch die Auszeichnung mit diesem Tag sind die Inhalte aber nicht maschinenlesbar. Dafür müssen die einzelnen Elemente mit entsprechenden Annotationen wie `.postal-code` für die Postleitzahl oder `.locality` für die Stadt versehen werden. Wichtig ist, dass dies immer innerhalb einer Klasse geschieht.

```
<div class="vevent">
    <h2 class="subtitle">Großstadtschungel e.V.</h2>
    <h1 class="summary">
        Architektur
        <span class="subtitle">Ausstellung</span>
    </h1>
        <address class="adr">
            <span class="extended-address">Martin-Gropius-Bau
            </span><br />
            <span class="street-address">Niederkirchstra&szlig;e 7
            </span><br />
            <span class="postal-code">10963</span>
            <span class="locality">Berlin</span>
        </address>
</div>
```

Wären die Inhalte mit der ID `#vevent` ausgezeichnet, wären sie nicht auslesbar und verlören somit ihren Mehrwert für den User. Dies gilt nicht nur für Veranstaltungsdaten, sondern für alle Inhalte, die durch Mikroformate strukturiert werden.

Abbildung 2 ▸
Keine Veranstaltung ohne Veranstaltungsort in Form einer Adresse. Der Standardschriftstil des <address>-Tags in den Browsern ist immer kursiv.

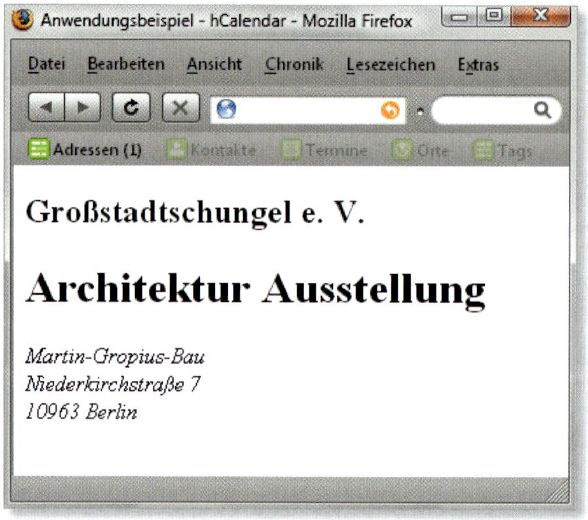

Datumsdarstellung
Die Angabe eines Datums beginnt, um maschinenlesbar zu sein, mit der Jahresangabe, gefolgt von einem Bindestrich, der Monatsangabe, einem weiteren Bindestrich und der Angabe des Tages.

Die Uhrzeit
Bei Uhrzeit-Angaben wird hinter der Datumsangabe ein `T` und dahinter die Uhrzeit in Form von sechs Ziffern angegeben. Die ersten beiden Ziffern stellen hierbei die Stunde dar, die zweiten beiden die Minuten und die letzten beiden die Sekunden.

Falls, was bei fast jedem Event der Fall ist, dieses Ereignis auch mit einem Veranstaltungszeitraum verbunden ist, sollte dieser immer mit einer Klasse `.date` eingeleitet werden. Somit »wissen« die Anwendungen, dass jetzt im Idealfall ein Zeitraum in Form eines Datum oder einer Uhrzeit angegeben werden sollte. Dafür wird der Beginn einer Veranstaltung mit einer Klasse `.dtstart` eingeleitet und das Ende mit einer Klasse `.dtend`. Hierbei sollte nicht unerwähnt bleiben, dass die hCalendar-Spezifikation für diese Angaben, damit sie maschinenlesbar sind, das `<abbr>`-Element vorsieht. Die verwertbaren Angaben für die Anwendungen, die diese Informationen verarbeiten, werden hierbei innerhalb des `title`-Attributes angegeben. Die Angaben zwischen dem öffnenden und schließenden `<abbr>`-Tag können somit nach eigenen Vorgaben dargestellt werden. Da die weiteren Angaben zum Event Kontaktdaten enthalten, sollten diese auch als solche ausgezeichnet werden. Hierzu weisen Sie dem bereits mit einem `<address>`-Tags ausgezeichneten Bereich eine umfassende Klasse mit der Bezeichnung `.vcard` zu. In diesen Bereich gehört auch die in der Zielsetzung festgelegte Angabe der URL für den Veranstaltungsort. Damit diese auch als URL erkannt werden kann, vergeben Sie für sie eine dementsprechende Klasse.

```
<div class="vevent">
  <h2 class="subtitle">Großstadtschungel e. V.</h2>
  <p class="date">
    <abbr title="2008-04-01" class="dtstart">1.April - </abbr>
    <abbr title="2008-08-01" class="dtend">1.August 2008</abbr>
  </p>
```

```
  <div class="vcard">
    <h1 class="summary">
    Architektur
    <span class="subtitle">Ausstellung</span>
    </h1>
    <address class="adr">
      <span class="extended-address">Martin-Gropius-Bau</
      span><br />
      <span class="street-address">Niederkirchstra&szlig;e 7</
      span><br />
      <span class="postal-code">10963</span>
      <span class="locality">Berlin</span>
    </address>
    <a href="http://www.gropiusbau.de" title="Martin-Gropius-
    Bau" class="url">www.gropiusbau.de</a>
  </div>
</div>
```

◂ **Abbildung 3**
Zusätzliche Informationen wie Veranstaltungszeitraum und verlinkte Internetadresse

4 Einfügen eines Umbruches in der Überschrift

Eigentlich ist die Strukturierung der Informationen zum Event abgeschlossen. Wie die in der Abbildung des Browsers bereits aktiven Icons der Operator-Erweiterung zeigen, sind die Daten bereits auslesbar und damit bereit, durch Anwendungen wie dem Google- oder dem Yahoo!-Kalender verarbeitet zu werden. Auf dem Weg zur Zielsetzung steht Ihnen lediglich noch eine kleine Anpassung im (X)HTML-Code bevor. Um die typografische Wirkung der Überschrift im weiteren Verlauf des Workshops durch CSS gestalterisch zu unterstreichen, wird das Wort »Architektur« nach dem `i` mit einem `<br />`-Tag dazu »gezwungen«, umzubrechen.

```
...
<h1 class="summary">
   Archi<br />tektur
   <span class="subtitle">Ausstellung</span>
</h1>
...
```

Abbildung 4 ▶
Einfügen eines Umbruches zur Unterstützung der typografischen Wirkung der Überschrift auf dem Veranstaltungsposter

Die daraus resultierende Darstellung in den Browsern ist bis auf die im nächsten Schritt zu vollziehende Referenzierung auf die CSS-Datei *hCalendar.css* der definitiv letzte Handschlag im (X)HTML-Code dieses Workshops.

5 CSS-Datei in (X)HTML-Seite integrieren

Damit die Bezeichnung der CSS-Datei eindeutig ist, wählen Sie am besten den Namen *hCalendar.css*. Diese Datei legen Sie dann in dem dafür vorgesehenen CSS-Ordner ab. Danach referenzieren Sie innerhalb des Kopfbereiches `<head>` der *hCalendar.html* folgendermaßen auf die CSS-Datei:

```
...
<head>
...
<title>Anwendungsbeispiel - hCalendar</title>
<link rel="stylesheet" title="Default" href="css/hCalendar.css"
type="text/css" media="screen" />
</head>
...
```

6 Festlegen des Farbschemas und der Schrifteigenschaften

Als ersten Schritt definieren Sie das Farbschema für dieses Layout. Dazu legen Sie eine Hintergrund- und eine Schriftfarbe an sowie die übrigen Schrifteigenschaften, die in diesem Fall von der Schriftart »Helvetica« getragen werden. Damit das Layout für den Event nicht in der oberen linken Browserfensterecke beginnt, vergeben Sie noch einen Abstand von je `30px` in sämtliche Richtungen.

```
body {
   background-color:#F5FCD5;
   color:#40432C;
   margin:30px;
   font:bold 68.75% Helvetica, Arial;
}
```

Schriftgröße berechnen
Da die Schriftgröße in diesem Workshop in absoluten Werten 11 px entsprechen soll, errechnet sich der relative Wert in Prozent wie folgt: 16 px/100 % * 11 px/x = 68,75 %

Die aus diesem ersten Schritt in Sachen CSS resultierende Darstellung lässt aufgrund der Standardformatierung für Überschriften immer noch deutlich auf die unterschiedliche Gewichtung von `<h1>` und `<h2>` schließen.

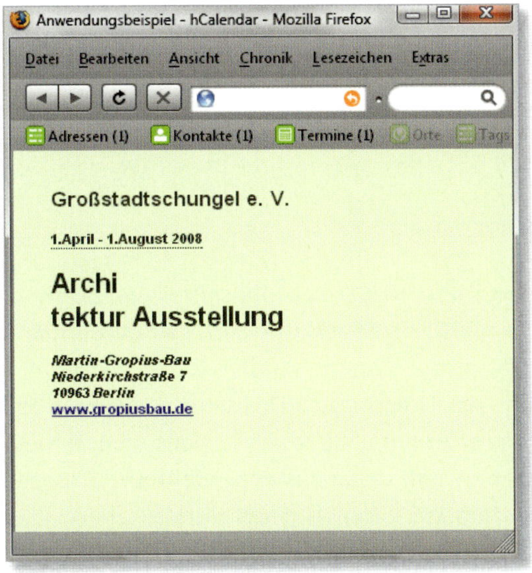

◂ **Abbildung 5**
Das Farbschema und die Schrifteigenschaften sind festgelegt.

7 Erstellen, Integrieren und Ausrichten einer Hintergrundgrafik

Um dem Layout auch einen thematischen Anstrich in Sachen Architektur zu verpassen, eignet sich in diesem Fall kaum etwas besser als eine dem Thema entsprechende, in diesem Fall 300 px breite Hintergrundgrafik.

Abbildung 6 ▸
Hintergrundgrafik des Veranstaltungsplakates

Warum diese Grafik vor allem im oberen Bereich denselben Verlauf enthält, wird deutlich, wenn Sie die bisherigen Inhalte durch weitere ergänzen. Nun setzen Sie diese Grafik in die allumfassende Klasse `.vevent` ein und richten sie am unteren Ende des Layouts aus. Das führt dazu, dass der untere Bereich der Hintergrundgrafik immer sichtbar ist. Falls dem aktuellen Inhalt zusätzliche Informationen zum Veranstalter oder Veranstaltungsort hinzugefügt werden sollten, haben Sie immer noch einen »Puffer«. Das heißt, die Grafik »wächst« analog zum Content mit. Für den Fall, dass der Inhalt doch einmal überhandnehmen sollte, vergeben Sie hierfür noch die Hintergrundfarbe, die bereits dem `<body>`-Tag zugewiesen wurde. So verhindern Sie, dass bei zu viel Content der Bereich innerhalb des Rahmens, der das Layout visuell begrenzt, irgendwann weiß wird.

```
.vevent {
   border:1px solid #40432C;
```

```
    width:300px;
    text-align:right;
    background:#F5FCD5 url(../images/bg_hCalendar.jpg) bottom left
    no-repeat;
}
```

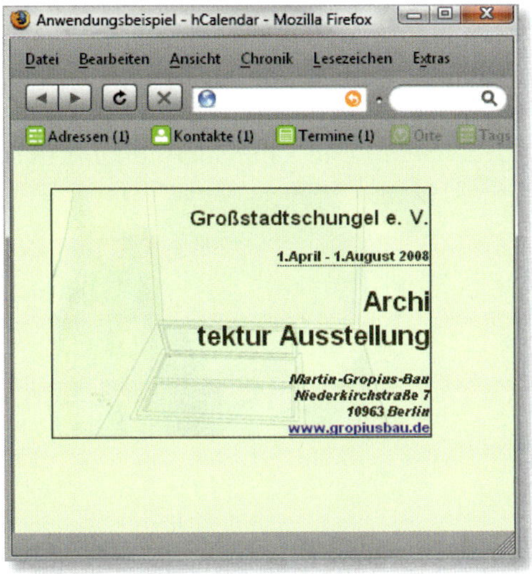

◂ **Abbildung 7**
Da für den Bereich innerhalb des Rahmens keine Höhe definiert wurde, orientiert sich die Höhe des Rahmens an den in ihm befindlichen Inhalten. Da diese – bis auf die Standardformatierung durch die Browser – noch keinerlei Eigenschaften besitzen, ist zu diesem Zeitpunkt nur ein kleiner Bereich der Hintergrundgrafik sichtbar.

8 Hintergrundgrafik für die Überschrift

Wie in der Zielsetzung für diesen Workshop zu erkennen ist, soll der Überschrift <h1> ein Farbverlauf im Hintergrund zugewiesen werden, der sich horizontal ausbreiten kann. Damit diese 1 px breite, aber 111 px hohe Grafik, also der Hintergrund, durch eine eventuelle Skalierung des Textes oder durch zusätzlichen Inhalt nicht an ihre Grenzen stößt, weisen Sie ihr zusätzlich noch eine Hintergrundfarbe zu.

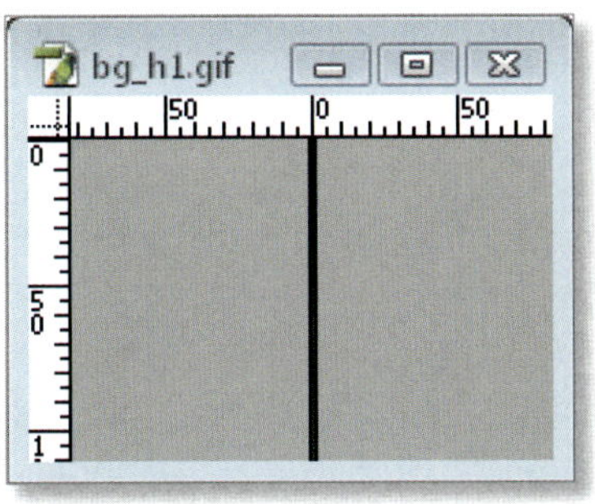

◂ **Abbildung 8**
Hintergrundgrafik mit Verlauf für die Überschrift <h1>

Ein wichtiges Merkmal der Überschrift »Architektur«, die in absoluten Pixelwerten 55 px entsprechen wird, ist neben ihrer Größe das Überlappen

Wer die zusätzliche Angabe der Hintergrundfarbe vergisst, kann bei einer eventuellen Skalierung des Textes durch den User die helle Schrift von dem dann weißen Hintergrund, der bei Nichtangabe einer Hintergrundfarbe standardmäßig erscheint, nicht unterscheiden. Also sorgen Sie für einen solchen Fall immer mit einer kontrastreichen Hintergrundfarbe vor, die den Eindruck der Fortsetzung der Grafik hinterlässt.

Schriftgröße und Zeilenhöhe berechnen

11 px/100 % * 55 px/x = 500 %
55 px/100 % * 36 px/x = 66 %
(oder 0.66 em, 0.66 oder .66)

der zwei Zeilen, was durch den Umbruch bedingt ist. Dieser Effekt wird durch die im Verhältnis zur Schriftgröße wesentlich kleinere Zeilenhöhe von umgerechnet 36 px (siehe Infobox) erzielt. Somit hinterlassen die zwei Zeilen den Eindruck, als wären sie ineinandergeschoben. Um dem Wort »Ausstellung«, das ebenfalls innerhalb des `<h1>`-Tags steht, nicht auch diese Zeilenhöhe zu vererben, muss an dieser Stelle eine separate Zeilenhöhe definiert werden. Damit dieses Wort zudem nicht in einer Zeile mit dem Wort »Architektur« abgebildet wird, geben Sie ihm die Eigenschaft `display` mit dem Wert `none`. Dadurch wird es ohne zusätzlichen (X)HTML-Umbruch in einer separaten Zeile abgebildet und kann somit unabhängig vom restlichen Inhalt von `<h1>` ausgerichtet werden.

```
h1 {
   margin:2px 0;
   padding:0;
   font:normal 500%/.66 Georgia, "Times New Roman";
   color:#F5FCD5;
   background:#3C3F1F url(../images/bg_h1.gif) top right repeat-x;
}

h1 span {
   display:block;
   margin:0;
   font-size:31%;
   line-height:129%;
   padding:10px 0 25px 0;
}
```

◂ **Abbildung 9** ▸
Optimierte Darstellung der Überschrift <h1>, inklusive Untertitel

Um nun endlich den gewünschten Abstand zwischen dem Veranstalter und der Überschrift herstellen zu können, lassen Sie der Überschrift `<h2>` Abstand von 150 px nach unten zukommen. Da sich `<h2>` ohne Angabe einer Schriftgröße an der Standardgröße für `<h2>` des Browsers orientieren würde, würde sie viel zu groß abgebildet werden. Daher muss an dieser Stelle der Wert `100%` angegeben werden, auch wenn dieser Wert bereits im `<body>` definiert wurde und damit den 11 px entspricht, die für diese Überschrift vorgesehen sind.

```
h2 {
   font-size:100%;
   margin:0;
   padding:0 0 150px 0;
}
```

◂ **Abbildung 10**
Ausgerichtete Überschrift <h2>

9 Ausrichtung des Veranstalters

Schriftgröße und Zeilenhöhe berechnen
Der im `<span>`-Tag befindliche Inhalt soll einer Höhe von 17 px entsprechen. Da sich der relative Größenwert allerdings an dem Wert in `<h1>` orientiert und dieser mit 500 % (55 px) sehr hoch ist, wird dieser recht klein werden.
55 px/100 % * 17 px/x = 31 %
Die Zeilenhöhe hingegen orientiert sich wieder an dem Wert der Inhalte des `<span>`-Tags, was zu folgender Rechnung führt:
17 px/100 % * 22 px/x = 129 %

10 Darstellung des Veranstaltungszeitraumes optimieren

Da das `<abbr>`-Element von den Browsern eine automatische Formatierung in Form einer gepunkteten Unterstreichung erhält, wird diese, da sie unerwünscht ist, mit `border-bottom:none` ausgeblendet. Um nicht die standardmäßigen Innen- und Außenabstände des Absatzes `p.date` zu erhalten, werden diese auf null gesetzt.

```
p.date {
   padding:0;
   margin:0;
}
abbr {
   padding:0;
   border-bottom:0;
}
```

Abbildung 11 ▶
Stilistische Anpassung des Veranstaltungszeitraumes

Darstellung der Veranstaltungsadresse optimieren **11**

Der Veranstaltungsort, präsentiert durch das `<address>`-Tag, wird standardmäßig durch die Browser in kursivem Schriftstil dargestellt. Da diese Formatierung in diesem Fall unerwünscht ist, wird sie durch den normalen Schriftstil ersetzt. Zudem erhält die Adresse eine Abstandsangabe nach unten von 100 px, wodurch eine räumliche Trennung zwischen der Adresse und der Internet-Adresse entsteht. Durch diese Angabe werden zudem weitere Bereiche der Hintergrundgrafik im oberen Teil des Veranstaltungsposters sichtbar.

```
address {
   font-style:normal;
   padding:0 0 100px 0;
}
```

Durch die Angabe seiner Geo-Daten (Längen- und Breitengrade) kann der Veranstaltungsort zusätzlich in einer Anwendung wie Google Maps oder Yahoo! Maps sichtbar gemacht werden. Insbesondere Ortsfremden können durch eine solche Auszeichnung den Veranstaltungsort schneller und vor allem einfacher finden.

▲ **Abbildung 12**
Neuausrichtung des Veranstaltungsortes

12 Optimierung der Darstellung des Hyperlinks

Ein letzter, kleiner Schritt in Sachen CSS-Gestaltung sind das Entfernen der standardmäßigen Unterstreichung von Hyperlinks und eine Neugestaltung in Form einer neuen Schriftfarbe:

```
a {
   text-decoration:none;
   color:#40432C;
}
```

Abbildung 13 ▶
Optimierte Darstellung des Hyperlinks

Auslesen der Veranstaltungsdaten mit Operator 13

Dass diese Informationen nicht nur abgebildet und damit für den Webseitenbesucher lediglich lesbar sind, ermöglicht u.a. die Browser-Erweiterung Operator. Aufgrund des Markups kann diese Firefox-Erweiterung die Informationen über den entsprechenden Menüpunkt auslesen.

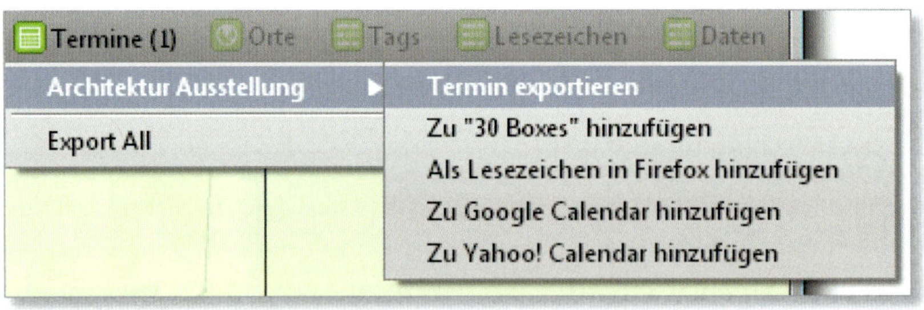

▲ **Abbildung 14**
Auslesen des Veranstaltungszeitraumes durch Operator

Operator ermöglicht nun das Abspeichern bzw. direkte Öffnen des Veranstaltungszeitraumes mit einer Anwendungssoftware wie Outlook.

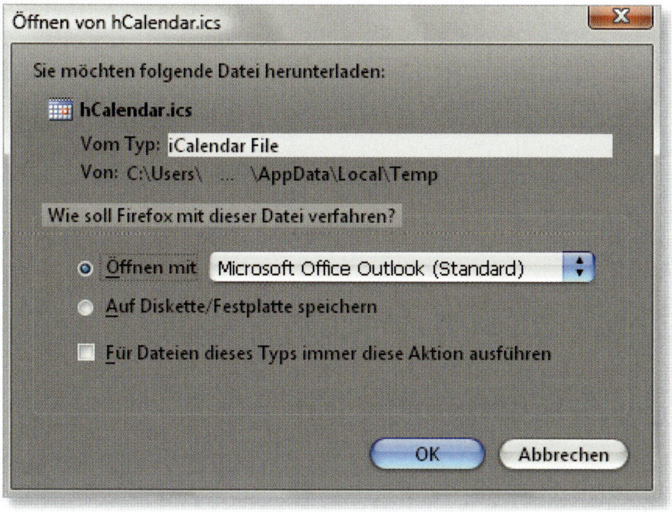

◀ **Abbildung 15**
Abspeichern der hCalendar-Datei im .ics-Format

In Outlook kann dieser Veranstaltungstermin nun direkt geöffnet, gespeichert und gegebenenfalls mit entsprechenden Vermerken abgespeichert werden.

Operator
Die Browsererweiterung Operator, aktuell in Version 0.9.a (Stand: Juni 2008) vorliegend, ermöglicht es dem User, sämtliche als Mikroformate ausgezeichnete Inhalte auf einer Seite zu erkennen und zu speichern.

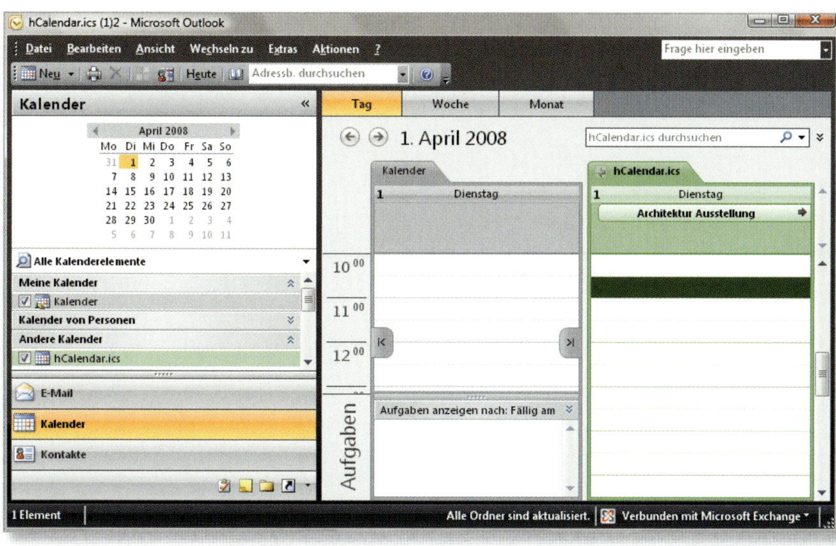

◀ **Abbildung 16**
Darstellung des Veranstaltungszeitraumes im Kalender von Outlook

14 Auslesen der Kontaktdaten mit Operator

Da das Markup dieses Workshops aber nicht nur den Veranstaltungszeitraum, sondern auch den Veranstaltungsort enthält, lassen sich diese Informationen ebenfalls mit der Operator-Extension auslesen.

Abbildung 17 ▶
Auslesen der Veranstaltungskontaktdaten durch Operator

Die nun zum Abspeichern bereiten Kontaktdaten liegen im .vcf-Format vor und können ebenfalls direkt mit Outlook oder auch dem Google- oder dem Yahoo!-Kalender ausgelesen werden.

Abbildung 18 ▶
Abspeichern der hCard-Datei im .vcf-Format

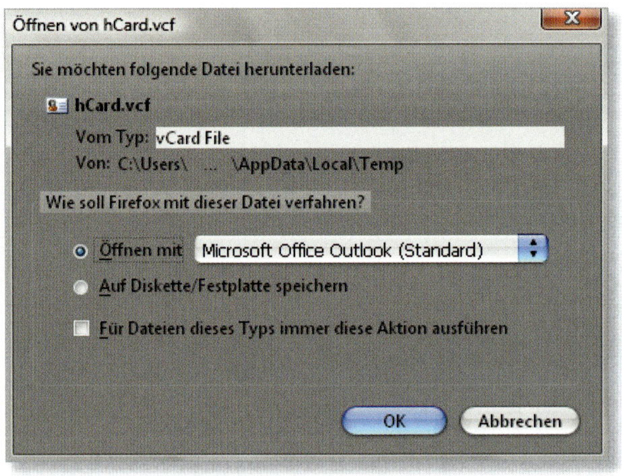

Abbildung 19 ▶
Darstellung des abgespeicherten Veranstaltungsortes im Adressbuch von Outlook

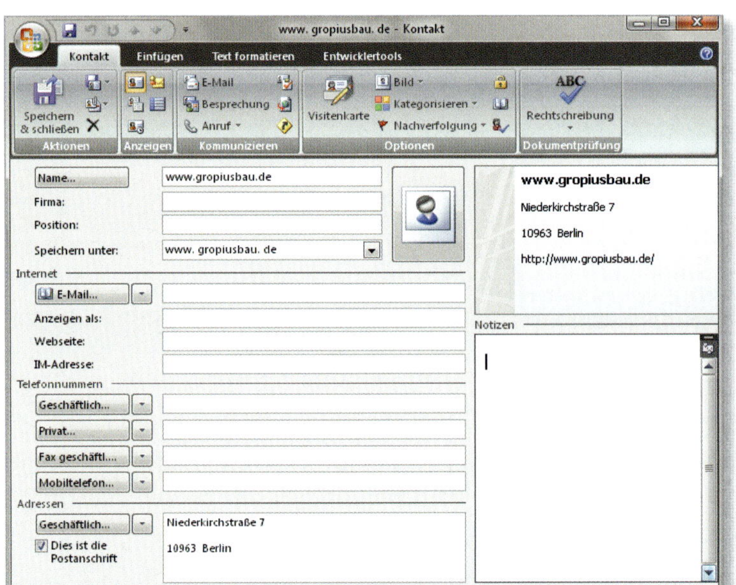

Namenskonventionen für Mikroformate
Im Mikroformate-Wiki erhalten Sie Informationen über die Namenskonventionen: *http://microformats.org/wiki/existing-classes*

Zusammenfassung

Statt Informationen zu einer Veranstaltung mit eigenen Auszeichnungen zu versehen, kann der Einsatz von Mikroformaten mit vergebenen Klassen für die einzelnen Inhalte die Auswertung der Daten durch eine externe Anwendungssoftware ermöglichen. Außerdem zeigt der Workshop auf, wie einfach die verschiedenen Formate miteinander kombiniert werden können und somit dem User einen deutlichen Mehrwert bieten.

/* Code aus Step 1 bis 5 */

```
<!DOCTYPE html PUBLIC "-//W3C//DTD XHTML 1.0 Strict//EN" "http://www.w3.org/TR/xhtml1/DTD/
xhtml1-strict.dtd">
<html xmlns="http://www.w3.org/1999/xhtml" xml:lang="de" dir="ltr">
<head>
<meta http-equiv="Content-Type" content="text/html;charset=iso-8859-1" />
<title>Anwendungsbeispiel - hCalendar</title>
<link rel="stylesheet" title="Default" href="css/hCalendar.css" type="text/css"
media="screen" />
</head>
<body>
<div class="vevent">
   <h2 class="subtitle">Großstadtschungel e. V.</h2>
   <p class="date">
      <abbr title="2008-04-01" class="dtstart">1.April - </abbr>
      <abbr title="2008-08-01" class="dtend">1.August 2008</abbr>
   </p>
<div class="vcard">
   <h1 class="summary">
   Archi<br />tektur
      <span class="subtitle">Ausstellung</span>
   </h1>
   <address class="adr">
      <span class="extended-address">Martin-Gropius-Bau</span><br />
      <span class="street-address">Niederkirchstra&szlig;e 7</span><br />
      <span class="postal-code">10963</span>
      <span class="locality">Berlin</span>
   </address>
   <a href="http://www.gropiusbau.de" title="Martin-Gropius-Bau" class="url">www.gropius-
   bau.de</a>
</div>
</div>
</body>
</html>
```

/* Code aus Step 6 bis 12 */

```
body {
   background-color:#F5FCD5;
   color:#40432C;
   margin:30px;
   font:bold 68.75% Helvetica, Arial;
}

.vevent {
   border:1px solid #40432C;
   width:300px;
   text-align:right;
   background:#F5FCD5 url(../images/bg_
   hCalendar.jpg) bottom left no-repeat;
}

   h1 {
   margin:2px 0;
   padding:0;
   font:normal 500%/.66 Georgia, "Times New
   Roman";
   color:#F5FCD5;
   background:#3C3F1F url(../images/bg_
   h1.gif) top right repeat-x;
}

h1 span {
   display:block;
   margin:0;
   font-size:31%;
   line-height:129%;
   padding:10px 0 25px 0;
}

h2 {
   font-size:11px;
   margin:0;
   padding:0 0 150px 0;
}


p.date {
   padding:0;
   margin:0;
}
```

```
abbr {
   padding:0;
   border-bottom:0;
}

address {
   font-style:normal;
   padding:0 0 100px 0;
}

a {
   text-decoration:none;
   color:#40432C;
}
```

Bewertungen von Produkten mit hReview

Oder: Wie strukturiert und gestaltet man Produktinformationen, die nicht nur Menschen lesen können?

Semantisches Web bedeutet u. a., die Inhalte von Webseiten ihrer Bedeutung entsprechend mit (X)HTML-Markup zu versehen. Ein Schritt in diese Richtung sind Mikroformate. Diese Art der Formatierung gibt es beispielsweise für Termine, für Kontaktinformationen oder auch für soziale Beziehungen. Das Mikroformat hReview ist im Gegensatz zu hCard und hCalendar, die in den beiden vorhergehenden Workshops behandelt wurden, noch nicht im Stadium einer offiziellen Spezifikation, sondern noch im Stadium eines Drafts (auf Deutsch: »Entwurf«). Suchmaschinen wie Technorati können solche mittels Mikroformate ausgezeichneten Inhalte gezielt suchen und vor allem, was fast wichtiger ist, auch auswerten. In dem Fall des Formates hReview bezieht sich das auf alle Arten von Kritiken, Bewertungen und Beurteilungen. Es kann, wie in diesem Workshop, Produkte, Orte (beispielsweise Restaurants oder Bars), Personen, Veranstaltungen oder auch eine Webseite auf verschiedene Weisen klassifizieren.

Ziel

Maschinenlesbare Rezension des Buches »Modernes Webdesign«

- Anlegen der Struktur zum Auslesen der Rezensionsdaten
- Anlegen der Daten zum Buch »Modernes Webdesign«
- Stylen der Buchrezension via Cascading Style Sheets
- Auslesen der Daten mit der Browser-Erweiterung Tails

Struktur aufbauen 1

Um die Daten auslesen zu können, benötigen Sie hierfür die entsprechende Ordner- und Dateistruktur. Dafür definieren Sie im bereits angelegten Ordner MIKROFORMATE einen weiteren Ordner mit der Bezeichnung HREVIEW. Darin erzeugen Sie wiederum eine gleichnamige (X)HTML-Datei. Weiterhin erstellen Sie in dem HREVIEW-Ordner einen Bilder-Ordner (IMAGES) sowie einen CSS-Ordner (CSS).

Die angelegte (X)HTML-Datei *hReview.html* erhält das folgende Grundgerüst:

```
<!DOCTYPE html PUBLIC "-//W3C//DTD XHTML 1.0 Strict//EN" "http://
www.w3.org/TR/xhtml1/DTD/xhtml1-strict.dtd">
<html xmlns="http://www.w3.org/1999/xhtml" xml:lang="de"
dir="ltr">
<head>
<meta http-equiv="Content-Type" content="text/
html;charset=iso-8859-1" />
<title>hReview - Rezension</title>
</head>
<body>
<!-- hier wird der weitere (X)HTML-Code integriert -->
</body>
</html>
```

Anlegen der Struktur der Rezensionsdaten 2

Art der Beurteilung
Die Angabe `type` innerhalb einer Klasse `.hreview` weist auf das hin, was beurteilt wird. In diesem Fall ein Buch, das der optionalen Kategorie `product` zugewiesen werden muss. Mehr zu Pflichtfeldern und optionalen Angaben im hReview-Format finden Sie unter: *http://microformats.org/wiki/hreview*

Die Grundlage bzw. der Ausgangspunkt dieses Formates ist die Klasse `.hreview`. Ab dem Zeitpunkt, in dem diese Klasse in den (X)HTML-Code integriert wird, wird das hReview-Format von entsprechenden Applikation erkannt, das Icon in der Browserstatuszeile »schaltet um« auf aktiv und die Applikation kann die Informationen auslesen. Da diesem Bereich oftmals zahlreiche Inhalte, je nach Umfang der Beurteilung, zugewiesen werden, ist es von Vorteil, diese Klasse in einem `<div>`-Container anzulegen.

```
<div class="hreview">
   <!-- Bereich der Rezensionsdaten -->
</div>
```

Um diesem Beurteilungs- bzw. Bewertungsbereich das entsprechende Ziel der Bewertung mitzuteilen, muss dieses kategorisiert werden. In diesem Fall wird der Überschrift `<h1>` – denn nichts anderes ist die Angabe der Kategorie – die Klasse `.type` zugewiesen. Als Inhalt definieren wir die Bezeichnung `product`. Wichtig ist hierbei besonders die Schreibweise, denn nur so kann beispielsweise die Browser-Erweiterung Tails die Beschreibung explizit dieser Kategorie zuordnen.

```
<div class="hreview">
   <h1 class="type">product</h1>
</div>
```

Dem nun angelegten product fügen Sie zwei Überschriften hinzu. Diese enthalten den Titel und den Untertitel des Buches. Ihrer Bedeutung entsprechend erhält der Titel das Tag <h2> und der Buch-Untertitel das Tag <h3>.

```
<div class="hreview">
   <h1 class="type">product</h1>
   <h2>Modernes Webdesign</h2>
   <h3>Gestaltungsprinzipien, Webstandards, Praxis</h3>
</div>
```

Damit das rezensierte Buch von der entsprechenden Auslesesoftware eindeutig erkannt werden kann, muss es genauer spezifiziert werden. Dies geschieht durch das type-Feld, das im Gegensatz zur Angabe des item-Feldes eine Pflichtangabe ist. Das Feld enthält bereits den Buchtitel und zudem einen Direktlink zum Verlag bzw. zur Präsentationsseite des Buches innerhalb der Verlagsseiten. Die Verlinkung <a href=...>...</a> wird mit den Klassen .url und .fn ausgezeichnet.

Innerhalb von class="item" kann beispielsweise auch ein <img>-Element integriert werden, wodurch das beurteilte Produkt eine zusätzliche Abbildung erhalten könnte. Damit diese auch von der Erweiterung Tails erkannt und von entsprechenden Anwendungen ausgelesen werden kann, sollte dieses <img>-Tag den Klassennamen photo erhalten.

```
<div class="hreview">
   <h1 class="type">product</h1>
   <h2 class="item"><a class="url fn" href="http://www.galileo-
   design.de/katalog/buecher/titel/gp/titelID-1619">Modernes
   Webdesign</a></h2>
   <h3>Gestaltungsprinzipien, Webstandards, Praxis</h3>
</div>
```

Entsprechend der standardmäßigen Darstellung der Überschriften <h1>, <h2> und <h3> werden diese vom Browser, wenn Sie sie nicht ausdrücklich mit CSS formatieren, unterschiedlich groß abgebildet, und die verlinkte Überschrift <h2> wird standardmäßig in blauer Schrift und unterstrichen dargestellt. Das ist wenig ansehnlich, aber die Browser-Erweiterung erkennt bereits jetzt, dass Inhalte als Mikroformat ausgezeichnet wurden.

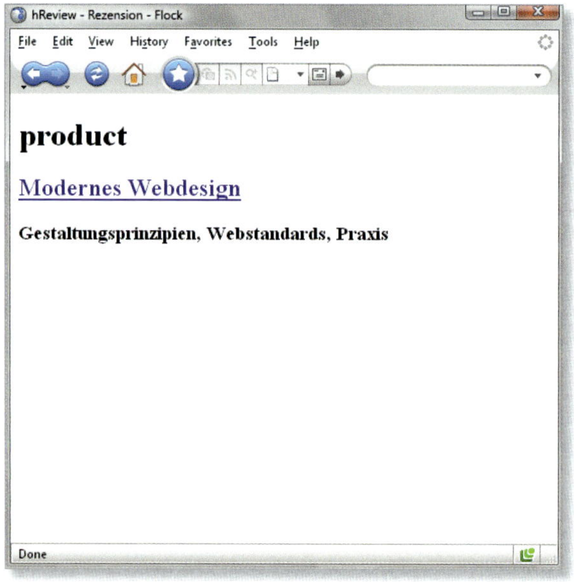

▲ **Abbildung 1**
Ausgabe des Typs der Beurteilung, inklusive der Überschriften

Beschreibung des Produktes anlegen 3

Das Hauptaugenmerk bei einer Beurteilung oder Bewertung liegt meistens bei der Beschreibung dessen, was beurteilt werden soll. In diesem Fall muss hierfür die Beschreibung des Verlages bezüglich des Buches von Manuela Hoffmann herhalten. Damit auch diese Informationen beispielsweise von Suchmaschinen gezielt ausgelesen und ausgewertet werden können, muss der entsprechende und logischerweise mit der Klasse `.description` ausgezeichnete Bereich innerhalb des Containers mit der Klasse `.hreview` integriert werden:

```
<div class="hreview">
...
  <p class="description">
    Die Anforderungen an professionelles und zeitgemäßes Webde-
    sign sind hoch: Ansprechendes und stimmiges Layout, rich-
    tige Farbwahl, gute Typografie, Zugänglichkeit und nicht
    zuletzt Coding nach Webstandards. Dieses Buch zeigt Ihnen,
    wie Sie diese Anforderungen meistern. Es ist ein Wegweiser
    für modernes Webdesign, der gleichzeitig Praxis, Anleitung
    und Inspiration liefert. Ein Komplettpaket für schönere und
    bessere Websites.
  </p>
</div>
```

Auch Gegenüberstellungen von Eigenschaften eines Produktes, Restaurants oder Museums wie Pros und Kontras müssen innerhalb der Klasse `.description` angelegt werden. Innerhalb dieses Bereiches können weitere Elemente wie Bilder integriert werden, ausgelesen werden sie an dieser Stelle jedoch nicht.

▲ **Abbildung 2**
Implementierung der Produktbeschreibung

4 Qualität des Produktes beurteilen

Für viele Leser ist eine beschreibende Beurteilung nicht eindeutig bzw. aussagekräftig genug. Daher greifen Sie, wie in vielen Online-Katalogen, Reiseportalen etc., auf eine Beurteilung in Form von erreichbaren Punkten zurück. Denn wenn ein Produkt beispielsweise 4 von 5 oder 8 von 10 Punkten erhält, ist diese Information für viele Leser aussagekräftiger als eine vielleicht zu knappe beschreibende Beurteilung eines Produktes. Eine beliebte Form der Beurteilung von Produkten ist, eine Anzahl erreichter Sterne zu vergeben. Da Sie sich im Segment der Buchrezensionen befinden, greifen Sie ebenfalls auf diese Art der Darstellung der erreichten Punkte zurück. Damit diese Art der Beurteilung aber auch von den entsprechenden Anwendungen erkannt und ausgelesen werden können, müssen diese gekennzeichnet werden. Da die Darstellung einer Bewertung anhand von Sternen eine Art der Abkürzung ist, kann hierfür das `<abbr>`-Tag verwendet werden. Diesem Element muss lediglich die Klasse `.rating` und im Attribut `title` die numerische Angabe der Beurteilung hinzugefügt werden.

```
<div class="hreview">
  ...
  <p class="description">
```

<abbr>-Tag
In `CSS erzeugt das` `<abbr>`-Tag ein Inlineelement, das heißt, es führt nicht zu einem Zeilenumbruch, sondern setzt den Dokumentenfluss ungehindert fort. Standardmäßig werden Inhalte innerhalb dieses Tags mit einer gepunkteten Linie unterstrichen dargestellt.

```
      ... Ein Komplettpaket für schönere und bessere Websites.
      <abbr class="rating" title="5">Bewertung:<img src="images/
      ic_ratingStars.gif" alt="Best Rating" /></abbr>
   </p>
</div>
```

Abbildung 3 ▶
Implementierung der Produktbeurteilung anhand von Sternchen

Für die Bewertungen sind aktuell verschiedene Arten der Punktevergabe, zum Beispiel mit einer ganzzahligen Skala von 1 (schlecht) bis 5 (sehr gut), möglich. Wem das nicht eindeutig genug ist, kann diese Werte auch mit Dezimalzahlen angeben.

5 Grafiken zur Produktbeschreibung hinzufügen

Um die beiden Grafiken unterschiedlich ausrichten zu können, bekommen sie ihrer Position und Bedeutung entsprechende Klassennamen. Diese ermöglichen es Ihnen, die Grafiken später via CSS differenziert auszurichten und zu gestalten. *Wichtig:* Bitte vergessen Sie an dieser Stelle nicht die alternative Auszeichnung dieser Bilder!

Inhaltlich und strukturell haben Sie bis hierher bereits alle notwendigen Informationen, die ausgelesen werden sollen, angelegt. Da die Beschreibung des Buches die Besucher der Webseite aber auch emotional ein wenig ansprechen soll, integrieren Sie an dieser Stelle zwei Bilder innerhalb des Containers mit der Klasse `.hreview`. Diese sind zwar nicht auslesbar, sorgen aber für eine wesentlich angenehmere Präsentation des Buches innerhalb des Browsers.

```
<div class="hreview">
   <img class="headerImg" src="images/teaser.jpg" alt="Abbildung
   des Buches - Modernes Webdesign" />
   <h1 class="type">product</h1>
   <h2 class="item"><a class="url fn" href="http://www.galileode-
   sign.de/katalog/buecher/titel/gp/titelID-1619">Modernes Webde-
   sign</a></h2>
   <h3>Gestaltungsprinzipien, Webstandards, Praxis</h3>
   <p class="description">
```

```
    <img class="teaserImg" src="images/book.tif" alt="Modernes
    Webdesign - Vorschaubild" />Die Anforderungen an professi-
    onelles und zeitgemäßes Webdesign sind hoch: Ansprechendes
    ...
  </p>
</div>
```

▲ **Abbildung 4**
Integration zweier Grafiken zur visuellen Unterstützung der Produktbeurteilung

CSS-Reset
Der »CSS-Reset« besteht aus im (X)HTML-Code verwendeten Elementen, deren sämtliche `default-style`-Angaben auf null gesetzt werden. In diesem Fall betrifft dies lediglich die Außen- und Innenabstände. Den Web-Designern und Web-Entwicklern wird somit beim Anlegen dieser Elemente im weiteren Verlauf der Strukturierung der CSS-Datei die volle Kontrolle über die Ausrichtung aller Elemente geben. Den CSS-Reset ins Leben gerufen hat Eric Meyer, der mit dem CSS-Reset neben den Abständen auch zahlreiche Schrifteigenschaften auf einen gemeinsamen Nenner bringt.

6 CSS-Datei in (X)HTML-Seite integrieren

Damit, wie in den Workshops zuvor, die Bezeichnung der CSS-Datei eindeutig ist, wählen Sie hier mit *hReview .css* einen adäquaten Namen. Diese Datei legen Sie dann in dem dafür vorgesehenen CSS-Ordner ab. Danach referenzieren Sie innerhalb des Kopfbereiches `<head>` der *hReview.html* wie folgt auf die soeben erstellte CSS-Datei:

```
...
<head>
...
<title>hReview - Rezension</title>
<link rel="stylesheet" title="Default" href="css/hReview.css"
type="text/css" media="screen" />
</head>
...
...
```

7 Durchführen eines CSS-Resets und Festlegen der Schrifteigenschaften

Browser besitzen eine Reihe standardisierter Style-Vorgaben, die ohne CSS grundlegende Eigenschaften wie Innen- und Außenabstände definieren. Da diese Werte allerdings in den seltensten Fällen der gewünschten Darstellung entsprechen, beispielsweise den Elementen den gewünschten Abstand zueinander zuweisen, gibt es die Möglichkeit, diese Werte am Anfang einer jeden CSS-Datei auf null zu setzen. Dieser Reset bezieht sich auf alle im Beispiel verwendeten Elemente und sieht wie folgt aus:

```
body, h1, h2, h3, p, img, abbr {
   margin:0;
   padding:0;
}
```

Schriftgröße berechnen
Da die Schriftgröße in diesem Workshop in absoluten Werten 12 px entsprechen soll, errechnet sich der relative Wert in Prozent wie folgt: 16 px/100 % * 12 px/x = 75 %

Somit müssen Sie nicht für jedes Element einzeln den jeweiligen Standardabstand löschen. Die nächste Änderung bezieht sich auf die Festlegung der Breite der Inhalte, ihre Ausrichtung und ihre Schrifteigenschaften. Da das gesamte Layout nicht über 460 px hinausgehen soll, können Sie bereits dem <body>-Tag diesen Wert zuweisen:

```
body {
   padding:10px;
   font:normal 75% Georgia, "MS Sans Serif";
   color:#000;
   width:460px;
}
```

Abbildung 5 ▶
Ein CSS-Reset hebt sämtliche standardmäßig durch die Browser entstandenen Außen- und Innenabstände aller Elemente auf.

8 Begrenzen des Layouts

Um den Inhalt der Rezension auch optisch ein wenig in seine Schranken zu weisen, vergeben Sie für die Klasse `.hreview`, neben einem Innenabstand von `10px`, auch einen durchgehenden, `1px` breiten, schwarzen Rahmen:

```
.hreview {
   border:1px solid #000;
   padding:10px;
}
```

Das Gleiche fügen Sie der großen Grafik im Kopfbereich des Layouts hinzu, nur mit dem Unterschied, dass der Innenabstand hier ein Außenabstand ist und lediglich nach unten definiert wird. So vermeiden Sie, dass die folgenden Textelemente zu dicht an der Grafik »kleben«.

```
.hreview img.headerImg {
   border:1px solid #000;
   margin-bottom:10px;
}
```

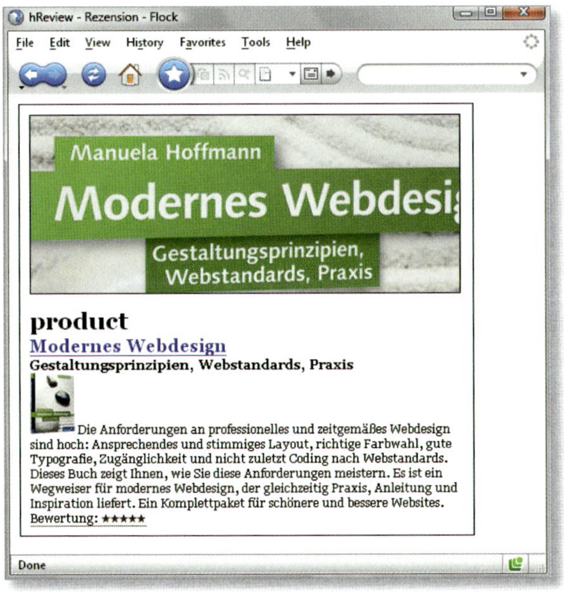

◂ **Abbildung 6**
Umrandung des Layouts mit Abstandszuweisung

9 Gestalten und Ausrichten der Überschriften

Da die standardmäßige Darstellung der Überschriften nicht der Zielsetzung für diesen Workshop entspricht, passen Sie als Nächstes die Größe, den Stil und die Farbe wie folgt an. Wie vielleicht bereits die Darstellung des Inhaltes von <h1> erahnen lässt, ist Präsenz in diesem Entwurf unerwünscht. Da der Tag strukturell für das Auslesen und Zuweisen der Kategorie notwendig ist, blenden Sie ihn an dieser Stelle lediglich via CSS mit display:none aus:

```
h1 {
   display:none;
}
```

Schriftgröße berechnen
12 px/100 % * 26 px/x = 217 % (gerundeter Wert)

Die Überschrift 2. Ordnung ist in diesem Workshop visuell (nicht semantisch) die Überschrift mit der größten Bedeutung und Aussagekraft. Aus diesem Grund beinhaltet sie den Buchtitel. Die Schriftgröße (sie soll 26 px entsprechen) unterstreicht die Bedeutung der verlinkten Überschrift, deren standardmäßige Unterstreichung entfernt wird. Da Links die bereits im <body>-Tag angegebene schwarze Schriftfarbe interpretieren, müssen Sie für sie die Schriftfarbe noch einmal explizit angeben, da ansonsten die standardmäßig blaue Schrift erhalten bliebe.

```
h2 {
   font-size:217%;
}

h2 a {
   font-weight:normal;
   text-decoration:none;
   color:#000;
}
```

Der Untertitel des Buches bildet den Abschluss der Überschriften. Aufgrund seiner geringeren Bedeutung im Vergleich zu <h2> erhält dieses Element eine Schriftgröße von 142 %, inklusive einem Abstand nach unten von 15 px. Auf diese Weise halten Sie sich den nun folgenden beschreibenden Text p.description der Rezension platztechnisch etwas vom Hals.

Schriftgröße berechnen
12 px/100 % * 17 px/x = 142 % (gerundeter Wert)

```
h3 {
   font-size:142%;
   font-weight:normal;
   padding-bottom:15px;
}
```

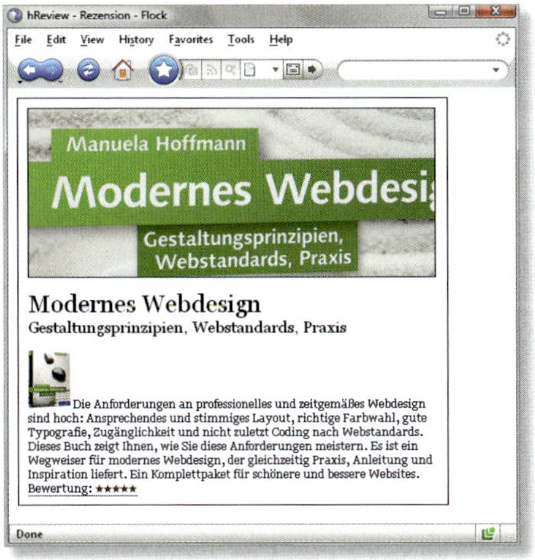

◂ **Abbildung 7**
Optimierung der Darstellung der Überschriften

10 Ausrichten der Grafik in der Beschreibung

Die im Beschreibungstext `p.description` befindliche Grafik des Buches mit der Klasse `.teaserImg` soll vom Text umflossen werden und wird hierzu mit der Eigenschaft `float` und dem Wert `left` links ausgerichtet und aus dem Dokumentfluss genommen. Das heißt, der Bereich dieser Abbildung ist inklusive des Außenabstands für den Text des Absatzes »blockiert«, der somit um diesen Bereich herumfließt.

```
p.description img.teaserImg {
   float:left;
   margin:0 15px 5px 0;
}
```

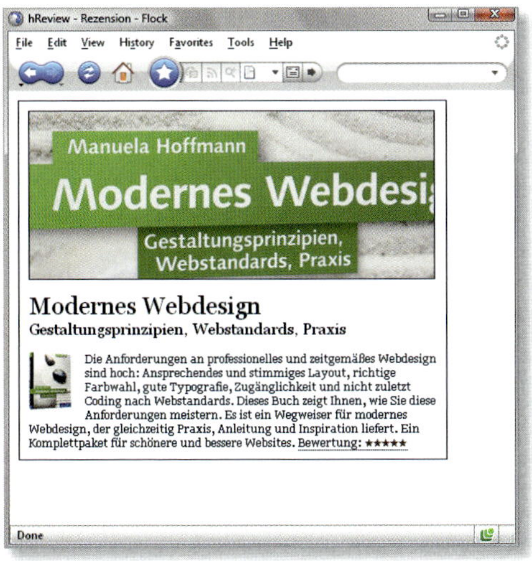

◂ **Abbildung 8**
Damit Text oder anderen Elemente nicht direkt an Bildern »kleben«, sollte diesen immer ein gewisser Außenabstand zugestanden werden.

Anlegen einer Beurteilung mit Stern-Icons 11

Da, wie im 4. Schritt des Workshop bereits erfahren, das `<abbr>`-Tag von Haus aus ein Inlineelement ist und deswegen dem Dokumentenfluss folgt, wird diese Eigenschaft an dieser Stelle mit der `display` und dem Wert `block` aufgehoben. Dem dadurch entstehenden Umbruch nach der letzten Zeile des Absatzes `p.description` weisen wir zudem einen Außenabstand von `12px` zu.

Das standardmäßige Unterstreichen sämtliche Inhalte eines `<abbr>`-Tags wird zudem durch die Eigenschaft `border-bottom` und den Wert `none` aufgehoben, was die unansehnliche gepunktete Linie unterhalb der Sterne entfernt.

```
abbr {
   display:block;
   margin-top:12px;
   border-bottom:none;
}
```

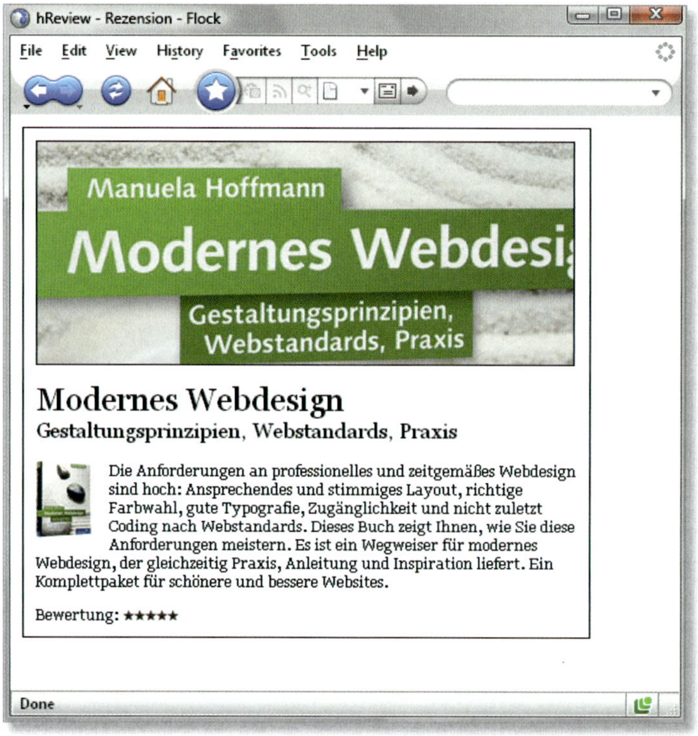

▲ **Abbildung 9**
Aufheben der standardmäßigen Unterstreichung der Inhalte des <abbr>-Tags

Text in zwei Spalten aufteilen 12

Der letzte Schritt in Sachen stilistischer Anpassung ist das Gestalten des Textabsatzes `p.description`. Analog zur Textgestaltung im Buch wird der Textabsatz mit `text-align:justify` als Blocksatz deklariert, was dazu führt, dass sämtliche Zeilen des Absatzes die volle Breite ausnutzen. Um sich noch ein wenig mehr an das Printmedium anzulehnen, vergeben Sie für den Textabsatz eine Spaltenanzahl `column-count` sowie einen Abstand `column-gap` zwischen den Spalten von `20px`.

```
p.description {
   text-align:justify;
   -moz-column-count:2;
   -moz-column-gap:20px;
   -webkit-column-count:2;
   -webkit-column-gap:20px;
}
```

-moz- und -webkit--
Da diese Spalteneigenschaften noch nicht allgemeingültig sind, sondern erst von einigen Browsern interpretiert werden können, muss diesen Eigenschaften das Präfix `-moz-` für Gecko- (Firefox, Flock) und `-webkit-` für Webkit-Browser (Safari) vorangestellt werden. Diese Präfixe sorgen bei einer eventuellen Validierung der CSS-Datei allerdings dafür, dass sie durchfällt, da die Präfixe als Fehler angesehen werden.

▲ **Abbildung 10**
Beschreibungstext analog zu Printmedien in zwei Spalten aufteilen

Die gestalterischen Arbeiten dieses Workshops sind hiermit abgeschlossen, denn der Browser zeigt die in der Zielsetzung festgelegte Darstellung.

Browser, die die CSS Spalten-Eigenschaften, wie sie im Code oben zu sehen sind, nicht korrekt interpretieren, verteilen den Rezensionstext lediglich über eine anstatt über zwei Spalten. Das Ergebnis sieht dann so aus:

▲ **Abbildung 11**
Der IE7 stellt den Beschreibungstext in einem Absatz und in einer »Spalte« über die gesamte Breite dar.

13 Auslesen der Daten mit Tails

Um im Vergleich zu den vorhergehenden Workshops zu maschinenlesbaren Inhalten eine andere Browser-Erweiterung vorzustellen, wird an dieser Stelle das Auslesen der Daten mit der Erweiterung Tails beschrieben. Die Anwendung hierbei ist denkbar einfach: Klicken Sie das grüne Mikroformat-Icon in der Statuszeile einmal an. Daraufhin erscheint ein Layer mit einer Navigation, der sich vom unteren rechten Browserfensterrand über die Webseiteninhalte legt. Die Navigation enthält Angaben zu den verwendeten Mikroformaten (in diesem Fall Reviews) und einen Gesamtüberblick (All). Dieser Gesamtüberblick zeigt den Titel `.item` und die Bewertung `.rating` an.

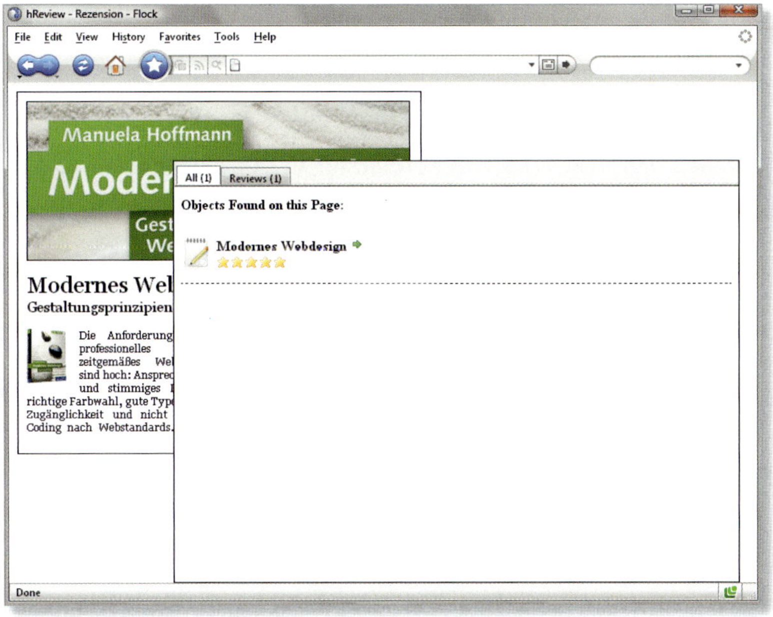

◂ Abbildung 12
Anzeige des Titels durch die Browserweiterung Tails

Tails
Die an dieser Stelle verwendete Erweiterung Tails mit der aktuellen Version 0.3.8 (Stand: Juni 2008) kann neben dem Format hReview auch die Formate hCard, hCalendar, hAtom, xFolk, hResume und geo abbilden und auslesen.

Beim Anklicken des verlinkten `.item` gelangen Sie auf die detaillierte Darstellung dieser Buchrezension. Alle hier abgebildeten Informationen wie Anzahl der Bewertungspunkte, Kategorie, Überschrift, Produktbeschreibung inklusive Link zum Verlag können nun von Suchmaschinen gefunden und aufgrund dieser detaillierten Daten genau ausgewertet werden.

Technorati
Technorati ist eine der größten Echtzeit-Internet-Suchmaschinen, die speziell für Weblogs geeignet sind. Mitte Februar 2008 waren auf Technorati laut Wikipedia etwa 112,8 Millionen Weblogs und 2 Milliarden Links indexiert. Täglich kommen nach Angaben von Technorati etwa 70.000 neue Blogs hinzu. *http://technorati.com/*

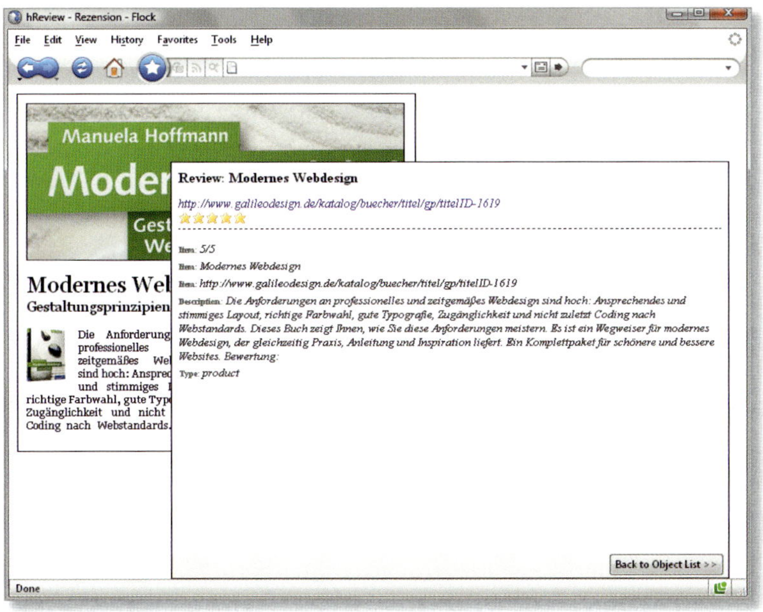

◂ Abbildung 13
Anzeigen sämtlicher Daten der Rezension

Zusammenfassung

Welch einen Nutzen haben so ausgezeichnete Informationen? Eine solche Frage ist leicht zu beantworten: Suchmaschinen senden sogenannte Robots, auch unter dem Begriff Spider bekannte Programme, durch das World Wide Web. Diese analysieren den Quelltext der Webseite. Eine Suchmaschine wie Technorati-Kitchen (*http://kitchen.technorati.com*) kann hierbei speziell nach Bereichen Ausschau halten, die mit Mikroformaten wie hReview (Bewertungen), hCard (Kontakte) oder hCalendar (Veranstaltungen) ausgezeichnet wurden. Ein Mehrwert, den man nutzen sollte und der das Suchen von Informationen enorm erleichtert. Wie dieser Workshop gezeigt hat, sind die entsprechende Strukturierung und vor allem die Gestaltung durch CSS keine unüberwindbare Hürde.

/* Code aus Step 1 bis 6 */

```
<!DOCTYPE html PUBLIC "-//W3C//DTD XHTML 1.0 Strict//EN" "http://www.w3.org/TR/xhtml1/DTD/
xhtml1-strict.dtd">
<html xmlns="http://www.w3.org/1999/xhtml" xml:lang="de" dir="ltr">
<head>
<meta http-equiv="Content-Type" content="text/html;charset=iso-8859-1" />
<title>hReview</title>
<link rel="stylesheet" title="Default" href="css/hReview.css" type="text/css"
media="screen" />
</head>
<body>
<div class="hreview">
   <img class="headerImg" src="images/teaser.jpg" alt="Abbildung des Buches - Modernes
   Webdesign" />
   <h1 class="type">product</h1>
   <h2 class="item"><a class="url fn" href="http://www.galileodesign.de/katalog/buecher/
   titel/gp/titelID-1619">Modernes Webdesign</a></h2>
   <h3>Gestaltungsprinzipien, Webstandards, Praxis</h3>
   <p class="description">
      <img class="teaserImg" src="images/book.tif" alt="Modernes Webdesign - Vorschaubild"
      />
      Die Anforderungen an professionelles und zeitgemäßes Webdesign sind hoch: Anspre-
      chendes und stimmiges Layout, richtige Farbwahl, gute Typografie, Zugänglichkeit und
      nicht zuletzt Coding nach Webstandards. Dieses Buch zeigt Ihnen, wie Sie diese An-
      forderungen meistern. Es ist ein Wegweiser für modernes Webdesign, der gleichzeitig
      Praxis, Anleitung und Inspiration liefert. Ein Komplettpaket für schönere und bes-
      sere Websites.
      <abbr class="rating" title="5">Bewertung:<img src="images/ic_ratingStars.gif"
      alt="Best Rating" /></abbr>
   </p>
</div>
</body>
</html>
```

/* Code aus Step 7 bis 12 */

```
body, h1, h2, h3, p, img, abbr
{
   margin:0;
   padding:0;
}

body {
   padding:10px;
   font:normal 75% Georgia, "MS
   Sans Serif";
   color:#000;
   width:460px;
}

.hreview {
   border:1px solid #000;
   padding:10px;
}

.hreview img.headerImg {
   border:1px solid #000;
   margin-bottom:10px;
}

h1 {
   display:none;
}

h2 {
   font-size:217%;
}

h2 a {
   font-weight:normal;
   text-decoration:none;
   color:#000;
}

h3 {
   font-size:142%;
   font-weight:normal;
   padding-bottom:15px;
}

p.description img.teaserImg {
   float:left;
   margin:0 15px 5px 0;
}

abbr {
   display:block;
   margin-top:12px;
   border-bottom:none;
}

p.description {
   text-align:justify;
   -moz-column-count:2;
   -moz-column-gap:20px;
   -webkit-column-count:2;
   -webkit-column-gap:20px;
}
```

Index

Bibliografische Information der Deutschen Bibliothek
Die Deutsche Bibliothek verzeichnet diese Publikation in der Deutschen Nationalbibliografie; detaillierte bibliografische Daten sind im Internet über http://dnb.ddb.de abrufbar.

ISBN 978-3-8362-1155-0

1. Auflage 2008

Der Name Galileo Press geht auf den italienischen Mathematiker und Philosophen Galileo Galilei (1564–1642) zurück. Er gilt als Gründungsfigur der neuzeitlichen Wissenschaft und wurde berühmt als Verfechter des modernen, heliozentrischen Weltbilds. Legendär ist sein Ausspruch *Eppur se muove* (Und sie bewegt sich doch). Das Emblem von Galileo Press ist der Jupiter, umkreist von den vier Galileischen Monden. Galilei entdeckte die nach ihm benannten Monde 1610.

Lektorat Jan Watermann, Christine Kossel
Korrektorat Petra Biedermann, Reken
Herstellung Steffi Ehrentraut
Einbandgestaltung Hannes Fuß, www.exclam.de
Typografie und Layout Vera Brauner
Satz Markus Miller, München
Druck Himmer AG, Augsburg

Dieses Buch wurde gesetzt aus der Linotype Syntax (9,25 pt/13,5 pt) in Adobe InDesign CS3. Gedruckt wurde es auf Bilderdruckpapier (115 g/m^2).

Gerne stehen wir Ihnen mit Rat und Tat zur Seite:
jan.watermann@galileo-press.de
bei Anmerkungen zum Inhalt des Buches

service@galileo-press.de
für versandkostenfreie Bestellungen und Reklamationen

ralf.kaulisch@galileo-press.de
für Rezensions- und Schulungsexemplare